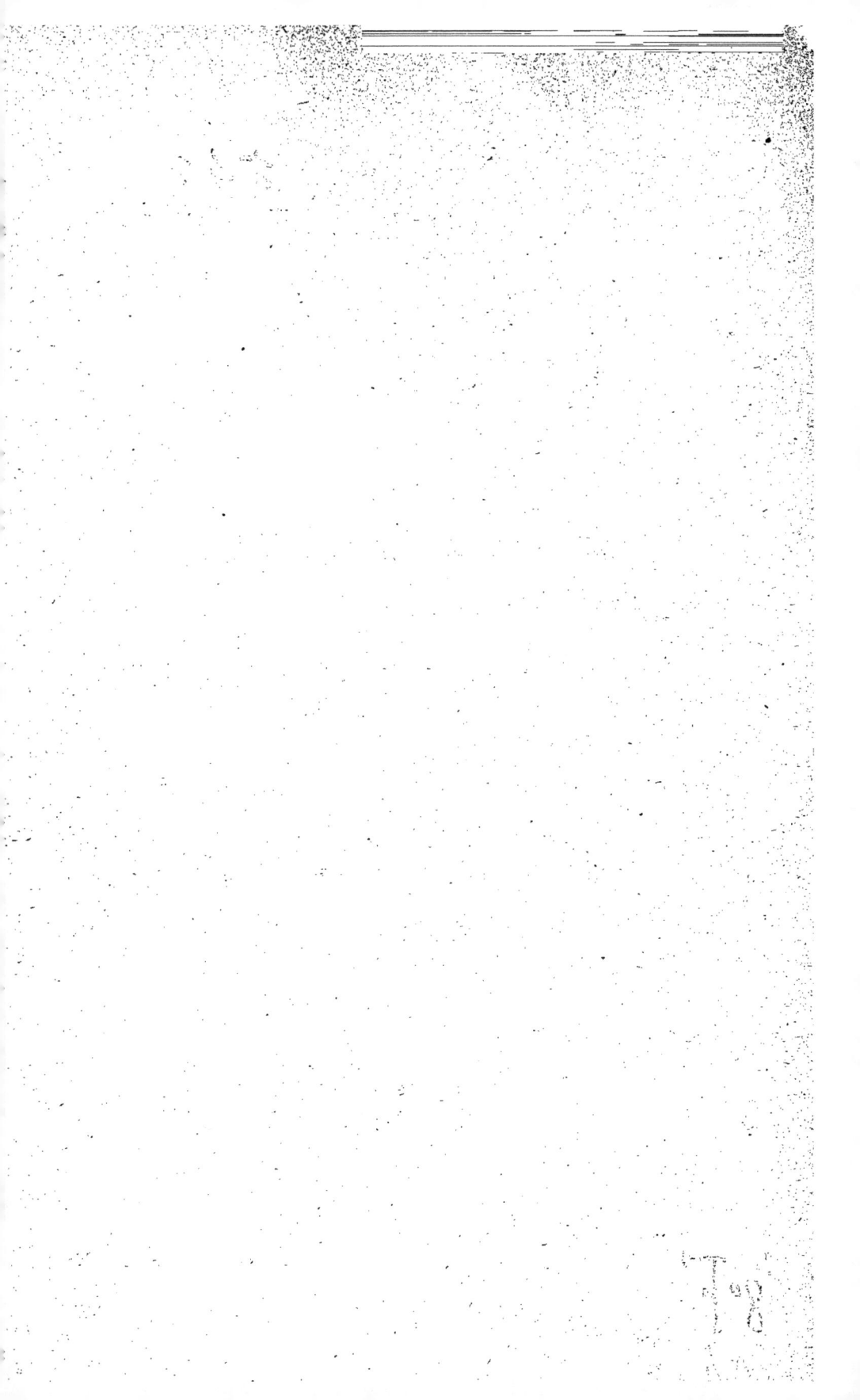

DISCOURS

ET

PLAIDOYERS

Henri BARBOUX

ANCIEN BATONNIER DE L'ORDRE DES AVOCATS

DISCOURS

ET

PLAIDOYERS

1

PARIS

LIBRAIRIE NOUVELLE DE DROIT ET DE JURISPRUDENCE

ARTHUR ROUSSEAU

ÉDITEUR

14, rue Soufflot et rue Toullier, 13

1889

J'ai réuni dans ce volume quelques plaidoyers et quelques discours, choisis parmi ceux dont le souvenir m'a paru le moins complètement effacé. Ce n'est pas que j'aie le dessein de disputer à l'oubli ces pages éphémères ; mon seul désir est qu'elles soient feuilletées quelquefois, d'une main indulgente, par les hommes qui occupent maintenant la scène du Palais. Ils n'y trouveront rien des longs et pesants travaux où se consument nos jours ; ces volumineuses plaidoiries, même purgées des impuretés de la chicane, comme on disait au XVIIe siècle, ont perdu, à mon sens, tout intérêt. Mêlée aux affaires du monde, notre parole passe avec elles ; elle tombe avec l'émotion qui l'inspire ou qu'elle provoque. Parfois des événements dramatiques, une catastrophe retentissante, la rencontre de ces idées générales qui sont au fond de tout et dont le règne n'aura pas de fin, une improvisation plus heureuse, rendront moins sensible la distance qui sépare nos faibles essais des grands modèles sur lesquels nous avons sans cesse les yeux fixés ; qu'importe tout cela ? Ce que je souhaite, c'est que mes compagnons, mes amis, mes maîtres, retrouvent ici quelque image de celui à qui leur affectueuse estime a fait la vie la plus heureuse et la plus douce. J'acquitte de mon mieux ma dette envers eux, si l'on peut payer une dette accrue chaque jour pendant plus de trente années.

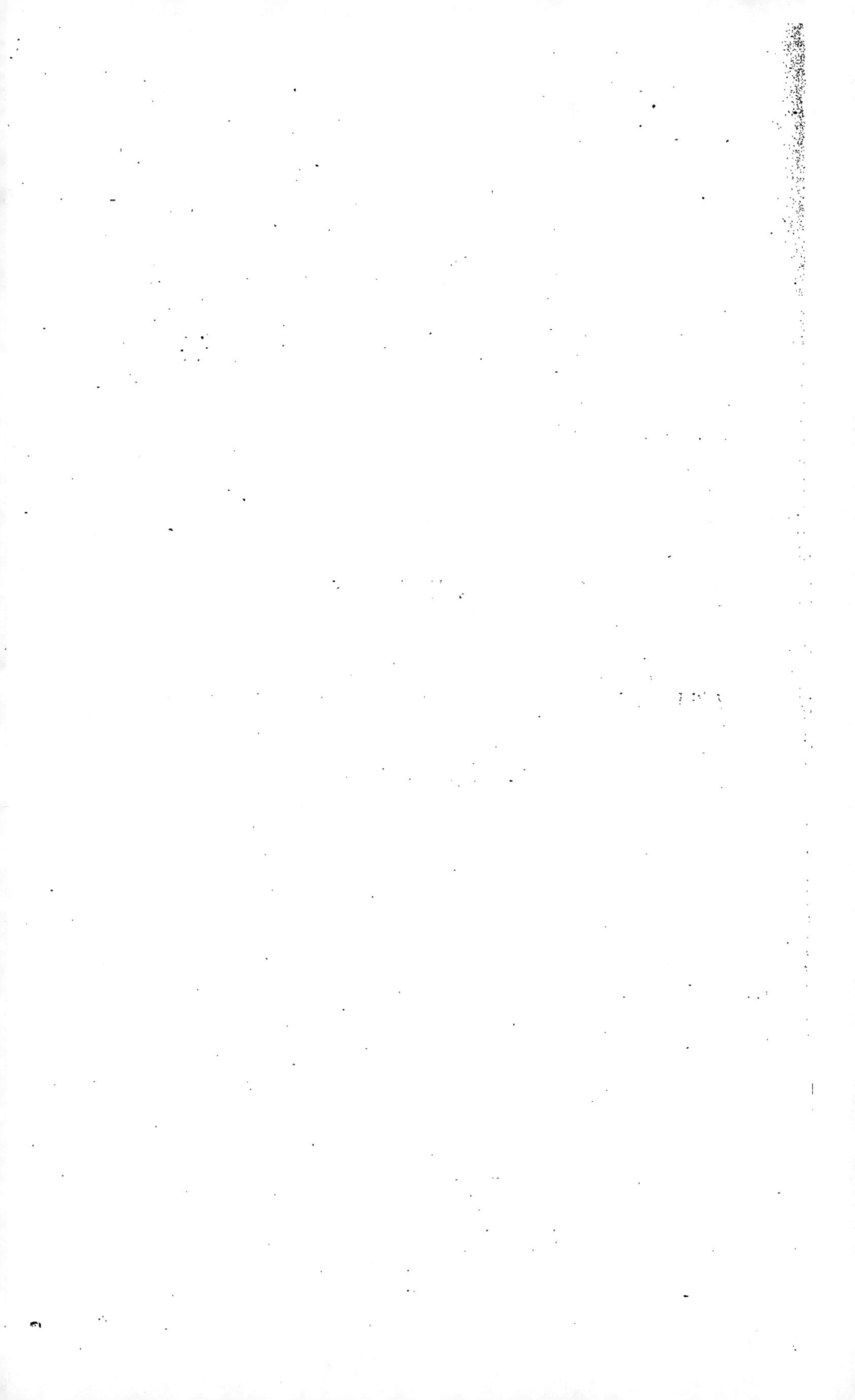

DISCOURS

PRONONCÉ A

L'OUVERTURE DE LA CONFÉRENCE DES AVOCATS

LE 29 NOVEMBRE 1880.

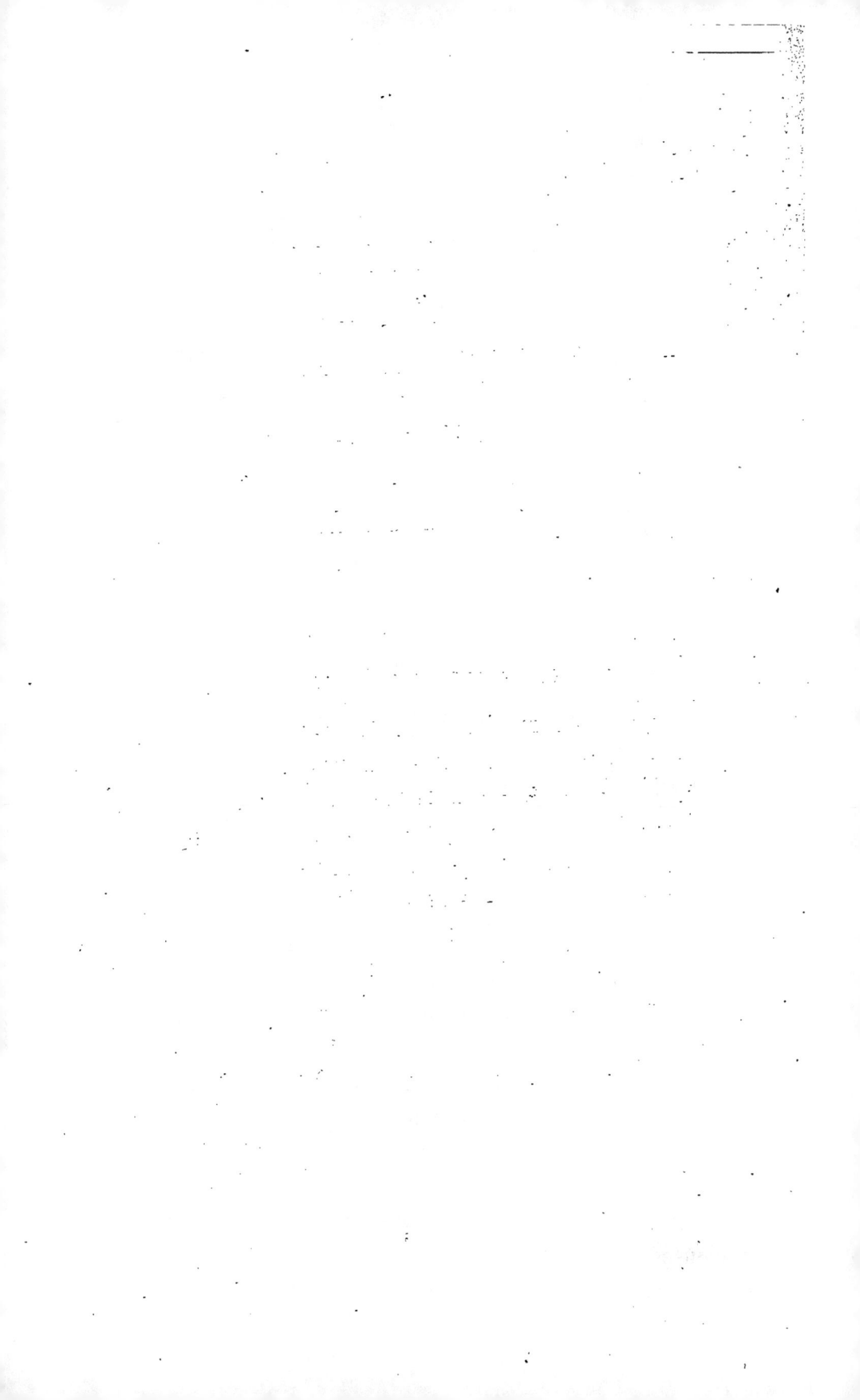

DISCOURS

PRONONCÉ A

L'OUVERTURE DE LA CONFÉRENCE DES AVOCATS

LE 29 NOVEMBRE 1880.

MES JEUNES ET CHERS CONFRÈRES,

Nous ouvrons aujourd'hui la conférence du stage, et le premier devoir de la charge que vos anciens m'ont confiée est de diriger les exercices qui préparent votre carrière, en assurant l'avenir de l'Ordre. Leur importance est extrême, et ceux qui les négligent ne se doutent guère du tort souvent irréparable qu'ils se font. Sans doute on peut plaider et bien plaider sans avoir pris part à vos travaux. Mais rien ne vaut, croyez-le bien, les leçons que vous vous donnez ici les uns aux autres. Les questions que vous discutez permettent presque toujours de mêler des considérations élevées aux déductions plus humbles de la controverse juridique, et vous donnent ainsi l'occasion de chercher la noblesse en fuyant la déclamation. Vous les plaidez devant des juges éclairés et pénétrants au milieu desquels s'écoulera votre carrière ; vous contractez l'habitude de cette vie commune qui est la nôtre ; vous ébauchez des amitiés précieuses que fortifiera plus tard le partage des mêmes travaux, et dans la chaleur de ces premiers combats germe

la semence de cette confraternité du barreau qui fait l'urbanité de nos mœurs, la franchise courtoise de nos relations, et le charme de notre vie à la fois si profond et si
doux.

Puis, dans des entretiens plus intimes, vos anciens se
mêlent à vous ; ils vous expliquent nos règles, vous initient
à nos traditions, et vous préparent à en recevoir à votre
tour le dépôt, en faisant pénétrer peu à peu dans vos cœurs
ces sentiments d'amour ardent de la justice, de délicatesse
scrupuleuse et de dignité jalouse, sans lesquels on peut entendre les affaires et les bien expliquer, mais sans lesquels on n'est jamais un véritable avocat.

Eh bien ! mes chers confrères, pendant les années que
j'ai passées au Palais, entre la place où vous êtes assis,
et celle à laquelle m'a élevé une affectueuse et trop indulgente estime, j'ai entendu plus d'une fois critiquer la sévérité de nos règles ; j'ai entendu dire que, venues de si loin
et portant encore la marque du temps où elles ont été d'a-
bord pratiquées, elles ne répondent plus, sur tous les points,
aux besoins de la société nouvelle ; que la transformation
de la richesse publique et l'importance croissante des
grandes opérations commerciales ont profondément modifié la nature des contestations et des services que la société attend de nous ; que le cadre dans lequel nos traditions et nos règles renferment l'avocat est trop étroit,
et que le temps est venu de lui permettre, avec des allures plus libres, une activité plus féconde et plus utile.

A côté de ces critiques, vous entendrez exprimer des
regrets qui leur sont contraires. Vainement, dit-on, nous
avons la prétention de demeurer immobiles au milieu du
courant qui emporte la société tout entière ; nous dérivons
avec lui, sans nous en apercevoir ; nos mœurs ne sont
plus les mêmes ; le souffle de l'industrialisme a passé sur
elles et les a altérées ; la discipline a fléchi ; et la politique,

apportant au milieu de nous ses passions et ses colères, a changé la douceur et l'aménité de nos relations, en relâchant les liens de la confraternité.

Ces plaintes sont-elles justes ? Ne sont-elles au contraire que l'erreur d'esprits trop enclins à la nouveauté ou à la crainte ? Nos mœurs, c'est-à-dire la façon d'entendre et de pratiquer nos règles, ont-elles changé ? Doivent-elles changer encore ? Devons-nous nous relâcher de nos anciennes sévérités, les maintenir ou les accroître, pour mieux répondre aux besoins des plaideurs ? Quel avenir réserve à notre Ordre le principe démocratique qui pénètre partout et semble vouloir donner une forme nouvelle à toutes les institutions ? Questions d'un puissant intérêt, aussi bien pour ceux à qui le temps permettra de vérifier l'exactitude des solutions que nous cherchons, que pour ceux à qui il est au moins permis de s'efforcer de les pressentir et de les préparer.

On a dit bien souvent que s'il y a des avocats partout, on ne rencontre nulle part une institution comparable à celle du barreau français. Il y a peut-être quelque excès dans cette affirmation, et l'observation plus exacte des mœurs judiciaires des pays voisins conduit au contraire à penser que le corps des avocats a conquis un haut degré de puissance et d'honneur, partout où ils ont placé au premier rang le soin de la dignité, partout où ils ont revendiqué pour leur parole une liberté absolue, dans les limites tracées par le respect et les convenances, partout en un mot où ils ont été dirigés par l'esprit qui nous anime depuis tant de siècles.

Cependant il faut reconnaître que notre organisation judiciaire a merveilleusement contribué à former les maximes et la discipline du barreau. Jusqu'à Louis XII et François Ier, les avocats du commun, pour parler le lan-

gage du temps, plaidaient pour le Roi, et les avocats du
Roi plaidaient et consultaient pour les parties dans toutes
les causes où le Roi n'était pas intéressé. Cet usage qui
s'est conservé en Angleterre jusqu'à nos jours, cessa en
France sous Henri II ; mais la distinction plus nette des
emplois relâcha, sans les rompre, les liens qui unissaient
la magistrature au barreau. Pasquier, qui commença à
plaider sous Henri II et Loysel qui écrit sous Henri IV
attestent que « l'état d'avocat n'avait pas cessé d'être l'é-
» chelle par laquelle on montait aux plus grands états et
» dignités du royaume ». Presque tous les grands avocats
de ce temps acceptaient des charges de judicature ; quatre de Thou quittèrent successivement notre robe pour
prendre celle du magistrat. Aussi, tandis que presque
partout, aujourd'hui même, l'avocat est le simple mandataire de la partie, n'ayant d'autres droits et d'autres devoirs
que ceux du plaideur lui-même, le barreau a toujours été
considéré en France comme une partie du corps judiciaire,
et lorsqu'il a cessé d'en remplir certaines fonctions, il en a
gardé les habitudes, les scrupules, la fierté même, en un
mot le caractère, avec ses qualités et avec ses défauts.

Maintenant, considérez la grande place que le pouvoir
judiciaire s'était faite sous l'ancienne monarchie, ces audiences que Benvenuto Cellini, après avoir tâté de la justice
florentine et de celle du pape, déclarait le spectacle le plus
extraordinaire qu'il eût jamais vu, ces séances solennelles du Parlement de Paris, auxquelles les souverains en
voyage venaient assister pour entendre plaider de grandes
causes par de fameux avocats, essayez de vous retracer
cette pompe à laquelle la puissance royale ne dédaignait
pas de s'associer, et vous comprendrez comment un barreau, puissant par le nombre, par la vertu de quelques-uns,
par le talent de beaucoup, par la discipline de tous, n'a
cessé de grandir sous le règne de Louis XIII et de Louis XIV,

et comment il a pu mériter ces éloges de d'Aguesseau, dont l'excès nous effarouche, mais qui attestent au moins l'autorité et le respect que notre Ordre avait conquis par un attachement de quatre siècles à des règles dont la sagesse éclate ainsi à tous les yeux.

Franchissons maintenant cent cinquante années. Le langage a changé, mais non les jugements. Vous aurez souvent dans votre carrière le plaisir d'entendre les magistrats les plus éminents admirer la constance de nos traditions, et s'étonner de la stabilité de notre Ordre, parmi tant de mouvements et tant de débris. Est-ce à dire que nous soyons restés les mêmes ? Non à coup sûr. Idées, sentiments, habitudes, tout au contraire s'est modifié ; et si nous avons gardé dans la société moderne une place au moins égale à celle que nous tenions autrefois, c'est précisément parce que nous ne nous sommes pas isolés d'elle, parce que nous nous sommes mis en marche avec elle, parce que nous avons toujours compris qu'avant tout il faut être de son temps, et qu'on peut en être sans en partager toutes les erreurs, sans en subir tous les préjugés, sans en courtiser les passions. Nous vivons moins au Palais que ne le faisaient nos pères ; nos manières ont perdu l'uniformité qu'elles avaient autrefois ; nos habitudes sont moins simples peut-être ; mais nous avons gardé pour notre état le même amour, et bien loin d'adoucir la sévérité de notre discipline, nous l'avons fortifiée ; nous avons opposé des précautions nouvelles à de nouveaux dangers ; et par ce lien des sacrifices volontairement acceptés, nous avons maintenu l'unité de l'Ordre, et accru encore la puissance dont il n'a jamais disposé que pour le bien public.

Le pouvoir judiciaire a, de son côté, traversé la même épreuve et subi les mêmes changements, quoi que disent ceux qui l'attaquent et qui, trop soucieux de le rajeunir, veulent, comme d'habiles jardiniers, lui faire porter de nouvelles branches en retranchant impitoyablement les anciennes. Il y a des choses, mes jeunes confrères, dont il ne faut pas parler lorsqu'il ne convient pas de tout dire ; et d'ailleurs l'amour que nous avons pour la Justice nous défend d'admettre le succès de tentatives qui supposent une bien grande ignorance ou un bien complet oubli des conditions essentielles qu'il faudrait accumuler, au lieu de les amoindrir, pour assurer l'impartialité du juge. Mais bien loin de trahir la faiblesse du pouvoir judiciaire auquel votre profession vous attache, ces efforts mêmes démontrent avec évidence la force qu'on lui reconnait et qu'on lui envie. Tout d'abord son action a moins d'éclat que celle des deux autres pouvoirs ; mais elle a bien plus de durée et d'efficacité. Il ne fait pas la loi ; mais il l'interprète, et quand vous étudierez l'œuvre de la jurisprudence, vous serez plus d'une fois conduits à vous demander, si celui qui interprète la loi a moins de puissance que celui qui l'a faite. Il n'agit pas de lui-même, et son action doit être provoquée par la plainte des particuliers ou du ministère public ; mais toutes les grandes questions qui agitent la société mettent en jeu des intérêts, dont le conflit saisit les tribunaux, et quand un grand courant de jurisprudence s'en empare, rien n'égale la puissance de ces solutions, appuyées sur la seule autorité absolue devant laquelle les hommes consentent encore à s'incliner, celle de la chose jugée. Sans doute encore, le pouvoir judiciaire ne saurait assurer par lui-même l'exécution de ses décisions ; mais telle est la force de l'idée qu'il représente que ses moindres commandements sont aussitôt obéis, et que pas un dépositaire de la puissance publique n'oserait refuser son concours à l'exécution de la sentence du plus humble juge de paix. Je sortirais de mon dessein en montrant, ce qui d'ailleurs est évident de soi-même, que l'autorité du pouvoir judiciaire et le respect qui s'attache à ses décisions doivent être encore

plus grands dans une société démocratique soumise à un
gouvernement républicain.

Tournez maintenant vos regards d'un autre côté, et voyez
combien le champ ouvert à votre activité s'est agrandi. On
a soutenu quelquefois que les gouvernements absolus
étaient plus favorables au barreau que les gouvernements
libres, parce que, au milieu du silence général, la voix des
avocats était seule entendue ; ce n'est là qu'un insoutena-
ble paradoxe. Il est vrai qu'alors les moindres procès
émeuvent l'opinion et assurent aux avocats un auditoire
plus attentif; mais la vanité seule peut y trouver son compte.
Magna eloquentia, sicut flamma, materia alitur, a dit Ta-
cite. Tout ce qui entrave la liberté de l'esprit, tout ce qui
comprime la pensée et l'oblige à se réfugier dans l'équivoque, enlève à l'éloquence son aliment et ses ailes ; on raffine
sur les mots ; on apprend à dire avec élégance des choses
sensées ; on crible son adversaire, et au besoin le gouvernement lui-même, de sous-entendus piquants et de réticences
spirituelles ; mais on n'entraîne personne ; on ne domine
pas les cœurs ; on a beau toucher à l'éloquence et montrer
qu'on en possède le don, les accents les plus forts expirent
bientôt dans une atmosphère lourde et sans écho.

Au contraire, lorsqu'aucune entrave n'est mise à l'activité de la pensée humaine, lorsque les plus grands sujets
lui sont livrés avec la liberté de les traiter à sa guise, lorsque chacun a le droit d'examiner les lois politiques et civiles, lorsque toutes les doctrines philosophiques, sociales
ou religieuses sont sans cesse contrôlées et discutées ; lorsque les partis, à la poursuite des suffrages, s'attaquent avec
violence, il en résulte une agitation constante, une sorte de
mouvement incessant et tumultueux qui fournit à l'éloquence judiciaire cent occasions de montrer de quelle
force salutaire elle dispose pour soumettre ces passions
ardentes au joug des bienséances oratoires et faire pénétrer

dans ces querelles emportées l'esprit de modération qui
est l'honneur de la barre, et le sage tempérament des lois.

Mais de nouveaux sujets vont s'offrir encore à vos méditations et à vos études. La procédure criminelle sera sans
doute l'objet de réformes, et, si l'on en juge par les projets déjà connus, ces réformes accroîtront dans une large
mesure le rôle de l'avocat dans la défense des accusés. Au
lieu de mendier le droit de communiquer, il le tiendra de
la loi. Il ne sera plus réduit à ne donner, presque jusqu'au
dernier moment, que de stériles consolations ; on voudrait
qu'en prêtant à son client une assistance plus efficace, il
pût fournir au magistrat la possibilité de s'entourer de
toutes les preuves, avant de prendre un parti qui, quoi
qu'on puisse dire ou faire, pèse toujours, comme un pré-
jugé redoutable, sur le prévenu ou sur l'accusé. Sans méconnaître l'intention généreuse qui inspire ces projets de
réforme, j'en aperçois clairement les difficultés et les périls. Mais en tout cas il est certain que le jour où de pareils
changements seraient introduits dans nos lois, ce serait
pour nous tous, mes jeunes confrères, une pratique nouvelle à acquérir où toute la discipline devrait être employée
à contenir les excès du zèle et à empêcher l'avocat de compromettre son caractère par trop de condescendance à servir les ruses légitimes d'un accusé.

Ainsi, le rôle du barreau s'en va grandissant à mesure
qu'une liberté plus étendue pénètre dans les institutions et
dans les lois. Mais je serais bien peu digne d'être votre
chef, si je ne vous avais amené sur ce sommet et montré
ces engageantes perspectives que pour enfler votre orgueil.
J'ai été guidé par une pensée toute contraire. Plus épaisse
est la moisson qui nous est offerte, plus il nous faudra d'efforts et de labeurs pour la recueillir ; plus les services que
la société attend de nous sont éclatants, plus nous devons
nous attacher à cultiver les qualités professionnelles des-

quelles dépendent l'unité de notre Ordre, et l'estime dont il est honoré.

Or, notre bien le plus précieux, parce que sur lui repose toute l'utilité de notre institution, c'est notre indépendance ; indépendance vis-à-vis des clients aux passions desquels nous ne devons pas nous asservir, indépendance vis-à-vis des adversaires contre qui la loi nous permet les diffama- tions les plus cruelles, indépendance vis-à-vis des magis- trats qui doivent entendre de nous toutes les vérités. Une liberté si étonnante engendrerait bien vite d'intolérables abus, si des règles vigilantes ne la contenaient à chaque instant ; et, d'un autre côté, le dépôt de ces règles ne pour- rait être confié à une autorité étrangère, sans que cette autorité ne devînt aussitôt maîtresse de notre liberté. Nos traditions ont résolu ce problème en nous chargeant de nous imposer à nous-mêmes une discipline qui devient ainsi la plus sûre garantie de notre indépendance, et la force de nos règles s'accroît du soin qui nous est laissé de les maintenir.

Jamais un plaideur ne comprendra qu'il ne vous soit pas permis de réserver pour l'audience une pièce décisive ; il lui importe peu que vous vous déshonoriez par des injures inutiles, si elles satisfont sa fureur ; il trouvera ridicule que vous ne puissiez pas vous charger de son pouvoir pour le représenter à d'importantes réunions ; il ne lui viendra pas à l'esprit que vous puissiez refuser de vous associer à ses entreprises ; toutes ces entraves lui sembleront contraires à ses propres intérêts ; et il aura souvent raison de penser ainsi, car il ne songe qu'à sa cause et non à toutes les cau- ses, et il ne voit pas que la loyauté absolue et l'urbanité constante que nous nous efforçons de faire régner parmi nous, peuvent seules assurer l'œuvre de la justice par la confiance qu'elles établissent entre tous ceux qui sont char- gés de l'accomplir.

Gardez-vous de croire, d'ailleurs, que ces prescriptions soient de nature à entraver l'activité de chacun, et à gêner l'expansion des facultés et des moyens. Venues à nous à travers les âges, elles n'ont pas l'inflexibilité d'une loi écrite ; c'est une loi volontaire dont nous sommes à la fois les serviteurs et les maîtres ; nous la pouvons ainsi plier sans effort aux nécessités nouvelles qu'amène chaque jour la transformation des habitudes. Et puis, toutes ces règles sortent si naturellement des entrailles de notre profession ; elles répondent si bien à tous ses besoins ; elles conjurent avec tant de prudence tous ses dangers ; on a si souvent l'occasion de vérifier leur admirable sagesse ; on trouve en elles tant de sécurité et tant de repos, qu'on se prend à les aimer avant même d'avoir songé à les craindre ; elles deviennent ainsi une sorte de tendance héréditaire ; elles pénètrent dans notre sang, circulent avec lui, et bientôt on n'a pas de compagnon plus cher que ce témoin invisible qu'on porte nuit et jour avec soi.

Elles font encore davantage. Par l'action qu'elles exercent sur chacun de nous, elles impriment au corps tout entier une direction uniforme, et cette direction, toujours la même depuis tant de siècles, a fini par créer un ensemble d'idées et de sentiments qu'on appelle l'esprit du barreau. Cet esprit s'empare de l'avocat au moment où il entre dans la carrière, et désormais il ne le quittera plus. Sa vie sera obscure ou brillante, calme ou agitée ; il sera magistrat, administrateur, homme politique, ministre, ou plus encore, rien n'effacera le signe indélébile dont il a été marqué, et si par hasard sa conscience alarmée vient parmi nous chercher un refuge, vous l'entendrez s'étonner d'avoir pu préférer les asservissements de l'ambition à l'indépendance qu'on trouve sous le joug léger de notre discipline professionnelle.

Aussi, mes jeunes confrères, je vois sans trop d'épouvante cette agitation des esprits à laquelle je ne songe pas à vous empêcher de prendre part. Avant tout, vous vous devez au droit et à la jurisprudence ; mais je ne vous demande pas de détourner systématiquement vos regards de toutes les autres questions. Toutes vous appartiennent, ou plutôt vous leur appartenez ; car tôt ou tard vous aurez à les examiner, peut-être à les discuter à la barre, et il y a des points sur lesquels ce n'est pas le dossier qui doit faire l'opinion.

Est-ce à dire que je vous conseille, en attendant les occupations du Palais, de vous mêler activement à la politique des partis ? Non, mes chers confrères. Je suis loin de blâmer ceux que le goût de la politique entraîne vers ses domaines agités, et je souhaite, au contraire, qu'ils y fassent pénétrer peu à peu les principes de liberté réciproque et d'indépendance réglée qui sont les nôtres. Mais si la profession d'avocat est votre seul but, elle a, sachez-le bien, de telles exigences qu'il n'est pas prudent de se charger en même temps d'autres devoirs. *Age quod agis.* Si donc vous voulez, avant tout, être avocats, résistez à l'ambition politique, restez au Palais ; vous y trouverez l'occasion de défendre vos idées et de servir vos opinions. N'oubliez pas, d'ailleurs, qu'avant d'être un métier, la politique est une science, une science longue et difficile ; je ne vous défends pas de chercher à l'acquérir ; et je vous verrai sans regret appliquer votre intelligence à l'étude des problèmes de droit, d'économie politique et d'histoire que chaque jour soulève, parce que je suis profondément convaincu qu'il n'est permis à personne de s'asseoir sur le bord de la route pour regarder passer la foule, et que tout ce qui rend le citoyen meilleur et plus utile profite à l'avocat.

Mais ne vais-je pas, en vous tenant un pareil langage, m'exposer aux reproches de quelques-uns de nos anciens ?

Ne voyez-vous donc pas, me diront-ils, que la politique nous divise, et que sa rudesse finira par altérer la confraternité ? Il y a du vrai, sans doute, dans ces craintes ; mais elles ne sont pas non plus exemptes d'exagération, et le moindre effort de notre part peut en faire disparaître le sujet. En 1848, quand M. Barthe, ancien ministre, est revenu parmi nous, on s'est demandé s'il respectait les convenances et s'il honorait suffisamment le souvenir de son portefeuille. Ouvrez maintenant notre tableau et comptez ceux qui d'avocats sont devenus ministres, et ceux qui de ministres sont devenus avocats. Jamais il n'a été plus exact de dire avec M. de Tocqueville : « Dans tous les gou- » vernements libres, quelle qu'en soit la forme, on trouvera » les légistes au premier rang de tous les partis. » Et tous ces hommes, si profondément divisés sur tant de graves questions, se rencontrent tous les jours, vivent sous la même robe, nomment les mêmes chefs, obéissent à la même discipline, et n'ont pas même d'effort à faire pour oublier leurs dissentiments, dès que les devoirs de la confraternité sont en jeu.

Grand et admirable spectacle, qui fait l'étonnement des hommes qui l'ont sous les yeux, dont nous avons le droit d'être fiers, et qui me donne à penser que la société n'a pas trop à perdre à l'ambition de ceux d'entre nous que leurs aptitudes dirigent vers les fonctions publiques. Si par tempérament nous sommes ennemis de l'oppression et amis de la liberté, nous sommes par caractère et par état ennemis des changements brusques; passionnés pour nos coutumes, fortement attachés à la légalité. Accoutumés à chercher et à saisir avec rapidité les points faibles d'un système opposé, nous nous laissons facilement aller au plaisir de la critique, mais nous n'épargnons pas plus l'opposition que le pouvoir. Nos discussions sont ardentes, il est vrai ; mais on apprend à la barre à ne jamais oublier

le respect qu'on doit à ses adversaires. Notre état est péni-
ble, et pour l'exercer avec un peu d'éclat il faut en quelque sorte être infatigable ; cela enseigne à mépriser les
agitations stériles et les discussions sans précision et sans
fruit. On s'avance avec lenteur dans notre profession, et
vingt années ne sont pas de trop pour se promettre d'y
prendre quelque place ; voilà de quoi consoler les ambitions impatientes. Nous condamnons avec sévérité, comme
des fautes professionnelles, le charlatanisme et l'intrigue ;
nous apprenons à séparer par la pensée le salaire du travail qui l'a mérité, à goûter comme un plaisir exquis et
comme la plus douce récompense, l'approbation éclairée
de nos rivaux et de nos maîtres, à vénérer dans nos anciens
l'éclat du talent et la gloire dont ils ont illustré notre Ordre ; voilà les mœurs qu'a formées la discipline ; c'est elle
qui depuis cinq siècles lie les générations par un ciment
indestructible, et grâce à elle nous pouvons nous glorifier
d'avoir encore des traditions et des ancêtres. « Pour moi,
» s'écriait un jour Berryer, je rends grâce à Dieu de ce
» qu'aux premiers jours de ma jeunesse, il m'a inspiré le
» désir et la résolution de consacrer ma vie à la pratique
» du barreau. Si, sans consentir à cesser d'être avocat,
» j'ai été appelé à une autre tribune, je souhaite m'y
» être toujours montré fidèle à l'esprit de nos règles et
» au sentiment de notre indépendance ». Nous ne comptons
plus aujourd'hui ceux que la politique nous prend, ou plutôt qu'elle nous emprunte. Toutes les opinions viennent
tour à tour chercher dans nos rangs leurs orateurs et leurs
chefs ; et ce n'est pas faire un souhait contraire à l'intérêt
de la patrie que de désirer qu'ils puissent se rendre à la
fin de leur vie ce grand et magnifique témoignage que la
postérité n'a pas fait attendre à Berryer.

Mais je vous l'ai dit, mes chers confrères, cet honneur
que l'opinion publique fait à notre Ordre nous impose

plus étroitement encore le devoir de maintenir avec une vigilance croissante la discipline à laquelle notre Ordre doit précisément son élévation. Je sais que nos maximes sont parfois bien sévères ; elles nous exposent souvent aux mécomptes et à l'ingratitude ; elles vont bien au delà des exigences de la probité ; elles sont en un mot comme les délicatesses visibles de la conscience. Mais je sais aussi que l'observation en devient aisément facile et douce, qu'elles épurent les instincts du cœur, qu'elles en chassent toutes les basses pensées, qu'elles donnent à la parole une autorité irrésistible, qu'elles nous ont fait ce que nous sommes, qu'on s'amoindrit dès qu'on ne grandit plus, et que les espérances de l'avenir nous font une loi de chercher à accroître encore le patrimoine que le passé nous a légué. *Ita in maxima fortuna minima licentia est.*

J'aimerais à prolonger avec vous cet utile entretien, mes jeunes confrères, s'il ne fallait maintenant rappeler tous les grands deuils qui nous ont affligés. Ce ne sera pas d'ailleurs changer de sujet que de vous montrer, par l'exemple de ceux que nous avons perdus, quelle dignité et quelle estime notre profession assure à l'existence la plus simple, quel doux éclat d'honneur elle donne aux vies les plus brillantes, quelles consolations et quel refuge elle prépare aux plus tourmentées.

Ce jour qui nous rassemble ne reporte-t-il pas vos souvenirs vers la séance du 22 décembre 1879 où nous avons entendu pour la dernière fois la voix de Jules Favre, lisant les derniers adieux de Nicolet ? Jamais leur pensée n'avait été plus haute, leur tendresse pour vous plus vive et plus éclairée, leur parole plus émue et plus touchante. Mais une sorte de pressentiment lugubre planait sur notre assemblée qu'anime d'ordinaire la joie du travail repris, et malgré votre jeunesse, on vous voyait sentir ce qu'il y avait de mélancolique dans les élans de ces deux âmes confondues, et dans le spectacle des lueurs mourantes de ces jours éclatants qui se couchaient pour ne plus se lever.

Nos craintes n'étaient que trop légitimes. Un mois après Jules Favre mourait, emportant avec lui cinquante ans d'une éloquence qui, à de certains jours, n'a pas eu de rivale. Il était né à Lyon le 21 mars 1809. Son père faisait le commerce de la soie, et entretenait de fréquentes relations avec l'Italie. Ainsi le fils tourna de bonne heure ses regards vers ce noble pays qu'on n'aime pas à demi, et dont l'oppression douloureuse devait lui inspirer plus tard les prodiges de la défense d'Orsini. Sa mère était une catholique ardente ; vouée tout entière à l'éducation de son enfant, elle s'efforça de lui inspirer les principes de foi solide et éclairée qui animaient sa tendresse et soutenaient sa vie, et c'est à cette douce et puissante influence que Jules Favre a toujours reconnu devoir le spiritualisme hautement chrétien dont il a fait si souvent profession publique. A seize ans, ses études finies, il entra dans une étude. A dix-huit ans il vint à Paris pour faire son droit ; il l'acheva au bruit de la révolution de 1830 à laquelle il prit part, les armes à la main, dans un corps d'étudiants. Aussitôt après, il retourna à Lyon, prêta serment et se fit inscrire au stage. Mais les occupations d'un jeune avocat étaient loin de suffire aux habitudes de labeur acharné qu'il avait contractées, et, la tête encore toute chaude du soleil des trois journées, il écrivit beaucoup d'articles de presse dans lesquels on remarqua une profession de foi nettement républicaine. Vous savez combien les premières années de la monarchie de Juillet furent difficiles. Toute révolution suspend le travail, et par conséquent accroît d'abord la misère du peuple. De là naquit dans les masses populaires des grandes villes une agitation profonde, de là les violences de la presse, les émeutes, les barricades. Lyon eut ses journées comme

Paris. Témoin des souffrances de ses compatriotes, Jules
Favre se consacra tout entier à leur défense. Il le fit avec
tant de fougue qu'un jour même il faillit lui arriver malheur. En 1831, il défend un journaliste qui est condamné.
On ne voit rien là qui puisse beaucoup surprendre, même
un journaliste. Jules Favre ne l'entend pas ainsi ; il saisit
la plume et publie un pamphlet contre le tribunal. Il est
traduit en police correctionnelle et renvoyé de la poursuite,
grâce à la parole de Sauzet et sans doute aussi à l'indulgence des juges. Mais il a toujours gardé un vif souvenir
de cette incartade, et jamais depuis il n'a perdu une occasion de montrer, par son exemple même, combien l'indépendance de notre parole gagne au libre respect que nous
accordons aux magistrats.

En 1834, il publie un petit volume qu'il intitule *Anathème*.
C'est une rêverie de métaphysique religieuse et sociale,
traduite avec l'emphase orientale que Lamennais mit un
instant à la mode. Pendant les dernières années de sa vie,
son âme attristée par les douleurs du présent, aimait à se
reporter vers les jours heureux de la jeunesse, et il a laissé
une autobiographie un peu incertaine dont les demi-confi-
dences sont évidemment sincères, lorsqu'il parle de l'état
de son âme, de ses tendances et de ses aspirations. Que
ne puis-je, mes chers confrères, m'arrêter un instant pour
rapprocher les épanchements de la vingtième année des
confessions de la vieillesse, et vous montrer, au fond de
ce cœur dont la surface a tour-à-tour reflété tant d'images,
l'inébranlable constance des convictions philosophiques et
des sentiments généreux qui font l'unité de sa vie ! Mais le
temps me presse, et c'est à peine si je pourrai vous rappeler les faits, sans y mêler de réflexions.

Ce fut le procès de 1835 qui l'appela à Paris pour défendre les Lyonnais renvoyés devant la Cour des Pairs. Ce
procès immense qui tient une si grande place dans l'his-

toire du parti républicain fut marqué par des incidents dont quelques-uns mettent puissamment en relief certains traits du caractère de Jules Favre. Les accusés déclinèrent d'abord la compétence de la Cour des Pairs. Mais l'exception fut rejetée, et il se manifesta aussitôt un désaccord très grave, non seulement entre les accusés, mais encore entre les conseils. Pour les uns, la condamnation était certaine, et dès lors, il ne pouvait s'agir de présenter une défense inutile qui donnerait à la condamnation une apparence de régularité juridique ; il fallait profiter de l'occasion pour faire connaître hardiment à la France entière les doctrines et les espérances du parti républicain. Les autres au contraire pensaient, que, tout en protestant contre cette compétence qui mettait entre les mains d'une assemblée politique le sort de ses adversaires politiques, il fallait songer aussi aux malheureux que la peine allait atteindre, à leurs souffrances, à la misère de leurs femmes et de leurs enfants, et faire les derniers efforts pour rendre moins cruelle la condamnation trop certaine qui les attendait. Jules Favre soutint cet avis, d'accord avec Armand Carrel, et n'ayant pu le faire prévaloir dans la réunion des défenseurs, il déclara hautement qu'il se tiendrait néanmoins jusqu'au bout à la disposition des accusés qui voudraient être défendus.

Vous pouvez aisément imaginer quelle colère cette attitude, si conforme à nos règles, déchaîna contre lui. Il apprit alors à ses dépens qu'il est souvent plus facile à un homme politique d'obtenir un peu de justice de ses adversaires qu'un peu de liberté de ses amis. Mais s'il reçut cette leçon il n'en profita guère. A chaque étape de sa carrière, vous trouverez quelques marques de cette indépendance obstinée et hautaine qu'une ombrageuse démocratie ne lui a pas pardonnée. Je tiens de sa bouche une anecdote qui peint bien cette curieuse époque de 1830

où le romantisme pénétrait jusque dans la politique et
dans les complots. Comme il déjeunait au deuxième étage
du café Voltaire en attendant l'audience de la Cour des
Pairs, un inconnu demanda à lui parler. Introduit près
de lui, cet homme lui signifia d'un ton fort peu courtois,
qu'un tribunal secret l'avait, pour sa félonie, condamné à
mort et à la confiscation de tous ses biens. « Cette der-
» nière peine, disait Jules Favre, m'était pour plusieurs
» causes fort indifférente ; la première, pas du tout. Aussi,
» dans l'ignorance des intentions de mon interlocuteur,
» je m'avançai sur lui et lui déclarai, que s'il ne sortait
» pas à l'instant, j'allais le faire passer par la fenêtre. »
Manifestation qui suffit pour convaincre l'envoyé du tribunal secret que sa mission était complètement achevée.
Jules Favre plaida donc ; sa plaidoirie parut un chef-
d'œuvre, parce qu'elle était enflammée de toutes les
passions du temps. Vous y trouverez en la relisant un
peu de déclamation, mais vous n'en serez pas moins sé-
duits par la beauté des pensées, l'admirable éclat des
tableaux et la perfection déjà presque achevée du style.

Ce beau succès le fixa à Paris. Il se fit inscrire à notre
barreau le 13 novembre 1836. Les premières amertumes
de la politique lui avaient rendu sa profession plus chère ;
il s'y consacra tout entier. Le soin extrême qu'il apportait à la composition de ses plaidoiries leur donnait une
sorte de pesanteur traînante, bien plus sensible dans une
affaire rapide que dans un grand discours. Il acquit, dans
nos luttes de chaque jour, la souplesse et la franchise
d'allures qui nous sont indispensables et qu'elles peuvent
seules donner ; et il comptait déjà parmi les premiers,
lorsque la révolution de 1848 éclata. L'amitié de Ledru-
Rollin l'engagea de nouveau dans la politique. Ses discours et ses votes nous le montrent, également préoccupé
de la nécessité d'élargir le cadre des institutions et des

lois pour permettre à la démocratie d'y pénétrer sans violence, et de là nécessité non moins pressante de chercher,
dans la diffusion des idées morales, les seuls moyens par
lesquels on puisse contenir une démocratie sans lui enlever la liberté ; difficile problème sur lequel plusieurs générations passeront courbées sans le résoudre, et qu'il est
impossible d'envisager sans se sentir séduit par sa grandeur, autant qu'effrayé de ses difficultés et de ses périls.

Le coup d'État nous le rendit tout entier, avec Bethmont,
Crémieux, Dufaure et Berryer. Il y eut alors entre ces
grands avocats, unis cette fois par la défaite commune de
leurs différents drapeaux, et cherchant l'apaisement de
leurs colères dans les tranquilles labeurs de notre profession, une sorte d'émulation de travaux juridiques et de
belles plaidoiries, qui donnent aux annales judiciaires de ce
temps un incomparable éclat. Le changement des gouvernements n'empêche pas le monde d'aller son train habituel,
et quoi qu'on fasse, les actes et les hommes du pouvoir
doivent tous, un jour ou l'autre, subir la discussion de
l'audience ; et quand la presse et la tribune sont muettes,
la liberté de la barre peut encore essayer de consoler l'éloquence et de donner à l'opinion publique ces satisfactions
et ces vengeances qui lui rendent plus léger le poids de
sa captivité. « A de certaines hauteurs, avait-il coutume
» de dire, la parole est toujours libre. » Nul n'a jamais su,
mieux que lui, s'élever d'un vol magnifique à la région de
la liberté absolue, et qu'il s'agisse des incidents irritants
d'une cause politique, ou des détails mystérieux des causes privées les plus délicates et les plus risquées, sa pensée plane sans effort au-dessus de tous ces périls, tantôt
glissant l'ironie la plus mordante dans les périodes les plus
solennelles et les mieux cadencées, tantôt revêtant les plus
vulgaires objets de toute une magie de couleur et de poésie, touchant du pied la terre, un instant après s'élevant

jusqu'au ciel, toujours pure, toujours noble, toujours belle, et réduisant ses ennemis à chercher un défaut jusque dans sa perfection même.

Le bâtonnat vint enfin couronner sa carrière. Il l'illustra par deux discours qu'il a jugés lui-même dignes d'être joints à la défense d'Orsini. Ce furent là les plus belles années de sa vie. Rien ne peut vous donner l'idée, mes jeunes confrères, de l'empire et de la séduction qu'il exerçait alors parmi nous, si ce n'est la séduction et l'empire qu'y exerce aujourd'hui celui qui est l'héritier le plus direct de son éloquence et de sa gloire. Comme il se levait à la barre, puissant, majestueux, ouvrant sa large poitrine, la tête légèrement tournée vers la gauche, le bras toujours ramené vers le corps et prêt, comme un arc tendu, à lancer le trait d'un geste rare et décisif, sa chevelure indocile rejetée en arrière, et voltigeant sur ses lèvres inégales ce sourire, dont l'expression passait si aisément de la hauteur la plus dédaigneuse à la plus exquise bienveillance! A la tribune, chef de cette opposition des Cinq, étincelante, infatigable, toujours battue à la Chambre, payée de chaque défaite par une popularité plus grande. Bientôt Berryer l'introduit à l'Académie au milieu de ces maîtres du style dont il était déjà l'égal. Et au Palais quelle activité! Quels travaux effrayants! Quelle fécondité! En quelques années, il accumule les chefs-d'œuvre : il plaide les affaires Doineau, Migeon, Orsini, de Groslée, Pelletan, l'affaire Armand à Aix, l'affaire du mariage des prêtres à Périgueux, l'affaire Saint-Meleuc à Poitiers, l'affaire de la Salette à Grenoble ; à Paris, le procès des Treize, où la fin de sa plaidoirie fut saluée par Berryer, qui déclara que jamais il n'avait rien entendu de plus beau et que, au nom de tous les autres défenseurs, il renonçait à la parole. Dans le même temps, il prononce au Corps législatif ces grands discours qui sont demeurés dans toutes les mémoires, sur *nos expéditions lointaines*, sur *les libertés intérieures*, sur *la question romaine*, sur *le droit de propriété littéraire*. Paris ne suffit pas à son activité ; plusieurs fois par an il parcourt la France ; il retourne même en Algérie ; partout on l'appelle, partout on le fête et on l'acclame ; et lui, heureux et fier, il reçoit ces hommages dont les nobles jouissances chatouillent si délicieusement son âme, et, promenant partout sa parole triomphale, il élève à l'éloquence judiciaire un monument qui ne périra pas.

Et ne pensez pas qu'arrivé à ce point culminant de ses merveilleuses facultés, il néglige aucune des précautions qu'à son début il croyait nécessaires pour assurer sa parole. A côté de Crémieux, qui ne fait aucune note et se fie à sa mémoire prodigieuse, sans être jamais trompé par elle, Jules Favre prépare des notes, dont le développement presque minutieux étonne les magistrats auxquels il les remet. Ne croyez pas davantage que l'orgueil de toute cette gloire conquise le rende indifférent aux souffrances des plaideurs, impatient de leurs entretiens souvent inutiles. Écoutez cette lettre : « Daignez réfléchir un instant aux » inquiétudes d'un plaideur. Troublé dans son droit, dans » ses intérêts, menacé d'une perte matérielle, souvent » d'une atteinte à son honneur, il a le sentiment très vif » de ce qui doit être dit pour son salut. Cependant il faut » qu'il ait recours à un étranger. Cet étranger va traduire » ce qu'il pense, ce qu'il veut, ce qu'il souffre ; il va deve- » nir un autre lui-même, il va expliquer sa vie ; quelle » mission et quelle responsabilité ! Cette responsabilité est » d'autant plus grande qu'elle n'a pas de sanction. Si l'a- » vocat est léger, inattentif, peu scrupuleux, il peut grave- » ment compromettre les intérêts qui lui sont confiés. Il » autorise, par sa négligence, le juge qui s'est trompé à » dire : « Pourquoi ne m'a-t-on pas éclairé ? » Il sera en par- » tie cause de malheurs irréparables et n'en sera pas tou-

» ché. Mesurez-vous l'étendue des préoccupations de celui
» qui comprend ces choses? Vraiment il en serait écrasé
» s'il ne les ramenait pas à ce qui est simple, sage et hu-
» main, c'est-à-dire au possible. Il ne dépend pas de moi
» d'avoir des facultés supérieures, de ne rien omettre, de
» me défendre d'une involontaire faiblesse; mais ce que je
» puis, par conséquent ce que je dois, c'est donner à celui
» qui vient à moi tout l'effort que réclame sa défense et
» m'y consacrer tout entier dans la limite de ce qu'elle
» m'impose. Faire cela est d'obligation; y manquer serait
» indélicat. »

Gardez le souvenir de cette lettre, mes jeunes confrères;
elle n'a pas été écrite pour nous, mais elle nous revient de
droit. Je reprends notre bien où je le trouve, et tout en
admirant le scrupule de notre illustre bâtonnier, nous
pourrons faire notre profit de cette admirable leçon.

Vous parlerai-je maintenant du reste de sa vie? Elle
appartient à la politique plutôt qu'au barreau. Je ne suis
pourtant pas de ceux qui pensent que, sous prétexte de
s'en remettre à l'impartialité de l'histoire, il faille laisser
outrager la mémoire de ceux que nous avons admirés et
aimés. Je crois, au contraire, que les procès historiques
sont comme les autres, qu'on les instruit mieux quand on
peut recueillir les témoignages et les contrôler par ses souvenirs, et que les hommes publics doivent encore moins se
défier de la partialité, éclairée au moins, de leurs contemporains que de l'indifférente ignorance de la postérité. Si
j'avais à le défendre des injustes accusations dont il a été
l'objet, je rappellerais ici le plus mémorable exemple de
l'inconstance des jugements humains, ces illusions communes dont il n'a été que l'éloquent interprète, ces pages
qu'en octobre 1870 la France en larmes proclamait immor-
telles et reprochées, six mois après, comme une maladresse
presque criminelle; et montrant sans peine qu'il n'y a pas

une des erreurs de sa vie qui ne vienne d'un sentiment de générosité, et du mouvement naturel d'une âme incapable de soupçonner la duplicité, j'acquerrais avec vous cette conviction, qu'on n'a pas à craindre le jugement des hommes, lorsqu'on se présente à l'histoire appuyé sur le bras de Berryer et défendu par M. Thiers. Mais il ne m'appartient pas d'apprécier ici l'ensemble de ses actes et de sa vie ; cet honneur revient à un autre qui saura, soyez-en sûrs, s'en acquitter comme nous avons le droit de l'attendre de lui. (1)

Laissons de côté l'homme politique, et ne songeons ici qu'à l'avocat. Sorti du ministère, il revint au barreau ; mais il n'y fit plus que de rares apparitions. Il écrivait le 25 mars 1872 :

« Je juge mon rôle fini... je pourrais disparaître de la » scène où j'ai essayé de faire mon devoir. C'est à d'autres » à continuer l'œuvre à laquelle j'ai consumé ma vie. »

Nous le vîmes cependant de temps à autre à la barre, prêtant l'appui d'un talent qui n'avait pas fléchi à des causes dont l'inépuisable bonté de son cœur l'amenait seule à se charger. Nos réunions professionnelles, l'ouverture de la conférence, les séances du conseil, un pieux devoir à remplir le ramenaient aussi parmi nous. Même à son heure dernière, il pensait à nous ; il a voulu qu'un don, pris sur sa modeste fortune, vînt accroître entre nos mains les moyens d'adoucir les souffrances que sa main ne pouvait plus soulager. — Des compositions historiques et littéraires, des projets de loi soigneusement élaborés, des conférences occupaient l'activité toujours égale de son esprit ; les chagrins qui l'avaient accablé, les trahisons dont il avait été victime, la solitude succédant tout à coup au tumulte de la vie publique, une fatigue qui lui faisait envisager la mort comme un repos, fixaient de plus en plus ses regards sur cet infini dont il avait porté le tourment

(1) M. Rousse, qui remplaçait Jules Favre à l'Académie.

toute sa vie. A l'entendre si souvent à la tribune et à la barre s'inspirer des vérités les plus hautes de la religion chrétienne, on pouvait croire qu'il n'y avait là que des lieux communs d'éloquence, développés dans le plus magnifique langage, ou tout au plus l'ébranlement d'une imagination très impressionnable et la rêverie d'un poète. Il semble au contraire que les dogmes d'une croyance plus précise, déposés dans sa conscience par la tendresse maternelle, et longtemps recouverts des ombres confuses d'un spiritualisme un peu vague, aient de nouveau pénétré sa raison, et que les consolations de la foi l'aient accompagné au sein de cette paix bien gagnée dans laquelle il repose, et sur laquelle veilleront désormais notre admiration et nos regrets.

Presque à la même heure, la mort nous enlevait un autre confrère mêlé, comme Jules Favre, à tous les événements de notre histoire, républicain comme lui, comme lui membre du gouvernement provisoire et du gouvernement de la défense nationale, grand avocat comme lui, mais doué d'un génie différent et de qualités presque contraires.

Né à Nîmes en 1796, Adolphe Crémieux montra de bonne heure l'imagination brillante et la facilité de parole qui ont été de tout temps l'heureux privilège des Gaulois du midi. Il avait au collège une passion pour Cicéron, et il apprenait ses discours par cœur. A soixante-dix ans, il le relisait encore, et ses enfants le surprenaient un jour à la campagne, notant dans son auteur favori les expressions qui lui paraissaient les plus brillantes et les plus justes. Un tel admirateur de Cicéron ne pouvait être qu'avocat. Il le fut en effet, et se fit d'abord inscrire au barreau de Nîmes. En quelques années il acquit dans tout le midi de la France une si grande réputation, qu'en 1830, MM. Sauzet et de Martignac se l'associèrent pour la défense des ministres de Charles X. Cette même année, il changea brusquement de carrière, et acheta à la Cour de cassation la charge de M. Odilon Barrot. Sans doute, il lui en coûta de renoncer aux émotions de la barre pour se renfermer dans les graves abstractions du droit. Mais, lorsqu'en 1837 il vint se faire inscrire à notre barreau, on vit tout ce que son esprit avait gagné à cette forte discipline ; tout de suite il se trouva l'é-gal des plus grands. Procès d'intérêt, questions d'État, séparations de corps, affaires de finances et de bourse, procès de presse, de théâtre, de Cour d'assises, rien n'était au-dessus de la puissance et de la flexibilité de son génie. Les causes des particuliers ne lui suffisaient pas ; pratiquant le patronage à la façon de Cicéron, il eut des peuples pour clients ; par trois fois, il quitta la France pendant de longs mois, pour aller défendre dans les conseils des princes la cause des Israélites persécutés. Trente ans durant, il porta sans fatigue le plus lourd fardeau. Puis, vers la fin de l'Empire, il s'éloigna peu à peu de la barre. On ne l'y a pas vu depuis 1871, soit que, préoccupé du noble souci de sa gloire, il ait craint de la compromettre en se montrant in-férieur à lui-même, soit qu'il lui ait paru sage d'employer à se recueillir et à se préparer les années que Dieu lui lais-sait. Mais absent du Palais, son nom revenait à chaque instant sur nos lèvres ; car il était de ceux qu'on peut ces-ser de voir sans les oublier.

Tous ceux qui l'ont entendu, mes jeunes confrères, vous diront qu'à leurs yeux Crémieux a été l'avocat le plus com-plet qu'ils aient jamais rencontré, et l'on peut sans effort trouver la raison de ce jugement unanime.

Cicéron demandait à l'orateur plus de philosophie que de jurisprudence ; Loysel, au contraire, voulait que l'avocat sût beaucoup de droit et fût médiocrement éloquent. Chaix d'Est-Ange et Jules Favre auraient peut-être contenté Ci-céron ; mais Crémieux aurait ravi à la fois Cicéron et Loysel. Les avocats eux-mêmes qui passent pour aimer le droit et

pour le savoir n'ont pas d'ordinaire une connaissance égale
de toutes les parties de la science ; ceux-ci connaissent
mieux le droit civil et le droit commercial ; ceux-là le droit
pénal et la procédure criminelle. Crémieux savait admirablement toutes les parties du droit, même le droit public
et administratif. Avec cela la mémoire, de toutes les facultés
la plus humble, mais la plus utile, était chez lui prodigieuse.
Non seulement les règles principales du droit et les solutions les plus importantes de la jurisprudence, mais encore
le détail, le texte, les exceptions à côté de la règle, toutes
les exceptions, les arrêts d'espèce, toutes ces provisions de
nos campagnes, toutes ces armes de nos luttes, il les entasse
dans sa vaste mémoire, et il les retrouve au moment opportun, avec une incomparable facilité. Là-dessus, sur ce
fonds de science doctrinale, c'est à peine s'il rencontre
au Palais quelques égaux.

Mais la science n'est à ses yeux qu'un moyen et non un
but. Il ne se complaît pas à planer dans ces régions où les
principes, dégagés de leurs applications, se montrent dans
leur beauté idéale et ravissent les yeux du philosophe. Il
les rappelle et les établit fortement ; quelquefois il les
éclaire un instant du rayon de la vérité éternelle dont ils
découlent ; mais aussitôt il court au procès, s'acharne sur
les faits et sur les pièces, ne laisse rien d'incertain ni d'obscur, et fait pénétrer jusqu'au fond des affaires les plus
compliquées cette lucidité que le juge réclame avant tout
et qu'on n'atteint jamais, si l'on n'a pas en même temps
l'habitude des affaires et la connaissance parfaite des moindres détails de son dossier. Il faut entendre par l'habitude
des affaires l'expérience de ces mille complications que la
variété des intérêts se plaît en quelque sorte à entrelacer
dans le libre jeu des conventions humaines. Crémieux possède au plus haut degré cette précieuse expérience. Toutes
les combinaisons si multiples, si inépuisables que le désir

de s'enrichir suscite, lui sont familières ; il devine, comme
d'instinct, les calculs des financiers ; les chiffres ne l'effraient
pas ; il en saisit à merveille les secrets rapports, et nul ne
sait comme lui faire sauter de l'un des plateaux d'une balance d'inventaire le faux poids que la main d'un spécula-
teur agile y a placé. C'est là la seconde cause de sa supériorité ; il entend les affaires aussi bien qu'il sait le droit.

Mais ce juriste consommé, cet homme d'affaires patient
et subtil est en même temps un orateur. Le hasard qui a
réuni dans la mort Crémieux et Jules Favre, après les avoir
si souvent rapprochés dans la vie, semble avoir voulu leur
ménager un contraste singulièrement favorable à la différence de leur génie. Chez l'un, la pensée est philosophique
et méditative, le sentiment pur, grand, souvent d'une
délicatesse exquise et d'une grâce presque féminine, parfois
puissant et viril, jamais violent. Chez l'autre, la pensée est
toujours tendue vers l'action ; le sentiment profond, énergique, souvent manifesté avec une force qui rappelle les
plus beaux modèles de l'antiquité. L'élégance continue de
Jules Favre, la justesse incomparable des termes, la noblesse et l'éclat des images, la correction d'un style qu'aucune négligence ne dépare, la science d'une composition
qui s'élève peu à peu par une gradation régulière du ton
modéré de l'exorde jusqu'aux mouvements passionnés de
la péroraison, tout cet art merveilleux qui se cache et se
laisse voir, qui tient l'auditoire suspendu aux lèvres de
l'orateur, qui enchante les esprits raffinés, rend plus admirables encore la simplicité, le naturel, la grandeur de la
parole de Crémieux. Là, point de recherche, point de périodes cadencées, point d'épithètes qui s'appellent et qui se
répondent ; nulle crainte de se répéter ; nul effort pour éviter ces négligences qui détendent le style et montrent que
l'orateur parle pour convaincre et non pour se faire
admirer ; il prend la discussion là où il la trouve ; point de

souci d'un exorde ; s'il est défendeur, sa plaidoirie ressemble à une réplique. Les moyens principaux de l'adversaire, les raisons de douter et de décider, les voici : il les résume, il les discute, et quelle discussion ! S'il s'agit d'une question de droit, il aperçoit aussitôt dans tout le champ de la science les conséquences diverses du principe sur lequel il s'appuie ; il le prend dans le droit civil, le suit dans le droit commercial et dans le droit administratif ; il cite les textes, les arrêts, tout cela sans notes, avec une sûreté de mémoire infaillible. S'agit-il du fait, il l'analyse avec un bon sens lumineux ; il en rapproche tous les éléments avec une vigueur de raison incroyable ; il le tourne et le retourne comme le fer que bat le forgeron. Sa démonstration lui paraît-elle incomplète ? Sans excuses, sans précautions oratoires, il revient sur son adversaire, il l'ébranle, il le déracine, et ces coups répétés d'une logique implacable font briller à chaque instant l'éclair de l'éloquence.

« La majorité d'une assemblée ! » s'écrie-t-il dans une plaidoirie d'assises de 1851, « mais la majorité du 20 fé-
» vrier, que devenait-elle le 24 ? Savez-vous ce qu'il fallait
» pour la faire disparaître ? Trente hommes du peuple qui
» entrèrent en armes dans la salle de nos séances. Savez-
» vous ce qu'il fallut pour que la Chambre des Pairs, à la
» majorité si compacte, pour que la Chambre des Députés,
» à la majorité si foudroyante, s'évanouissent toutes deux
» pour ne plus revenir ? Deux lignes d'un décret, écrit par
» moi, ainsi conçu : « La Chambre des Députés est dis-
» soute ; il est défendu aux membres de l'ex-Chambre des
» Pairs de se réunir ». Tout fut fini. La majorité ! Voic,
» un fait que je vous recommande : M. Thiers devint mi-
» nistre en 1840, il posa une question de confiance. La
» majorité fut de 186 voix. Quelques mois plus tard, une
» stupide réaction amena M. Guizot au ministère. Il posa,
» devant la même Chambre la même question de confiance.

» Savez-vous quelle fut la majorité ? Opprobre et douleur !
» 186 voix. »

Voilà le ton, le nerf, l'allure familière et grandiose, l'action oratoire, la parole irrésistible, parce que ce n'est, pour ainsi dire, plus un avocat que vous entendez, mais un homme passionné et éloquent.

Et hardi ! Vous n'imaginez pas jusqu'où va sa hardiesse. Sous Louis XVIII, il défend devant la Cour d'assises du Gard trois jeunes gens qui ont chanté la *Marseillaise* et qu'on accuse pour cela d'avoir proféré des cris séditieux. Sans doute, il va faire d'habiles allusions aux chants patriotiques de l'antiquité ; pas du tout, il les récite. Sans doute, il commentera la *Marseillaise,* de façon à adoucir ce qu'elle peut avoir de trop républicain pour des jurés de la Restauration. Pas du tout ; avec cette voix puissante, qui a gardé de l'accent du midi ce qu'il en faut pour donner plus d'énergie à la langue, il lit la *Marseillaise* elle-même. A la seconde strophe, le président l'arrête : « Vous commettez » le délit qu'on reproche à vos clients. » Comme Crémieux va s'expliquer, l'un des juges assesseurs intervient : « Je » vous demande pardon, monsieur le président, je puis » être appelé à juger si le jury rendait son verdict à la » simple majorité. Je ne me rappelle plus la *Marseillaise,* » je demande à la connaître. » Et Crémieux continue le troisième couplet ; non seulement il la lit, mais il la chante, et, vous le voyez, il la fait presque chanter à la Cour.

En 1851, il défend devant la Cour d'assises Victor Erdan accusé d'avoir imprimé la brochure de Charles Hugo contre la peine de mort. L'avocat général, entraîné par son sujet, a soutenu la légitimité de la peine de mort. Crémieux se lève, ou plutôt, pour rappeler un mot de M. Thiers, il jaillit : « L'ai-je bien entendu, » s'écrie-t-il, « c'est » sous la protection de Dieu même qu'on vient de mettre » la peine de mort ! » Et alors, il appelle à son aide l'An-

cien et le Nouveau Testament, les préceptes du Décalogue
et ceux de la religion chrétienne, les docteurs d'Israël, les
Pères de l'Église ; il accumule les apostrophes et les objur-
gations ; presque à chaque phrase, il soulève dans l'auditoire un mouvement prolongé d'émotion par la grandeur
simple des images qu'il prodigue et qui rappelleraient Bossuet, si la crudité de la couleur et le ton démocratique ne
leur imprimaient profondément la marque de notre temps.

Ajoutez maintenant une verve intarissable, une bonne
humeur constante, un esprit pétillant, mais sans fiel, une
rondeur toute populaire. Il se met volontiers en scène ; il
raconte des anecdotes de sa vie ; il rappelle ses actes ; il ne
dit pas la révolution de 1848, il dit ; ma révolution de
1848. Jules Favre est attiré par les instincts les plus délicats de sa nature vers tout ce qui souffre : ce n'est pas le
peuple qu'il aime, quoi qu'il le dise et qu'il le croie ; ce
sont les faibles, les délaissés, les malheureux. Crémieux
aime le peuple ; il l'appelle son peuple, et c'est bien le sien,
car il lui donne sa nature ouverte, sa bonté naturelle,
son âme généreuse. Ce n'est cependant ni un sectaire,
ni un démagogue ; il croit que c'est folie de songer à
fonder un gouvernement républicain, si l'on ne parvient pas à lui attacher ceux qui ont la supériorité de l'intelligence et de la fortune ; il écrit à Proudhon après le
24 février : « Quoique appartenant au parti avancé dans
» notre gouvernement, j'ai voulu contenir le flot, non par
» la crainte d'être emporté, mais dans la crainte d'effrayer
» ceux dont l'aide me paraissait indispensable aux pre-
» miers pas de la République. Il fallait sauver le berceau
» de Moïse et par conséquent éveiller la sympathie de la
» fille même de Pharaon ».

Enfin ajoutez à cette modération si parfaite, à ce bon
sens si clairvoyant, à tous ces dons de l'esprit et du cœur,
la culture intellectuelle la plus haute sans cesse entretenue,

le goût de tous les arts, la passion de la musique et du théâtre, Crémieux s'enfermant dans son cabinet pour donner des conseils de déclamation à la jeune Rachel, un commerce de relations et de lettres suivi avec tous les hommes célèbres de son temps, et l'auréole de ce long bonheur domestique au sein duquel toutes ces qualités se sont développées et épanouies, et vous aurez l'image d'une des plus belles carrières qu'ait fournies le barreau, et le souvenir d'un avocat qui, sans avoir donné à ses compositions oratoires l'incorruptible beauté de la forme, n'en a pas moins été un modèle presque achevé de l'éloquence judiciaire et l'un de nos plus glorieux maîtres.

A côté d'eux maintenant nos regrets vont placer le nom de ce jeune homme, tout radieux d'espérances, qu'une mort vraiment cruelle a séché dans le premier épanouissement de ses rares et précieuses facultés. Né à Paris en 1842, Horace Helbronner fut élevé en Angleterre jusqu'à l'âge de dix-sept ans ; il revint en France préparer son baccalauréat ; mais il retournait à Londres chaque année, et il y passait des mois entiers, non pas en voyageur que préoccupent seulement l'aspect extérieur de la contrée et les monuments des arts qui l'embellissent, mais en habitant qui se mêle aux citoyens du pays, partage leur vie, lit leurs journaux et s'intéresse aux questions qui les agitent et les divisent. Les circonstances lui fournissaient ainsi l'occasion d'étudier de près les institutions et les lois d'une nation qui tient école de politique, et la vivacité réfléchie de son esprit lui en inspirait le goût. Il apprit donc les lois anglaises, autant que cela est nécessaire et possible à un étranger ; et le premier fruit qu'il retira de cette étude fut le sentiment profond de l'individualisme un peu hautain sur le respect duquel les Anglais font reposer leur liberté. En 1870, le Conseil pour récompenser ses efforts et marquer le début d'une carrière qui s'annonçait avec éclat, lui décerna avec le prix Bethmont, l'honneur de prononcer l'un des discours de la conférence. Le titre fut : *De la Justice aux États-Unis*, beau sujet fait pour tenter à la fois le jurisconsulte et le citoyen. L'Amérique est comme un champ d'expériences où la démocratie se donne carrière, et, libre de toute crainte extérieure et de toute entrave, étale avec complaisance ses mérites et ses défauts. Quel sera dans cette société où le moindre joug paraît insupportable à l'orgueil du citoyen, la place du pouvoir judiciaire dont la mission est de soumettre tous les fronts à l'observation d'une même règle? La démocratie le formera-t-elle à son image, turbulent et mobile? ou, au contraire, par un sentiment instinctif du danger qui la menace, consentira-t-elle à le placer sur sa tête et à lui accorder les garanties d'indépendance, de respect et de force, sans lesquelles il ne peut être qu'un instrument de tyrannie? Helbronner apporta dans cette étude une maturité, une sûreté de jugement, une sagacité, un esprit franchement libéral, qui furent admirés de tous, mais qui ne surprirent pas ceux qui savaient à quel maître il était allé demander le secret de cette justesse tempérée et de cette fermeté bienveillante qui grandissent à la fois le caractère et le talent de l'avocat. Il ne manqua pas de signaler cette disposition, à la fois si audacieuse et si prudente, de la constitution fédérale qui charge un vrai tribunal de prononcer, non seulement, comme cela va de soi dans les pays libres, entre l'État et les citoyens, mais encore sur la constitutionnalité des lois dont il peut suspendre l'effet en les déclarant contraires à la constitution.

Le succès de son discours fut très grand et rendit plus rapide son avancement dans la carrière. En huit ans il atteignit les premiers rangs du jeune barreau. Un heureux mélange de qualités solides et brillantes donnait à sa pa-

rôle un charme et une autorité que tous subissaient. Sans
rien ôter à la vigueur du raisonnement, il ne dédaignait
ni les grâces de l'esprit, ni les mouvements de la passion.
Son âme vibrait aisément et avec force ; l'émotion se peignait aussitôt sur ses traits mobiles ; mais avec un effort
visible il en contenait l'expression, retenu par la crainte de
manquer à cette dignité de la parole qui était à ses yeux la
première règle de notre art. Il était naturellement grave et
de manières réservées. Mais cette froideur apparente
n'était que la précaution d'un cœur tendre qui ne voulait
pas se donner à demi. Une fois dissipée, elle laissait voir
des trésors de sensibilité, de délicatesse et de générosité.
Israélite convaincu, il avait pour amis des chrétiens ardents,
et jamais les visions d'une intolérance absurde ne troublèrent les épanchements de leur amitié. Il avait l'enthousiasme de toutes les choses belles, le goût de tous les
nobles plaisirs ; il aimait sa profession par dessus tout, et
il lui sacrifiait jusqu'au repos dont sa constitution un peu
frêle aurait eu besoin. Pendant tout ce rude hiver, il se
levait à cinq heures et se mettait au travail ; ses traits ac-
cusaient la fatigue, et nous nous demandions avec inquiétude si sa santé triompherait de l'effort qu'il lui imposait.
Tout à coup la maladie l'a saisi ; elle nous a fait passer par
toutes les alternatives de la crainte et de l'espérance. Nous
le croyions sauvé, lorsqu'en quelques jours il a été ravi à
toutes les tendresses dont il était entouré. Rien n'égale la
mélancolie de ces morts prématurées. Hier, c'était Colin
de Verdière, Helbronner aujourd'hui ; il semble que chaque année veuille nous en faire savourer l'amertume. Aussi,
quel empressement à ses funérailles ! Comme tous les
fronts étaient chargés de tristesse ! Vieux et jeunes avocats,
magistrats, clients, tous suivaient son cercueil ; beaucoup
pleuraient, et cette douleur universelle attestait ce qu'il y
a de cruel dans l'insondable mystère de la destinée humaine,

qui met au cœur de l'homme toutes les ambitions, lui permet d'ébaucher tous les rêves, l'attache par les liens de tous les amours, et brusquement, avant l'heure, brise d'un seul coup les affections, les ambitions et les rêves et arrache de la main de ces nobles jeunes gens le laurier qu'ils allaient saisir. Par une disposition de son testament, Helbronner, en nous léguant un souvenir, a voulu que rien ne fut dit sur son tombeau. Nous avons obéi alors à sa prière ; mais sa mémoire nous appartient et vous ne l'oublierez pas, mes jeunes confrères, parce qu'elle vous marque ce chemin de travail acharné, d'application constante et de continuelle vigilance sur vous-mêmes dans lequel vous êtes assurés de rencontrer le succès.

Nous avons perdu encore MM. Caffin, Jardel et Louis Martin, qui par des qualités différentes se sont fait également regretter ; M. Liot, si bon, si simple, si franc, d'une si parfaite ouverture de cœur ; M. Édouard Poyet, que son goût pour la campagne éloignait de nous peu à peu ; enfin MM. Lavaux, Jay, M. Lacan et M. Nicolet.

M. Lavaux est mort à quatre-vingt-quatorze ans, après soixante-quatre années d'inscription au tableau de notre Ordre dont il était le doyen. Il vint au Palais en 1816 et se fit bientôt une place dans le barreau de la Restauration, dont un de nos jeunes confrères va tout à l'heure rappeler les combats et caractériser l'esprit. L'éloquence judiciaire commençait alors à se dégager de la solennité un peu compassée que le XVIIIe siècle avait gardée du XVIIe et qui convenait au silence de l'empire. Des sujets variés et plus grands demandaient une forme nouvelle ; des passions plus ardentes avaient besoin d'une parole plus familière et plus libre. Par la nature de son esprit aussi bien que par son âge, Lavaux fut acquis tout de suite à la nouvelle école. Pendant trente ans, il tint au Palais un emploi

considérable. Les procès de séparation de corps suivaient
volontiers le chemin de son cabinet. Il y apportait tout ce
dont ils ont besoin, une sensibilité discrète, un esprit facile
et quelquefois mordant, et, ce qui est un trait de son
temps, le goût de ces plaisanteries salées que Léon Duval
nous a souvent reproché de ne plus oser risquer. Il entra
au conseil en 1830. Deux ans après, il plaidait pour la
baronne de Feuchères dans l'affaire du testament du prince
de Condé. Son rôle ainsi grandissait ; sa vigueur demeurait
la même, il ne comptait au Palais que des amis, lorsque
en 1842, il prit sa retraite et cessa de plaider. Il vécut
ainsi désormais, partageant son temps entre ses livres et
ses amis, actif, piéton infatigable, avançant en âge sans
vieillir, toujours fidèle aux assemblées générales du barreau, et écrivant d'une main ferme à quatre-vingt-onze
ans un testament qui contient la disposition suivante :

  « Je ne pouvais oublier l'Ordre des avocats au barreau
» de Paris ; c'est au milieu de mes anciens confrères que
» j'ai passé les plus heureuses années de ma vie ; c'est
» dans l'exercice de ma profession que j'ai acquis cette
» fortune dont il me reste à faire un honorable emploi, et
» j'ai toujours pensé qu'il était juste d'en remettre une
» notable partie entre les mains du conseil de notre Ordre
» qui en disposera dignement. J'ai, en conséquence, fait
» les dispositions suivantes : Je donne et lègue à l'Ordre
» des avocats du barreau de Paris, ma maison rue Saint-
» Sulpice, n° 27, pour en jouir du jour de mon décès. »

Vous éprouverez tous, mes chers confrères, les sentiments divers que m'a causés la nouvelle de cette magnifique libéralité. Je n'y ai pas vu seulement l'assurance de
pouvoir nous acquitter désormais avec moins de parcimonie du devoir d'assistance, le premier de tous ceux que la
confraternité nous impose. J'y ai trouvé quelque chose de
plus haut et de plus grand. Il me semble que ces dons,

chaque année plus nombreux, sont, sous une forme nouvelle, une preuve éclatante de la force que notre Ordre puise
dans l'attachement invincible que lui portent ceux qui lui
appartiennent. Le zèle de chacun pour le bien de tous est
la pierre de touche de la vitalité des grands corps, et comme
la base indestructible de leur puissance et de leur durée.
Mais cette considération générale ne doit pas nous faire
oublier un instant celui dont la générosité l'a fait naître.
Rien de plus touchant, de plus digne d'affection et de respect que ce vieillard, qui, sentant approcher le terme de
sa longue vie, se retourne avec des yeux attendris vers cette
douce patrie du barreau que trente-quatre années ne lui ont
pas fait oublier, qui ne veut être que l'usufruitier d'une
partie de la fortune amassée par son travail ; tient, par une
délicatesse suprême, à paraître nous rendre ce qu'il nous
donne ; confie pendant trois ans le secret de ses intentions
généreuses à la discrétion d'un ami fidèle, et dérobé par
la mort à notre gratitude, ne veut accepter que pour son
nom la mémoire éternelle que notre reconnaissance réserve
à ce bienfait.

Né à Grenoble en 1825, Émile Jay vint au Palais en 1849,
et se fit inscrire au stage. Secrétaire de la conférence pour
l'année 1851-1852, il dut quitter Paris pour échapper aux
recherches que lui valurent ses opinions républicaines. Il
revint parmi nous en 1855 et ne nous quitta plus. Il ne
faut pas, mes jeunes confrères, vous habituer à juger du
rang que les avocats occupent au barreau par le bruit que
leur nom fait au dehors, et vous trouverez au Palais une
foule de confrères excellents, doués des mérites les plus
solides, très redoutables adversaires et très utiles alliés,
jouissant d'une grande réputation de savoir, placés très haut
dans l'estime des magistrats et des hommes d'affaires, mais
éloignés par le hasard de la clientèle des causes retentis-

santes et des curiosités de l'opinion. Jay était l'un des premiers dans cette phalange qui forme le véritable noyau de
notre Ordre, et lui vaut sa renommée séculaire d'habileté
et de science. Il discutait avec vigueur ses affaires, qu'il
étudiait avec un soin minutieux, et l'honnêteté d'une conviction toujours ardente se peignait sur son visage et se
trahissait par tous ses gestes. Avec cela d'une bonté sans
égale, il apportait dans tous nos rapports une douceur charmante qui le faisait aussitôt aimer. Il était à la fois très
franc et presque timide, d'opinions très fermes avec les
manières les plus douces, et quand il refusait quelque
chose, c'était assurément lui qui en souffrait le plus. Républicain convaincu et catholique sincère, il trouvait dans sa
foi religieuse le plus ferme appui pour sa foi politique, et
il montrait comme elles s'allient en consacrant les loisirs
que lui laissait le Palais à l'étude des questions sociales les
plus délicates. Les associations ouvrières occupaient surtout son esprit. Il y voyait un moyen ingénieux et légal de
diminuer cette distance entre la richesse et la misère dont
le contraste est si aisé à mettre en relief, et entretient l'a-
nimosité envieuse dont les ambitions perverses peuvent
essayer de profiter. Il étudiait avec amour le fonctionnement de ces sociétés ; il en cherchait les meilleures formules. C'est au milieu de ces utiles travaux que la mort l'a
pris, nous laissant du moins la consolation de le retrouver
dans un fils dont les débuts montrent déjà ce que valent
les traditions et les exemples.

Adolphe Lacan a eu, dans un degré éminent, toutes les
qualités d'un avocat excellent et quelques-unes de celles
qui font les grands avocats. Son père était magistrat, et
l'éducation de la famille lui donna de bonne heure la simplicité des mœurs judiciaires. Il fit d'excellentes études,
après lesquelles il vint à Paris faire son droit et travailler

en même temps dans une étude. Le grade de docteur conquis en un an, il se fait inscrire au stage, et s'attache
comme secrétaire à un avocat à la Cour de cassation ; il
parle en même temps à la conférence des avocats dont il
devient secrétaire, à la conférence Molé dont il devient
président ; il débute au Palais, et grâce aux deux Dupin,
ses compatriotes, il est chargé presque aussitôt de causes
qu'on ne confie guère à de jeunes avocats ; il les plaide à
merveille ; son élocution facile, son style clair et suffisamment orné, la sûreté de sa méthode, la précision de son
argumentation, le travail patient avec lequel il défriche
toutes les parties du procès, l'habileté supérieure avec
laquelle il le résume, la fermeté de la pensée unie à la modération du langage attirent et retiennent l'attention de
tous ; on l'entend aujourd'hui, cela est bien ; on l'entend
demain, cela est encore bien ; cela est toujours bien. En
1846, il entre au conseil, et depuis il n'en est pas sorti. Il
avait alors trente-six ans, et ce seul fait donne la mesure
de la grande autorité qu'en quinze ans il avait conquise
parmi ses confrères. Il la devait à l'équilibre merveilleux
de toutes ses qualités et au travail par lequel il le maintenait, et c'est bien de lui qu'on peut dire, en dérobant un
vers à cette muse latine qu'il aimait tant :

> . . . . Cui lecta potenter erit res,
> Nec facundia deseret hunc, nec lucidus ordo.

Jusque-là, sa renommée n'était pas sortie du Palais ;
elle en franchit les limites en 1847, avec le procès du
Constitutionnel et de la *Presse* contre Alexandre Dumas.
Les deux journaux demandaient contre lui l'exécution du
contrat le plus clair et le plus formel ; aussi l'intérêt n'était-
il pas dans le procès qui ne supportait guère l'examen,
mais dans la présence du glorieux romancier venu à l'audience pour présenter lui-même sa défense. C'est un dan-

ger d'avoir un adversaire sur lequel se concentre toute la
curiosité publique ; c'en est un autre d'avoir trop évidemment raison ; car on court risque d'engager tout entière à
la cause adverse l'opinion qui relève volontiers les causes
vaincues. Lacan échappa à ce double péril avec un tact et
une adresse admirables ; sa réplique est un petit chef-d'œuvre d'esprit et de bon sens.

Le succès fut très vif, si vif qu'on s'en souvient encore,
et le dirai-je ? que peut-être on s'en souvient trop. Dans
notre profession, du moins, un seul chef-d'œuvre nuit plus
qu'il ne profite à la réputation de son auteur. Cet éclat
extraordinaire qu'un jour on a jeté efface un peu le reste
de la carrière. Cette cause était frivole après tout, et il n'y
était besoin que d'esprit et de goût. Mais il ne faut pas oublier que, pendant quarante ans, Lacan a été chargé des
plus importantes affaires, qu'il les a toutes plaidées avec
l'habileté d'un avocat consommé, et qu'il n'a jamais été
au-dessous d'aucune. Voilà son œuvre, œuvre grande et
belle, et qui marque le rang auquel il a droit dans nos souvenirs.

J'oublierais l'un des traits les plus saillants de son caractère, si je ne rappelais une opiniâtreté de labeur qui ne
s'est interrompue que pour la mort, et devant laquelle les
plus actifs pourraient craindre d'être taxés de paresse.
Pendant quarante années, Lacan n'a pour ainsi dire pas
accordé un seul jour à un repos qui lui aurait paru de
l'oisiveté. Vous connaissez tous son bel ouvrage sur la
législation des théâtres ; mais ce que vous ne savez pas,
c'est le nombre immense de consultations qui lui ont été
demandées, de sentences arbitrales auxquelles il a pris
part, de rapports présentés au Comité judiciaire de la
Ville de Paris dont il est mort président, et lorsqu'enfin le
travail professionnel manquait à son activité infatigable,
il retournait aussitôt vers les vieux auteurs qui avaient

enchanté sa jeunesse, ou vers les chefs-d'œuvre de la littérature italienne pour laquelle il avait une prédilection marquée. Mais là encore tout était réglé ; il ne passait pas d'Horace à Virgile, de Dante à l'Arioste au gré de la fantaisie du moment. Il se promettait, quand viendraient les vacances, de relire un ouvrage, et il le relisait, la plume à la main, se faisant, comme dit Montaigne, une mémoire de papier, et laissant derrière lui de volumineux cahiers tout remplis du témoignage de son incessante activité. Ainsi, jusque dans le plaisir même, il faisait pénétrer l'idée de la règle, de l'ordre, de la méthode, du devoir consciencieusement rempli.

Enfin, ces qualités solides étaient accompagnées d'une bienveillance qui en tempérait la gravité et répandait un air de sérénité constante sur son frais visage si bien encadré par ses cheveux blancs. La caisse de l'Ordre en reçut, il y a cinq ans, un large témoignage, et Lacan nous expliqua cette libéralité qui devançait l'heure dans une lettre connue de vous tous, où les préoccupations du légiste se mêlaient d'une façon involontaire et charmante à l'expression des plus affectueux sentiments.

La jeunesse du barreau ne tenait pas une moindre place dans ses pensées de chaque jour. Que n'a-t-il pas fait pour elle ? Pendant longtemps il a dirigé et présidé lui-même une conférence de jeunes avocats ; membre du conseil, il avait classé dans un ordre méthodique toutes les matières que doit parcourir l'enseignement des colonnes, et ces notes, qu'il avait rédigées pour lui-même, sont comme le catéchisme complet des règles de notre profession ; bâtonnier, il n'y avait soin qu'il ne prît pour diriger les travaux de la conférence, et les rendre à la fois intéressants et féconds.

Ainsi s'écoula cette vie paisible, heureuse du premier jusqu'au dernier jour, simple sans austérité, éloignée sans affectation du tumulte extérieur, partagée tout entière entre le Palais et le foyer domestique, consacrée aux plus nobles travaux poursuivis avec une opiniâtreté calme, régulière, infatigable, ornée par la culture des lettres, éclairée de temps à autre par un rayon de la renommée, trouvant en elle-même son délassement et sa récompense, et méritant ainsi de recueillir par surcroît, avec l'autorité qui s'attache au talent, l'estime et l'affection de tous. La vieillesse même lui a été clémente ; elle lui a permis de travailler presque jusqu'au dernier jour ; et quand la mort est venue, il l'a accueillie avec une sérénité résignée, comme s'il avait songé à ce beau vers de Martial :

> Summum nec metuas diem, nec optes.

N'était-ce pas assez de deuils, mes chers confrères, et devions-nous encore subir une perte nouvelle, non pas plus grande, mais rendue plus douloureuse par l'agonie qui l'a précédée ?

Au moment où les vacances nous ont dispersés, notre malheureux bâtonnier vivait encore. Nous nous étions accoutumés, comme les siens eux-mêmes, à cette langueur qui avait endormi jusqu'à la souffrance ; la vigueur qu'attestait une si longue résistance rendait légitime un reste d'espoir ; mais dès les premiers jours de septembre le mal fit des progrès rapides et notre cher malade nous fut enlevé, comme s'il avait attendu pour mourir la fin de cet honneur reçu avec tant de joie, et rempli au milieu de souffrances si cruelles et si courageusement supportées.

Singulière destinée que la sienne ! Parcourez d'un regard sa longue et belle carrière. D'un bout à l'autre, vous n'y trouverez qu'un continuel succès. Il ne connaît ni l'amertume des débuts, ni le découragement de l'attente. A peine il paraît, qu'on l'écoute et qu'on le distingue. Sa renommée grandit par une progression régulière et sûre. Pendant vingt ans, il est mêlé aux plus grandes causes, il est l'adversaire quotidien des plus puissants. Il est quinze ans membre du conseil, enfin il devient notre chef. Comme il est encore jeune et vaillant ! Que de belles plaidoiries lui réservent les années fécondes d'une vigoureuse vieillesse ! Comme il va goûter les jouissances délicates de ces purs honneurs pour lesquels il est si bien fait ! Comme il va savourer le fruit bien gagné de toute une vie d'éloquence et de travail ! Comme il est heureux, et comme il s'apprête à l'être ! Hélas ! tout ce fragile édifice de prospérités et d'espérances s'évanouit en un instant ; la maladie l'accable de douleurs dont le seul spectacle nous faisait frémir. En vain il lui oppose un courage admirable ; au moment où la science semble avoir dompté le mal, l'insaisissable Protée lui échappe ; il reparaît sous une autre forme ; il brise cette activité qui ne connut pas le repos, et consume peu à peu, dans une lente et progressive agonie, l'enveloppe de cette âme ardente, qui ne brûla jamais que de passions généreuses et pures. Quel contraste et quel souvenir !

Jules Nicolet naquit à Paris en 1819 ; l'aisance de sa famille lui épargna ces premières difficultés de la vie qui pèsent si lourdement sur les débuts de la carrière. Après de brillantes études suivies au collège Rollin, il fit son droit et travailla en même temps dans l'étude de Me Denormandie. En 1842, il parut à la barre, et jamais il ne l'a quittée. Nul patronage ne l'y soutenait ; mais aucun ne lui était nécessaire. La nature l'avait formé pour plaire et lui en avait donné le désir ; beaucoup d'esprit et du meilleur, une grâce extrême, une séduction naturelle, le goût du monde, une parole brillante et facile, un cœur ouvert et généreux, une puissance de travail peu commune, lui valurent au Palais de rapides succès. Cependant la carrière est si lente, même aux plus favorisés, que pour la première fois en 1859, son nom se trouve associé aux plus illustres. Il fut chargé de défendre Gomez dans l'affaire d'Orsini. Ce Gomez cherchait, ce qui est assez naturel, à dérober sa tête à l'échafaud, et pour y parvenir, il prenait une de ces attitudes équivoques, toujours si dangereuses en face du jury. Nicolet n'en sut pas moins faire admirer la défense de Gomez à côté de celle d'Orsini.

Cette plaidoirie le mit au premier rang, et depuis il ne cessa d'être mêlé aux plus grands procès. L'affaire de Montmorency qu'il plaida contre Dufaure et Berryer, l'affaire du testament du duc de Grammont-Caderousse, l'affaire des Messageries maritimes contre la compagnie de Suez, les procès contre les administrateurs de la Société Immobilière et du Crédit mobilier, celle des baromètres métalliques de Bourdon, celle des machines à fabriquer de la glace, des séparations de corps retentissantes, toutes ces causes disent assez quelles étaient la souplesse de son talent et la variété de ses moyens. La diversité même de ces procès stimulait son infatigable ardeur, et l'on sentait qu'il éprouvait une sorte de plaisir à parer de toutes les séductions du langage ce qui y résiste le plus, des chiffres, des principes de physique et des formules de chimie.

Que vous dirai-je maintenant de sa parole ? Vous l'entendiez hier, et j'ose à peine essayer de préciser des souvenirs qui sont les vôtres en même temps que les miens. Il s'est peint lui-même tout entier dans ce merveilleux discours, par lequel il inaugura son douloureux bâtonnat. Il vous conseille la patience, et pour vous la rendre à la fois profitable et facile, il passe en revue les études auxquelles vous devez employer les loisirs de cet autre stage qui dure un peu plus de trois ans. Il ne s'inspire ni de Quintilien, ni de Cicéron, ni de Loysel, ni de Delamalle ; sans bien s'en rendre compte peut-être, il se souvient et il écrit. Avant tout, il vous donne pour compagnon le travail qui a été l'ami fidèle de toute sa vie. Il ne veut pas que vous vous

acharniez à l'étude des controverses juridiques ; à ses yeux,
la connaissance des principes fondamentaux constamment
éclairée par la philosophie des lois doit suffire, car elle
guide comme d'instinct vers la solution des problèmes juridiques ; où trouverai-je un trait qui peigne mieux sa façon de discuter ? Il vous détourne de la politique, en
avouant qu'il n'a jamais eu de goût pour elle ; il vous engage à ne pas craindre le commerce du monde et à recher-
-cher les fines jouissances d'une spirituelle causerie, et je
crois entendre l'écho de ces entretiens charmants où la
grâce et la coquetterie de son esprit se donnaient carrière.
Il vous entraîne vers la littérature et vers les arts, et à la
façon dont il parle, on devine aisément quelle place ces
nobles plaisirs ont occupée dans sa vie. Et puis, après avoir
ainsi passé la revue de ses études préférées, il élève à la
jeunesse un hymne passionné ; c'est à la vôtre qu'il l'a-
dresse ; c'est à la sienne qu'il songe, si bien qu'entraîné par
le torrent des souvenirs, contemplant votre avenir à travers son passé, sentant son cœur rajeuni battre à l'unisson
des vôtres, il pourrait dire avec son poète favori :

« Tout ce qui m'a fait vieux est bien loin maintenant ! »

A présent, regardez au style de ce discours, et vous re-
connaîtrez à chaque ligne une qualité qui domine toutes
les autres et donne à sa parole un caractère aussi marqué
que peut l'être le son de la voix. Voyez ces idées ingénieuses, ces pensées délicates qu'il se donne la jouissance d'a-
chever, ces expressions reprises, ramenées sur elles-mêmes, ces épithètes qui font un contraste voulu avec le mot
auquel elles s'attachent, cette allure surveillée, ces phrases
où chaque mot est choisi, où ne se glisse aucune de ces
pensées intermédiaires qui servent à d'autres comme de
passage entre les principales pensées, ce soin continu et
toujours égal, ces images toujours littéraires, et vous re-

connaîtrez aussitôt les mérites de cette élégance raffinée vers laquelle il était attiré par tous les penchants de sa nature, et dont il était parmi nous le modèle achevé.

Mais les beautés de style dont ce discours étincelle sont peu de chose auprès des sentiments d'amour pour la jeunesse et de dévouement à ses intérêts qu'il éprouve si vivement et qu'il exprime avec une si touchante sincérité. Je me trompe en parlant ainsi ; la jeunesse, nous l'aimons tous ; lui, il aime les jeunes gens, il s'en entoure, il travaille avec eux, il guide leurs pas, corrige leurs essais, et cette pléiade d'avocats formés par lui et qui deviennent des maîtres dit assez ce que valait un pareil patronage. Cette tendresse a rempli sa vie, et l'on en retrouve la trace jusque dans le legs qu'il a fait en faveur de l'Ordre. Mais le voilà bâtonnier ; cette fois, il sort de son cabinet, le stage tout entier lui appartient ; aussi de quelle voix il vous appelait à lui ! Comme son cœur s'élançait vers vous ! Et nul n'oubliera ces premières conférences, trop vite interrompues, dont j'aurais, mes jeunes confrères, à redouter le souvenir, si je ne vous savais disposés à oublier une expérience moins consommée en faveur d'un égal dévouement.

Et maintenant que nous avons accompli ensemble ce pieux devoir et enseveli côte à côte, comme des guerriers tombés dans le même combat, toutes ces chères et douloureuses mémoires, il faut faire un retour sur nous-mêmes, mesurer le vide que cette cruelle année a fait dans nos rangs, et nous préparer aux efforts que nous impose la nécessité de le combler.

Je ne vous ai pas parlé aujourd'hui des travaux si variés que notre profession exige ; je n'ai voulu vous entretenir que de nos règles, parce que j'ai la conviction profonde que de leur exact maintien dépend cette gloire commune

dont nous sommes à bon droit si jaloux et si fiers. Plus les
distinctions sociales s'effacent, plus les rangs s'égalisent,
plus la richesse devient inconstante et mobile, plus il faut
que chacun soit à son tour l'artisan de sa propre fortune,
plus les nécessités de la vie deviennent grandes, plus l'ambition peut se promettre de rapides succès, plus les tenta-
tions deviennent redoutables par les besoins qui les font
naître, et par les facilités qu'elles rencontrent, et plus vous
verrez l'opinion, se rejetant en arrière par l'instinct de là
conservation sociale, mesurer la considération et l'estime
à l'étendue du dévouement, à l'oubli de ses intérêts, au
sacrifice de sa liberté.

Mais surtout, mes jeunes confrères, lorsque dans cette
rude et magnifique carrière, vous rencontrerez des obstacles, des doutes, des découragements peut-être, n'oubliez
pas que vos anciens réclament votre confiance comme un
acte de reconnaissance auquel ils ont droit. Du jour où
nous vous inscrivons au stage, nous voyons en vous, non
pas seulement des confrères, mais des continuateurs de
notre œuvre, des héritiers de nos ambitions et de nos espérances. C'est là un trait que notre profession a de commun avec les plus nobles. On se détache aisément du métier
auquel on n'a demandé que l'emploi du temps ou les
moyens de soutenir l'existence. Dès que le but est atteint,
l'homme se dégage sans regrets, et ne s'avise guère de songer à l'avenir de la profession dont il a vécu. Nous, au
contraire, nous nous attachons à la nôtre chaque jour
davantage. Elle nous devient chaque année plus chère,
autant par les soins qu'elle nous coûte que par les joies
qu'elle nous donne. L'égoïsme étroit de la personne est
vaincu par l'affection que nous portons à notre Ordre ;
nous mettons notre liberté dans son indépendance, notre
dignité dans son éclat, notre renommée dans sa gloire
même ; et quand vient le moment où nous sentons que

l'avenir est désormais moins long que le passé, nous portons nos regards vers les horizons lointains, et voyant passer alternativement sur la plaine de grandes ombres et de vives lumières, nous cherchons à deviner si ces cieux inconnus auront pour notre profession des sérénités ou des orages, et cela sans mélancolie, sans fausse tristesse, n'ayant pour le passé ni louange maussade, ni dédain, convaincus que le progrès est dans l'avenir, rêvant pour notre Ordre plus d'éclat et de grandeur encore, et de ce côté du moins, toujours jeunes et toujours ardents.

DISCOURS

prononcé à

L'OUVERTURE DE LA CONFÉRENCE DES AVOCATS

le 6 décembre 1897

DISCOURS

PRONONCÉ A

L'OUVERTURE DE LA CONFÉRENCE DES AVOCATS

LE 5 DÉCEMBRE 1881.

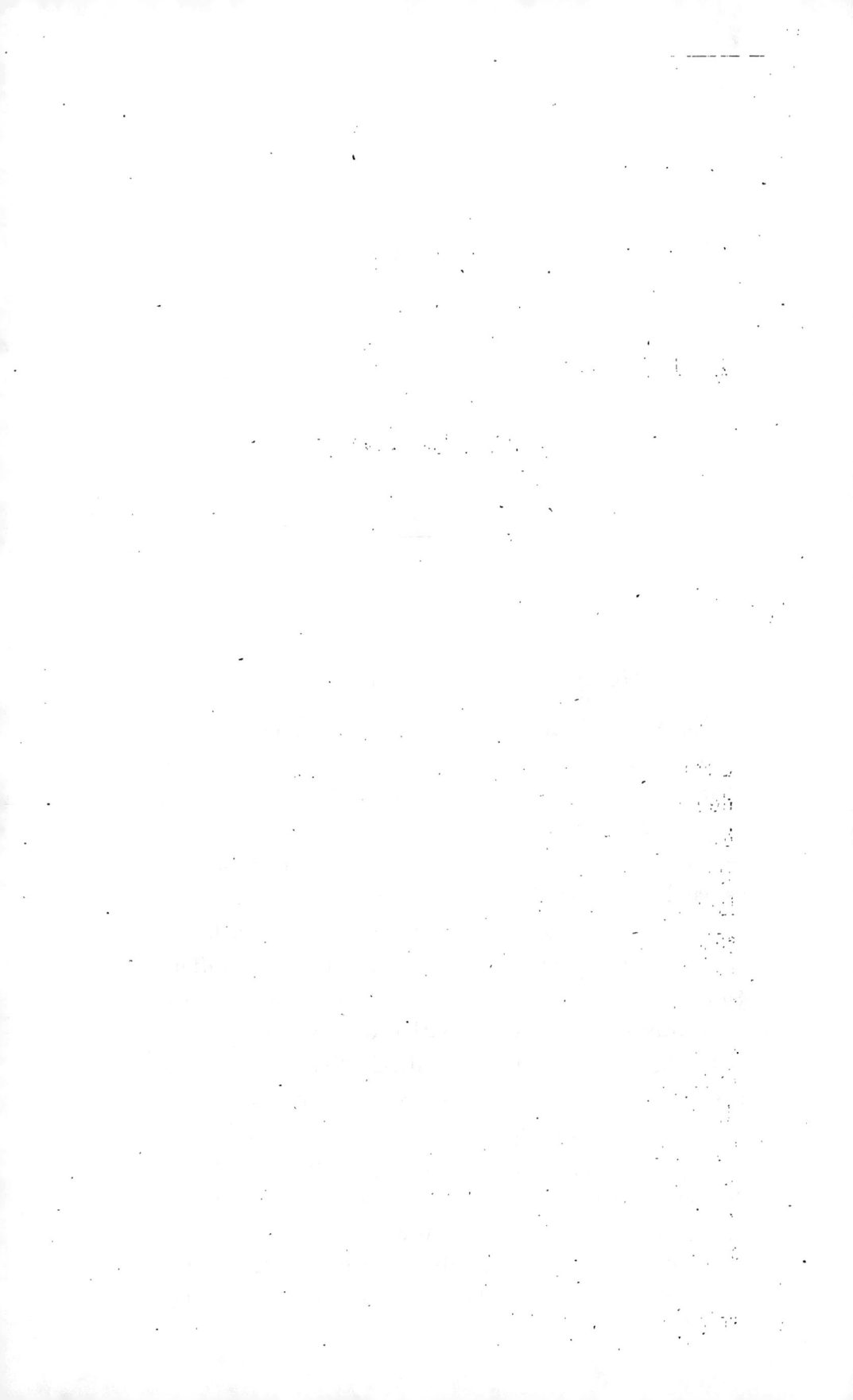

DISCOURS

PRONONCÉ A

L'OUVERTURE DE LA CONFÉRENCE DES AVOCATS

LE 5 DÉCEMBRE 1881.

———

MES JEUNES ET CHERS CONFRÈRES,

Puisque la confiance de vos anciens m'a de nouveau mis
à votre tête, je veux reprendre aujourd'hui notre entretien
de l'an passé, et fixer à présent vos regards sur les soins
multiples que notre profession exige, et sur les conditions
changeantes de cette éloquence judiciaire que nous ne voulons pas laisser déchoir du rang où nos maîtres l'ont placée. Chacun de vos bâtonniers vous doit à son tour le tribut de son expérience et de ses conseils. Pour l'acquitter,
il suffisait à mes prédécesseurs de se souvenir de leurs
propres travaux. Ils pouvaient parler comme d'eux-mêmes,
et leurs discours avaient tout l'attrait d'une demi-confi-
dence. Je ne saurais sans doute prétendre au même avantage ; mais je les ai beaucoup écoutés et beaucoup lus ; je
veux essayer de vous indiquer les règles qu'ils ont pratiquées, et je le ferai sans aucun souci de nouveauté ni d'é-
clat, sans autre dessein que de vous être utile.

Vous voici à l'audience, à cette barre que de si grandes
voix ont illustrée ; on appelle votre cause ; le silence s'éta-

blit, et le juge vous donne la parole. Ne vous étonnez pas, mes jeunes confrères, de l'angoisse secrète qui fait alors passer un nuage devant vos yeux et paralyse un instant votre pensée. Vous pouvez mettre la main sur le cœur du plus endurci de vos anciens ; vous sentirez ce cœur troublé et palpitant ; car ce moment est celui que, toute sa vie, l'avocat désire et redoute ; et plus il avancera dans la carrière, plus il comptera de causes gagnées ou perdues, plus il aura l'amour de son état et le culte de son art, plus il sentira profondément, non plus cette timidité confuse que les années emportent avec elles, mais une crainte salutaire dont je pourrais vous montrer l'égale expression dans la bouche de Cicéron, de Gerbier et de Jules Favre.

Que de périls en effet ! Et comme il est heureux qu'à votre âge on n'en ait encore qu'une connaissance obscure, suffisante pour exciter au travail et soutenir le zèle, sans inspirer le découragement ! Ces dangers sont partout, dans la cause, dans le juge, dans le public, dans l'adversaire. A côté des grands obstacles, les petits, qu'on ne surmonte pas toujours avec moins de peine. Cette affaire est si courte qu'on arrive au bout des explications nécessaires sans avoir eu presque le temps de s'emparer de l'esprit du juge. Celle-ci est trop longue, et l'on ne sait comment jeter un peu d'intérêt sur des faits compliqués ou de monotones lectures. Vous êtes demandeur ; rien de plus difficile que de mesurer exactement le détail dans lequel il convient d'entrer, pour ne pas compromettre l'utilité et le succès de la réplique qui ne vous sera pas refusée. Vous êtes appelant ; et vous voilà obligé de prévoir et de discuter à l'avance des objections qui ne vous seront peut-être pas faites par un contradicteur libre de changer d'allégations et de thèse juridique. Vous plaidez au début de l'audience, dans une atmosphère glacée où vous ne pouvez essayer aucun mouvement. Vous plaidez à la fin ; vous avez raconté les

faits et vous avez su leur rendre la vie ; vous avez montré
les personnes et marqué leur physionomie par des traits
qui ne s'effaceront pas ; ici vous avez fait sourire le juge ;
là vous l'avez ému. A présent vous sentez que vous êtes
maître de son âme, et cédant au dieu qui vous anime, vous
allez........ Quatre heures sonnent : « A huitaine pour la
continuation de la plaidoirie. »

Maintenant, oublions, si vous le voulez, l'attention fatiguée du juge, le public aussi prompt au blâme qu'à la
louange, les caprices irritants de la parole ; mais n'oublions
pas, car il saurait bien nous en empêcher, cet éternel fléau
de notre profession, l'adversaire. L'adversaire ! En dehors
de l'audience il aura pour vous toutes les complaisances,
toutes les grâces imaginables. Il vous confiera les documents sur lesquels sa cause est appuyée ; il vous en indiquera le sens et la portée ; il prendra votre jour, votre
heure ; il vous donnera toutes les facilités de le combattre.
Mais une fois à la barre il n'aura plus qu'une pensée : montrer que vous avez erré sur le fait ou sur le droit, ou sur
tous deux. Malheur à vous, si vous n'avez pas envisagé la
cause sous toutes ses faces ! Votre adversaire la reprend
et, se plaçant au point de vue que vous avez négligé, il
donne au procès une physionomie nouvelle. Vous êtes
parti d'un faux principe, ou d'un principe vrai vous tirez
de fausses conséquences. Votre adversaire a vu votre
erreur ; il la saisit, il la développe, il l'éclaire d'une lumière
inattendue, il la confond par cette lumière même, et vous
laisse aussi incapable de lui répondre que confus de n'avoir
pas, malgré vos efforts, prévu tout ce qu'il vient de vous
dire. Quoi que vous fassiez, quoi que vous disiez, il est là,
toujours là, prêt à vous écouter et à vous contredire, et la
parfaite courtoisie de son langage ne vous empêchera pas
de sentir les cuisantes leçons qu'il ne cessera de vous donner.

On s'étonnerait à bon droit de l'affabilité de nos relations au milieu de ce continuel combat, si l'on ne savait ce qu'une mutuelle estime a de puissance pour étouffer les murmures de la vanité, et ce que nous puisons de modération dans le sentiment élevé de l'œuvre judiciaire dont nos luttes peuvent seules assurer l'efficacité. On raconte que Henri IV disait, après la plaidoirie de deux avocats. « Vraiment, ils ont raison tous deux. » Son embarras était naturel, parce qu'il n'avait pas l'habitude de discerner l'erreur au milieu des artifices dont l'habileté l'enveloppe. Mais la vérité est bien plutôt dans ce mot d'un grand magistrat du dix-huitième siècle : « Que le juge est d'autant » plus sûr de son avis et tranquille dans sa conscience » que la cause a été plus habilement plaidée des deux » parts. » Le charme de la parole s'efface et laisse du moins au magistrat l'assurance de ne rien ignorer de ce qu'il doit savoir.

Les dons les plus heureux de l'esprit, la plus merveilleuse facilité d'élocution, l'imagination la plus brillante vous seraient ici de peu de secours, si vous n'y joigniez la connaissance des affaires et l'usage de cette tactique judiciaire qui ne s'enseigne guère et ne s'apprend qu'au Palais. C'est là maintenant ce qu'il faut vous appliquer à acquérir. Je sais qu'il vous en coûte d'interrompre votre stage pour vous livrer aux travaux de la procédure ; la carrière est si longue qu'il paraît naturel d'y entrer au plus vite ; certaines règles vous semblent sévères, inutiles peut-être, parce que vous n'en comprenez pas encore l'intérêt. Ce n'est pas ici le lieu de s'y étendre, mais il vous suffira sans doute de savoir que les règlements du barreau anglais sont semblables aux nôtres et peut-être plus rigoureusement observés ; tant la nécessité de séparer la postulation de la plaidoirie est impérieuse, pour assurer à chacune d'elles la liberté de se mouvoir et le moyen d'atteindre le plus haut

degré de perfection et de grandeur. Cessez donc de gour-
mander l'indispensable lenteur d'une préparation vraiment
solide ; laissez mûrir votre esprit sans précipitation et sans
impatience, et gardez-vous de confondre l'heureuse audace
que le succès couronne, avec la présomption qui compromet à la fois le procès et l'avocat.

Je ne suis pas encore assez éloigné de mes jeunes années
pour avoir oublié l'opinion que nous avions alors de la
plaidoirie et la façon dont nous entendions la pratiquer.
Sortis tout fraîchement de l'École, exercés dans les conférences particulières ou sur le théâtre plus imposant de la
conférence des Avocats, nous étions par cela même portés à
chercher avant tout la question de droit. Le fait nous gênait
en quelque sorte, et nous nous hâtions de l'exposer, avec
une concision un peu dédaigneuse, pour arriver plus vite à la
thèse juridique sur laquelle il nous semblait que tout l'effort
de la discussion devait porter. Là, nous nous sentions à
l'aise et nous citions, avec confiance, à côté de Valette et
de Marcadé, l'opinion d'Ulpien et de Papinien. Les arrêts
ne nous retenaient guère, et quand par hasard la Cour
suprême s'avisait de contredire la doctrine, nous lui disions
son fait en toute révérence, mais avec une hardiesse généralement mal récompensée. Trouvions-nous une citation
heureuse, nous ne résistions pas au plaisir de la placer dans
l'exorde même ; et il ne fallait rien moins que le sourire
indulgent du juge pour nous avertir que nous méconnais-
sions ainsi la première règle du goût. Mais l'expérience
vient vite à la barre, et l'on y sent bientôt la justesse de
cette remarque de Dupin aîné ; le style est vulgaire, mais
l'observation est exacte et peut vous être utile : « Les vieux
» avocats au contraire *épluchaient* leur fait, s'étudiaient à le
» présenter d'une manière favorable, cherchaient à préve-
» nir les juges en faveur de leurs clients, combattaient le
» droit avec l'équité, et soignaient surtout le chapitre des

» considérations. Je m'aperçus de l'effet que cela produi-
» sait sur les magistrats ; ils sont hommes ; ils ont aussi,
» même à leur insu, des passions et de la sensibilité.
» Messieurs d'appel se considéraient surtout comme les
» appréciateurs souverains du fait, comme des juges d'é-
» quité, avant d'être les interprètes de la science ; et ordi-
» nairement ils faisaient tout ce qui dépendait d'eux pour
» motiver leurs arrêts sur les *circonstances de la cause,*
» afin d'éviter plus tard les cassations qui ne peuvent pro-
» céder que de la violation du droit. Je modifiai donc ma
» méthode ; je travaillai mieux mon point de fait ; je sup-
» primai une grande partie de ce qui tenait à l'érudition......
» et je m'attachai à donner à ma discussion une marche
» plus serrée, plus rapide et plus vive. A des plaidoyers
» de deux et trois audiences, je répondais souvent en une
» seule, et je me montrai tant que je pus partisan de la
» méthode plus nerveuse et plus rapide qui a remplacé la
» diffusion de l'ancien Palais, méthode dont mon frère Phi-
» lippe a donné le meilleur modèle, et qui est aujourd'hui
» le ton général du barreau ».

Vous retrouverez encore de temps en temps, mes jeunes
confrères, cette tendance du juge à substituer les inspirations d'une équité arbitraire à la rigueur du droit. Aucun
des articles du chapitre des considérations n'est abrogé.
D'ailleurs la plupart des procès naissent de l'incertitude du
fait, quoique tous entraînent l'application d'une règle de
droit. C'est donc au fait qu'il faut d'abord vous attacher,
et pour le bien exposer, il faut avant tout le bien éclaircir.
Quoi donc ! penserez-vous, ces choses ont-elles besoin d'ê-
tre dites ? Oui, mes jeunes confrères, et vous pouvez nous
croire, la vérité vous échappera plus d'une fois en même
temps que la patience, au milieu des dissimulations des
plaideurs. Car ce n'est pas l'absolution que le plaideur vient
chercher auprès de vous ; il ne se croit pas obligé à la sin-

cérité ; il vous demande d'épouser sa cause et en même temps sa rancune ou sa passion qu'il n'en sépare pas. Il vous traitera souvent comme il ferait son juge, et s'il sent que la vérité lui est contraire, il la gardera pour lui, afin d'être mieux assuré de votre discrétion. Faites-vous alors résolument son adversaire ; entrez avec lui dans le plus minutieux détail ; ne lui épargnez ni les objections ni les critiques ; n'acceptez aucune invraisemblance, le juge ne la croirait pas ; car, par une loi bizarre que vous pourrez vérifier tous les jours, l'homme, qui voit se dérouler devant lui les événements les plus capricieux, et peut à chaque instant se donner le spectacle de sa propre inconséquence, ne veut pas admettre qu'un anneau puisse manquer à l'enchaînement rigoureusement logique des faits qui lui sont racontés. Si pourtant la vérité d'un fait invraisemblable vous est démontrée, observez que l'invraisemblance est toujours le résultat d'un hasard qui montre brusquement les effets en dissimulant les causes ; attachez-vous alors à découvrir celles-ci, à les préciser, à les prouver, si cela vous est possible. Ne dédaignez, d'ailleurs, même dans les procès civils, aucun de ces moyens d'instruction personnelle auxquels vous avez recours dans les procès criminels, l'examen des lieux, l'expérience scientifique ou industrielle ; en un mot, n'oubliez pas que, dans notre profession, savoir tout, même les choses inutiles, est le seul moyen de ne pas ignorer les essentielles.

Cette étude attentive des différentes faces de la cause vous permettra aisément d'en discerner les points faibles. Rien n'est plus important pour le succès de la défense. J'admire avec tout le monde ces grandes plaidoiries qui, roulant à travers la cause, se détournent négligemment des obstacles dont la résistance pourrait troubler l'harmonie et la majesté de leur cours. Mais nous ne nous levons pas à la barre pour faire admirer le talent de la parole ;

nous avons un but, qui est de gagner notre procès et de
triompher de notre adversaire ; nous devons ne rien lui laisser « de ce que nous pouvons lui enlever par conseil ou par
» prévoyance », et nous répéter chaque jour que, s'il est
permis d'être vaincu, il ne l'est pas d'être surpris. On aperçoit vite les raisons favorables ; on est porté à s'y com-
plaire, parce qu'on les développe presque sans travail. Il
est plus malaisé de discerner les raisons contraires, et dans
cette difficile recherche, vous vous trouverez toujours exposé au danger de ne pas prévoir les objections qui vous
seront faites et au péril non moins grand d'en supposer qui
ne le seront pas. Aussi ne suffit-il pas d'analyser avec l'attention la plus pénétrante les documents et les allégations
de la cause ; il faut songer à son adversaire, connaître le
tempérament de son esprit et ses moyens habituels. Il faut
étudier le juge lui-même dans la pensée duquel pourront
s'élever des objections d'autant plus redoutables qu'elles
seront silencieuses. Puis, lorsque vous aurez ainsi déterminé ce que vous devez craindre et renverser, ayez toujours
ces obstacles devant les yeux, redoutez les paroles imprudentes bientôt relevées contre vous, passez légèrement sur
les moyens médiocres, fuyez comme le plus dangereux
écueil les mauvaises raisons sur lesquelles votre contradicteur insiste et qui font oublier les bonnes, et laissez en
terminant l'adversaire confondu de voir toutes ses allégations prévues, toutes ses habiletés devinées, tous ses calculs déjoués, et tous ses mouvements enchaînés par les
souvenirs que vous l'avez condamné à réveiller lui-même à
chaque pas dans l'esprit du juge.

S'il est naturel que la souplesse ingénieuse de l'esprit se
déploie dans la discussion des faits, il ne l'est pas moins
que la justesse et la rigueur du raisonnement dominent
seules dans la discussion du droit. Le texte d'abord. Un

avocat anglais reprochait au barreau français d'invoquer
l'esprit de la loi plus volontiers que la loi elle-même. Cette
critique ne m'a jamais paru exacte ; cependant il y a là un
avertissement utile, et rien n'est plus aisé que d'éviter une
faute si nettement signalée. Attachons-nous donc avant
tout au texte de la loi ; il faut la lire, la relire, la méditer
sans cesse. Si les jours n'étaient pas si rapides, il faudrait
relire chaque année le code civil, le code de commerce et
les cinq cents premiers articles du code de procédure.
Quelle force irrésistible on acquerrait ainsi peu à peu !
Quelle aisance donnerait, pour se mouvoir au milieu de
toutes les discussions, cette possession complète de toutes
les règles du droit. Reconnaître sans hésiter un principe
faux, l'arrêter au passage, et sur l'heure, dans la discussion même, rappeler le principe véritable, montrer le texte,
l'éclairer par le commentaire le plus sobre, tout nourri de
la substance des meilleures leçons, suivre dans le vaste
champ du droit les ramifications du principe et l'enchaînement des idées, ouvrir ainsi sous les yeux du juge les
trésors lentement accumulés d'une science sûre et féconde,
quel idéal, mes jeunes confrères, et comment ne vous ten-
terait-il pas de le réaliser !.

D'ailleurs les enseignements des maîtres éminents qui
vous ont formés, et les traités dont leur infatigable ardeur
ne cesse d'enrichir la science, vous indiquent la transformation profonde qu'a subie la discussion du droit. Pendant longtemps l'incessante nouveauté des questions que
la pratique soulevait tous les jours provoquait des arrêts
contraires dont le petit nombre laissait toujours ouverte la
discussion théorique. Puis, peu à peu, les arrêts se sont
accumulés dans les recueils ; ces volumes innombrables
vous inspirent peut-être aujourd'hui de l'effroi ; le temps
le changera en respect, car ils contiennent l'effort accumulé de trois générations de jurisconsultes, de juges et

d'avocats. Et cet effort n'a pas été stérile. Beaucoup de
controverses sont aujourd'hui pacifiées et silencieuses, et
sur d'autres points la jurisprudence a fait faire à la loi
même d'incontestables progrès. Car le droit n'est pas une
science morte ; il vit au contraire ; il est le témoin le plus
sûr de l'état de la société ; il doit répondre à ses besoins,
et par conséquent se transformer avec elle. Mais il y a dans
la société, comme dans un océan immense, des agitations
superficielles et des courants profonds, et la mobilité de
la démocratie accroît encore la fréquence et la rapidité de
ces changements. Le législateur, incessamment sollicité, ne
cessera-t-il donc pas de modifier les lois anciennes et d'en
produire de nouvelles ? Rien n'est plus funeste que cette
manie ; elle est, de l'avis des plus grands publicistes du
nouveau monde, le fléau de la République américaine ; elle
livre la loi à tous les vents de l'opinion, et des difficultés
nouvelles, souvent plus grandes que les anciennes, sortent
bientôt de ces œuvres à la fois confuses et précipitées. Laissez, au contraire, le temps et la jurisprudence accomplir
leur œuvre. Le temps manifeste les tendances nouvelles,
et la jurisprudence se charge de les régler. Voyez ce qu'elle
a fait de la loi de 1807 sur le taux de l'intérêt, de l'article 896 sur les substitutions, de l'inaliénabilité de la dot
mobilière, du remboursement des obligations de chemins
de fer, et de tant d'autres questions douteuses, sur lesquelles, placée en face des nécessités journalières de la vie sociale, elle n'a pas craint de heurter quelquefois la doctrine.
Considérez ce qu'elle a fait de certains articles de la loi de
1867 sur les sociétés commerciales, et ce qu'elle essaie de
faire sur d'autres, et sans méconnaître que la jurisprudence
peut avoir, elle aussi, ses entraînements, ses modes, presque ses passions, reconnaissons l'œuvre admirable de cette
sagesse ingénieuse et patiente qui, sans entrer en lutte avec
le texte, ni proclamer son insuffisance, a su trouver des

solutions satisfaisantes pour des cas imprévus, combler des lacunes évidentes et assurer ainsi la durée des lois, en tirant de principes certains des conséquences flexibles, comme ces rameaux chargés de feuilles que le vent agite à son gré au-dessus du tronc puissant et immobile qui les porte et qui les nourrit.

Mais la jurisprudence varie, me direz-vous, et souvent au moment où on la croit la mieux établie. Cela est vrai, et il en sera ainsi tant qu'on n'aura pas compris que le pouvoir judiciaire devrait être associé à la préparation des lois de droit privé. Je voudrais pour mon compte que, à des intervalles réguliers, dix ans par exemple, les tribunaux supérieurs émissent des vœux, pour signaler les lacunes et les défauts reconnus des lois. Et quand ces observations, après avoir subi le feu de la critique des jurisconsultes, seraient modifiées ou renouvelées, le gouvernement trouverait, j'imagine, dans cette expression d'une opinion réfléchie et éclairée le germe de propositions qui pourraient peut-être soutenir la comparaison avec les projets que nous octroie ou nous réserve l'initiative parlementaire. Mais d'ailleurs ces variations toujours possibles de la jurisprudence n'enlèvent rien à l'autorité des grandes solutions sur lesquelles elle paraît s'accorder. « Les arrêts ne sont bons que pour ceux qui les obtiennent », disait le vieux professeur Bugnet. Les successeurs de ce rude maître ne pensent pas comme lui ; nous les voyons, au contraire, suivre la jurisprudence pas à pas, non seulement dans leurs traités, mais dans leurs travaux de tous les jours ; nous les voyons, avec une reconnaissance dont je tiens à leur envoyer d'ici l'expression, se faire les annotateurs des arrêts où les principes sont engagés, tantôt les justifier par leur science, tantôt attacher à leurs flancs un trait quelquefois mortel, toujours mêler ensemble deux courants longtemps divisés, et cela pour la plus grande sûreté de nos conseils et pour le plus grand profit de la justice elle-même.

A présent, maîtres du droit et du fait, il faut composer le discours et lui donner les deux qualités qui résument toutes les autres, l'ordre et le mouvement.

Vous n'attendez pas de moi sans doute, mes jeunes confrères, des règles de rhétorique. Ce n'est pas que je les croie inutiles. *Implent illa*, disait saint Augustin, *quia sunt eloquentes ; non adhibent ut sint eloquentes*. Et Fénelon, dans ses dialogues sur l'Éloquence, rappelle avec complaisance cette pensée. Sans doute le génie n'a pas besoin de préceptes ; mais, outre que le génie est assez rare, cette éloquence spontanée qui éclate tout à coup dans la bouche d'un homme fortement ému a peu de place au barreau. La parole a ses règles, comme tous les arts ; et il est aussi naturel de les apprendre, quand on veut être avocat ou écrivain, qu'il est raisonnable d'apprendre le dessin pour être peintre, le solfège et l'harmonie pour être musicien. Étudiez donc, sans honte, ce qu'ont écrit sur la composition et sur le style Cicéron, Quintilien, Fénelon, la Bruyère, Pascal, Voltaire, Buffon. C'est là, qu'au milieu des préceptes de moindre importance qui sont comme la grammaire de l'art, sont déposées les lois éternelles de l'éloquence ; et non seulement on devient, par l'étude de ces lois, plus sensible aux beautés des orateurs et des poètes qui en ont réalisé les types immortels, mais encore, on ne doit point désespérer d'y apprendre à suivre, fût-ce de loin, leurs traces lumineuses.

> Tu, longe sequere, et vestigia semper adora.

Mais à quoi bon tant d'efforts, me direz-vous peut-être ? Tout semble changé dans les luttes judiciaires. Le juge est pressé ; la statistique l'aiguillonne. Les procès sont vulgaires, même les gros, qui ne sont que des questions d'argent. Que demande-t-on aujourd'hui à l'avocat? La connaissance du droit et des affaires, un esprit avisé et fertile, une discussion vigoureuse, une parole claire et facile ; de temps à autre, pour quelques procès retentissants, de l'esprit, de l'ironie, de la passion même, mais de celle qui jaillit, soudaine, emportée, et qu'un orateur a toujours à sa disposition, pourvu qu'il ait des nerfs et du sang. Qui donc aujourd'hui se soucie de l'art et du style ? Aux yeux des juges, le premier mérite d'un avocat n'est-il pas d'être court? On ne cherche plus l'expression élégante, on veut le mot propre ; peut-être y a-t-il encore çà et là quelques esprits délicats qui aiment la parole, et que ravit une belle pensée noblement rendue ; mais le courant du siècle les emporte ; une discussion toute pédestre, donnant les raisons comme elles viennent; une langue sobre, nette, familière, à égale distance de la vulgarité et de l'éloquence, est l'instrument naturel d'une société démocratique, éprise d'utilité et de sciences exactes, et convaincue que, dans un discours comme ailleurs, on peut intervertir l'ordre des facteurs sans changer le produit.

Ceux qui tiennent ce langage se trompent, parce qu'ils confondent l'éloquence avec les moyens qu'elle emploie, et ne regardent qu'au vêtement dont elle se couvre. Sans doute cet habit change de mode, et dès qu'il a cessé de faire fureur, il devient presque ridicule. Les Athéniens, si raffinés sur l'accent de leurs orateurs, supportaient, sans en être choqués, l'usage de faire lire par un scribe les dépositions des témoins, les décrets, les lois, et même les vers d'Homère, de Sophocle et d'Euripide, que les orateurs voulaient rappeler. Imagine-t-on Chaix d'Est-Ange, Jules Favre, Paillet, Bethmont, s'interrompant tout à coup, pendant que l'auditoire est suspendu à leurs lèvres, pour abandonner à la voix indolente du greffier ces lettres qu'ils

5

lisaient si bien ? Au XVe siècle et jusqu'au milieu du XVIe, les avocats, dans toutes les causes importantes, commençaient leur plaidoirie par un texte des livres saints et s'attachaient à édifier le juge au moins autant qu'à l'instruire. Ce mélange du sermon et de la plaidoirie nous semblerait aujourd'hui bien ridicule ; cependant Étienne Pasquier nous atteste qu'il produisait alors le plus merveilleux effet sur des âmes dominées tout entières par la puissance de la foi. Nous trouvons insupportable l'allure lourde et pédantesque des plaidoyers de la fin du XVIe siècle ; des auditeurs enivrés d'érudition les trouvaient admirables. Lemaître et Patru parlaient le langage du XVIIe siècle, comme Cochin et Gerbier celui du XVIIIe. En 1815, presque aucun des orateurs de la Chambre n'osait improviser, et tous lisaient ou récitaient. Les avocats étaient un peu plus hardis ; cependant Hennequin et de Martignac, pour ne rappeler que les plus grands, récitaient d'un bout à l'autre des plaidoiries écrites ; et non seulement cela ne prêtait pas à rire, mais encore on les trouvait admirables de pouvoir réciter avec tant de naturel. Dupin aîné écrivait son exorde, et pour ne pas se donner la peine de l'apprendre il le lisait ; puis il le mettait ostensiblement de côté, prenait ses notes et commençait à plaider. La langue de Chaix d'Est-Ange et de Philippe Dupin a vieilli ; elle a des sonorités qu'ils adouciraient eux-mêmes aujourd'hui. Ainsi la forme extérieure et les moyens de l'éloquence changent avec le temps, et j'irai jusqu'au bout de ma pensée en disant qu'il ne faut pas railler trop cruellement les vieux modèles. L'artiste et l'écrivain peuvent en appeler du faux goût de leur temps au jugement de la postérité. L'avocat n'a pas de lendemain ; il ne cherche pas à produire une impression prolongée à travers les siècles, croissant ou décroissant avec les révolutions de la mode et du goût. Il demande un jugement, c'est-à-dire un acte immédiat. Son œuvre naît

des circonstances ; elle leur est en quelque sorte asservie ;
elle passe presque toujours avec elles ; et s'il a convaincu
et entraîné ceux qui l'ont entendu, nous pouvons bien nous
étonner de la puissance de la parole, mais nous n'avons
pas le droit de condamner son art, parce qu'il choque nos
idées et notre goût.

Au surplus, si la forme varie, le fond reste le même.
Tant qu'il y aura de graves questions douteuses, des vrai-
semblances combattues les unes par les autres, des lois
qui paraîtront en contradiction avec l'équité, de grands intérêts lésés, des malheurs domestiques, des calomnies
répandues, des misères, des fautes et des crimes, il y aura
dans cette lice ouverte place à l'éloquence judiciaire, c'est-
à-dire à l'art de captiver par la parole l'âme et l'esprit des
juges. D'ailleurs cette simplicité, cette sobriété, cette éloignement de la déclamation et de l'emphase, qui doivent
être aujourd'hui le ton général du barreau, ne sont point
opposés à l'éloquence ; ils nous ramènent, au contraire,
vers ses règles les plus pures et nous rapprochent de ses
plus beaux modèles. Les règles d'un art dérivent de la fin
qu'il se propose et du but qu'il poursuit. Nous parlons pour
d'autres ; c'est assez dire que nous ne devons apporter à
l'audience ni les soupçons injustes, ni la crédulité passionnée des plaideurs, et modérer autant que possible, par l'urbanité du langage, la gravité des accusations. Pourtant
notre parole est libre, et l'intérêt le plus pressant de la
justice exige qu'elle le soit ; et, comme le disait au siècle
passé un avocat général, s'il s'agit de poursuivre le crime,
de stigmatiser la trahison, de flétrir la bassesse ou le dérè-
glement des mœurs, nous devons nous servir d'expressions dures, cruelles, véhémentes, qui seules peuvent rendre la vérité ; et pourvu qu'on n'y mêle pas l'injure contre
les personnes, les parties n'ont qu'à s'en prendre à elles-
mêmes du scandale qui les couvre et de l'opprobre qui les

atteint. Nous plaidons devant des juges et pour des juges. Ils ont un jugement à rendre, et ils cherchent dans nos plaidoiries les raisons de décider. Ils apprécient donc surtout le plaidoyer qui met ces raisons en quelque sorte sous leur main. De là, la nécessité impérieuse d'éviter les digressions et de fuir la loquacité stérile qui fatigue le juge par son abondance même, et lui laisse à peine entrevoir de temps à autre, pour le lui faire perdre de vue aussitôt, le but vers lequel on le conduit. Car c'est là ce que veut avant tout savoir le juge ; il faut le lui montrer d'abord, fût-ce brièvement, afin qu'il apprécie lui-même, à mesure que les faits et les raisons se développent, la convenance de les produire et les rapports qu'ils ont avec la question du procès. Cette règle est vraie même pour les conclusions du ministère public. Vous l'entendrez quelquefois balancer avec art les arguments de la demande et de la défense, paraître céder tantôt aux uns, tantôt aux autres, appuyer tout entier d'un côté, puis tout à coup, par une raison tenue en réserve et laissée dans l'ombre, changer brusquement et se rallier à l'opinion contraire. On accroît ainsi, je le reconnais, l'attente inquiète du plaideur ; on pique la curiosité du public, s'il s'intéresse à la cause ; mais on nuit à la force de la démonstration, parce que l'auditeur court par instinct au-devant de la conclusion de l'orateur et ne se pénètre des arguments que lorsqu'il la connaît. Le juge pense de même ; mais une fois cette satisfaction donnée à son impatience légitime, il vous appartient ; c'est à vous de mettre en œuvre, pour le gagner, toutes les ressources de l'art ; n'oubliez pas surtout que l'éloquence tempérée convient seule au barreau, qu'elle ne supporte aucun oubli du tact, de la mesure et du goût, et qu'elle exige bien plus de ménagements que l'éloquence politique. Qu'il s'agisse d'une foule ou d'une assemblée, l'orateur politique parle devant des hommes passionnés comme lui ; il vise à les émouvoir plutôt qu'à les convaincre ; il a devant lui des auditeurs qui le soutiennent par leurs applaudissements. Nous avons le public derrière nous, et nous n'avons tout au plus à attendre de lui que ce murmure silencieux qui court sur une foule attentive, comme un frisson d'admiration et de plaisir. Le juge d'ailleurs, encore bien qu'il ait des préjugés et des passions, a la volonté d'être impartial. Il faut avant tout s'adresser à son esprit et rassurer sa conscience ; la preuve est pour lui la partie essentielle ; si vous attaquez directement sa passion, il le sent ; tout ce qu'il a de droiture prend l'alarme et le met en garde contre vous. Il tient avant tout aux bienséances ; un encens grossier lui répugne. Pourtant il est homme, il est accessible à la pitié, à l'admiration, au mépris, à tous les sentiments humains ; mais son émotion doit être comme involontaire, elle ne naîtra pas d'une provocation directe, mais d'une chaleur communicative partout répandue ; ce que Cicéron exprime en disant : « Ne parais- » sons jamais que vouloir instruire et prouver, et que » les deux autres moyens, plaire et émouvoir, soient » répandus dans le plaidoyer, comme le sang l'est dans » les veines. »

Et ces efforts faits pour agir sur les sentiments du juge, ne sont point des pièges tendus à la justice ; car ils n'ont de succès qu'à proportion de la vérité qu'ils contiennent. Le magistrat n'est que trop souvent obligé de s'arrêter à la superficie des choses, et de s'en tenir à une vraisemblance matérielle et presque grossière ; de là l'imperfection de sa justice. Le procès lui cache le plaideur, et la vérité morale, qui domine l'autre, lui échappe. Quel service ne lui rend-on pas, lorsque, par de longs entretiens avec le client, par cette confiance que la sympathie sollicite et que la patience obtient, on parvient à se glisser dans le domaine de la conscience, et qu'on y fait entrer le juge avec soi. Je ne puis plus, comme l'orateur antique, déchirer la toge de l'accusé pour découvrir les cicatrices de ses blessures. Mais je puis descendre dans son cœur, en sonder les replis, le comprendre à l'aide du mien, y retrouver les souvenirs heureux ou cuisants, compter les plaies qu'y ont laissées les injures et les souffrances, et profondément ému de ce spectacle, le montrer aux juges avec délicatesse, avec douceur, avec sincérité, afin qu'ils jugent en hommes les actions de l'humanité. Cette éloquence ne convient pas seulement aux grandes causes; tout dépend de la nature du débat et non de son étendue. Et même il faut plus d'art dans les moindres, parce qu'on n'a pas le moyen d'échauffer peu à peu le cœur du juge; il y a de petites plaidoiries qui sont des chefs-d'œuvre de grâce touchante et attendrie. Ne cessons donc pas de tendre à la perfection de notre art; elle est l'une des conditions les plus élevées, l'un des éléments nécessaires de la justice même. Ayez toujours devant les yeux cette beauté idéale de l'éloquence qui fait d'elle la maîtresse des âmes. Ne vous contentez pas d'en garder le culte intérieur et de l'admirer chez les autres; poursuivez vous-même le fantôme divin; ne craignez pas de vous égarer sur ses traces ni de vous perdre. Il vous échappe; redoublez d'efforts. Courage! vous allez le saisir, et quand même alors il se changerait dans vos bras en une écorce insensible, de ce contact sacré jailliront des jouissances qui répandront sur vos plus rudes travaux un charme infini, et communiqueront à votre âme une sérénité durable, par le dégoût de toutes les basses pensées, par le dédain facile des vulgaires ambitions.

Je dois maintenant, Messieurs, rappeler le souvenir des trop nombreux confrères que la mort nous a ravis.

Obéissant à son habitude capricieuse, elle a pris dans tous les rangs et dans tous les âges, depuis celui devant qui la carrière s'ouvrait à peine, jusqu'au vieillard illustre qui avait épuisé tous les travaux et tous les succès de la vie.

M. Charpentier était l'année dernière substitut du procureur de la République au tribunal de la Seine. Les décrets du 29 mars alarmèrent sa conscience ; il donna sa démission et revint parmi nous. Il y a toujours beaucoup de tristesse au fond de pareilles résolutions. L'incertitude de l'avenir aiguillonne l'imagination de la jeunesse ; elle peut effrayer un esprit déjà mûri par l'expérience. M. Charpentier la supportait cependant avec vaillance, lorsque la mort l'a pris au seuil de sa nouvelle carrière.

M. Bellaguet et M. Ledieu étaient jeunes tous deux et commençaient à se faire apprécier de leurs jeunes confrères. M. Belin était connu de nous tous. Il avait été secrétaire de Jules Favre et avait gardé pour lui un culte passionné. Sa vivacité toute méridionale, sa loyauté et sa franchise le faisaient aimer de ceux-là même qui n'avaient pas eu l'occasion d'apprécier son talent.

M. Juteau et M. Borie étaient de vieux avocats, l'un inscrit depuis 1848, l'autre depuis 1857. Tous deux ont eu au Palais une occupation sérieuse, M. Borie surtout, très attaché aux affaires et suivant assidûment les audiences. Ses commencements avaient été difficiles. Pendant de longues années l'exiguïté de ses ressources l'avait obligé à donner des leçons. Peu à peu, il s'était formé une clientèle qui savait apprécier l'utilité toute pratique de ses conseils. Il lui aurait manqué de passer un jour sans venir au palais. Nous le vîmes mourir lentement, presque sous nos yeux, et nous garderons le souvenir de son humeur facile, de son caractère obligeant, de sa vie laborieuse, simple et digne.

M. Frigolet appartenait au barreau depuis 1842 ; mais il s'était presque exclusivement adonné au journalisme judiciaire. Ce n'est pas chose facile que de saisir avec rapidité la véritable physionomie d'un débat judiciaire, et d'analyser fidèlement des dossiers dont on ne peut pas étudier les détails. Il faut pour cela beaucoup d'attention, de scrupule, d'impartialité, de patience, et ces qualités, pour être modestes, n'en sont pas moins assez rares. M. Frigolet excellait à ce travail, et il s'y était attaché avec passion, comme il arrive à tout ce qu'on fait bien. Pourtant l'âge lui avait fait sentir la nécessité du repos, et il s'est éteint loin de Paris, nous enlevant ainsi la douceur d'accompagner son cercueil et de montrer une fois de plus que notre estime et nos regrets ne manquent à aucun de ceux qui ont porté notre robe avec dignité et avec honneur.

Tout autre avait été, dans le même journal, l'importance de M. Bertin. Attaché en 1835 à la rédaction du *Droit*, il en devint plus tard le rédacteur en chef, et occupa vaillamment son poste pendant vingt-trois ans. Il aimait passionnément la science, et il sentait très bien qu'il était mieux fait pour les travaux du jurisconsulte que pour les discussions de l'audience. Extrêmement impressionnable, convaincu, ardent, il éprouvait une peine visible à contenir toutes les idées qui se présentaient ensemble à son esprit et à leur imposer cette discipline qui les range et permet de les exprimer chacune à leur tour. La plume à la main, il retrouvait tous ses avantages, et l'on a de lui d'excellentes consultations. Mais la réputation considérable qu'il s'est acquise bien au delà des limites de notre barreau repose sur les ouvrages qu'il a laissés, et qu'il n'a cessé de perfectionner jusqu'à sa mort. Il avait publié d'abord un code des irrigations ; il s'attaqua ensuite à deux sujets d'une importance pratique extrêmement grande que, par un oubli regrettable, le Code de procédure a presque négligé de régler. Vous savez que, sous le nom de Chambre du conseil, le tribunal civil exerce une juridiction, tantôt contentieuse et tantôt gracieuse, dont le caractère ambigu soulève les plus graves controverses. Il en est de même du pouvoir du président rendant des ordonnances, soit sur requête et sans contradiction, soit contradictoirement et en référé. L'arbitraire peut aisément se donner carrière dans ces matières à peine effleurées par la loi, et la prudence du juge dissimule le danger sans le faire disparaître. Bertin s'empara de ces sujets où les jurisconsultes n'avaient pas osé jusqu'à lui s'aventurer ; car le livre de M. Debelleyme est plutôt un recueil de jurisprudence qu'un livre de doctrine. Il les traita en jurisconsulte et en praticien, et ses livres rendent tous les jours les plus grands services. Ces beaux travaux, ainsi que l'honorabilité parfaite de son caractère, l'avaient placé très haut dans l'opinion du Palais. Il fut pendant plusieurs années membre du Conseil. Vers la fin de sa vie, sa santé délicate l'obligeait à chercher des hivers plus doux que les nôtres. Mais il n'était pas oublié; on le vit bien au concours de confrères et d'amis qui se pressaient à ses funérailles pour acquitter le tribut douloureux auquel nul, plus que lui, n'avait droit.

M. André Rousselle était inscrit au tableau depuis 1855. Un goût très vif l'entraîna de bonne heure vers la politique et le détourna des affaires civiles. Les der-

nières années de l'Empire le virent aux premiers rangs
de la démocratie avancée. La faveur populaire paraissait vouloir récompenser ses efforts ; mais sa santé
fût tout à coup profondément ébranlée. Depuis un an,
il devenait aveugle, et ses yeux ne percevaient plus que
des lueurs incertaines, lorsqu'une mort bienveillante a
brusquement terminé son épreuve. Il avait l'humeur
douce, le caractère obligeant, le cœur sans fiel, et la
patience résignée avec laquelle il supporta sa dernière
infortune, donne à la fin de sa vie une dignité qui la
rehausse toute entière.

Enfin, Messieurs, nous avons perdu celui qui portait
si bien parmi nous la double couronne de l'âge et de la
gloire. M. Dufaure a eu dans le degré le plus éminent
deux qualités qui assurent toujours l'autorité et le respect, mais éloignent souvent la popularité, la constance
des opinions et l'intégrité du caractère. Ajoutez-y le bon
sens le plus élevé, la passion des affaires et du travail,
l'éloquence, vous l'aurez en quelques mots tout entier.
Sa nature n'offre pas de contrastes ; le dedans répond
au dehors. Considérez l'image que le pinceau d'une émi-
nente artiste nous a conservée pour les siècles. C'est un
corps robuste qu'habite une âme vigoureuse. La bouche
est large et forte, bien faite pour cette voix sans mélodie,
mais puissante, soutenue, et pleine d'une âpreté éloquente, quand elle est enflée par la passion. Les yeux
profondément abrités jettent un regard sérieux et pensif;
il y a quelque chose de rustique dans ces cheveux négli-
gés, dans ce visage hautement coloré qu'éclaire une vive
intelligence. Avec lui, pas de sous-entendus ni de réticences ; pas de coins mystérieux où puisse se glisser
la curiosité maligne de la postérité. La solidité de son
jugement le défend contre l'abattement auquel sont

exposés les hommes qui s'engouent de leurs propres idées et apportent dans la politique plus d'enthousiasme que de raison ; il est victorieux sans jactance et vaincu sans découragement. Vous ne le voyez pas chercher après le combat la retraite philosophique dans laquelle les grands lutteurs ont souvent aimé à se renfermer pour retremper leurs forces ou panser les blessures de leur orgueil. Lui, il est infatigable ; sa vie est réglée comme au temps d'autrefois ; aucun travail ne lui semble aride. Qu'il s'agisse d'affaires publiques ou d'affaires privées, il y porte la même attention pénétrante et scrupuleuse, la même gravité, la même conscience. Il échappe aux jugements sévères que les moralistes n'ont pas épargnés à l'humanité. Il n'est pas l'homme ondoyant et divers de Montaigne. Pascal a dit qu'on ne cherchait le tumulte des grandes affaires que pour s'étourdir et s'arracher à soi-même. M. Dufaure a été pendant quarante ans mêlé aux plus grandes, sans en avoir jamais senti le tumulte, sans leur avoir jamais demandé l'oubli de ces agitations intérieures dont la foi garantissait son âme. Ses opinions politiques sont aussi fermes que ses croyances. Il défend les idées libérales en 1825, il les défend en 1880 ; il n'a changé que d'adversaires. Il est six fois ministre, d'une monarchie et de deux républiques ; personne ne lui reprochera d'avoir fait, quand il était le maître, ce qu'il blâmait quand il ne l'était pas. Il a, pendant cinquante ans, exprimé librement son opinion sur toutes les questions ; personne n'a jamais pu l'opposer à lui-même. L'exercice du pouvoir ne l'use pas ; il sait le prendre à son heure, et, ce qui quelquefois honore davantage, il sait aussi le quitter. Mais cette constance n'est pas l'indifférence d'un esprit qui regarde passer devant lui les générations, et ne s'intéresse à leurs aspirations et à leurs souffrances qu'à proportion du trouble qu'en pourrait éprouver la molle quiétude de ses habitudes et de sa vie. Il suit au contraire, comme son ami M. de Tocqueville, avec une curiosité passionnée le développement de la démocratie. Frappé de ses défauts, quel homme sensé pourrait ne pas l'être, il sait que les défauts de la démocratie sont toujours plus apparents que ses mérites, et il ne méconnaît pas la force dont elle dispose pour améliorer le sort du plus grand nombre. Sa fermeté n'est pas davantage l'obstination aveugle d'un politique mécontent qui s'ensevelit dans les regrets du passé. M. Dufaure a toujours regardé devant lui ; il n'a jamais demandé au passé que des leçons, en lui laissant ses rancunes. Il croit au progrès ; il cherche les moyens de l'assurer, et il les cherche toujours avec sincérité. Ses opinions sont fermes, parce qu'elles sont hautes, tempérées et justes ; comme elles sont hautes, elles dominent sans effort les changements de la fortune ; modérées, elles résistent aux préjugés et aux passions du moment ; justes, et fondées sur les principes invariables de la raison, elles demeurent la commune mesure de toutes les idées et de tous les temps. Par plus d'un côté, M. Dufaure rappelle ces légistes qui ont joué dans l'histoire un si grand rôle. Même simplicité dans les habitudes, même gravité dans le langage, même attachement à l'ordre et au droit, même dédain pour les utopies, même recherche du possible et du praticable, même amour ardent et éclairé de la patrie. La force des convictions et la permanence des desseins sont dans tous ces hommes un caractère commun et comme un trait de race qui donne à leur vie une admirable unité ; cette unité est rendue plus sensible encore par la diversité des événements qu'ils traversent et la variété des moyens qu'ils emploient, et ce qui les distingue, c'est précisément un ensemble de qualités égales et un équilibre parfait qui semblent exclusifs de l'originalité.

Né à Saujon, près de Saintes, en 1798, M. Dufaure se fit d'abord inscrire au barreau de Bordeaux. Lorsqu'on étudie l'histoire du barreau pendant la Restauration, on est frappé d'un fait extrêmement remarquable. Presque tous les grands procès de trahison, de complot, de presse, qui ont marqué cette époque agitée, sont plaidés par de jeunes avocats. Là même où des anciens, comme Berryer père, prennent la parole, ils sont aidés par de jeunes confrères qui publient des mémoires, cherchent à agir sur l'opinion, et prennent en quelque sorte la responsabilité politique du procès. Il suffit de regarder au nom de ceux qui tenaient alors la tête du barreau pour comprendre que leur attachement passionné à la légitimité leur faisait craindre de se charger d'une défense que la cour aurait considérée comme factieuse. Nous sommes habitués aujourd'hui à ne prendre conseil que de nous-mêmes, et fort peu des convenances du pouvoir. Nous pratiquons la tolérance politique comme le premier devoir de la confraternité. Mais il n'en a pas toujours été ainsi, et Manuel, demandant son inscription au barreau de Paris, se la vit refuser, sans qu'il soit possible d'en trouver d'autre motif que son hostilité bien connue contre la royauté. Il est vrai que, sous l'empire de l'ordonnance de 1822, le conseil ne sortait pas du suffrage ; mais cette circonstance ne saurait justifier une exclusion faite pour humilier notre orgueil, et pour nous rappeler que notre tolérance confraternelle est une conquête sur laquelle il est toujours bon de veiller. Les passions étaient plus violentes encore au barreau de Bordeaux. Ferrère venait de mourir ; M. de Martignac était magistrat ; Lainé et Ravez étaient engagés dans la politique ; mais leurs opinions dominaient le barreau dont ils étaient l'orgueil. M. Dufaure n'hésita pas cependant à produire ses idées libérales ; il saisit toutes les occasions de les défendre, et il sut si bien, malgré sa jeunesse, gagner la confiance de ceux dont il ne pouvait espérer de rallier l'opinion qu'au bout de dix ans il était bâtonnier de son ordre. Par une fortune singulière, dix ans après son inscription à Paris, il était bâtonnier du nôtre.

Les électeurs de Saintes l'envoyèrent à la Chambre en 1834. Les Chambres de la Restauration avaient consacré plus de temps à la politique qu'aux affaires, et croyant avoir assez fait pour le pays, quand elles l'avaient agité, elles ne laisseront guère d'elles, en dehors des lois sur la presse, que le souvenir de leur impuissance à faire revivre un passé disparu. Au contraire, quelque opinion qu'on puisse avoir sur la direction politique que la monarchie de Juillet s'efforça d'imprimer à la société française, il est impossible de méconnaître la fécondité du mouvement législatif pendant cette période de notre histoire. Les lois sur les municipalités, sur l'expropriation pour cause d'utilité publique, sur les brevets d'invention, sont demeurées le code de toutes ces matières. Les lois sur l'instruction publique ont eu cette singulière fortune qu'on invoque aujourd'hui leurs dispositions et leurs principes contre la loi républicaine de 1850. La loi de 1838, sur les faillites, préparée, discutée, amendée pendant trois ans par les deux Chambres, peut être comparée aux plus belles parties de nos codes. Enfin toutes les lois de développement des voies de communication, et spécialement les lois générales sur les chemins de fer ont été votées à cette époque et ont préparé la prospérité dont l'Empire a recueilli le fruit. A peine entré à la Chambre, M. Dufaure renonça à la plaidoirie et se livra tout entier à l'attrait des affaires publiques. Il montra dans la discussion des lois sur les chemins de fer une telle supériorité de raison éloquente qu'une médaille commémorative fut frappée en son honneur. Mais il ne me reste plus rien à dire sur la part qu'il prit à ces grandes délibérations, sur l'étendue de son savoir, sur son bon sens lumineux, sur sa raison toujours prête à montrer la solution naturelle et juste, sur cette autorité universellement acceptée, qui est après tout le moins fragile des empires, et qu'il ne devait ni à la flexibilité du caractère ni à l'affabilité banale des relations personnelles.

J'aurais aimé aussi, mes jeunes confrères, si le temps même et la nature de cette assemblée l'avaient permis, à le suivre avec vous sur le terrain de la politique et à chercher des leçons dans les principes qui ont dirigé la sagesse de sa vie. Nous l'aurions vu servir avec une égale loyauté la monarchie de Louis-Philippe et la République de 1848, demeurer fidèle à ses propres idées, ce qui est le seul devoir d'un honnête homme, quand il n'a pas les obligations d'un serviteur ou d'un ami, et quitter le ministère, lorsque le pouvoir commença à devenir factieux. Puis il couve pendant vingt ans, sous le calme apparent des travaux judiciaires, le feu des anciens combats ; il prend la tête du mouvement libéral pendant les dernières années de l'Empire, et lorsque la liberté sort, le front déchiré, du milieu de nos ruines, il apporte au restaurateur de la patrie son dévouement absolu, son autorité grandie encore, et la jeune verdeur de ses soixante-douze ans ; il le défend, il tombe avec lui. Plus près de nous, nous le voyons céder encore une fois à d'instantes prières et intervenir pour nous épargner peut-être la guerre civile. Il était résolu à ne plus reprendre le fardeau du pouvoir. Ce n'est pas qu'il sentît le déclin des forces ou la lassitude d'une longue existence ; mais il voulait réserver les restes de sa voix à deux grands sujets sur lesquels était alors concentrée sa pensée : la question religieuse, tourment de son patriotisme et de sa conscience, et le pouvoir judiciaire dont l'indépendance et la dignité lui semblaient encore confiées à sa garde. Enfin il se proposait de réunir l'œuvre oratoire de sa vie entière et de commencer de ses propres mains le monument de sa renommée. La mort l'a pris au milieu de ses desseins, et elle nous a tous frappés, comme inattendue, tant notre affectueux orgueil s'était accoutumé à le croire indestructible !

Mais si notre illustre confrère nous échappe par beaucoup de côtés, il nous appartient presque tout entier par son éloquence. Ce qui fait la saveur et l'originalité de sa parole, c'est que, avec la hauteur des vues et la simplicité des moyens qui conviennent à la politique, il emprunte à l'éloquence judiciaire l'art de discuter qui s'apprend mieux au barreau. Sa méthode est si simple qu'elle semble à la portée de tout le monde. Commencer par écarter les objections accessoires qui embarrassent le débat, poser la question avec une rigueur mathématique, y insister, montrer qu'elle est celle-là et non une autre, puis s'avancer régulièrement, d'un pas égal, vers la solution, écraser les objections à mesure qu'on les rencontre, supposer toujours à ses adversaires des vues honorables et des desseins patriotiques, parler pour ceux qui écoutent et non pour le dehors, convaincre ses amis comme s'ils en avaient besoin, discuter avec ses adversaires comme s'ils pouvaient être convaincus, ne jamais se départir d'un langage grave et simple jusque dans l'expression toujours contenue de la passion, mêler parfois l'ironie la plus mordante à la gravité la plus imperturbable, répandre sur tout le discours la chaleur qui vient d'une âme honnête et sincère, voilà bien les traits saillants de sa parole. Si puissante qu'elle fût dans les débats des affaires privées, elle ne montrait vraiment toute sa grandeur que dans la discussion des affaires

publiques ; et si j'ai pu dire que, par certains côtés, l'éloquence judiciaire est plus difficile à atteindre que l'éloquence politique, il est juste de laisser M. Dufaure nous apprendre maintenant comment l'orateur est supérieur à l'avocat : « Je ne veux pas me laisser entraîner à vous
» dire par quels côtés importants l'éloquence de la tri-
» bune diffère de celle de la chaire et du barreau ; ne
» suffit-il pas de remarquer que l'orateur de la tribune,
» au lieu de l'auditoire pieusement muet qui recueille
» comme d'indiscutables vérités les paroles qui tombent
» de la chaire, au lieu des magistrats bienveillants qui
» prêtent une oreille attentive au procès qu'ils vont ju-
» ger, voit en face de lui un auditoire en partie hostile,
» sur lequel il prétend exercer une puissance que tant
» de passions et d'intérêts sont disposés à lui contester ;
» qu'il ne peut pas toujours choisir ni le moment où il
» parle, ni le lieu où il se place ; qu'il est obligé parfois
» de concevoir l'ensemble de son discours, et d'en ordon-
» ner les détails avec la même promptitude qu'un géné-
» ral conçoit son plan de bataille ; qu'il doit attaquer
» ses adversaires sans risquer d'en faire pour son opi-
» nion des ennemis irréconciliables, chercher le doute
» dans l'âme de ceux qui hésitent afin de le dissiper,
» donner aux pensées de ses amis une forme telle qu'ils
» se glorifient de suivre son drapeau ; dans la discus-
» sion même la plus vive être clair, être rapide, et évi-
» ter qu'un mot mal choisi ou mal compris ne compro-
» mette les principes qu'il défend ; c'est là un grand acte
» de l'esprit humain ».

M. Dufaure nous montre ici le secret de son cœur. La barre ne lui a jamais fait oublier la tribune. Les grands sujets de la politique sont la nourriture habituelle de sa pensée. Ses plus beaux succès du Palais, à l'exception d'une affaire de séparation de corps, sont

des procès politiques, celui de la confiscation des biens
de la famille d'Orléans, celui de la brochure du duc d'Au-
male, celui de l'Histoire des princes de la maison de
Condé, celui des Treize. Avec quelle émotion nous écou-
tions ces belles plaidoiries ! Quelle force ! Quelle simplicité mâle et imposante ! Comme ce vaincu fait baisser
les yeux aux vainqueurs ! Quelle modération hautaine,
cent fois plus terrible que l'outrage ! Et comme on sent encore, même dans cette parole éteinte et dans ce langage re-
froidi, le souffle de l'indignation qui fait résonner la
poitrine, la violence de l'effort qui en contient l'explosion, l'amour profond de ces libertés, servies quand
elles étaient reines, et qui, maintenant proscrites et
suppliantes, viennent réclamer l'appui et la consolation
de son éloquence ! Ah ! Souvenirs tout puissants de notre jeunesse ! Pardonnez-moi, mes jeunes confrères, de
les faire revivre ainsi avec complaisance sous vos yeux.
La génération à laquelle j'appartiens touchait à l'âge
d'homme lorsque le silence s'appesantit sur la France
mobile et fatiguée ; et si Dieu n'a pas donné aux maîtres
de la politique le pouvoir de créer ou d'étouffer à leur
gré la pensée, il leur a cependant permis de la réduire
à la stérilité, en la condamnant à la solitude. L'homme
n'est rien que par l'homme. Vainement une génération
tout entière porte en elle le germe des nobles sentiments, religion, charité, liberté, patrie ; si rien ne vient
du dehors féconder cette semence des grands hommes
et des grandes œuvres, si l'éloquence et la poésie sont
muettes, si le prêtre s'appuie trop complaisamment sur
le pouvoir qui le soutient, si les hommes que leurs dignités ou leurs talents élèvent au-dessus des autres donnent pour seul but à leur vie la poursuite de la richesse
et du plaisir, si tous les regards sont sans cesse tour-
nés vers la terre, cette génération passera sans laisser

de trace, vouée d'avance à la médiocrité et à l'oubli. Pourtant elle sent ce qui lui manque, elle en souffre, et son cœur vibre avec une intensité douloureuse à la voix de ceux qui, nés avant elle, conservent le patrimoine précieux qu'elle a négligé de recueillir. M. Dufaure disparaît le dernier de cette troupe glorieuse, et je salue en lui tous ces combattants illustres dont la constance a lassé la fortune, et entretenu dans nos âmes, avec le culte de l'idée, l'indomptable besoin de l'indépendance.

Mais si la parole de notre confrère se plaisait à ces grands essors mieux qu'aux humbles détails des affaires privées, il n'en n'avait pas moins pour notre profession un attachement profond, et il n'a perdu aucune occasion de le montrer. Garde des sceaux et membre du Conseil, il assistait toujours à la messe de rentrée, et après y avoir occupé la place qui appartient au chef de la magistrature, il se mêlait à nos rangs afin de confondre aux yeux de tous ce double honneur que sa pensée ne séparait pas. Il venait aux séances du Conseil dès que les affaires publiques le lui permettaient, et souvent, quand nous nous levions pour le recevoir, notre respect embarrassait la modestie et presque la timidité qu'il avait conservées.

Enfin il a voulu que son testament contînt le témoignage de ses sentiments pour l'ordre, et j'en ai pu recueillir de ses lèvres mourantes la touchante expression. Je le vis la veille de cette mort si bien préparée, et si admirablement conforme à sa vie ; il m'attendait, et dès que je fus près de lui, il voulut qu'on nous laissât seuls : « Rap- » pelez à tous nos confrères, me dit-il, combien, depuis » le premier jour, j'ai été profondément attaché à notre » chère et noble profession ; tout ce que j'y ai fait et dit » a été inspiré par une seule pensée, faire régner dans le » barreau les idées libérales. Elles n'étaient pas en faveur,

» quand j'ai pris la robe à Bordeaux ; les passions du temps
» dominaient tout. Peu à peu d'autres jeunes gens se sont
» réunis à moi, et j'ai eu la joie de voir partout le triom-
» phe de mes idées. Plus tard, je suis venu au barreau de
» Paris, qui m'a comblé d'honneurs que je ne méritais
» pas. Dites à Allou, à Bétolaud, à Rousse, à Templier,
» à tant d'autres dont j'oublie en ce moment les noms,
» combien je les ai estimés et aimés. ».

Il s'arrêta alors un instant. « Et vous, reprit-il, s'il
» faut que je meure, je vous remercie d'avance de ce
» que vous direz de moi, qui sera toujours au-dessus
» des mérites d'un homme secondaire comme je l'ai
» été. » Il cessa de parler et me serrant fortement la
main, m'attira près de lui et m'embrassa.

J'ai reçu pour le barreau ce dernier adieu, je le lui
rapporte fidèlement aujourd'hui. Notre illustre bâtonnier
revit tout entier dans ces paroles, et nul parmi nous ne
pourra se défendre d'une émotion profonde, en retrou-
vant, à ce moment suprême et presque dans son âme
exhalée, ses convictions ardentes, son attachement invincible à la liberté et jusqu'à cet amour de la gloire,
que l'humilité chrétienne purifie sans l'anéantir et qui
sera toujours l'aliment des grandes âmes.

Et vous, mes jeunes confrères, cette vie toute de travail, d'honneur et d'éloquence vous donne le meilleur
enseignement que vous puissiez recevoir. La Bruyère a
dit un mot admirable : « Nous devons travailler à nous
» rendre dignes des grands emplois ; le reste est l'affaire
» des autres. » L'esprit de toutes nos règles est contenu
dans cette maxime. La rapidité avec laquelle s'éclair-
cissent les rangs de vos aînés, vous avertit assez que
votre génération devra bientôt porter le poids de ces
emplois de la barre, toujours plus grands à mesure que

s'élève le courant tumultueux de la démocratie. Pour quelques-uns, la tâche sera brillante ; pour les autres, plus modeste ; pour tous, noble et difficile à bien remplir. Vous ne l'avez pas encore reçue, cela est vrai ; mais elle ne tardera guère, et, croyez-en l'expérience de vos anciens, de ces années précieuses, que votre ardeur ronge avec impatience, dépend le succès des travaux de la vie. Remplissez donc sans relâche votre esprit et votre cœur. Les affaires viendront ; car un instinct très sûr guide les prémices du talent. Rendez-vous dignes des grands emplois ; le reste est l'affaire des autres.

DISCOURS

PRONONCÉ A L'OUVERTURE DES SÉANCES

DE LA SOCIÉTÉ DE LÉGISLATION COMPARÉE

LE 12 DÉCEMBRE 1883.

DISCOURS

PRONONCÉ A L'OUVERTURE DES SÉANCES

DE LA SOCIÉTÉ DE LÉGISLATION COMPARÉE

LE 12 DÉCEMBRE 1883.

———

MESSIEURS,

Tout a été dit sur l'intérêt et l'utilité de nos études. L'ardeur même avec laquelle nous les poursuivons, le zèle sans cesse renouvelé de nos collaborateurs, la faveur publique qu'excite, au lieu de la lasser, le nombre croissant de nos publications, sont autant de démonstrations de la vitalité de notre œuvre, autant de preuves qu'elle répond à un besoin vivement senti, et que sans elle il y aurait un vide dans la science française.

On se tromperait en croyant que cette faveur est seulement due à l'expansion des relations internationales et à la nécessité qui s'impose aujourd'hui aux praticiens de connaître, sur certains points, les lois étrangères presque aussi bien que les lois de la patrie. Sans doute, nos études ont, de ce côté, une utilité considérable et pratique qui frappe les yeux les moins attentifs et donne à chacun de nos annuaires une valeur toute spéciale d'actualité ; mais leur intérêt franchit bien vite cet horizon borné et rayonne sur tout le domaine du droit et de la politique. Par état,

par penchant d'esprit, j'oserais presque dire par tempérament, les légistes sont toujours fortement attachés à
leurs traditions et aux lois qu'ils ont coutume d'appliquer.
Ce n'est pas qu'ils n'en discernent très bien les imperfections ; mais l'expérience leur apprend qu'il est souvent
plus dangereux de changer qu'il n'est incommode de
souffrir. La pratique d'ailleurs se charge, par d'heureuses
inconséquences, de combler les lacunes et de corriger les
défauts de l'œuvre du législateur. Aussi la plupart des
jurisconsultes tiennent résolument pour la médecine expec-
tante, et l'empirisme ne sera jamais de leur goût. Toutefois une pareille tendance, érigée en système, ne tendrait
à rien moins qu'à immobiliser la législation et à enrayer
tout progrès. Mais elle est elle-même corrigée par l'observation des lois sous lesquelles vivent des peuples dont la
civilisation et l'état social sont semblables aux nôtres. Les
différences qu'on y remarque montrent clairement ce qui
est essentiel et ce qui ne l'est pas. Alors le point de vue
s'élève, et le perfectionnement des lois, œuvre si délicate
et d'ordinaire si maladroitement poursuivie, devient un
peu moins difficile.

La politique n'a pas moins à y gagner que la science,
« Tous ceux qui ont écrit sur les lois, dit Bacon, ont
» traité leur sujet en philosophes ou en praticiens. Les
» philosophes avancent des choses fort belles en paroles,
» mais inapplicables. Les praticiens, attachés en esclaves
» aux lois de leur cité, ou aux lois romaines, ou au droit
» canonique, n'ont point un raisonnement libre ou, dans
» leurs raisonnements, sont toujours captifs. Certes cette
» belle étude est l'apanage des politiques, qui savent au
» vrai ce que comportent la société humaine, l'intérêt
» du peuple, l'équité naturelle, les formes diverses de
» gouvernement, et qui peuvent ainsi juger des lois
» d'après les principes de l'équité et les exigences de

» la politique ». (*Bacon traduit et cité par Laboulaye.*)
Si ces idées étaient justes dans un temps et dans un
pays où le pouvoir législatif appartenait presque entièrement à une aristocratie, combien ces réflexions deviennent pressantes, là où le pouvoir législatif appartient au
peuple lui-même, qui l'exerce presque directement par
des mandataires dont les lois électorales se plaisent à
exercer la docilité. Non pas, Messieurs, qu'il entre dans
ma pensée de critiquer telle ou telle de nos lois ; il suffit
de remarquer que ce ne serait pas ici le lieu. Je reconnais d'ailleurs volontiers que la pratique des institutions
démocratiques a des exigences auxquelles nul ne peut
se soustraire. Mais on ne saurait non plus défendre au
citoyen qui suit avec une attention patriotique la marche des choses, de souhaiter avec ardeur la diffusion
des notions juridiques essentielles, comme contrepoids
à cette facilité de faire et de défaire les lois qui fait de
leur toute-puissance un véritable danger.

C'est, en effet, aujourd'hui une opinion généralement
reçue qu'on peut tout faire à coups de lois ; que le
domaine du législateur est sans limites ; que la majorité,
légalement exprimée, équivaut à l'unanimité ; qu'ainsi la
minorité doit être considérée comme si elle n'existait
pas ; que chaque génération est libre de tout engagement vis-à-vis de ses devancières, et qu'une fois maître
de la loi et des jugements, on n'a pas seulement le pouvoir, mais le droit de réformer toutes les parties de
l'État, comme on le veut.

Cette théorie n'est pas toujours clairement aperçue
par ceux qui en tirent le plus résolument les conséquences. Bien des gens, que nous voyons tous les jours,
font de la philosophie du droit sans le savoir. Peut-être
leur sera-t-il à cause de cela beaucoup pardonné ; mais
en attendant, le sophisme porte ses fruits ; il altère

l'une après l'autre toutes les parties de la législation ; il
pénètre peu à peu le langage et les actes ; il n'est que
temps de le combattre, et c'est à nous dont la seule
ambition est d'éclairer tous les partis, qu'il appartient
de résister à cette fausse doctrine, en ajoutant aux arguments de la philosophie les exemples que nous offrent
les lois étrangères.

Notre époque a ceci de commode que tout s'y revêt
d'une couleur violente et crue. Les nuances intermédiaires
tendent à disparaître. Les écoles ont rejeté le masque
d'une hypocrisie doucereuse ; on peut les accuser d'erreur ou d'inconséquence, mais non de dissimulation ;
elles ne disent pas ce qu'elles veulent, elles le crient ;
et il est impossible, quelque bonne volonté qu'on y mette,
de ne pas l'entendre. Sur quel principe font-elles reposer
la notion du droit ? La législation, et par conséquent la
civilisation d'un peuple dépend de cela.

Je laisse de côté l'école théocratique qui fonde l'idée
du droit sur la révélation divine. Celle-là d'abord, on
sait bien ce qu'elle veut. — « Point de paix dans la
» société dont la doctrine et les lois s'écartent de la loi
» et des doctrines révélées de Dieu, et quiconque, homme
» ou peuple, méprise cette loi, nie ces doctrines, ne
» fût-ce qu'en un seul point, cet homme, ce peuple
» rebelle à Dieu subit à l'instant le châtiment de son
» crime. Un malaise inconnu s'empare de lui, je ne
» sais quelle force désordonnée le pousse et le repousse
» en tous sens, et nulle part, il ne trouve de repos ».
Ces fortes paroles ne sont ni de Bossuet, ni de Joseph
de Maistre, elles sont de Lamennais, théoricien du pouvoir absolu de l'Église avant de l'être du pouvoir absolu
du peuple, et qui crut affranchir son esprit, quand il ne
changeait que d'esclavage.

Sans méconnaître la grandeur d'une telle conception

du droit, sans oublier ce que lui doit la civilisation européenne, il faut dire que nous ne la voyons plus inspirer directement ni les lois, ni le pouvoir. Là même où la couronne et la tiare sont réunies sur la même tête, le souverain commande et non le prêtre. Le vent de l'opinion ne souffle pas de ce côté.

En face d'elle, se servant d'autres armes pour arriver à la même domination, se trouve l'école philosophique, ou, pour la nommer du titre qu'elle revendique, l'école révolutionnaire. Ici tout droit vient du peuple, et la volonté du peuple est la suprême loi. L'État représente cette volonté, et par conséquent tout doit s'incliner devant lui. Qu'il s'agisse de former les âmes par l'instruction, de régler les intérêts et d'interpréter les lois par les jugements, d'influer sur la répartition des richesses par les travaux publics et les entreprises, la solution est la même. La majorité, quand elle est légale, ne doit consulter que ses instincts. Voilà le premier caractère de cette école. Maintenant le souverain cesserait de l'être, s'il ne pouvait retirer à volonté le pouvoir qu'il est obligé de déléguer. Toutes les fonctions doivent donc être électives et très courtes. Les mandataires ne peuvent engager leurs mandants que pour la durée même du mandat ; ils usurperaient sans cela le pouvoir qui ne leur appartient pas. Ainsi c'est là le second caractère de la doctrine ; elle fait d'une instabilité systématique la base de toutes les institutions.

Lorsqu'avant 1848, on étudiait l'histoire de la Révolution, et qu'après avoir écouté le développement déclamatoire de ces théories, on assistait à l'application qu'en faisaient les rudes commentateurs des faubourgs, on pouvait croire que cette nouvelle notion du droit était condamnée par les souvenirs dont elle portait la responsabilité. Elle reparut un instant à la surface en 1848 ;

mais les réformateurs qui l'avaient pieusement recueillie lui avaient donné, dans leurs méditations solitaires,
un caractère de rêverie idéale qui livrait les systèmes au
ridicule et les rendait absolument inapplicables. Les
journées de juin se chargèrent d'ailleurs de détruire le
peu qu'on en avait voulu réaliser. Puis vingt ans se passèrent, pendant lesquels les effets de la théorie furent
comprimés par le pouvoir qui cependant lui avait demandé sa force originelle. Il y eut là une sorte d'incu-
bation silencieuse qui la transforma, si bien que nous
la voyons à présent, forte des leçons qu'elle a reçues,
disciplinée, sachant attendre, accroissant peu à peu ses
conquêtes, envahissant l'une après l'autre toutes les parties du droit.

Cette école, comme la première, fait de son principe un
dogme sous la majesté duquel elle entend bien, elle aussi,
écraser toutes les dissidences ; et si on lui demande quelle
part elle laisse à la liberté, elle répond avec un légiste célèbre, que « la liberté est le droit de faire tout ce que la
» loi ne défend pas », en sorte que si les lois défendent tout, la liberté, d'après la définition, n'en existe
pas moins sous la servitude. Elle affirme qu'elle sort des
entrailles mêmes de la démocratie ; qu'elle en est l'expression nécessaire, et que le dernier mot de la civilisation doit être un socialisme matérialiste et utilitaire,
dont les lois doivent précipiter l'avènement et assurer
l'empire. Nous sommes là, il faut le dire hardiment, en
face du plus redoutable problème des temps modernes.
Que sera la démocratie européenne ? Sera-t-elle autori-
taire ou libérale ? Religieuse ou athée ? Où sera le principe du droit ? En haut ou en bas ? Dans la raison ou
dans le nombre ? Que deviendra la liberté en face de
l'omnipotence de l'État ? Voilà, dit Edgard Quinet, la
seule question qui vaille encore la peine d'être discutée.

Si ce n'est pas la seule, c'est au moins la plus pressante et la plus grave, et plus on s'efforce d'en pénétrer l'effrayant mystère, plus on éprouve d'angoisse en fixant les yeux sur cette nuée qui s'avance et porte dans ses flancs le secret de la grandeur ou de l'abaissement de la patrie.

Entre ces deux écoles, nous trouvons encore les restes d'une troisième qui s'efforce de corriger les excès des deux autres, et fondant le droit sur le principe de la responsabilité humaine, donne pour toute mission à la société comme aux lois mêmes de développer et d'assurer la grandeur morale de l'individu. — A ses yeux la réforme des lois ne doit être entreprise qu'avec des précautions infinies ; car s'il suffit de promulguer les lois pour les rendre exécutoires, le temps seul peut leur donner l'autorité sans laquelle elles sont impuissantes à faire pénétrer dans la masse du peuple les principes dont elles sont l'expression. Une loi hâtive et portant encore la trace de la passion qui l'a dictée est d'avance condamnée au mépris. Ceux qui la font, y voient moins l'expression du droit que la satisfaction de leurs rancunes ; et ceux qui la subissent attendent avec plus ou moins d'impatience le moment de la détruire ; le peuple le sent, et perd aussitôt le respect dont aucune loi ne peut se passer.

Mais en même temps qu'ils cherchent par tous les moyens à défendre la personnalité humaine, les jurisconsultes et les philosophes de cette troisième école s'efforcent de ne jamais rompre la chaîne des traditions, et ne veulent rien perdre de ce grand patrimoine de tolérance et de liberté que nous avons reçu de nos pères. Nous devons à cette école les quelques bonnes lois de la Restauration et le magnifique épanouissement législatif qui restera l'honneur du gouvernement de Juillet. On assure qu'elle a perdu la faveur des masses. Elle

a en effet de grands torts ; elle tient pour la modération
contre la violence ; elle admire les découvertes de la
science, mais elle croit que ces découvertes, en trans-
formant la matière et en exaltant l'orgueil de l'homme,
rendent plus nécessaire encore le frein de la religion ;
elle répète avec Voltaire que la géométrie laisse l'esprit
comme elle le trouve ; elle dit que la science ne parviendra jamais à remplacer la conscience ; autant de crimes
que les fanatiques qu'elle combat ne lui pardonnent
pas.

Et pourtant c'est elle qui peut le mieux puiser dans
les législations étrangères les exemples destinés à ruiner
dans l'esprit de tout homme de bonne foi la faveur
imprudemment accordée à une doctrine, à laquelle on
peut pardonner un instant l'ivresse de son triomphe,
mais qui n'en a pas moins le tort irréparable de travailler de toutes ses forces à abaisser le niveau de l'humanité. La législation allemande nous montre depuis dix ans
ce qu'un pouvoir absolu, fondé sur la victoire, peut
gagner à la persécution religieuse. En Angleterre, en
Italie, nous voyons, non sans quelque envie, le droit de
suffrage élargi de plus en plus avec lenteur, avec méthode, avec sûreté. En Amérique enfin, vaste champ
d'expérience où toutes les théories peuvent sans danger
se donner carrière, nous voyons partout le sentiment religieux considéré comme la condition essentielle sans
laquelle une démocratie ne peut pas demeurer grande et
libre. Mais est-il besoin, dira-t-on, pour savoir tout cela,
d'étudier les lois de ces pays ? Les correspondances de
la presse, les récits des voyageurs ne suffisent-ils pas ?
La réponse est trop facile. Le publiciste échappe difficilement à l'esprit de parti ; le voyageur ne peut apercevoir que la superficie des institutions et des mœurs. Au
contraire, quand un peuple participe directement à la

puissance législative, ses lois deviennent le miroir nécessairement fidèle des idées dominantes, et l'immua-
ble témoin de ses faiblesses ou de ses vertus. Ce sont
elles qu'il faut connaître et interroger sans cesse ; car
souvent un article de loi en dit plus sur l'état d'un peuple
que toutes les anecdotes et tous les discours.

Nul n'a été un plus fervent apôtre de ces sages doctrines que le professeur illustre sous les auspices duquel
notre société a été fondée ; et les défendre est assurément
le plus précieux hommage que nous puissions rendre à sa
mémoire.

L'œuvre tout entière de M. Édouard LABOULAYE peut se
résumer en quelques mots qu'il a écrits lui-même en tête
de ses *Études morales et politiques*. Il faut les citer, car
l'auteur a voulu qu'elles fussent une sorte de testament
philosophique : « Depuis dix ans, enrôlé sous votre dra-
» peau, disait-il à M. de Sacy, je suis resté fidèle à notre
» mot d'ordre : Évangile et liberté. Plus j'avance dans la
» vie, plus cette devise me console et me soutient ; plus
» j'essaie de faire partager notre commun espoir à ceux
» qui m'écoutent ou me lisent..... S'il y a dans ce volume
» un caractère qui puisse le distinguer des autres, c'est
» peut-être que j'y ai mis plus de moi-même, que j'y ai
» dit avec plus d'abandon combien l'expérience et la vie
» me ramènent chaque jour davantage à l'Évangile et au
» Christ. Tous les systèmes qui chassent Dieu du monde
» et du cœur de l'homme me paraissent aussi faux en
» philosophie qu'en politique ; ce sont des doctrines de
» désespoir que je repousse de toutes les forces de mon
» âme, comme l'erreur et le danger de notre temps ».
Ainsi l'inspiration est religieuse ; le but est politique
et social. M. Laboulaye n'est ni un philosophe, ni un théo-
logien ; c'est en critique qu'il aborde les grands sujets de

7

la *Personnalité divine, de la Dévotion, du Rationalisme chrétien.* Il ne prétend pas trouver des solutions nouvelles au problème de l'infini qui tourmente l'homme malgré lui ; mais il connaît les divers systèmes philosophiques ; il étudie Hobbes, Hégel, Spinoza, Kant ; aucun ne satisfait sa raison, et sa foi sort plus robuste de l'épreuve à laquelle il l'a soumise. Il n'est pas davantage un légiste, dans l'acceptation étroite de ce mot. Son premier livre est une histoire et non un traité du Droit de propriété. Mais, dès ce premier livre, il indique clairement ce qui le préoccupera toute sa vie, le fondement de la notion du droit ; et quand il croit l'avoir trouvé dans les principes d'un libéralisme chrétien, il n'a plus qu'une pensée, répandre par la parole et par la presse, les idées qu'il croit justes ; il s'efforce de les vulgariser sous toutes les formes ; l'article de journal, le traité, le discours populaire, le roman même, tout lui sert pour chercher à éclairer l'esprit du peuple ; et quand on le voit pendant quarante années défendre les mêmes principes, avec une chaleur et une élévation croissantes, combattre sans hésiter les idées régnantes, dédaigner la popularité facile, on trouve juste de le comparer à ces grands Américains qu'il nous a fait connaître et sur lesquels il a écrit de si belles pages.

Mais la constance des principes n'enchaîne pas le développement de la pensée, chaque jour éclairée par le spectacle changeant de l'histoire, et l'auteur des *Essais sur M. de Savigny et sur M. de Radowitz* ne laisse pas que d'être assez loin de l'auteur de l'*Histoire de la Révolution américaine.* M. Laboulaye avait beaucoup étudié en Allemagne. Il avait subi le prestige qu'exerçait M. de Savigny sur la science allemande, et il s'est inspiré d'abord de ses idées. L'épigraphe de l'analyse qu'il a consacrée à ses écrits dit tout sur ce premier point : « *Tu duca, tu maestro e tu signore* », écrit-il. Mais déjà, avec une perspica-

cité remarquable, il se demande si l'école historique fait
une part suffisante aux progrès rapides de la démocratie.
Il reconnaît qu'il est juste de tenir dans la réforme de la
législation le plus grand compte de ces éléments anciens
que le passé transmet à l'avenir ; mais il demande qu'on
fasse une large place aux besoins nouveaux, et même à
ces aspirations confuses qui agitent l'âme des peuples,
et qu'il est souvent aussi difficile de satisfaire que de com-
primer. Tous les publicistes, tous les politiques dont l'esprit s'est formé pendant la première moitié du XIXᵉ siècle ont subi la même épreuve ; et dans cette transition
entre ce qui a été et ce qui sera, les uns ont usé leurs forces à retarder l'avènement de la démocratie, les autres
l'ont acceptée comme un fait ou comme une espérance, et
ont cherché à l'instruire et à la discipliner. Plusieurs passages des écrits de M. Laboulaye révèlent clairement les
doutes dont son âme a été assaillie ; cependant quand le
gouvernement de Juillet est tombé, il n'a pas hésité à
écrire qu'il fallait, sans s'abandonner à de stériles regrets,
suivre la démocratie dans la nouvelle tentative où elle
venait de s'engager.

Nommé professeur de législation comparée au Collège
de France, il alla droit au but en essayant d'enseigner
à la jeune République par quels sacrifices et par quelles
vertus son aînée avait été fondée, et sur quels principes
reposait cette constitution fédérale, qui fait à la fois la
grandeur et la gloire de la nation américaine. Puis aussitôt après, et comme un complément naturel d'un travail de comparaison législative, il entreprit l'histoire des
lois de la Révolution française.

A partir de cette époque, M. Laboulaye ne cessa plus
d'avoir les yeux fixés sur le Nouveau-Monde ; il suivit
pas à pas les vicissitudes de l'histoire américaine, si
bien qu'à la fin, on aurait pu dire de ce Parisien qui

n'avait jamais quitté l'Europe, qu'il était le plus Français de tous les Américains. La question de l'esclavage et la guerre de sécession lui fournirent bientôt l'occasion de montrer sa profonde connaissance des affaires américaines, et en même temps son ardent amour pour la justice et l'humanité. La question était, à la vérité, fort mal connue en Europe. Le roman de l'oncle Tom y avait fait répandre bien des larmes ; mais il y avait loin de ces attendrissements à l'explosion formidable que ce livre avait provoquée en Amérique. On juge toujours assez froidement d'une coutume dont on n'a pas la barbarie sous les yeux. Personne ne savait guère ce que c'était que le *compromis du Missouris* ; le bill *des fugitifs*, et le supplice de John Brown nous laissaient assez indifférents. L'Angleterre voyait sans trop de peine le déchirement de sa rivale ; et même, oubliant l'honneur qu'elle avait eu d'abolir la traite, elle observait assez mal les lois de la neutralité. Quant à la France, les souffrances qu'imposait à nos industries le manque de coton, auraient bien vite fait oublier quel était l'horrible objet de la guerre civile. L'opinion était chancelante ; nul n'a plus contribué que M. Laboulaye à l'engager sous le drapeau du Nord ; c'est un hommage que M. de Humbolt lui a rendu. Articles, discours, conférences, il ne ménagea rien pour détruire les sophismes sur lesquels s'appuyaient les esclavagistes. Du même coup il nous fit connaître et goûter Channing, et ce Théodore Parker, dont les invectives éloquentes rappellent les plus beaux morceaux de l'antiquité. Vingt ans ont passé sur ces écrits ; la guerre de sécession est presque oubliée ; la plupart de ceux qui s'y sont illustrés ont disparu ; nous avons subi nous-même d'assez terribles épreuves pour avoir le droit d'être moins sensibles à celles des autres. Et bien ! vous pouvez relire ces écrits ; vous les trouverez vivants comme au premier jour. Point de rhétorique ; point d'art apparent ; mais une clarté sans égale, une émotion contenue, cette beauté qui tient à la justesse des idées, à l'élévation des sentiments, et qui, à cause de cela, ne vieillit pas. Devant ces démonstrations irréfutables, personne n'osa plus soutenir directement la cause de l'esclavage ; l'hésitation du gouvernement fut contenue ; et les sudistes étaient battus devant l'opinion avant de succomber sur les derniers champs de bataille. L'Amérique n'oublia pas ce service ; la mort de M. Laboulaye y causa une impression profonde ; et le gouvernement américain se fit l'interprète du sentiment national en manifestant avec éclat la reconnaissance qu'il gardait à ce vieil et fidèle ami.

Mais il n'est pas permis, en parlant de notre éminent collègue, d'oublier ces allocutions familières qui sont peut-être la partie la plus originale de son œuvre. La législation comparée aura des professeurs d'une érudition aussi vaste et aussi sûre ; les causes qu'il a servies trouveront des défenseurs aussi habiles et aussi dévoués ; mais dans ces discours qu'il a intitulés lui-même *Discours populaires*, on peut dire que tout est personnel, le fond comme la forme. Ce n'est pas que nous soyons exposés à manquer de conférenciers politiques ; chaque parti a les siens, excepté peut-être le parti de la modération. Mais le langage qu'on y tient est presque toujours celui de la passion ; on cherche à exciter des sentiments plutôt qu'à répandre des idées. Ajoutez qu'un intérêt très personnel dirige presque toujours les orateurs ; ce ne sont pas des auditeurs qu'ils ont devant eux ; ce sont des électeurs. Tout autre est l'inspiration de M. Laboulaye. Dans un discours prononcé en 1866, sur l'abolition de l'esclavage, il s'exprime ainsi : « Toutes les fois que des hommes, quelles que soient leurs » vues particulières en politique et en religion, voudront » se réunir pour défendre une de ces grandes causes qui

» s'imposent à la conscience publique, je déclare que,
» quant à moi, je serai toujours prêt à m'associer avec
» eux. Soit qu'on veuille que je préside, soit qu'on désire
» que je parle, soit qu'on aime mieux que je me taise, je
» serai toujours heureux d'être là ». Vous le voyez, il n'y
met pas de coquetterie ; il ne se fait pas prier ; il y a une
grande cause à défendre, il s'offre ; que dis-je ! il offre
même de se taire. Mais on le presse de parler ; il cède, et
quand on l'écoute, on sent bientôt qu'il a ses idées, non
dans la bouche, mais dans le cœur ; et qu'il appartient à
cette race d'hommes, la plus utile et la plus grande dans
une société démocratique, pour qui les paroles sont des
actes et qui font la vérité, suivant l'énergique expression
de l'apôtre. Et avec cela, quelle simplicité dans la forme !
Quelle bonhomie souvent malicieuse ! Quel éloignement
de toute déclamation ! Quel mélange d'anecdotes piquantes
et de graves raisons ! Quelle sincérité dans l'expression
du sentiment ! Quelle émotion produite par cette sincérité
même ! Quelles rencontres imprévues et toujours heureuses de la familiarité et de l'éloquence ! Quel art merveilleux de préparer par un sourire l'explosion des larmes !
Car, il est impossible, même après tant de temps écoulé,
après tant d'événements et de vicissitudes, de lire sans être
remué jusqu'au fond de l'âme, les discours qu'il a prononcés sur les *maux de la guerre*, sur *l'art d'être heureux*, sur
l'éducation populaire, parce que ces œuvres étincellent à
chaque page de ces traits qui viennent du cœur et vont à
lui. On n'est pas seulement convaincu ; on est touché ; on
partage son enthousiasme ; on se sent pour un instant la
force de secouer le manteau d'indifférence égoïste sous
lequel s'abrite si volontiers la modération ; on ne veut plus
abandonner la place publique aux aboiements de la violence et de l'erreur ; on comprend ce qu'il y a de vraiment
efficace dans l'énergie d'un Channing, d'un Horace Mann,

se faisant les apôtres d'une idée, sacrifiant leur position,
leur fortune, leur vie même pour faire pénétrer de saines
lumières dans ces masses profondes du peuple, dont on
doit tout craindre ou tout espérer ; et si, lorsque l'ardeur
est refroidie, lorsqu'on a de nouveau courbé la tête sous le
joug de la réalité, on ne se sent plus la force d'imiter de
tels dévouements, du moins on ne peut s'empêcher d'admirer et d'aimer l'homme de bien éloquent qui est de leur
race, modéré jusqu'à la passion, toujours fidèle à lui-même,
étranger à toutes les iniquités de l'esprit de parti, unissant
la simplicité démocratique des habitudes à la culture la
plus élevée de l'esprit, dédaigneux des petites distinctions,
ne cherchant ni le bruit ni les honneurs, trouvant sa gloire
dans le témoignage de sa conscience, et s'estimant heureux
d'avoir pu consacrer sa vie à servir le droit et l'humanité.

C'est bien aussi la cause de la démocratie et de la liberté
qu'a voulu servir l'orateur éclatant auquel la France a
accordé cette inestimable récompense de le pleurer comme
un grand citoyen. Quelle étrange vie que la sienne ! et
qu'il y aurait d'intérêt à étudier ce tribun vigoureux, qui,
parti de rien, s'est élevé tout à coup si haut, et a causé par
sa chute rapide plus d'étonnement encore qu'il ne l'avait
fait par son élévation. Personne n'a mieux montré de
quelle puissance un homme dispose quand il s'est emparé
de l'esprit du peuple. Je l'ai vu, en 1870, recevoir les délégués d'une municipalité factieuse, et se faire applaudir par
eux, après les avoir traités plus rudement que ne l'aurait
fait Louis XIV. A quoi devait-il ce prestige? Principalement
à ce que, comme le peuple, il remuait des idées et dédaignait volontiers les faits. Relisez ses harangues ; elles contiennent presque toutes le développement d'un point de
droit populaire, et l'orateur ne s'y refuse pas même un peu

de cette obscurité qui convient à la métaphysique. On
entend ce qu'il dit ; on ne comprend pas toujours ce qu'il
veut dire. Par un contraste remarquable, il excelle à résumer le trait caractéristique d'une situation politique dans
un de ces mots sonores qui éclatent comme une fanfare et
guident dans une mêlée confuse les partisans dispersés.
Presque tous ses discours offrent le plus singulier mélange
de précision et d'obscurité, d'un développement magistral
et de conclusions incertaines, d'un style noble et soutenu
à côté du jargon le plus vulgaire. Il aime l'autorité et il en
sape les fondements. Il adore son pays ; ceux qui, dans ses
résistances de 1871, ont vu l'acharnement d'un ambitieux
qui se cramponne au pouvoir et non le désespoir furieux
d'un athlète vaincu, ont commis la plus impardonnable des
méprises ou des injustices ; et, sachant combien la concorde des citoyens est nécessaire pour relever la grandeur
d'un peuple, il se fait le Pierre l'Ermite d'une croisade anti-
religieuse. Je voudrais pousser à bout ces contradictions
et vous montrer qu'elles ont leur cause bien moins dans
les besoins changeants de la popularité que dans la nature
même de l'idéal que se forgeait ce généreux esprit ; mais
une pareille recherche sortirait par trop du cadre de nos
travaux. Ne croyez pas d'ailleurs, qu'absorbé par les
préoccupations de chaque jour, il fût indifférent à nos études. Il aimait la science en homme qui en sait tout le prix,
mais qui est obligé de se contenter des résultats qu'elle
donne sans avoir le temps de la cultiver et de se pénétrer
des principes. Les nouveautés des législations étrangères
le frappaient, et son imagination les aurait volontiers
embrassées. Il portait à tous nos travaux le plus vif intérêt,
et il était homme à tenir le plus grand compte des opinions
dominantes qui se forment parmi nous. C'est tout ce qu'il
convient de dire ici de cette vie brillante et interrompue,

en y joignant le douloureux hommage de notre amitié.
(1)...

Ainsi la mort se charge, par la variété même des pertes
qu'elle nous inflige, de manifester le caractère universel
de notre association et de nos études. Tout aujourd'hui
aboutit à une loi, et les lois, quelles qu'elles puissent être,
sont à peu près sûres d'être obéies. Aussi, les partis, dis-
ciplinant leurs impatiences, n'ont plus d'autre but que de
s'emparer du pouvoir de les faire. Notre rôle est de les
aider tous, s'il se peut, à les bien faire. Pour cela, nous
cherchons à agrandir l'horizon étroit dans lequel les en-
ferme la lutte de chaque jour. Dès que, çà ou là, s'élève
une grave question, nous réunissons presqu'en un instant
de tous les points du monde civilisé, les documents qui
peuvent aider à la résoudre. La traduction qui les vul-
garise prépare le commentaire qui les féconde. C'est
comme une vaste enquête où chacun vient déposer de ce
qu'il a vu et observé. Mais nous nous gardons bien de
conclure, de condamner par un vote tel ou tel système ;
nous voulons éclairer les partis et non les servir. Chacun garde ses préférences ; l'œuvre de la Société demeure
impersonnelle. Et certes, nous avons le droit de prendre
pour nous ces paroles que s'adressait à lui-même M. de
Savigny : « Travaillons avec courage, dussions-nous
» être oubliés. L'œuvre de chaque homme est périssable
» comme est sa vie. Mais l'idée qui se transmet de siècle
» en siècle, et qui fait de nous tous, qui travaillons avec
» amour et constance, une communauté perpétuelle, cette
» idée est impérissable. C'est en elle que se perpétue et
» s'immortalise le tribut le plus faible du plus obscur
» ouvrier ».

(1) Il a paru inutile de reproduire ici les autres notices dont l'intérêt ne dépas-
sait pas le cercle des auditeurs auxquels le discours était adressé.

Nous sommes nés, nous avons grandi avec ce programme et nous ne comptons.pas nous en écarter.

NOTICE

SUR LES DISCOURS ET PLAIDOYERS

DE M. ALLOU

NOTICE

SUR LES DISCOURS ET PLAIDOYERS

DE M. ALLOU

> Nous qui sommes si fiers du présent,
> comment supporterons-nous les critiques
> de l'avenir ?
>
> (E. Allou, *Discours et plaidoyers*,
> t. I, p. 68.)

Si je voulais inspirer à un jeune homme le désir irrésistible de prendre la robe d'avocat, je lui donnerais à lire
les deux volumes de plaidoyers que vient de publier M. Allou. L'éclat dont ces discours, même à distance, brillent
encore, la grandeur et la variété des sujets, la constance
des convictions philosophiques et des doctrines littéraires
qui fait l'unité d'une œuvre si diverse, une gloire pure et
au-dessus de l'envie, lui donneraient de cette profession
la plus haute idée qu'il soit possible de concevoir ; en même
temps que la facilité merveilleuse dont ces pages portent
partout l'empreinte ne lui permettrait guère de soupçonner
le travail qu'exige le ministère de la parole, ni les obstacles
dont il faut triompher.

On peut se demander si la renommée d'un avocat a
toujours à gagner à la publication de ses plaidoiries. Nous
n'avons rien de Gerbier, et nous le tenons pour un orateur

de premier ordre, pour le plus grand avocat du XVIIIe siècle. Marie, Bethmont, Crémieux n'ont pas encore trouvé
d'éditeur ; ils ne sont pas et ne seront pas oubliés. Vivant,
l'orateur doit savoir se taire, au moins de temps à autre ;
et même de grands espaces de silence donnent plus de
force aux coups de sa parole. D'ailleurs, lorsque, sous les
yeux d'un public intelligent et sévère, sur un théâtre où
l'on n'a que des rivaux et pas de complaisants, l'avocat a, tous les jours, pendant quarante années, donné la
mesure de son talent, de sa science profonde ou de sa
puissance oratoire, il se forme autour de lui une opinion
commune qui grandit, s'élargit peu à peu et fixe les traits
de la physionomie qu'il gardera dans cette galerie des ancêtres dont le Barreau n'est pas moins fier que de ses traditions. Cela suffit pour qu'il ne meure pas tout entier. Et
puis, si le public se montre de plus en plus friand des débats judiciaires, parce que les plaidoiries lui renvoient,
comme le drame, le reflet de la vie, cet empressement ne
va pas sans présenter de graves inconvénients. Pour ne
parler que des dangers littéraires, les plaidoiries sont souvent livrées à la publicité avant que l'auteur ait pu corriger
même les plus cruelles trahisons de la sténographie ; et
quand une curiosité moins avide laisse à l'avocat quelque
répit pour revoir son œuvre, la nécessité de la reproduire
à temps, soit pour l'instruction du juge, soit pour profiter
de l'intérêt que le procès éveille, ne permet pas de faire
disparaître ces négligences inévitables qui font quelquefois
à la barre le charme de l'improvisation, mais deviennent
de sensibles défauts, dès que le discours prétend survivre
à la cause même et aspire à prendre rang dans les monuments de l'éloquence judiciaire. Ajoutez à cela que le grand
intérêt d'un débat judiciaire vient de la contradiction sur
laquelle il repose. C'est un combat ; chaque argument est
une parade ou un coup porté à l'adversaire. Il y a dans

cette lutte un charme incroyable, elle met en mouvement
toutes les curiosités de l'esprit, tous les instincts du cœur.
Mais supposez que, spectateur d'un duel, vous n'aperceviez
plus tout à coup que l'un des combattants. Supposez que
tout à coup vous n'entendiez plus que l'un de ces monolo-
gues alternés si chers à Corneille, le discours de Maxime
sans entendre celui de Cinna, vous pourrez vous croire en
face d'une plaidoirie détachée du procès dont elle fait partie ; les attitudes vous paraîtront encore élégantes ou vigou-
reuses, la pensée puissante, l'expression magnifique ; mais
mille traits auront perdu leur signification véritable et la
vivacité de l'intérêt aura disparu avec la lutte qui le faisait
naître. Ainsi la magie de la parole et du geste n'est pas la
seule perte de la plaidoirie qu'on imprime. C'est une partie
d'un tout dont l'unité est rompue ; c'est un effet dont on
n'aperçoit pas toujours la cause ; c'est le fragment d'un
miroir brisé. L'orateur de la chaire n'a pas le même désa-
vantage ; car il a son contradicteur naturel dans l'incrédu-
lité ou dans les passions du lecteur. L'orateur politique
lui-même est moins maltraité ; les questions qu'il discute
sont dans le domaine public ; elles appartiennent à l'histoire ; les conditions générales du débat sont connues de
tous. On peut, il est vrai, par des notices bien faites, par
des sommaires étendus, préparer l'esprit à la lecture d'une
plaidoirie. Cependant l'obstacle demeure considérable, et
cette infériorité manifeste est bien de nature à excuser, si
elle ne la justifie pas, l'hésitation de ceux qui préfèrent
abandonner à la douteuse fidélité de l'avenir le soin de leur
renommée.

M. Allou n'a pas été retenu par ces craintes, et il a
bien fait. Si philosophe qu'on puisse être, il n'est pas toujours facile de mépriser, comme il convient, « cette ombre qu'on appelle un grand nom ». Il sait bien d'ailleurs
que sa gloire n'est pas à lui seul et qu'il en revient une

partie au Barreau. C'est entre nous et lui, depuis longtemps déjà, un noble échange d'illustration et de respects, et il nous devait bien de sauver de l'oubli quelques-
unes de ces pages éclatantes qui, pour les hommes de ce
temps, sont de vivants souvenirs, et qui resteront des
modèles pour leurs successeurs. Puis certaines causes,
par leur nature même, conservent longtemps l'attrait
qu'elles ont eu d'abord. Les procès politiques demeurent
comme les annexes de l'histoire générale. Les grands drames criminels, les querelles littéraires ont leur place
marquée dans l'histoire des mœurs et des idées ; le tout
est de ne pas reculer devant une élimination considérable et scrupuleuse. Celui qui serait assuré d'avoir pour
éditeur un maître de la parole et un grand écrivain pourrait lui laisser le soin de choisir les œuvres sur lesquelles
il veut être jugé. Mais, comme une telle bonne fortune est
rare, le mieux est de s'en charger soi-même. M. Allou,
par un calcul touchant d'orgueil paternel, a voulu que son
fils en eût l'honneur. Ah ! comme on comprend tout le
zèle qu'a dû mettre le jeune homme à ne rien laisser perdre
du magnifique patrimoine que son père lui a amassé et
dont, si les destins le permettent, il saura porter le fardeau ! Et je serais bien surpris si l'auteur n'avait pas dû
plus d'une fois imposer sa volonté formelle à l'éditeur pour
l'empêcher de reproduire des plaidoiries autrefois retentissantes, mais auxquelles M. Allou ne voulait pas donner
le regain d'une nouvelle curiosité.

Car ces deux volumes, si remplis qu'ils soient, donneront
au public une idée bien insuffisante de l'infatigable activité
de M. Allou et du nombre incalculable des grandes affaires
qu'il a plaidées.

« Je ne suis point lassé, disait-il en 1861, au sortir du
» bâtonnat, et il me semble que je puis faire encore quel-
» que chose pour essayer de légitimer au moins dans l'a-

» venir un témoignage d'estime que le passé ne suffisait
» point à mériter. »

 C'était la vérité même, avec un excès de modestie.
Depuis vingt ans, il a porté, sans plier, le poids le plus
lourd ; mais il a résolument écarté de son livre tout ce qui
lui a paru n'avoir qu'un intérêt passager, et notamment les
procès de séparation de corps et de désaveu. Le sacrifice
est grand, surtout pour la curiosité du public.

 « M. Allou, n'a pas voulu, dit la préface, laisser figurer
» dans ce recueil les affaires privées d'un caractère intime,
» telles que les séparations de corps. Il a toujours cru
» que le droit de l'avocat sur ses plaidoiries, au point de
» vue de la propriété littéraire, était strictement limité par
» une discrétion qui s'impose également à l'égard du
» client et de l'adversaire. »

 Je prends la liberté de trouver cette formule un peu
absolue. Le scandale vient ici de l'adultère, sur lequel
roulent souvent ces procès ; or ce même adultère peut
être discuté devant une juridiction criminelle ; et il ne
viendrait à l'idée de personne qu'on n'ait pas le droit
d'imprimer de nouveau des débats criminels déjà publiés.
Il est vrai que l'honneur des particuliers en souffre ; mais ils
n'ont jamais songé à s'en plaindre, parce qu'ils ont senti qu'il
n'y avait là que l'exercice d'un droit. C'est donc une question d'appréciation, de réserve, de mesure, et je reconnais
volontiers, à cette résolution énergique de M. Allou, ce
sentiment exquis des bienséances, qu'il porte partout et
qui donne tant de noblesse à sa physionomie judiciaire.

 L'ouvrage d'ailleurs n'y perd rien ; car il en est un peu
des procès de séparation de corps comme de la confes-
sion. Tous les confesseurs s'accordent à dire qu'il n'y a
rien de plus monotone ; risquons le mot qui messiérait
dans leur bouche, de moins piquant. Il faut à ces procès
l'actualité, le scandale d'hier, l'écho du commérage des

8

salons, le buvard indiscret, le déguisement du marmiton qui s'enfuit ; la curiosité qu'ils excitent, si vive qu'elle soit, est superficielle ; elle dure à peine autant que la procédure ; et elle s'efface rapidement dans l'obscurité même de ceux qui y ont été mêlés.

Mais, au contraire, je sais grand gré à M. Allou de n'avoir pas dédaigné ses plaidoyers criminels. C'est l'effet d'une opinion que je suis heureux de partager avec lui et qui m'est très chère, parce que je la crois juste. Lorsqu'on visite les Barreaux d'Italie, on échappe rarement à cette question : « Plaidez-vous les procès civils ou les procès criminels ? » et l'on cause toujours quelque étonnement à ses interlocuteurs, en leur assurant qu'en France, à de rares exceptions près, il n'y a pas de ligne de démarcation entre les deux genres. Cependant, il semble, depuis quelques années, qu'un mouvement s'opère dans ce sens. Un illustre avocat s'était fait de la matière criminelle une spécialité si retentissante, et il y exerçait une domination si jalouse qu'il a paru avoir conquis un empire et le laisser en mourant à ses successeurs. De bons esprits croient de très bonne foi qu'il y a là deux variétés très distinctes. « A nous le pathétique et les grands mouvements de l'éloquence, disent les avocats du criminel. » — « Votre art est grossier, répondent ceux du civil ; vos succès doivent trop à l'ignorance et à l'aveuglement du jury. » Il suffira, pour détruire ces idées fausses et dangereuses, de rappeler ce qu'ont été, au criminel comme au civil, Marie, Paillet, Berryer, Crémieux, Bethmont, Jules Favre. Certes, le jury a d'étranges défaillances ; je me refuse cependant à lui faire l'injure de croire qu'il soit insensible à la vigueur du raisonnement, et qu'une gesticulation épileptiforme ait plus de prise sur lui que les grands mouvements d'une véritable éloquence.

Je ne retiendrai cependant de ces plaidoyers criminels

de M. Allou qu'une anecdote piquante et caractéristique.
M. Allou était jeune en 1843 et fort inconnu. Il plaidait à
côté de Crémieux et de Léon Duval, et la préface nous
parle de l'étonnement qu'ils éprouvèrent en voyant se lever
après eux « ce grand jeune homme maigre et pâle qui
s'emparait de la parole sans embarras et sans hésitation. »
Je ne crois pas beaucoup à l'étonnement de Crémieux ; il
a dû sourire, au contraire, à une précocité de génie qui lui
rappelait la sienne. Mais pour Léon Duval, ce dût être bien
autre chose ; car le hasard rapprochait ce jour-là pour la
première fois les deux tempéraments les plus opposés que
le Palais ait jamais connus ; l'un, écrivain puissant et original, se défiant de l'improvisation comme d'une ennemie,
retournant et aiguisant des mots pendant des semaines
entières, écrivant tout, osant presque tout lire, avec un
débit d'une lenteur incroyable, soit par une résistance invincible de la nature, soit par un scrupule littéraire excessif ; l'autre, doué d'une aisance prodigieuse, parlant comme
on respire, et pensant déjà ce qu'il a dit plus tard : « Que
l'improvisation est la condition essentielle de l'éloquence
judiciaire » ; l'un sauvage, toujours replié sur lui-même,
haïssant les hommes avec toutes les raisons de les aimer,
étranger à tous les épanchements, j'allais dire à toutes les
règles de la confraternité ; l'autre souriant, affable, fait
pour le monde, l'esprit et le cœur ouverts à tous les nobles
plaisirs ; l'un mêlant au goût littéraire le plus parfait des
affectations de crudité intolérables, cherchant à étonner
par une hardiesse portée quelquefois jusqu'à l'indécence,
avec cela redouté pour son ironie impitoyable et burinant
dans un langage admirable les plus noires méchancetés ;
l'autre, rigoureux observateur des plus délicates bienséances, fuyant les invectives inutiles, et voulant toujours, comme il le disait en 1872, dans la plus ardente de
ses plaidoiries, « pouvoir échanger sans embarras dès le

lendemain un regard et une parole avec ses adversaires de
la veille. » Léon Duval ne dédaignait pas l'antithèse, mais je
ne crois pas que celle que lui offrit ce jour-là la Cour d'assises ait été pour lui plaire. Depuis, les deux avocats se
sont souvent revus face à face ; le vieil athlète a pu mesurer ce qu'il y avait de redoutable dans l'impétuosité oratoire de ce grand jeune homme maigre et pâle qui se servait de la parole sans embarras et avec facilité ; et je
rattache volontiers à cet ensemble de souvenirs une petite
scène qui eut pour théâtre la troisième chambre de la Cour.
M. Allou avait été bâtonnier de l'Ordre ; sa renommée était
universelle ; et Léon Duval lisait à la Cour une lettre dans
laquelle sa cliente parlait, avec le plus impertinent dédain,
« d'un certain M. Aïllou, que son adversaire avait eu l'idée
de prendre pour défenseur. » Il fallait le voir se lécher les
lèvres, en débitant cette malice dont nous l'avons, Dieu
nous le pardonne ! soupçonné d'être l'auteur.

Revenons à M. Allou.

Il n'est pas nécessaire de l'entendre pendant longtemps
pour discerner les deux principales qualités de sa parole,
l'abondance et l'élévation. On se trompe étrangement,
quand on dit que les choses ont deux faces ; la vérité est
qu'elles en ont mille ; avec cela, l'ordre de ces divers
points de vue peut lui-même être interverti, en sorte que
la façon de les présenter varie à l'infini. Parmi ces apparences, celles-là frappent d'abord qui sont en saillie ; on
peut s'en tenir là, soit qu'on ne pousse pas l'observation
plus loin ; soit qu'après réflexion, on ne veuille rien dire
que d'essentiel. Certains orateurs ne cherchent pas davantage à multiplier par des tours nouveaux l'expression de
leurs pensées ; et enfin, ils les enchaînent l'une à l'autre
dans un ordre rigoureux dont ils s'efforcent de ne jamais
dévier. Si l'esprit est droit, si le jugement est exercé, si

le style est approprié au sujet, le discours sera concis et utile; il pourra même être noble et puissant; mais il ne brillera que d'une beauté sévère et froide ; il aura de la raideur et de l'aridité. Maintenant ouvrons les maîtres de l'éloquence et de la poésie, Cicéron, les discours de Macaulay, Racine, le *Petit Carême*, certains chapitres, par exemple le chapitre V du livre III de l'*Imitation*, nous trouverons là des modèles de la plus merveilleuse abondance. Chaque fait, présenté d'abord dans ses éléments essentiels, y paraît accompagné du cortège de tous les éléments accessoires qui le complètent, et lui rendent la couleur de la vie. L'idée, retournée dans tous les sens, creusée dans toutes les directions, laisse admirer le tissu de ses ramifications infinies. Les tours inattendus et les expressions heureuses se multiplient pour exprimer les nuances les plus délicates des sentiments et des idées. La même pensée revient, mais sous des traits nouveaux qui chaque fois la rendent plus saisissante et plus vive. Elle s'insinue, elle pénètre, elle se fixe peu à peu dans l'esprit de l'auditeur qu'elle émeut par une suite d'ébranlements successifs. En même temps, cette fermentation de la pensée échauffe le style ; le ton s'élève; la parole se précipite ; elle déborde ; elle atteste, par la rapidité et la largeur de son cours, la source vive et profonde dont elle est sortie. *Rerum enim copia verborum copiam gignit* (Cic.). Il n'y a pas de supplice plus cruel pour un orateur que de sentir, à certains jours, lui échapper cette grâce efficace ; il n'y a pas de jouissance qui vaille le spectacle intérieur qu'on se donne à soi-même, quand on assiste en spectateur à cette merveilleuse fécondation de la pensée.

Mais il faut une mesure à cette abondance même. Elle est contenue chez M. Allou par une élévation constante et par un tact exquis des bienséances oratoires. Il élève, sa bienveillance coutumière me permettra de dire qu'il agrandit tout ce qu'il touche. Les détails arides et vulgaires lui déplaisent ; on dirait qu'il ne veut pas se baisser pour les voir. Il hésite à relever des choses honteuses, même chez ses adversaires et même pour les flétrir. Dans la curieuse affaire du prince d'Orange, après avoir fait en termes rapides le portrait des deux fripons qui avaient trompé son client, il ajoute :

. « La véritable douleur du prince d'Orange, c'est précisément d'avoir été en contact avec de pareils hommes,
» c'est d'avoir côtoyé un instant de semblables créatures,
» c'est d'avoir à débattre avec de pareils aventuriers des
» questions qui, à les en croire, toucheraient à l'honneur. »

C'est ici l'avocat qui parle et prête à son client son ironie hautaine et le dégoût qu'il éprouve lui-même. Pourtant cette constante noblesse de la pensée et du style n'a rien de théâtral. Pas un mot ne sent l'emphase ni la déclamation. Il n'a ni la solennité de Marie, ni la magnificence étudiée de Jules Favre, ni la langue éclatante, mais raffinée de Nicolet. Il a le naturel de Paillet, avec moins de sobriété, le naturel de Bethmont avec moins de sentiment. Vous chercheriez vainement dans ses discours de jolies expressions, ou ce qu'on appelle des morceaux d'éloquence. Tout est d'une harmonie égale, avec un air de grand seigneur, parfois d'une gravité majestueuse. Sa grâce même a quelque chose de sévère, comme celle qui convient à la sculpture ; on dirait qu'il a manié l'ébauchoir.

Joignez à cela un goût très sûr, un sentiment exact de cette limite d'ironie ou de véhémence qu'on ne doit jamais dépasser, un parti pris de modération, et vous comprendrez aisément qu'en lisant et relisant ces deux volumes, on ne trouve pas une idée fausse, ni l'apparence d'une exagération. Que d'entraînements dans ces procès d'Auguste Comte, de M. de Montalembert, du général Trochu !

Quelle tentation de laisser déborder l'émotion des questions politiques et religieuses qu'ils soulevaient ! M. Allou
traverse ces redoutables passages avec une aisance sans
égale. Quelles que soient son impétuosité et sa fougue,
rassurez-vous ; il est maître de lui. Ne craignez pas
qu'enivré de son art, bercé par l'harmonie d'une mélodieuse période, il se laisse séduire par un paradoxe éclatant et couvre de pourpre et d'or le piège de l'erreur vers
lequel il glisse. Le piège, il le voit ; l'erreur, il la sent. Il se
détourne d'elle avec une adresse infinie ; et s'il est obligé
de l'effleurer, il glisse, il n'affirme pas, il interroge, il se
demande, il demande au juge si l'on ne doit pas penser
telle chose, si l'on peut admettre telle autre ; il laisse à la
conscience du magistrat le soin d'une réponse qu'il ne
veut pas faire lui-même ; par une série d'interrogations
répétées, toutes empruntées au sens commun, à la vraisemblance, aux opinions moyennes, il ébranle l'esprit en
montrant ce qu'il y a parfois de doute et d'incertitude au
fond des plus claires vérités.

Faut-il essayer de pousser plus avant cette périlleuse
analyse et de mesurer la place que M. Allou réserve à la
philosophie dans le travail de la pensée ? Dans l'un de ses
discours, il disait à ses jeunes confrères :

« Nous avons ici bas de grandes questions à résoudre,
» que les natures vulgaires ajournent, que les natures
» élevées doivent approfondir dans la mesure du pos-
» sible : L'origine et la destinée de l'homme ou la reli-
» gion, ses facultés ou la philosophie, les institutions qui
» doivent le régir ou la politique. Je ne m'occupe pas,
» encore une fois, des résultats auxquels de semblables
» méditations doivent aboutir. Heureux ceux qui peuvent,
» dans la grande harmonie du spiritualisme chrétien,
» trancher par la foi toutes les difficultés ensemble, et, en
» poursuivant la recherche des véritables bases de leurs

» croyances, ramener la solution de tous les problèmes
» à une majestueuse unité ! Mais heureux aussi ceux qui,
» tourmentés longtemps par le travail douloureux du
» doute et par l'investigation honnête de la vérité, sont
» arrivés en libres-penseurs à se reposer dans des con-
» victions contraires ; qui, respectueux pour les formes
» multiples des opinions religieuses, les envisagent, non
» pas par leurs dissemblances, mais par leurs aspects
» communs, qui s'inclinent humblement devant le Dieu
» de tous, qui étudient avec une critique indépendante
» la nature et les aptitudes de l'homme, qui regardent
» les nations comme maîtresses de leurs destinées, et
» qui demeurent convaincus que le pacte social, prenant
» l'homme dans sa liberté, doit se préoccuper avant tout
» de ne porter atteinte à cette liberté que dans la mesure
» impérieusement nécessaire aux besoins de l'association
» organisée. Peu importe le but auquel on arrive par les
» recherches auxquelles je vous convie. Ce que je demande,
» ce que je recherche par-dessus tout, c'est la fidélité de
» chacun à son sentiment intime du vrai et du juste, du
» grand et du beau. Soyez toujours vous-mêmes, libres et
» individuels, avant tout. »

M. Allou développe ici en orateur ce mot célèbre que
tout homme se doit à lui-même de prendre parti sur la
divinité de Jésus-Christ et sur la Révolution française. Le
passage est caractéristique et nous livre, de celui qui l'a
écrit, tout ce qu'il convient de savoir. Nous n'avons pas
affaire à un épicurien qui jouit du présent, en écartant
l'importune pensée de l'avenir ; pas davantage à un croyant
convaincu ni à un stoïcien sévère ; c'est un éclectique ;
il accepte toutes les opinions ; il ne combat que l'absence
d'opinion. Il n'y aurait nulle convenance à engager ici
une discussion sur l'efficacité pratique de ces doctrines
philosophiques ; mais il est aisé de comprendre combien

cette indulgente tolérance pour toutes les opinions dont quelques-unes du moins, j'imagine, doivent être des erreurs, est favorable à cette modération supérieure que j'ai relevée comme l'un des traits les plus aimables de l'esprit de M. Allou. En même temps elle faisait de lui par avance l'un des représentants de ce grand parti modéré, libéral, comme il ne rougit pas de s'appeler encore, jadis si puissant, maintenant si réduit, et qu'on pourrait comparer avec mélancolie au corps de Patrocle sur lequel les Troyens et les Grecs se sont battus tout un jour, et que les Néréides sont obligées de laver et de parfumer elles-mêmes pour le rendre digne d'être enseveli par Achille. Cette modération d'ailleurs n'exclut pas le courage. M. Allou l'a montré dans ses discours au Sénat où M. Jules Simon a pu voir que les légistes savaient, aussi bien que les philosophes, aimer et défendre le droit commun et la liberté. Ce jour-là, M. Allou s'est souvenu de la grande parole de Montalembert : « J'aime mieux le scandale que le mensonge. » Mais ce jour-là aussi, il a pu mesurer la distance qui sépare l'attention respectueuse de l'audience de la grossièreté intolérante des clameurs des hommes de parti.

La source de cette éloquence bien réglée est incontestablement dans l'équilibre parfait des plus heureuses facultés, dans le travail quotidien qui l'a maintenu, et aussi, il est permis de le croire, dans le bonheur constant dont la notice de M. Roger Allou déroule le tableau. M. Allou a eu toutes les bonnes fortunes, même celle de plaire à M. le premier président Séguier ; et quand, arrivé au point culminant de la vie, à l'heure encore féconde d'un ralentissement volontaire, il s'arrête et regarde derrière lui, il reconnaît que tous les chagrins, excepté ceux qui sont inévitables, lui ont été épargnés. Rien n'égale le spectacle de ces grandes existences qui, doucement entraînées par le mouvement régulier d'un cours paisible, donnent l'un après l'autre les plus beaux fruits de la vie. Tout sourit à leur jeunesse ; tout réussit à leur âge mûr. L'humilité d'une trop obscure origine, une écorce rude que le travail parvient malaisément à briser, l'isolement, l'absence de relations et d'appuis, les tristes inquiétudes et les fières timidités de la pauvreté, la lenteur désespérante du succès, la maladie parfois, le doute et le découragement plus cruels encore, voilà la condition commune. La nature et la fortune, oubliant leurs jalousies, s'accordent quelquefois pour montrer un heureux. Pourraient-elles ne pas mettre d'abord dans son cœur l'indulgence, la modération et la bonté !

Il est difficile de se taire quand on parle de ceux qu'on admire et qu'on aime. J'aurais voulu prendre une à une les plus belles plaidoiries de M. Allou et montrer par quelques passages l'exactitude des réflexions qui précèdent ; j'aurais voulu joindre aux seuls plaidoyers qu'il lui plaît de recueillir le souvenir encore vivant au Palais de tant d'autres qu'il nous a donnés, et le rapprochant des deux avocats qui marchent avec lui à la tête du Barreau, j'aurais pu, par le contraste des qualités où chacun d'eux excelle, nuancer d'une ombre respectueuse les côtés auxquels chacun d'eux semble s'attacher le moins. Mais une telle critique trahirait peut-être plus de présomption que de jugement ; elle est d'ailleurs inutile pour les lecteurs de ce journal, (1) auditeurs assidus de ces maîtres.

S'il fallait choisir dans ces deux volumes ce qui me paraît être le chef-d'œuvre de M. Allou, je m'arrêterais aussitôt à sa plaidoirie pour le général Trochu. On pourrait sans doute faire quelques réserves sur l'à-propos de la péroraison. Elle rappelle le morceau magnifique que

---

(1) La *Gazette des tribunaux* dans lequel cette étude a paru en 1884.

Paillet avait placé à la fin de la plaidoirie qu'il prononça pour Quénisset devant la Cour des pairs. Mais si cet appel à la concorde, à la conciliation, au pardon, était naturel dans la bouche du défenseur d'un accusé et devant une grave assemblée, on ne le comprend pas aussi bien de la part de celui qui attaque, qui se plaint, qui provoque un débat passionné pour confondre en termes véhéments ceux qu'il appelle ses calomniateurs. Toutefois, cette péroraison a été couverte d'applaudissements ; je suis donc prêt à reconnaître que je me trompe. Mais cette réserve faite, tout le reste me semble admirable. Quel élan ! Quelle force irrésistible ! Quelle puissance de raison et d'ironie ! La grandeur de la pensée fait presque oublier la beauté de la forme ; partout des pièces, des faits, et quels faits ! A quinze ans d'intervalle, elle rend les émotions de ces temps horribles à ceux qui les ont vécus, elle fait remonter à la tête le sang des colères patriotiques autrefois ressenties ; et vraiment l'orateur a pu, sans trop d'audace, invoquer le nom de Démosthènes ; car sa cause était plus grande que les querelles d'Athènes avec Philippe, et cette fois il avait égalé l'orateur athénien.

J'attache aussi un bien grand prix aux deux discours que M. Allou a prononcés pendant son bâtonnat. C'est là qu'on peut essayer de découvrir le secret de son talent ; car il a tracé lui-même l'idéal sur lequel il a toujours fixé les yeux.

« C'est une forme vive et rapide de l'esprit, dit-il, en
» parlant de l'éloquence judiciaire, naturelle et sincère
» avant tout, revêtant tour à tour vingt aspects différents ;
» associant la sévérité du prédicateur, les considérations
» spéculatives du législateur, l'élégance et la grâce dans
» les détails du récit ; la raillerie ingénieuse, le rire mo-
» queur d'Aristophane et de Courier, le piquant badinage,
» l'indignation et la colère, le ton de la satire et du pam-

» phlet, l'effusion touchante du sentiment. Il y a dans la
» réunion de ces modes multiples, dans leur alternative,
» dans l'accent et le geste qui présentent la même mobi-
» lité, une éloquence véritablement à part. Elle charme,
» elle persuade, elle attendrit, elle subjugue. Je ne con-
» nais rien de supérieur à cet art merveilleux que Cicéron
» appelait la plus grande parmi les œuvres humaines ; je
» ne sais pas d'émotion plus profonde que celle qui nous
» pénètre, quand toutes ces cordes d'or et d'airain réson-
» nent de tant d'accords opposés, quand les transitions
» habiles, les nuances délicates, confondent tout dans un
» harmonieux ensemble, quand l'orateur nous entraîne
» avec lui dans le cercle magique de sa pensée, nous ins-
» pire toutes ses convictions, nous pénètre de tous ses
» feux et abandonne enfin, vaincu et captif, l'esprit qui
» luttait et qu'il a dompté. »

Sans doute, il ne s'agit ici que de la forme et non du
fond, de la substance même du discours. *Sit cura verbo-*
rum, sollicitudo rerum. Mais quel séduisant idéal ! Comme
on sent bien que c'est un orateur qui écrit, et que cette
éloquence judiciaire dont il fait le portrait avec tant d'a-
mour a été la souveraine de toute sa vie ! Hélas ! toutes les
générations ne sont pas également fécondes. Cet art char-
mant et sévère qui, depuis quatre siècles, par une suite
ininterrompue de grands noms et de beaux caractères, a
porté si haut la renommée de la justice française, serait-il
condamné à s'amoindrir et à disparaître ? Ou bien, soutenu
par la forte discipline qui l'a formé et nourri, réparera-t-il
sans cesse les brèches que lui font le changement des
mœurs, l'abaissement du goût, la recherche d'une popularité bruyante et rapide, l'ébranlement de toutes les théories morales qui sont l'aliment de l'éloquence, la monomanie de la statistique, et quelquefois l'oubli de cette urbanité
qui n'est après tout que la fleur de l'éducation et a fait

jusqu'ici la loi des rapports judiciaires? « J'aime la parole », nous disait M. le président Gilardin, quand nous allâmes lui faire les adieux du Barreau. L'intention était gracieuse et le mot était profond. Il faut que les magistrats le sachent bien; l'autorité morale de leurs décisions ne vient ni de leur institut ébranlé, ni de la formule exécutoire; elle est tout entière dans la contradiction qui précède la sentence et par conséquent dans l'élévation, dans la grandeur, dans le retentissement de cette contradiction. Même dans les causes restreintes aux limites de l'intérêt privé, le ton peut s'élever sans blesser les règles du goût. Mêlés à l'activité des affaires, nous voyons de près les plaideurs que les magistrats ne doivent pas voir; nous savons mille choses qu'il leur sied bien d'ignorer; nous suivons avec une curiosité avide la marche de la société civile; nous constatons ses besoins; nous mesurons l'effet des lois et des jugements. L'art délicat de peindre les hommes, de voiler sous des ombres et des figures ce qui doit être seulement entrevu, la force que la beauté de l'expression donne aux leçons d'une expérience quotidienne, l'étendue des horizons signalés à l'attention du juge, tout cela ne cause pas seulement un noble plaisir auquel aucun esprit élevé ne peut demeurer insensible; rien n'est ici de trop pour rendre moins imparfaite la plus difficile de toutes les œuvres humaines, l'œuvre de la justice. Quelquefois même l'éloquence judiciaire s'associe plus directement encore au jugement qu'elle prépare. La démocratie ne respecte pas mieux que le despotisme les conditions essentielles de la justice. Elle ne peut vivre en paix que par l'application constante et ferme des lois pénales, et pour les rendre impuissantes, elle cherche à intimider le juge chargé de les appliquer. L'indépendance du juge de droit commun lui paraît factieuse; elle soustrait à son pouvoir tout ce qui la touche de près; au besoin elle n'hésitera pas à départager le tribunal et à renouveler l'infamie de juger soi-même son propre procès ; elle ne place pas la justice au-dessus d'elle, elle la met au-dessous ; elle la veut obéissante ; elle ne s'effraierait pas de la trouver servile ; et si, ce qu'à Dieu ne plaise ! elle devenait envieuse et affamée, elle n'hésiterait pas à compter sur la partialité du juge pour servir ses intérêts et ses passions. Sans doute, la conscience des magistrats défie de semblables périls ; il est bon cependant que des voix hautaines et fières, et que l'indignation peut rendre éloquentes, signalent de telles embûches, émeuvent l'opinion publique, l'engagent au service du droit, et soutiennent ainsi le juge dans l'accomplissement de ses devoirs, toujours difficiles, et parfois périlleux. Ne parlons que du passé. Croit-on que dans l'affaire des biens des princes d'Orléans, le tribunal ne s'est pas senti plus fort pour proclamer sa compétence, après les plaidoiries de Paillet et de Berryer et l'explosion d'enthousiasme qu'elles avaient provoquée ? Quel juge aurait osé condamner Doineau sans la plaidoirie de Jules Favre ? Non moins que la liberté de la défense, l'éclat de l'éloquence judiciaire importe à la bonne administration de la justice. M. Allou, j'en suis bien sûr, ne me contredira pas.

NOTICE

SUR

Mᵉ JULES SENARD

ANCIEN BATONNIER DE L'ORDRE DES AVOCATS

NÉ A ROUEN LE 9 AVRIL 1800
MORT A PARIS LE 28 OCTOBRE 1885

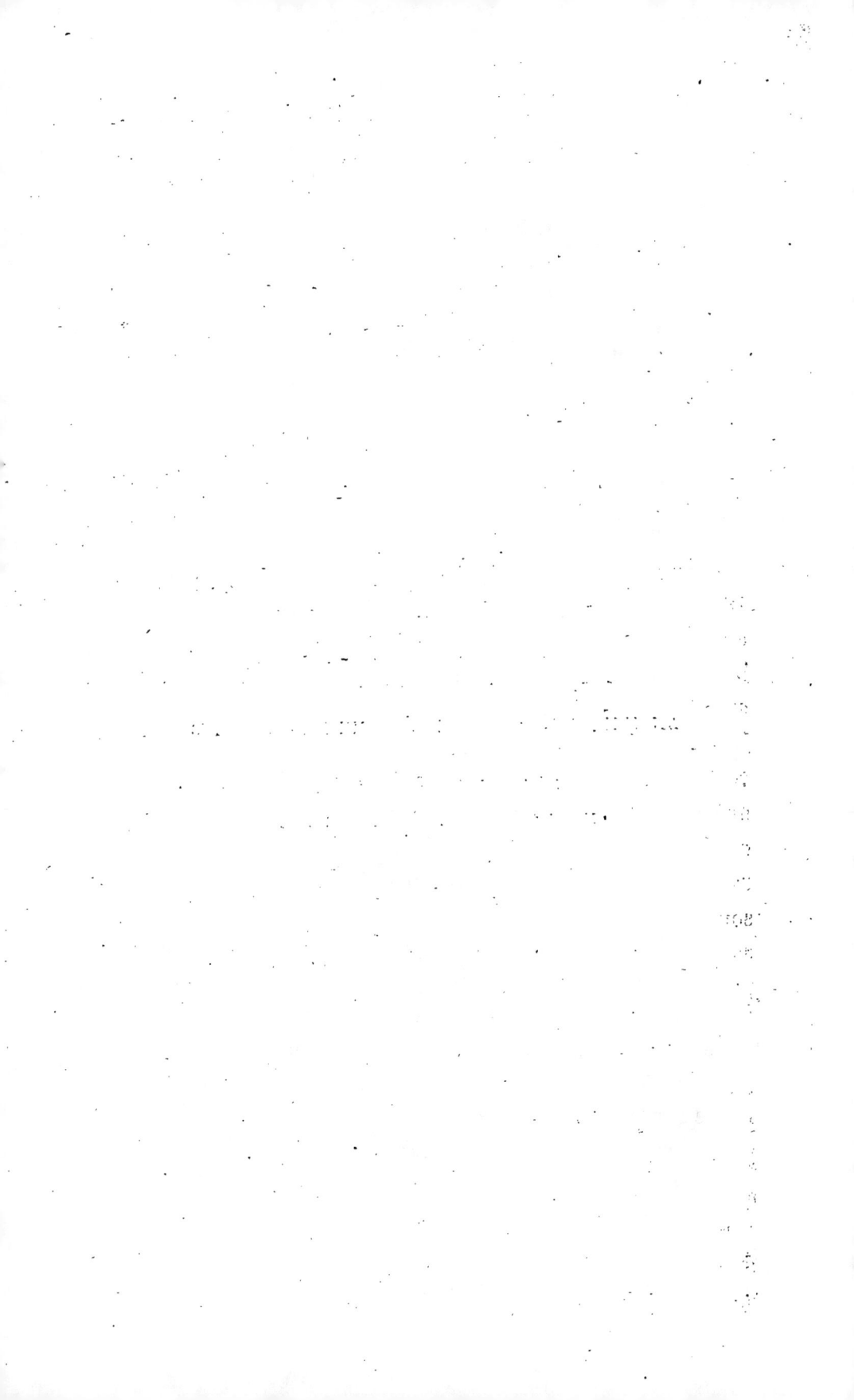

NOTICE

JULES SENARD

———

Antoine-Marie-Jules Senard naquit à Rouen le 9 avril
1800. Sa mère était fille d'Antoine-Marie Dutertre, seigneur
d'Escœuffan, commissaire des guerres sous Louis XVI,
intendant militaire pendant la Révolution ; il n'avait que
six ans, quand il la perdit. Son père exerçait avec succès
la profession d'architecte. Doué d'une intelligence précoce
et d'une excellente mémoire, Jules Senard fut bachelier à
quatorze ans et demi, sans que ces rapides études eussent
compromis le développement d'un tempérament robuste
et parfaitement équilibré. Serait-il architecte ? Son père le
souhaitait, et l'enfant sans doute, avec son esprit ouvert et
ses aptitudes multiples, n'aurait pas été médiocre dans la
pratique d'un art où la science a plus de part encore que
l'imagination ; mais un goût décidé l'entraînait vers le
Barreau, et il exprima la volonté d'être avocat ; ainsi de
lui-même, et dans un âge où la raison commence à peine
à luire sur les plus simples résolutions, il se dirigeait vers
la carrière pour laquelle la nature l'avait comblé de tous
ses dons.

Mais il fallait attendre seize ans pour commencer l'étude
du droit. Son père avait pour voisin et pour ami un vieillard, M. Robert, pharmacien de l'Hôtel-Dieu. C'était un

lettré, et il engagea le jeune homme à reprendre ses auteurs classiques, à les relire sans préoccupation de thème ni de version, et à fixer dans sa mémoire les passages les plus beaux. Docile au conseil, Jules Senard apprit ainsi par cœur beaucoup de Virgile et d'Horace, Racine presque entier, des morceaux de Lucien et d'Ovide, de grandes scènes de Molière et de Corneille, un peu de Voltaire et plus tard d'André Chénier. Son instinct l'avertissait que l'orateur doit vivre dans un continuel commerce avec la poésie ; et comme sa mémoire, par un privilège bien rare, était aussi tenace que facile, il se souvenait encore à quatre-vingt-cinq ans de tout ce qu'il avait appris à seize.

Il vint à Paris commencer son droit, et à présent il va nous dire lui-même comment il dirigea ses études et sa vie. En 1874, M. Senard, devenu bâtonnier de l'Ordre des Avocats de Paris, dut à son tour donner à ses jeunes confrères les conseils de sa sagesse. Quelque effort qu'on puisse faire alors pour se détacher de soi-même, et chercher des leçons dans l'exemple des autres, on est toujours ramené comme par une force invincible sur son propre passé, et conduit à guider l'élan de la jeunesse vers l'idéal qu'on a sans cesse poursuivi. M. Senard devait d'ailleurs plus qu'aucun autre céder à cette tendance inévitable ; car, après tant de glorieuses années, il ne pouvait pas douter d'avoir vraiment pris la route du succès. Or voici maintenant ses conseils : Tout d'abord il ne faut pas se borner à la connaissance des règles pratiques du droit ; il faut encore s'inspirer sans cesse de l'esprit général de la législation ; il faut demander « à chacune des lois quelle pensée l'a dic-
» tée, à quels besoins elle répond, quels droits elle con-
» sacre, quels intérêts elle a voulu sauvegarder. On par-
» vient ainsi à s'approprier, à s'assimiler en quelque sorte
» les principes de raison et de justice, qui ont dicté les
» règlements souverains des rapports des hommes entre

» eux. L'avocat qui peut apporter à l'examen des affaires
» un esprit ainsi éclairé et fortifié, marche sans crainte à
» la solution des questions les plus ardues. »

C'est ainsi qu'il étudia le droit, non pas, prenez-y bien
garde, en philosophe qui s'efforce de remonter jusqu'à la
source même des lois et cherche à formuler les principes
qui les dominent, comme Montesquieu, Jouffroy, Jules
Simon ; mais en homme pratique qui veut connaître la raison immédiate des prescriptions légales, afin de les mieux
entendre et de pouvoir résoudre les doutes qu'elles font
naître par la seule force de son propre raisonnement.

Mais son esprit, entraîné par une curiosité insatiable,
le portait en même temps vers de tout autres études. Il
aime la littérature ; il suit les cours d'Andrieux ; celui-ci
même le distingue et l'invite à ses réunions du samedi,
où le jeune provincial contemplait avec une admiration
respectueuse les derniers survivants de la littérature de
l'Empire, mêlés à ceux qui devaient les faire oublier. Il
suit les cours de Villemain et de Cousin, et il a gardé de
celui-ci, jusqu'à son dernier jour, un souvenir qui justifie
l'enthousiasme légendaire des hommes de son temps. Mais
son cœur n'est pas là ; tout cela l'intéresse et ne le pas-
sionne pas. Ecoutez ses aveux : « De 1815 à 1820, temps
» de mes études de droit et du commencement de mon
» stage, je fréquentais à Paris l'amphithéâtre de l'École
» de médecine, les cours de physique et de chimie, ceux
» même du Conservatoire des Arts et Métiers, autant et
» peut-être un peu plus que les cours de la Faculté de
» droit et les audiences ».

En effet, il avait prêté serment à Paris le 24 novembre
1819 et il y avait commencé son stage, quand la mort de
son père, survenue le 11 février 1820, le rappela à Rouen.
Il prit aussitôt une résolution grave, à son âge du moins ;
il se maria, et de ce jour commença cette parfaite et tou=

chante intimité de soixante années, à la rupture de laquelle il ne survécut qu'à demi.

Puis il attendit la clientèle ; elle ne tarda pas à venir. Il racontait, paraît-il, qu'à son premier procès d'assises, en 1821, plaidant avec un autre jeune homme de son âge, M. Hébert, ils avaient l'un et l'autre perdu contenance. Cette anecdote, si elle est vraie, ne prouve rien ; surtout, venant de ces deux hommes, elle ne prouve pas une timidité incorrigible. En tous cas, cette crainte fut bien vite dissipée, puisque, deux ans après, ce jeune homme de vingt-trois ans arrivait à la réputation par une retentissante affaire de faux en écritures publiques dans laquelle il déployait, presque mûres déjà, toutes les qualités qui devaient plus tard le mettre au premier rang.

Moins de douze ans après, Senard était élu pour la première fois bâtonnier du grand barreau de Rouen ; il le fut quatre fois, en 1835, 1837, 1842 et 1846. Les années 1835 et 1836 furent marquées par deux glorieuses plaidoiries. Vous savez que, parmi les accusés traduits devant la Cour des Pairs à la suite des troubles d'avril 1834, plusieurs exprimèrent la volonté de confier leur défense à des amis politiques étrangers au barreau. La Cour des Pairs leur refusa cette faveur et désigna d'office les défenseurs choisis parmi les avocats inscrits à la Cour d'appel de Paris. Les accusés refusèrent l'assistance de ces défenseurs. Les avocats désignés d'office ne savaient où était leur devoir, lorsque, le 30 mars, paraît une ordonnance qui confère au président de la Cour des Pairs le droit de désigner d'office les avocats à la Cour de Paris, conformément à l'article 295 du Code d'instruction criminelle, et attribue à la Cour des Pairs et à son président, vis-à-vis des avocats, tous les pouvoirs disciplinaires qui appartiennent aux Cours d'assises et aux présidents de ces Cours.

Cette ordonnance mit le feu aux poudres ; le Conseil de

l'Ordre des avocats de Paris se réunit le 7 avril sous la présidence de M. Philippe Dupin, bâtonnier, et prit une délibération dont l'objet était de tracer aux avocats dési-gnés d'office par la Cour des Pairs la marche qu'ils de-vaient suivre et l'attitude qu'ils devaient observer relative-ment à l'ordonnance du 30 mars.

Les barreaux de Rouen et de Nancy s'associèrent à cette résistance. Le 6 avril 1835, Senard réunissait le Conseil de discipline, et le Conseil prenait une délibération soi-gneusement motivée dans laquelle il protestait à la fois contre le refus de la Cour des Pairs d'entendre les défen-seurs ou les avocats choisis par les accusés et contre la lé-galité de l'ordonnance du 30 mars, et le Conseil terminait en invitant son bâtonnier à transmettre la présente délibé-ration à M. le bâtonnier de l'Ordre des avocats à la Cour royale de Paris et à lui déclarer que le barreau de Rouen était prêt à s'associer à toutes les mesures que l'Ordre des avocats de Paris croirait devoir prendre à l'égard de l'or-donnance du 30 mars. Le 17 avril, le Procureur Général, considérant comme illégales à la fois la réunion et la résolution, citait le bâtonnier Senard devant les chambres assemblées pour voir annuler la délibération et se voir ap-pliquer les peines disciplinaires de droit. Senard y compa-rut, assisté de tout le Conseil et du doyen de l'Ordre, M⁰ Le Varlet, ancien avocat au Parlement de Normandie. Une ordonnance peut-elle conférer à une juridiction ex-ceptionnelle le pouvoir disciplinaire ? Tel était le fond de la question ; mais cette cause en présentait une autre non moins belle, celle de savoir si le barreau de Rouen, que ne visait pas l'ordonnance du 30 mars, avait le droit de la cen-surer, au nom de la solidarité qui confie à tous les barreaux la garde du droit de défense des accusés. La plaidoirie de Senard fut ce qu'elle devait être, tour à tour grave et pas-sionnée, mordante et respectueuse. Il est à peine besoin de dire que, si elle charma la Cour, elle ne la convainquit pas. Les Cours de Rouen et de Paris annulèrent les délibérations des Conseils, et le pourvoi formé contre ces arrêts fut rejeté.

La Cour de cassation nous rappela, en termes peut-être un peu solennels : « Que l'action puissante, élevée de la » Cour royale, devait protéger l'ordre social et les pouvoirs » établis contre les attaques d'un Ordre qui a, lui-même un » besoin spécial et journalier de leur protection ; et que » l'exercice nécessaire de ce pouvoir ne pouvait pas être » mis en balance avec le danger de la licence, si la société » était désarmée au point qu'aucun pouvoir constitué » n'eût le droit de réprimer un tel désordre. »

Hélas ! l'ordre social et les pouvoirs établis ont été depuis exposés à de bien autres attaques ! Quel dommage que les Cours, royales ou autres, ne les aient pas aussi facilement réprimées !

L'année suivante, une cause plus retentissante encore amena Senard devant la Cour d'assises. Le *Journal de Rouen* représentait ce qu'on appelait alors les idées libérales avancées, et, se recommandant de Lafayette et de Laffitte, il se glorifiait en même temps du patronage de Dupont de l'Eure. Son opposition était à la fois très déterminée et très courtoise, et tout à fait constitutionnelle ; elle n'en déplaisait que plus aux ministres, toujours plus patients pour les injures de leurs ennemis que pour les critiques de leurs adversaires. On fit donc au journal un de ces gros procès de presse qui émeuvent toute une région, parce que tout le monde sait bien que l'article incriminé n'est qu'une occasion, quelquefois un prétexte, et qu'on en veut aux hommes et aux doctrines. La cause, en s'élevant, prend d'elle-même une redoutable étendue. La plaidoirie de Senard, chaudement applaudie, fut ensuite corrigée par lui et distribuée à vingt mille exemplaires. Elle est un de ces rares documents que l'avocat laisse derrière lui, purgés des erreurs de la sténographie ou du compte rendu. Quarante ans écoulés, bien loin de la vieillir, en ont encore accru l'intérêt, parce qu'on oublie, en la lisant, l'avocat qui la prononce pour ne songer qu'aux événements qu'il raconte, aux idées qu'il condamne ou qu'il exalte, aux aspirations dont il est la voix éclatante, aux jugements qu'il porte, aux espérances qu'il formule, aux prophéties qu'il hasarde, aux erreurs qu'il commet. L'historien, en rapprochant cette plaidoirie de Senard de la harangue emportée qu'à la même date Jules Favre jetait à la face de la Cour des Pairs, n'hésitera pas à y reconnaître le double manifeste de deux grands partis qui croyaient alors n'être séparés que par des nuances ; mais le critique qui l'examine au point de vue de l'art oratoire ne manquera pas d'y remarquer cette constante préoccupation de l'avocat qui, au milieu même des développements oratoires propres à passionner la foule, n'oublie jamais son client ni le but immédiat qu'il poursuit.

Après un tel éclat, on ne s'étonne pas de voir M. Senard présidant, le 25 décembre 1847, un de ces banquets réformistes qui sonnèrent à cette date le tocsin de l'opinion. Il rappelle en termes énergiques les griefs de l'opposition, et commente avec passion le fameux mot de M. Guizot : « Vous sentez-vous corrompus ? » Il soutient que la monarchie constitutionnelle n'est pas incompatible avec les progrès de la démocratie. Mais son langage a changé depuis 1836 ; il y a dans cette harangue une irritation croissante et comme le grondement d'une émeute encore lointaine ; et quand on songe que de tels avertissements donnés par de tels hommes n'ont pas été entendus d'un ministre et d'un roi auxquels on ne peut refuser ni la finesse ni l'expérience, on ne peut s'empêcher de se demander, avec une tristesse découragée, si la Providence n'a pas voulu soustraire aux prévisions et aux calculs de toute prudence humaine les grands événements qui agitent et transforment l'humanité.

Deux mois après, son rival de tous les jours, Deschamps, était commissaire du gouvernement de la République et Senard était Procureur Général. Nouvelle occasion de discours, toujours bien accueillie. La joie est sur tous les visages ; le règne de la justice est arrivé ; l'enthousiasme est à son comble. Il faut l'entendre, avec cette abondance inépuisable qui ne laisse place à aucun sous-entendu, saluer la République comme un hôte ami qui a « devancé l'heure », pour comprendre ce qu'il y avait dans l'âme de ces hommes de 1848, de sincérité, de bonne foi, de désintéressement ! Ils ont devant les yeux un idéal d'affranchissement et de bonheur social, et ils croient vraiment le toucher de leurs mains tendues. Écoutez ceci :

« La République s'incline devant la religion comme devant la formule la plus haute de la pensée humaine. Quant à la forme religieuse à laquelle se rattache la majorité des Français, si elle devait être l'objet d'une attention particulière entre tous les cultes auxquels appartient une égale protection, la République n'oubliera jamais que le Christ expira sur la croix pour avoir apporté aux hommes le symbole divin qu'on lit sur nos drapeaux : Liberté, égalité, fraternité. *(L'émotion qui, depuis longtemps, agitait l'auditoire, éclate ici avec une énergie incroyable à décrire. La salle entière retentit d'applaudissements et d'acclamations réitérés. Un immense cri de vive la République s'élève. Pendant quelques instants la séance est interrompue).* »

Et l'orateur ne s'arrête pas en si beau chemin. Il commente la célèbre devise, non pas en politique, à coup sûr, non pas même en philosophe, mais en apôtre. Il veut que les distinctions sociales s'effacent, que la fraternité descende des lois dans les mœurs, et vraiment sa harangue rappelle cet audacieux passage de Bossuet :

« Qu'on ne méprise plus la pauvreté et qu'on ne la traite
» plus de roturière ; il est vrai qu'elle était de la lie du
» peuple, mais le Roi de gloire l'ayant épousée, il l'a ano-
» blie par cette alliance, et ensuite il accorde aux pauvres
» tous les privilèges de son empire. »

Le réveil de ces splendides illusions fut rapide et terrible ; ces réformes annoncées, ces privilèges promis, les
pauvres les réclamèrent, les armes à la main. Quelques
semaines après son discours, Senard marchait à côté d'un
général pour réprimer la rébellion qui ensanglantait le
pavé de Rouen. Le général était inquiet, hésitant ; enfin,
pressé par l'émeute, il donna l'ordre de commencer le feu :
« Voilà un coup de canon, dit-il au Procureur Général, qui
» fera peut-être bien du bruit. » — « Je voudrais, répon-
» dit celui-ci, qu'il en fît plus encore et qu'il fût entendu
» de toute l'Europe, afin qu'on sût bien que le Gouverne-
» ment de la République est un gouvernement ».

Nommé représentant du peuple, Senard était président
de l'Assemblée nationale, lorsque éclata à Paris l'insurrection qu'il avait vaincue à Rouen. Tout a été dit sur la présence d'esprit, sur la fermeté avec lesquelles le président,
attaché à son fauteuil pendant trois jours et trois nuits,
soutint le courage et la dignité de ces hommes assemblés
pour qui il y allait de la vie, et que les bulletins confus de
la bataille faisaient à chaque instant passer de la confiance
à la terreur. Aussi, quand la victoire fut assurée, l'Assemblée se leva-t-elle d'un mouvement unanime pour déclarer
que les citoyens Cavaignac et Jules Senard avaient bien
mérité de la patrie. M. Senard a porté toute sa vie, avec
une extrême modestie, l'auréole de ce grand souvenir qui
couvre son nom de la gloire la plus pure et le défend à
jamais de l'oubli.

Il devint ministre de l'intérieur le 29 juillet et cessa de
l'être le 14 octobre. Dès 1849, l'ingratitude de ses élec-

teurs le rendait aux travaux paisibles de sa profession. Il
se fit inscrire au barreau de Paris le 22 mai 1849. Il
n'avait pas besoin, d'ailleurs, d'y chercher sa place ; il
n'avait qu'à la prendre. Une nouvelle carrière de trente
années s'ouvrit devant lui, et personne ne s'aperçut qu'il
eût changé de théâtre. Les procès politiques cessèrent ;
l'éloquence fut pacifiée ; mais tout à coup l'industrie, ser-
vie par les sciences, prit le plus merveilleux essor, et de
cette transformation économique du travail national et de
la richesse publique naquirent aussitôt toute sorte de
grands procès à la discussion desquels M. Senard était
merveilleusement préparé.

Lorsqu'on interroge les souvenirs de ceux qui l'ont le
plus écouté, on est surpris de voir que chacun d'eux, suivant la pente naturelle de son esprit, le loue d'avoir excellé
dans un genre différent. Il était incomparable, vous dit
celui-ci, dans une cause de commerce ou de finance ; il en
dissipe les obscurités en les pénétrant, il en chasse jusqu'à
l'ennui. Ces combinaisons si variées que le génie du commerce inspire, il sait les faire admirer en les faisant comprendre ; on apprend avec lui la comptabilité sans presque
s'en apercevoir ; il anime les chiffres et, de temps à autre,
il relève l'aride vulgarité de telles discussions par des aperçus qui montrent, au-dessus des faits et des calculs du
commerce, les lois générales qui les gouvernent, les causes
qui les produisent, les fruits qu'elles donnent. Relisez sa
plaidoirie dans l'affaire Mirès et tant d'autres.

Personne ne le surpasse, dit celui-là, quand il discute
une belle question d'état ou de testament. D'abord, il rappelle les principes de la loi, il en montre la raison et la sagesse. Il le fait avec une noble simplicité ; point de phrases
qui rappelleraient la solennité des anciennes plaidoiries ;
puis, tenant ainsi à la main la règle sur laquelle doivent
être mesurées toutes les actions des hommes, il expose les

faits, de façon à amener de lui-même le juge à la conclusion qu'il en veut tirer. Alors quelle discussion ! Quelle
vivacité ! Quelle abondance ! Quelle analyse des facultés de
l'esprit ! Quelles heureuses distinctions entre les erreurs
qui le séduisent, les passions qui le troublent, et les maladies qui l'altèrent dans son essence même en le soumettant au joug de leur invincible tyrannie ! Lisez sa plaidoirie
dans l'affaire da Gama Machado, dans l'affaire Bardet et
tant d'autres.

Il était plus admirable encore, dit un troisième, lorsqu'il plaidait une affaire de contrefaçon ; celles-là ne s'apprennent ni dans le Code, ni dans les recueils de jurisprudence ; la plus vaste érudition juridique n'y sert à rien.
Pour expliquer le procès, il faut que l'avocat soit doublé
d'un expert, qu'il sache la physique, la chimie, la mécani-
que, et non seulement les règles générales de ces sciences,
mais encore l'histoire et le progrès des applications successives qu'en a faites la pratique industrielle. Voyez
M. Senard à la barre ; il a devant lui une machine ; il explique son objet, il montre quel était l'état de l'industrie
avant l'invention qu'il veut faire reconnaître ; puis il prend
la machine elle-même ; le tourne-vis à la main, il la dé-
monte, il la remonte, il la manie comme un homme du
métier ; on dirait qu'il en est l'inventeur. Vous croyez peut-
être qu'il a besoin de la machine pour en expliquer le mécanisme ? Un jour, à la première chambre de la Cour, les
modèles n'étaient pas encore apportés quand on donne la
parole à M. Senard ; il expose donc le mécanisme de l'invention et de telle sorte que, le modèle arrivant alors :
« Remportez cela, dit le Premier Président Troplong, la
» Cour n'en a plus besoin, après ce qu'elle vient d'entendre. »
Or, si l'on a pu dire que l'avocat qui gagne son procès est
toujours celui qui se fait le mieux comprendre, cela est vrai
surtout dans de telles affaires, presque toujours plus diffi-

ciles à entendre qu'à juger. D'autant plus que cette clarté
merveilleuse n'est pas entachée de sécheresse. L'ingénieuse
fécondité de lesprit humain, les grandeurs et les misères
de l'inventeur n'ont pas d'historien plus sympathique,
d'admirateur plus passionné. Ses plaidoiries dans l'affaire
des baromètres anéroïdes, de l'injecteur automoteur, dans
les affaires de contrefaçons artistiques comme le procès
Barbedienne, sont des chefs-d'œuvre, et pendant quinze
ans M. Senard s'est montré l'égal de Bethmont et de Marie
dans ces causes toutes spéciales dont les plus grands se
détournent avec une sorte d'effroi.

- Mais il se surpassait lui-même, dit un quatrième, quand
il abordait une cause littéraire. Relisez sa plaidoirie pour
son compatriote Flaubert. Quelle habileté et en même
temps quelle audace ! Comme il pénètre et développe la
thèse morale du roman ! Et quelle prodigieuse érudition
littéraire ! Tout y passe : Rousseau, André Chénier, Le-
sage, Montesquieu, Sainte-Beuve ; il atteste les Pères de
l'Église, Bossuet et Massillon. La vigueur du style trahit
la sève puissante dont il est nourri. « M. Flaubert, dit un
» juge éclairé (1), a imprimé cette plaidoirie dans l'édition
» définitive de son œuvre. Il a eu raison ; on ne peut sépa-
» rer de cette étude normande le chef-d'œuvre de l'avocat
» normand. »

- Ainsi, le premier caractère de ce beau talent est une
sorte d'universalité. Elle tient à la variété des connaissances, à la souplesse de l'esprit, à l'exacte convenance du
style. « *Etiam quod discere supervacuum est, id prodest*
» *cognoscere* ». Cette remarque de Sénèque doit être plus
que jamais aujourd'hui la devise de l'avocat. Mais il faut
y prendre garde. Rien de si aisé, à l'aide des livres innombrables que d'habiles vulgarisateurs mettent chaque jour
entre nos mains, que d'acquérir une connaissance super-

(1) M. Louis Ulbach.

ficielle des principes scientifiques nécessaires à la discussion d'un procès. Mais cette étude hâtive trahit bien
souvent celui qui s'en contente ; il sent lui-même, en en
développant les résultats incertains, qu'il côtoie presque
à chaque instant une ignorance ou une erreur ; sa démarche est vacillante, sa langue sans justesse ; parfois il se
rejette sur les images ; il marie les gaz au lieu de les com-
biner ; mais ce voile brillant cache mal son insuffisance.
M. Senard, au contraire, parle en homme qui sait bien au
delà de ce qu'il dit. On sent, à l'entendre, qu'il puise dans
un fonds de connaissances acquises et depuis longtemps
assimilées ; nul embarras pour s'étendre et sortir, si cela
devient utile, du cadre prévu d'une discussion préparée ;
une propriété de termes constante, à égale distance du langage incorrect de l'homme du monde et de la langue
technique du savant. Demandez à des juges : tous vous
diront quelle confiance entraîne cette aisance de l'homme
qui parle correctement de ce qu'il sait bien et quelle conviction elle détermine.

Mais cette large et solide instruction est doublée chez
M. Senard d'une finesse sans égale et d'une prodigieuse
flexibilité. On a dit de lui bien souvent qu'il était un
homme d'affaires consommé. Quel est donc ce mérite, si
ardemment recherché des plaideurs ? Ce n'est ni la science
du droit, ni même la connaissance de toutes les formes de
la procédure. Il faut, de plus, une sorte d'instinct que l'é-
tude développe, que l'expérience fortifie, mais que la nature
donne à certains hommes, en les douant à la fois d'une
grande pénétration et d'une extrême souplesse. Quand on
regarde les procès de haut, on y trouve des droits à discuter et à établir ; l'homme d'affaires y voit, comme le plaideur, des intérêts à débattre et à faire triompher. Le but
est ainsi marqué ; mais quel chemin va nous y conduire ?
Outre les complications naturelles du fait, il est très rare

qu'un procès ne touche pas à plusieurs principes. Un esprit
perspicace, mais entier, prend aussitôt son parti ; il s'attache à une raison qui lui paraît décisive, et s'il ne se trompe
pas, rien n'égale la force de cette éloquente simplicité. Mais
si la cause lui paraît incertaine, il se sent faible et arrive
au combat comme désarmé. L'homme d'affaires s'irrite de
ces difficultés mêmes ; il tourne et retourne sans cesse
l'obstacle dans sa pensée ; il fait suer son esprit, suivant
une expression de M. Senard ; il trouve à la fin des moyens
que le premier n'a pas soupçonnés, et souvent la fortune
de la guerre couronne son ingénieuse audace. Entrons avec
le plaideur dans le cabinet de M. Senard ; la cause est difficile, ce qui ne veut pas dire qu'elle soit injuste. Il écoute
le client, en se promenant avec rapidité ; il donne toute
carrière à ses longueurs et à ses digressions ; au besoin, il
les provoque, tant il redoute d'ignorer quelque chose qui
puisse être utile. L'entrevue est terminée ; elle va recom-
mencer demain. Comme un médecin penché sur un malade
qu'il veut sauver à tout prix, il interroge l'un après l'autre
tous les organes, il ausculte toutes les cavités, il palpe les
muscles et les nerfs, jusqu'à ce qu'il ait appuyé le doigt sur
le point douloureux et trouvé la tache du mal. A présent,
il le connaît, accompagnons-le à l'audience ; quand même
la victoire lui paraît certaine, il ne cherche pas à l'emporter
de haute lutte ; rien n'est livré au hasard. Que sera-ce, si la
lutte est ardente et le résultat incertain ? Il a sans cesse devant les yeux l'objection qu'il faut vaincre, et cependant il
n'en parle jamais. Chaque mouvement l'en approche, et à
chaque fois, d'un coup léger et presque inaperçu, il en détache une parcelle ; puis, tout de suite, précipitant le geste,
élevant la voix, il s'en éloigne. Il recommencera, s'il le faut,
dix fois la même manœuvre, si bien qu'à la fin l'adversaire
lui-même en est réduit à chercher la trace de son argument
évanoui. C'est le procédé terrible défini par Pascal : *la di-*

gression sur chaque point qui a rapport à la fin pour la mon-
trer toujours. Il faut avoir été, au moins une fois, l'adversaire de M. Senard pour apprécier le caractère redoutable
de ce qu'on a appelé, non sans malice, le don fatal de cette
prodigieuse habileté.

Et quelle souplesse ! Quel esprit de ressources ! J'en vis
un jour un exemple incroyable. M. Senard avait plaidé une
grave question d'état, et son argumentation reposait tout
entière sur l'hypothèse, d'ailleurs vraisemblable, de la
mort d'un personnage disparu. Dans l'intervalle qui s'é-
coule entre les plaidoiries et les conclusions du ministère
public, M. l'avocat général retrouve le prétendu mort, caché sous un nom de religion, dans un couvent de la Fran-
che-Comté. Les documents lui arrivent au moment où il
va prendre la parole ; il exprime le regret de n'avoir pu les
communiquer à M. Senard, absent de la barre. Celui-ci
paraît pendant les conclusions de l'avocat général ; on le
met au courant, il écoute, il s'agite et fait entendre des
exclamations sourdes et comme intérieures. Les conclusions achevées, il se lève et demande à la Cour, dans une
conjoncture aussi extraordinaire, la permission de s'expliquer sur des documents qui lui étaient inconnus. Alors,
comme un général qui se heurte à des ennemis là où il a cru
rencontrer des alliés, il renverse son plan de bataille ; à
l'argumentation qu'il appuyait sur l'hypothèse de la mort,
il substitue une démonstration reposant tout entière sur
l'hypothèse de la vie, et cela avec tant de naturel et de vraisemblance que la Cour semblait oublier le procès, en admirant ce prodige d'ingénieuse flexibilité.

On pense bien qu'un tel homme ne donne rien aux
grâces inutiles d'un langage recherché. Son style est simple, clair, souvent familier, quelquefois énergique, plein
de mouvement et de vie, toujours approprié au sujet. Non
pas sec toutefois ; aucun des développements que provoque

naturellement le récit de faits pathétiques ou plaisants
n'échappe à sa perspicacité, et il n'en néglige aucun, dès
qu'il peut être utile. Pas de sarcasmes aiguisés, pas de
mots médités et cruels, pas de ces expressions qu'on
appelle trouvées, et qu'il vaudrait mieux appeler cher-
chées, mais une bonne humeur et une verve naturelles
sans mélange de trivialité. Souvent même sa vive imagination, sa phrase abondante et nourrie, une voix puissante
et qui passe avec une brusquerie volontaire des sons les
plus élevés aux tons graves et solennels, produisirent ces
sensations profondes, mais fugitives, dont l'orateur doit se
contenter, quand il n'assure pas à sa parole l'impérissable
beauté de la forme. Dans une affaire maritime, celle du
Phénix, il fit de la tempête et du naufrage une telle peinture, que les larmes du Tribunal et les sanglots de l'auditoire troublèrent et suspendirent l'audience. Mais nulle
part, même dans les affaires d'éclat et dans les plaidoiries
qu'il a pu revoir, on ne sent la trace du travail de la
forme. Elle n'est pour lui qu'un moyen et non un but.
Rarement il demande à sa mémoire quelqu'un des beaux
passages dont elle est pleine. Il condamnait d'ailleurs avec
raison, cette pratique comme entachée d'affectation. Mais
s'il se permet une citation, soyez sûr qu'elle tient la place
d'un argument. « Je me souviens, disait-il, d'avoir plaidé
» à la première chambre du Tribunal de la Seine pour
» un homme dont la vie avait une tache, mais qui avait
» expié sa faute et s'était vraiment réhabilité. Cependant
» l'adversaire insiste avec cruauté sur ce point doulou-
» reux ; après avoir montré ce qu'avait fait mon client
» pour regagner l'estime des honnêtes gens, je m'avançai
» vers le Tribunal et citai ces quatre vers de Voltaire :

» Hélas ! tous les humains ont besoin de clémence !
» Si Dieu n'ouvrait ses bras qu'à la seule innocence,

» Qui viendrait dans son temple adorer ses autels ?
» Dieu fit du repentir la vertu des mortels ! »

« Je les lançai avec une émotion extrême....., et le pré-
» sident me dit que l'affaire était entendue ».

L'homme pratique est là tout entier.

M. Senard avait une haute stature, un visage noble et
imposant ; ses yeux, d'un gris bleu très doux, brillaient
d'intelligence et de bonté. Il commençait à plaider d'une
voix lente et grave, mais bientôt l'ardeur de sa nature l'emportait, et une mimique extrêmement vive accentuait le
mouvement du récit et scandait les péripéties de la discussion. Il soutenait cette action passionnée pendant les plus
longues audiences, et de façon à donner quelquefois à ses
auditeurs l'impression d'une fatigue qu'il ne ressentait pas
lui-même. Mais ce léger défaut n'était, comme les développements étendus qu'on lui a souvent reprochés, qu'un
excès de sève et de puissance, un fruit souvent utile de
son inépuisable et opiniâtre fécondité. *Amo in juventute
quod resecari possit*, disait Cicéron. L'heureux homme que
M. Senard ! Il était encore jeune à 85 ans.

Jeune d'esprit, et ce qui vaut mieux, jeune de cœur. Ni
l'âge, ni les labeurs prodigieux d'une si longue carrière,
ni les chagrins qui ne lui furent pas épargnés, n'altérèrent
sa constante bonne humeur et sa bienveillante affabilité.
S'il n'est pas permis de soulever le voile dont s'enveloppent
les affections du foyer, du moins nous pouvons rappeler
les souvenirs de cette famille professionnelle qui lui a
donné tant de collaborateurs d'esprit si différent, tous demeurés ses amis tendres et respectueux. Ce qu'ils ont reçu
de lui, leur modestie s'effaroucherait de l'entendre dire.
Causeur infatigable, il répandait autour de lui, dans les
épanchements du travail de chaque jour, son activité, sa
flamme et les leçons de son incomparable expérience. Il
avait de ces mots qui troublaient et excitaient à la fois ses

collaborateurs. L'un d'eux, en lui remettant un dossier, hasarda que l'affaire était douteuse : « Douteuse ! lui répondit Senard ; c'est que vous ne l'avez pas assez étudiée ». Il livrait ainsi le secret de son talent : une étude acharnée des faits, une fertilité incroyable de ressources et de moyens.

Les dernières années de sa vie se sont écoulées sous vos yeux, et je n'ai pas à vous les rappeler. Le gouvernement de la Défense nationale l'envoya en mission diplomatique auprès du roi d'Italie ; mais la paix n'était pas faite encore qu'il était déjà rentré dans la vie privée. La politique et le barreau le reprirent en même temps. Il retrouva à la barre les mêmes succès et les mêmes respects, et bientôt il reçut les honneurs du bâtonnat. La politique lui réservait les mêmes découragements et les mêmes ingratitudes. Cependant les années glissaient sur lui, presque sans le toucher, et je me souviens qu'un jour, son compatriote et presque son contemporain, M. Hébert, descendant appuyé sur mon bras les marches du Palais, vit passer devant nous M. Senard, dispos et alerte comme un jeune homme, et me dit avec un accent inoubliable : « Il plaide encore, lui ! » Tant est cuisant le regret de l'impuissance pour ces hommes d'action et de combat !

Telle a été, Messieurs, la vie de notre collègue. Qui n'envierait un sort semblable au sien ? Un équilibre parfait entre les divers dons de l'intelligence, un constant accord entre les facultés et les désirs, une enfance gaie et laborieuse, une jeunesse sage et déjà féconde, des succès rapides et durables, les victoires les plus nobles et les plus douces, une activité infatigable qui trouve en elle-même sa récompense et sa joie, une constante mesure dans ses ambitions, deux grands barreaux gouvernés tour à tour, une fidélité scrupuleuse à soi-même dans le bouleversement des choses, une vieillesse sans défaillance, et enfin

un de ces actes de courage civique qui rehaussent toute
une vie et dont le souvenir grandit avec le lointain de
l'histoire, longtemps après qu'on a cessé d'entendre le
retentissement des triomphes oratoires. Mais, disons-le
à l'honneur de notre profession : c'est le barreau qui forme
de tels hommes, et c'est encore dans ses rangs qu'on en
compte le plus.

AFFAIRE

DES PÈRES DU SAINT-SACREMENT

UN MUR MITOYEN

COUR D'APPEL DE PARIS. — PREMIÈRE CHAMBRE

Présidence de M. LAROMBIÈRE, premier président.
M. DUBOIS, avocat général.

AFFAIRE CHAMPION ET CONSORTS
MEMBRES DE LA CONGRÉGATION DU SAINT-SACREMENT
CONTRE
ÉPOUX LANNET

UN MUR MITOYEN

Le 22 novembre 1875, six prêtres achetaient par devant notaire, de Mme Deslignières, un grand terrain sis avenue Friedland et rue de Châteaubriand. Ils figuraient au contrat en leur nom personnel et déclaraient qu'ils achetaient l'immeuble pour en jouir en commun avec cette condition que la propriété en appartiendrait au dernier survivant à titre aléatoire et tontinier. Le prix était fixé à 900.000 francs sur lesquels 300.000 francs étaient payés comptant. Les acheteurs étaient membres de la Congrégation religieuse du Saint-Sacrement et ils acquéraient l'immeuble pour s'y établir avec leurs frères. Au cours des travaux que cette installation rendit nécessaire, ils voulurent, en vertu de l'article 558 du Code civil, exhausser le mur mitoyen qui séparait leur propriété de celle des époux Lannet. Ceux-ci s'y opposèrent et soutinrent : 1° que les demandeurs n'étaient que les mandataires d'une communauté religieuse non autorisée, et qu'ainsi ils étaient incapables d'ester en justice ; — 2° qu'ils étaient également incapables d'ester en justice comme faisant partie d'une société tontinière qui ne pouvait être formée sans l'autorisation du gouvernement ; — 3° qu'enfin, au fond et par suite de la destination du père de famille le mur ne pouvait pas être exhaussé de plus de 2 mètres.

Les deux derniers moyens ne furent pas soutenus, mais le premier fut vivement plaidé par Me Cliquet, et, contrairement aux conclusions du ministère public, accueilli par le Tribunal.

Nous rapportons cette sentence tout entière malgré son étendue inaccoutumée. Aucun des arguments qu'on peut faire valoir en faveur du système qu'elle adopte n'y est oublié, et cette brusque irruption faite par les premiers juges dans les parties les plus irritantes du droit public explique seule qu'on ait dû les y suivre pour les réfuter.

» Le Tribunal, après en avoir délibéré conformément à la loi :

» Attendu que MM. Champion, Leroyer, Audibert, Maréchal, Gayraud et Viguier, tous prêtres, se disant propriétaires d'un immeuble sis à Paris, rue de Chateaubriand, 14, contigu à la propriété des époux Lannet, ont, par exploit de Gillet, huissier, en date du 28 mai 1877 enregistré, assigné ces derniers devant le Tribunal civil de la Seine pour voir dire et ordonner : 1° que le mur mitoyen, séparant les propriétés respectives serait démoli et reconstruit ; 2° qu'ils avaient le droit de surélever ledit mur mitoyen à telle hauteur et d'y adosser telles constructions qu'ils jugeraient convenables ; 3° que les époux Lannet seraient condamnés conjointement et solidairement à leur payer une somme de 2,500 fr. à titre de dommages-intérêts en réparation du préjudice qui leur avait été causé par l'opposition formée par lesdits époux Lannet à l'exécution des travaux par eux projetés ;

» Attendu que les époux Lannet opposent à cette demande une double fin de non-recevoir prise : 1° de ce que, d'après eux, les demandeurs qui ne prennent au procès que la qualité de prêtres sont tous membres de la communauté religieuse des R. P. du Saint-Sacrement, établie à Paris, rue de Chateaubriand, 14, dans l'immeuble même qui donne lieu au litige ;

» Qu'ils la représentent ;

» Qu'ils ne sont donc pas les vrais propriétaires dudit immeuble, quels que soient les termes de l'acte qu'ils produisent ;

» Que l'immeuble a été acheté par eux pour le compte de la communauté dont ils sont membres, et dont l'un d'eux, le R. P. Maréchal est le supérieur général ;

» Que cette communauté n'étant pas autorisée n'existe pas légalement, parce qu'elle n'est pas reconnue par la loi ; qu'elle ne peut légalement acquérir, posséder ni ester en justice ; que, par suite, à aucun point de vue, les demandeurs n'ont qualité pour intenter l'action ;

2º De ce que, en outre, les R. P. demandeurs ne représenteraient qu'une Société tontinière également non autorisée, et que, sous ce second rapport, ils n'auraient point non plus qualité pour ester en justice ;

» Attendu que les demandeurs répondent à cette double fin de non-recevoir : 1º qu'elle est tardive, parce qu'elle aurait dû être soulevée *in limine litis*, et avant même la demande en communication de l'acte en vertu duquel ils se prétendent propriétaires ; 2º que les époux Lannet sont eux-mêmes irrecevables à la proposer, parce qu'ils n'ont pas qualité pour discuter la valeur de cet acte, ledit acte ne compromettant et ne mettant en jeu aucun intérêt ni aucun droit propre auxdits époux Lannet et étant vis-à-vis d'eux *res inter alios acta*, qui ne les touche en aucune façon ; 3º que d'ailleurs, quelles que soient les lois qui régissent les communautés religieuses, et en supposant même qu'ils ne fussent que les prête-noms de la communauté du Saint-Sacrement, il résulte de l'acte qu'ils produisent et qui est la base unique de leur action, qu'ils ont acheté en leur nom personnel ; qu'ils ont également formé leur demande en leur nom personnel ; que dans cette demande, telle qu'ils l'ont formulée, il n'est question ni de la communauté du Saint-Sacrement ni de la tontine ; que le droit de devenir propriétaire à titre onéreux est un droit qui appartient en France à tous les habitants français ou étrangers, quels que soient leur culte et leur origine ; que, d'ailleurs, les lois restrictives qui servent de fondement à l'exception proposée par les époux Lannet ne s'appliquent qu'aux acquisitions gratuites par testament ou par donation, et que c'est à tort qu'ils les appliquent aux acquisitions à titre onéreux ; que nulle restriction n'existe à cet égard dans ces lois spéciales, qui ne peuvent être étendues aux cas qu'elles n'ont pas prévus ; qu'en tout cas, et surabondamment, il s'agit au procès de l'exercice d'une action réelle et de l'application d'une servitude légale à laquelle les époux Lannet ne peuvent se soustraire, et que, dans ces circonstances, les demandeurs, qui sont en possession de l'immeuble au profit duquel la servitude est établie par l'article 658 du Code civil et qui le détiennent, sont des contradicteurs légitimes et suffisants ; qu'enfin, en présence de cette détention matérielle appuyée sur l'acte qui les constitue au moins propriétaires apparents, ce serait une sorte de mesure inquisitoriale que de rechercher ce qu'ils sont ou qui ils représentent en réalité ; que, lorsqu'ils se présentent, leur acte à la main, les portes du prétoire ne sauraient leur être fermées, et que la justice doit, après les avoir ouvertes devant eux, s'empresser de consacrer le droit qu'ils revendiquent ;

» Attendu qu'en présence d'un débat ainsi posé par les deux parties avec une netteté sans précédents, le devoir impérieux du Tribunal est d'en examiner les divers éléments avec le plus grand soin, et qu'il est d'abord nécessaire de relever les faits constants au procès pour en tirer ensuite les conséquences qui en résultent ;

» Attendu que, dans l'acte public, en date du 22 novembre 1875, retenu par Mes Meignen et Carré, notaires à Paris, et en vertu duquel les demandeurs agissent, on lit ce qui suit : « A comparu Mme Emilie

» Roveroli de Rigaud de Saint-Aubin, veuve de M. Alexandre Desligniè-
» res, chef d'institution, demeurant à Paris, rue de Chateaubriand,
» no 14, laquelle a, par ces présentes, vendu à: 1o M. Cyr Armand
» Champion; 2o M. Alexandre Leroyer; 3o M. Jean-Joseph Audibert;
» 4o M. Paul-Marie-Léonce Maréchal; 5o M. Augustin-Rémy Gayraud;
» 6o M. Charles Géraud Viguier, tous prêtres, demeurant à Paris, *rue*
» *Leclerc, no* 8, MM. Champion, Audibert, Maréchal à ce présent et accep-
» tant, M, Maréchal agissant tant en son nom personnel qu'au nom et
» comme mandataire de MM. Leroyer, Gayraud et Viguier, résidant
» actuellement, le premier à Marseille, les deux autres à Bruxelles ;
» MM. Champion, Leroyer, Audibert, Maréchal, Gayraud et Viguier,
» acquéreurs conjoints et solidaires, avec stipulation qu'ils seront pro-
» priétaires des immeubles ci-après désignés, avec des droits égaux,
« pour en jouir en commun pendant leur vie, et que la part des pré-
» mourants accroîtra aux survivants de manière que le dernier survivant
» en reste seul propriétaire avec tous les changements, améliorations
» et embellissements qui y auront été faits, le tout à titre de pacte ton-
» tinier, et de contrat aléatoire,... une grande propriété sise à Paris,
» rue de Chateaubriand, no 14, d'un côté, et avenue Friedland, no 37
» de l'autre (aujourd'hui no 27 nouveau), d'une contenance totale de
» 4.288 m. 66 déc. environ, composée d'un grand jardin planté d'arbres,
» quatre corps de bâtiments, etc..., tenant sur le devant à la rue de
» Chateaubriand, à droite à Mme Lannet. »
        » Attendu que l'acte ajoute que la vente est faite moyennant le prix
de 900.000 fr., à compte duquel les acquéreurs ont payé à l'instant la
somme de 300.000 fr., à la vue des notaires, sur laquelle ils ont retenu
la somme de 5.958 fr. représentant les intérêts au taux de 5 pour cent
de la somme payée à compte, courus depuis ce jour jusqu'au 15 avril
1876, jour fixé pour l'entrée en jouissance, les 600.000 fr. de surplus
payables, moitié dans trois ans, le solde dans six ans, avec faculté d'anticipation par fractions de 30.000 fr. et avec intérêt à 5 pour cent ;
        » Attendu que les procurations annexées à l'acte et passées à Marseille
pour M. Leroyer, et à Bruxelles pour MM. Gayraud et Viguier, sont
entièrement semblables ; qu'elles ont été faites sur un modèle présenté
et rendu, et donnent à M. Maréchal, mandataire, les pouvoirs les plus
illimités, pour faire ladite acquisition aux prix, charges et conditions
qu'il jugera convenables, payer comptant une partie du prix, stipuler
toutes époques et tous modes de paiements ultérieurs et faire toutes
autres stipulations et toutes conventions qu'il avisera ;
        » Attendu, d'autre part, que la Société du Très-Saint-Sacrement a
été fondée à Paris le 5 janvier 1857, canoniquement constituée par le
Saint-Siège, comme congrégation religieuse le 8 mai 1863, et que ses
statuts et constitution ont été définitivement approuvés par le Saint-
Siège également le 18 mars 1875 ;
        » Que ces statuts et divers brefs apostoliques publiés par la Société
elle-même en 1875 déclarent, entre autres choses, textuellement: que
cette Société qui a pour but principal et premier de glorifier Jésus-

Christ par le culte solennel de l'exposition du Très-Saint-Sacrement, unit la vie active et la vie contemplative ;

» Que ses membres, afin de servir plus purement et plus dignement notre Seigneur, font les vœux de pauvreté, de chasteté et d'obéissance ;

Qu'après quelques années, les vœux d'abord temporaires deviennent perpétuels ;

» Que la Société admet dans son sein tous ceux, soit prêtres ou laïques qui, à la possibilité d'accomplir la règle, joignent une véritable dévotion au Très-Saint-Sacrement, que, pour atteindre sa fin avec plus de force et de suavité, elle reconnaît deux classes de religieux, les clercs et les frères laïques ; que, de plus, elle a, en vue d'un apostolat eucharistique, organisé une affiliation sous le nom d'agrégation, divisée en trois classes, l'agrégation simple, l'agrégation érigée en semaine de service eucharistique, l'agrégation érigée en fraternité, le tout approuvé par un bref du 19 janvier 1875 ; que, par cette troisième agrégation, ces agrégés peuvent entrer dans une union intime et fraternelle de dévouement habituel avec la Société du Très-Saint-Sacrement, en s'employant, eux et *leurs biens* à promouvoir de toutes leurs forces, *suivant les lois de la prudence*, la gloire et le culte du Très-Saint-Sacrement ;

» Attendu que, dans les publications faites pour développer l'agrégation sous les trois formes ci-dessus, il est dit que *la maison mère de la Société du Très-Saint-Sacrement* à laquelle il s'agit de s'affilier est installée à Paris, rue Leclerc, 8, faubourg Saint-Jacques ; qu'il faut remarquer à ce sujet que les six prêtres dont le nom figure dans l'acte public de vente plus haut analysé sont dits dans cet acte demeurant précisément rue Leclerc, 8 ;

» Attendu, en outre, que, dans un projet de convention préparé par les soins de M. Coulomb, architecte, sur l'ordre de M. Maréchal, pour régler à l'amiable les difficultés relatives au mur mitoyen qui fait l'objet du procès, et qui sera enregistré avec le présent jugement, on remarque : 1° que le mur dont s'agit est indiqué comme séparant la propriété de M. Lannet de celle des Révérends Pères du Saint-Sacrement, avenue Friedland, 33 ; 2° que le traité sera passé entre M. Lannet et le Révérend Père Maréchal, représentant les Révérends Pères du Saint-Sacrement ; 3° que le sol de la propriété Lannet est au même niveau que le sol de la propriété des Révérends Pères du Saint-Sacrement ; 4° que, dans toutes les clauses de l'acte projeté, les Révérends Pères du Saint-Sacremen sont toujours désignés, notamment dans celle où ils stipulent que la partie du mur en pan de bois, appartenant à M. Lannet, sera démolie par les Révérends Pères, auxquels les matériaux appartiendront comme compensation des frais de démolition ;

» Attendu, qu'il faut remarquer que ces mentions, jugées sans doute imprudentes parce qu'elles révélaient trop clairement les Révérends comme véritables propriétaires, sont effacées au crayon dans la pièce soumise au Tribunal par les demandeurs, tout en restant parfaitement lisibles, et sont remplacées par les mots suivants, écrits aussi au crayon en marge : « M. Paul-Marie-Léonce-William Maréchal, prêtre, demeu-

» rant à Paris, rue de Chateaubriand, n° 14, agissant tant en son nom
» personnel qu'au nom et comme se portant fort de MM. Champion,
» Leroyer, Audibert, Gayraud et Viguier, ses co-propriétaires, » le tout
substitué aux mots ; « *R. P. Maréchal, représentant les R. P. du Saint-*
» *Sacrement ;* » que les mots : « M. *Maréchal et consorts,* » en tête et
dans le corps de l'acte, ou bien : « *ces messieurs,* » sont mis partout où
on avait d'abord écrit : « *Les R. P. du Saint-Sacrement ;* »

» Attendu qu'à cette pièce significative s'ajoute la lettre d'envoi de
cette même pièce, écrite par un sieur Thomas, employé de M. Coulomb,
et adressée le 28 novembre 1876 à M. Lannet, lettre qui sera également
enregistrée avec le présent jugement, et où on lit textuellement :
» M. Coulomb me charge de vous adresser la convention ci-jointe relative au mur mitoyen séparant votre propriété *de celle des R. P. du*
» *Saint-Sacrement ;* »

» Attendu qu'on lit dans une autre lettre du 22 mars 1877 adressée
par Me Chauveau, avoué, à Mme Lannet, et qui sera aussi enregistrée
avec le présent jugement : « Madame, le R. P. Maréchal, votre voisin,
«désire faire surélever le mur qui sépare votre jardin DE CELUI DE
» SA COMMUNAUTÉ ; J'ai visité les lieux hier et il ne me semble pa
» possible que vos locataires puissent continuer à voir ainsi dans le
» JARDIN DES PÈRES DU SAINT-SACREMENT qui ont le désir, bien légitime,
» d'être chez eux... J'espère, madame, que vous ne mettrez aucun obs-
» tacle à la surélévation projetée par *mes clients,* etc. »

» Attendu, enfin, que la Société du Saint-Sacrement a, depuis l'acquisition du mois de novembre 1875, fait construire à l'angle du jardin
vendu, et a ouvert au public, avenue Friedland, 27, une chapelle magnifique sous le vocable du *Corpus Christi ;* qu'à la porte d'entrée de la
chapelle est affiché un bref tout récent du Saint-Siège accordant aux
fidèles qui accompliront dans cette chapelle certains devoirs religieux
prescrits, les indulgences accordées déjà à d'autres églises, situées ailleurs qu'à Paris, et appartenant aussi à *la Congrégation religieuse du
Saint-Sacrement ;*

» Qu'un des troncs, déposés dans la chapelle, est formellement désigné comme destiné au juvénat de la *Société des prêtres du Saint-Sacrement ;*

» Attendu que ces faits constants au procès étant ainsi précisés, il
devient facile de résoudre les graves questions soulevées par la fin de
non-recevoir proposée au nom des époux Lannet, mais qu'il est indispensable tout d'abord d'examiner avec la loi et la jurisprudence quelle
est en France la situation légale des communautés religieuses non autorisées, au point de vue de leur existence, des acquisitions à titre onéreux qu'elles peuvent faire et de l'action en justice lorsqu'elles prétendent l'exercer comme demanderesses ;

» Attendu que, sans insister sur les édits royaux de 1659 et de 1749,
qui soumettaient les congrégations religieuses à la nécessité de l'autorisation royale, sur la loi du 19 février 1790 qui les supprimait comme
personnes civiles, mais les tolérait en fait, sur celle de 1792 qui les sup-

primait de droit et de fait, sur le concordat qui les plaçait de nouveau sous le régime de la tolérance de 1790, il faut retenir : 1º qu'aux termes de l'article 1ᵉʳ du décret du 3 messidor an XII, sont dissoutes toutes agrégations ou associations formées sous prétexte de religion et non autorisées ; 2º qu'aux termes des articles 1 et 2 de la loi du 2 janvier 1817, tout établissement ecclésiastique reconnu par la loi pourra accepter, avec l'autorisation du roi, toute donation ou tout testament ou acquérir des biens immeubles et des rentes, lesquels seront inaliénables, à moins que l'aliénation n'en soit aussi autorisée par le roi ; 3º enfin, qu'aux termes des articles 2, 4 et 6 de la loi du 24 mai 1825 aucune congrégation religieuse de femmes ne pourra être autorisée que par une loi, sauf pour celles existant avant le 1ᵉʳ janvier 1825, qui pourront être autorisées par ordonnance ;

» Qu'ainsi constituées elles pourront, avec autorisation spéciale du roi, accepter tous dons ou legs, acquérir ou aliéner tous immeubles ou rentes ;

» Que l'autorisation qu'elles auront obtenue à l'effet de se constituer ne pourra être révoquée que par une loi ;

» Attendu que ces dispositions de lois sont encore en vigueur et qu'elles n'ont été abrogées ni par l'article 291 du Code pénal, ni par les chartes de 1814, de 1830, ni par la Constitution de 1848, ni par la loi du 15 mars 1850 sur l'enseignement secondaire, ni par la loi récente sur l'enseignement supérieur ;

» Attendu qu'une jurisprudence imposante les a constamment appliquées, et qu'en présence des principes de droit public qu'elles consacrent, il faut considérer comme illicites les congrégations religieuses non autorisées par une loi, quelque respectable que puisse être d'ailleurs le but religieux et moral qu'elles poursuivent ;

» Attendu que, quoique les demandeurs soutiennent le contraire, il est aussi incontestable, d'après ces lois, et que la jurisprudence de la Cour de cassation a invariablement reconnu que ces congrégations sont radicalement incapables à ce titre, non-seulement de recevoir des libéralités, mais encore d'acquérir à titre onéreux, de contracter d'une manière quelconque et enfin d'ester en justice ; que leur incapacité sous ces trois derniers rapports est formellement proclamée par un arrêt de la Cour de Paris, du 20 mai 1851, et par les arrêts de la Cour de cassation du 15 décembre 1856 et du 9 novembre 1859 ; qu'il faut s'étonner d'autant moins de la rigueur légitime de la jurisprudence sur ces divers points, que les acquisitions faites sans l'autorisation du gouvernement par une congrégation religieuse, même légalement autorisée, ont été déclarées radicalement nulles, comme faites par un incapable, par plusieurs arrêts, notamment par un arrêt de la Cour de Paris, du 10 janvier 1863 ; que cet arrêt fait remarquer avec raison qu'il n'y a même pas lieu de renvoyer dans ce cas la congrégation à se pourvoir en autorisation, parce que si un tel système était admis, la règle qui impose aux congrégations la surveillance de l'État, déjà trop souvent enfreinte, se trouverait complètement dépourvue de sanction ; que dans ce cas, en effet, les actes seraient passés et exécutés sans aucune préoccupation de l'autorisation administrative, sauf à réclamer son intervention lorsque les transactions seraient découvertes et amèneraient des contestations ;

» Attendu que la législation est tellement sévère en cette matière qu'il a été reconnu que l'autorisation ne saurait avoir aucun effet rétroactif, et qu'une Société qui a reçu un legs ou fait une acquisition antérieurement à la loi qui la constitue ne saurait en profiter, malgré l'autorisation intervenue plus tard ; que ces principes ont été consacrés par un arrêt de la Cour de Paris du 12 août 1864, et tout récemment par un jugement de la première chambre de ce Tribunal en date du 9 novembre 1877 ;

» Attendu donc qu'on peut poser comme une sorte d'axiome juridique désormais indiscutable, qu'il est de droit public, en France, qu'aucune communauté ou association religieuse ne peut exister qu'en vertu de la loi et que, jusque-là, un corps semblable ne constitue pas une personne civile et ne peut acquérir ni posséder légalement ni exercer une action quelconque pour faire reconnaître par la justice ses droits de propriété ou de possession ; qu'en un mot, à défaut d'autorisation, une communauté religieuse a *l'existence de fait*, tant que l'autorité publique la tolère, mais que cette tolérance ne saurait lui donner *l'existence légale*, *la personnalité juridique* qui sont indispensables pour l'exercice des droits civils, et parmi ceux-là, le plus précieux de tous, celui qui est destiné à protéger tous les autres, le droit d'ester en justice ;

» Attendu qu'il serait superflu de démontrer que les congrégations non autorisées qui sont ainsi incapables de recevoir, d'acquérir, de traiter et d'agir en justice, ne sauraient utilement pour elles employer de subterfuges, des apparences contractuelles quelconques, et des interpositions de personnes pour protéger les actes, que des lois d'ordre public frappent d'une nullité radicale et absolue ; qu'une jurisprudence constante ne permet pas la discussion sur ce terrain ;

» Attendu enfin qu'il est légalement certain que les Tribunaux ont un pouvoir souverain pour déterminer le caractère et le but des libéralités ou des actes à titre onéreux, et de décider si ces libéralités ou ces actes sont faits à des personnes interposées dans le dessein prémédité de faire fraude à la loi, et d'en faire profiter des personnes ou des congrégations que cette loi déclare incapables ;

» Que c'est grâce à ce pouvoir souverain que la magistrature, sentinelle vigilante de la justice et de la loi, peut accomplir sa haute mission et briser tout ce qui sert d'enveloppe à la simulation, pour pénétrer jusqu'à la vérité dont son devoir est d'assurer le triomphe contre tous les artifices destinés trop souvent à la voiler ;

» Attendu que, s'il en est ainsi, il est absolument impossible que les six prêtres qui ont figuré dans l'acte du 22 novembre 1875 soutiennent sérieusement et sincèrement qu'ils sont personnellement acquéreurs de la propriété de la rue Chateaubriand, et qu'ils ont le droit d'exercer en leur nom l'action en justice dérivant de cette qualité d'acquéreurs ;

qu'en effet tous les documents de la cause démontrent jusqu'à l'évidence qu'ils n'ont été que les prête-noms de la communauté religieuse
du Saint-Sacrement, laquelle n'est nullement autorisée ; que ces documents sont puisés dans l'acte lui-même, dans le pacte significatif de
survivance au profit du dernier d'entre eux avec toutes les améliorations
et tous les changements survenus dans l'intervalle, dans la qualité de
supérieur général qui est la véritable qualité du Révérend Père Maréchal,
dans les pouvoirs illimités des procurations, dans l'ensemble des statuts et des brefs relatifs à la congrégation, dans l'indication de la rue
Leclerc, nº 8, comme domicile des six contractants, lorsque c'est là
qu'est établie la maison mère de la congrégation du Saint-Sacrement,
dans la translation de cette maison-mère à la rue Chateaubriand, nº 14,
dans la construction de la chapelle, dans le projet de conventions ci-
dessus analysé, dans les modifications prudentes mais trop visibles
encore insérées dans ce projet sur la qualité des parties contractantes,
enfin dans les lettres adressées à M. et Mme Lannet ;

» Attendu que la démonstration de leur qualité de personne interposée est encore plus éclatante si l'on songe qu'aux termes des statuts de
la communauté dont ils ne nient pas faire partie, ils ont fait « vœu de
pauvreté », de telle sorte qu'ils n'auraient pu, sans violer leur vœu,
être possesseurs, des 300,000 fr., qui, d'après l'acte, ont été versés entre
les mains des notaires le jour de l'acquisition, ni des 600,000 fr. qu'ils
s'engagent à payer en six ans, ni des sommes nécessaires pour payer
annuellement 30,000 fr. d'intérêts ; que ce vœu de pauvreté tout personnel aux membres de la communauté n'exclut pas, sans doute, le vœu
de richesse pour la communauté elle-même, suivant l'expression de
M. le procureur général Dupin, dans l'affaire Moreau, jugée par arrêt
du 3 juin 1861 par la Cour de cassation ; mais qu'il est permis d'affirmer que l'un et l'autre de ces vœux ont été respectés par les contractants de 1875, et que c'est pour la communauté seule qu'ils ont acquis
pour 900,000 fr. l'immeuble dont s'agit ; que la seule chose à affirmer
comme certaine, c'est que lorsque l'acte de 1875 les désigne comme les
véritables acquéreurs, il proclame authentiquement une contre-vérité
dont l'évidence s'impose à la conscience des magistrats ;

» Attendu par suite qu'il faut tenir pour constant, d'une part, que
c'est la communauté seule qui a acquis l'immeuble contigu à celui des
époux Lannet, et, d'autre part, que cette communauté ne saurait se
prévaloir de son acquisition pour l'opposer en justice aux époux Lannet, puisqu'elle n'est pas autorisée, que par conséquent, elle n'a pas
d'existence légale, que l'acte fait dans son intérêt est radicalement nul
par application des principes rappelés plus haut, et qu'elle n'a pas d'action pour en faire prévaloir les conséquences juridiques ;

» Attendu, toutefois, que, quelque incontestables que soient les principes qui justifient la solution ci-dessus adoptée contre la communauté,
les époux Lannet ne sauraient en bénéficier si, comme le prétendent
les demandeurs, lesdits époux Lannet sont irrecevables eux-mêmes à
proposer la fin de non-recevoir qu'ils invoquent : 1º parce qu'elle est

tardive ; 2° parce qu'ils n'ont pas un intérêt né de cet acte à faire valoir.

» En ce qui touche la tardiveté ;

» Attendu que c'est la communication demandée par les époux Lannet, de l'acte de 1875, qui pouvait seule justifier la qualité de propriétaires en laquelle les demandeurs agissaient ; qu'il ne leur était donc pas possible de discuter utilement cette qualité avant d'avoir obtenu la communication demandée ;

» Que, d'ailleurs, la fin de non-recevoir proposée soulève la question du défaut de qualité, question qui peut être soulevée en tout état de cause, même devant la Cour d'appel ; qu'ainsi ce premier moyen ne saurait être accueilli ;

» En ce qui touche le défaut d'intérêt :

» Attendu que tout plaideur a un intérêt né et actuel à discuter la qualité de celui qui l'appelle en justice et la valeur de l'acte qui est destiné à l'établir, lorsque l'infirmité légale de cet acte peut infirmer ou détruire la qualité du demandeur et étouffer l'action judiciaire dans son germe ; que sous ce premier rapport les époux Lannet sont évidemment recevables à se prévaloir d'une nullité d'ordre public qui vicie dans son essence et peut faire considérer comme inexistant vis-à-vis d'eux l'acte d'acquisition sur lequel leurs adversaires s'appuient, et qui leur enlève la qualité de propriétaires voisins sans laquelle ils ne pourraient avoir l'action qu'ils exercent en vertu de l'article 658 du Code civil ;

» Attendu, d'ailleurs, qu'ils soutiennent que tout autre propriétaire que la communauté aurait facilement accepté une transaction qui, tout en donnant satisfaction dans une certaine mesure au droit d'exhaussement du mur mitoyen, comme cela avait été fait, par exemple, avec Mme Deslignières, ne les aurait pas exposés aux graves inconvénients d'un exhaussement montant jusqu'au dernier étage de leur maison, et extrêmement nuisible aux arbres de leur jardin ; que nul autre propriétaire que cette même communauté ne pourrait songer à établir une surélévation aussi anormale ; que l'acte leur donnant des voisins qu'ils trouvent incommodes et trop exigeants compromet suffisamment leur intérêt et fait naître ainsi à leur profit le droit de contestation ; que sous ce second rapport ils sont encore recevables ;

» Attendu qu'ils le sont enfin incontestablement, puisque les demandeurs prétendent que leur opposition leur a causé un préjudice comme propriétaires et leur demandent, à ce titre, 2,500 fr. de dommages-intérêts ;

» Attendu qu'il ne reste plus qu'à examiner la valeur d'un dernier moyen pris de ce qu'il suffirait aux demandeurs d'être propriétaires apparents et possesseurs de l'immeuble, soit comme individus, soit comme membres d'une Société de fait tolérée, pour avoir l'action en justice, surtout lorsqu'il s'agit d'une servitude légale ;

» Attendu qu'appréciée en elle-même et quant à sa portée morale, en dehors de sa portée juridique, une pareille prétention n'est rien moins qu'une lutte téméraire ouverte contre la loi pour la mettre en

.échec ; qu'elle tend à la mettre elle-même au service d'une entreprise qui aurait pour but avoué d'en violer les prescriptions les plus rigoureuses au moyen de la simulation et de la fraude ; mais que nul, en France, n'étant au-dessus de la loi, ne saurait être autorisé à faire indirectement ce qu'elle interdit de faire directement ; que ce principe d'ordre moral supérieur est la base des nullités radicales attachées aux actes quelconques qui auraient pour but d'échapper aux prohibitions légales et de les braver, notamment à ceux qui sont destinés à organiser dans ce but l'interposition de personnes ;

» Attendu qu'il était sans doute permis aux demandeurs, sans respect pour leur vœu de pauvreté, d'acheter personnellement l'immeuble de la rue Châteaubriand et de s'associer conformément aux principes généraux du droit civil, soit pour l'exploiter, soit pour y demeurer et y travailler, ou même y prier en commun ; qu'ils ont raison de dire que le droit de devenir propriétaire à titre onéreux est un droit qui appartient en France à tous les citoyens et même aux étrangers, quel que soit d'ailleurs leur culte et leur origine ; que s'ils n'avaient fait qu'user de ce droit, ils pourraient, leur acte à la main, en revendiquer devant la justice tous les privilèges : mais qu'il n'est pas vrai de dire que l'apparence extérieure de la propriété personnelle ou sociale leur suffise ; qu'individus ou membres d'une Société de fait, dès qu'il est constaté qu'ils cachent une congrégation religieuse à qui la vie civile est refusée, et que l'acte souscrit en apparence à leur profit personnel, comme personnes privées ou comme membres de la Société tontinière qu'ils ont indiquée, n'a eu lieu, en réalité, que dans l'intérêt de l'être collectif de cette congrégation, il appartient à la justice de faire tomber le .masque de propriétaires individuels ou associés qui les couvre si mal et qu'ils auraient dû détacher de leurs propres mains, et après avoir ainsi découvert à tous les yeux la congrégation, de refuser sa sanc-.tion et, par suite, tout effet juridique, quel qu'il soit, à propos de .servitude légale comme à propos de tout autre droit réel ou personnel à l'acte consommé pour la dissimuler et la servir au mépris de la loi ;

» Attendu que, s'il en était autrement, les prohibitions les plus salutaires seraient illusoires, et que les congrégations religieuses déguisées se trouveraient dans une position meilleure que les congrégations légales dont la capacité de recevoir et d'acquérir est renfermée dans certaines limites et soumise au contrôle de l'administration supérieure ; que ce serait une véritable prime d'encouragement à la violation de la loi, un vrai suicide légal ;

» Attendu que les demandeurs ne sauraient se prévaloir non plus de la tolérance du gouvernement qui les a laissés s'établir et qui les laisse vivre ; qu'il ne faut pas confondre le droit de haute police qui appartient au pouvoir exécutif, et dont il peut user ou ne pas user suivant ce qui lui paraît commander l'intérêt général avec le devoir imposé au pouvoir judiciaire de donner satisfaction aux intérêts privés qui s'adressent à lui pour se plaindre du préjudice que leur fait éprouver la viola-

tion de la loi ; que l'inaction de l'un de ces pouvoirs ne saurait empêcher l'autre d'agir dans la sphère de ses attributions ; que l'un tolère
l'existence de fait en conservant toujours le droit de la supprimer, et
jusqu'à cette suppression protège la congrégation religieuse contre l'article 291 du Code pénal et la tient ainsi placée *extra pœnam* ; que l'autre a le devoir d'ignorer cette existence et de n'en tenir aucun compte
jusqu'au jour où, à *l'existence de fait*, vient s'ajouter *l'établissement légal* ;
que tous les actes passés jusque-là sont sans valeur à ses yeux et qu'elle
n'a ni à en reconnaître ni à en consacrer les dispositions ;

» Qu'ainsi c'est avec raison que les époux Lannet repoussent l'action
des demandeurs et leur répondent : « Tant que vous viviez dans l'im-
» meuble acheté par vous et que vous ne nous troubliez point, nous
» étions sans droit pour discuter et attaquer votre acte ; cela regardait
» vos héritiers seuls ou vos créanciers ; mais vous venez armés de votre
» acte demander à la justice de vous reconnaître propriétaires et de
» vous accorder à ce titre le droit de supprimer une partie des agré-
» ments de notre maison et de notre jardin ; nous avons le droit d'in-
» terroger cet acte, de l'analyser, d'y découvrir ce qu'il a pour but de
» dissimuler, de montrer qu'il est atteint d'un vice radical qui l'anéan-
» tit et de vous désarmer en vous démasquant » ;

» Attendu, en effet, que dès qu'il est démontré que les demandeurs
ne sont que les prête-noms de la communauté, leur véritable qualité
au procès est non celle de propriétaires, mais de mandataires de la
communauté ; que c'est donc en qualité de mandataires qu'ils ont
intenté l'action, et que cette action est complètement irrecevable en
vertu de la maxime : « Nul en France ne plaide par procureur » ;

» Attendu que c'est vainement que, pour échapper à cette irrecevabi-
lité d'ordre public, les demandeurs font remarquer qu'il ne serait ni
juste ni logique de leur refuser l'action et de les soumettre cependant
à celle dont ils pourraient être l'objet de la part des époux Lannet eux-
mêmes ou d'autres personnes ; que cet argument, qui n'aurait d'ailleurs que la valeur d'une considération, soulève une question devant
laquelle la jurisprudence de la Cour de Paris et de la Cour de cassation,
dans les arrêts célèbres du 8 mars 1858 et du 30 décembre 1857, n'a pas
hésité ;

» Qu'elle a, en effet, consacré en principe que les communautés religieuses non autorisées, si elles ne constituent pas des personnes civiles,
composent du moins des Sociétés de fait responsables envers les tiers
des engagements qu'elles prennent, soit que ces engagements dérivent
de contrats ou de quasi-contrats, soit qu'ils aient pour cause des délits
ou des quasi-délits, et que cette responsabilité incombe à tous ceux qui
font partie de la congrégation irrégulièrement établie, dans la mesure
de leur participation aux affaires communes, et surtout à celui qui,
sous le nom de supérieur ou sous tout autre, a la direction de la communauté et en détient les biens, que rien n'est plus moral et plus juridique qu'une pareille doctrine ;

» Que le système qui érigerait l'incapacité absolue des congrégations non autorisées, en fin de non-recevoir contre les réclamations des tiers, serait d'une immoralité révoltante ; qu'il en résulterait, en effet, qu'une communauté non autorisée, à raison même du vice de sa constitution, échapperait, et dans sa personne collective et dans les individus dont elle est formée, à toute action de la part des tiers envers lesquels elle a pu s'obliger, et trouverait ainsi, dans sa contravention aux lois, un principe d'immunité, à bon droit refusé aux congrégations qui se sont soumises à la règle ; que ce système a été, en effet, quelquefois proposé par les communautés religieuses non autorisées, lorsqu'elles ont été actionnées en justice ; qu'elles ont alors essayé de s'abriter derrière l'incapacité légale dont la communauté du Saint-Sacrement répudie aujourd'hui les conséquences juridiques pour tenter de faire admettre l'action qu'elle a introduite sous le nom de ses mandataires ; que cette résistance leur a réussi devant certains Tribunaux, mais que c'est à bon droit qu'elle n'a jamais trouvé grâce devant la Cour suprême ; que la morale, le droit et l'ordre public seraient également blessés par le triomphe d'une pareille thèse ; qu'il faut remarquer au contraire que la doctrine de la responsabilité est une sanction nouvelle des prohibitions légales si fréquemment violées et qu'il n'y a rien de plus moral que de refuser le bénéfice de la dissimulation à ceux qui veulent s'en servir contre la loi, en leur déniant le droit d'ester en justice, quand ils poursuivent, et en le leur imposant quand ils sont poursuivis ;

» Attendu, par suite, qu'à quelque point de vue qu'on se place, les demandeurs sont irrecevables dans leur action ;

» Attendu que l'admission de cette fin de non-recevoir rend inutile l'examen de celle qui résulterait du défaut d'autorisation de la Société tontinière organisée par l'acte du 22 novembre 1875, ainsi que l'examen du fond ;

« PAR CES MOTIFS,
» Déclare les demandeurs non recevables dans leur action ;
» Les en déboute et les condamne aux dépens, qui comprendront les droits d'enregistrement des pièces mentionnées dans le présent jugement... »

MM. Champion et consorts interjetèrent appel de ce jugement. Leur appel fut soutenu par Me Barboux en ces termes :

MESSIEURS,

Rien de si simple que les faits de ce procès. Vous les connaîtrez en quelques instants, et vous serez d'abord surpris que de l'exercice pacifique du droit de mitoyenneté soit sortie tout à coup une question qui touche aux parties les plus délicates du droit public et du droit privé.

Le 22 novembre 1875, les six appelants, MM. Champion, Maréchal et autres, par acte passé devant Mᵉ Meignen et son collègue, notaires à Paris, ont acheté de Mᵐᵉ veuve Deslignières, maîtresse de pension, un grand terrain, situé avenue de Friedland et rue de Châteaubriand. Tous six, ils figurent au contrat en leur nom personnel et déclarent qu'ils achètent l'immeuble pour en jouir en commun, avec cette condition que la propriété en appartiendra au dernier survivant, à titre de pacte aléatoire et tontinier. Le prix a été fixé à 900,000 francs, sur lesquels 300,000 francs ont été payés comptant ; 300,000 francs étaient exigibles dans un délai de trois années, 300,000 francs au bout de six ans.

Tous prêtres, a dit le jugement que j'attaque. Cela est vrai ; mais tous aussi citoyens français, jouissant des droits et remplissant les obligations attachés à ce titre.

Les formalités de transcription ont été remplies et par conséquent les appelants sont propriétaires vis-à-vis des tiers.

La maison est imposée sous leur nom. L'État leur fait payer les charges qui sont la représentation des garanties que la loi leur assure.

Les deux tiers du prix sont aujourd'hui payés. Depuis qu'il y a des murs, et qui sont mitoyens, un voisin ne s'est peut-être jamais avisé de demander à son voisin la justification des deniers avec lesquels il avait payé sa propriété. On s'est livré à cette recherche à notre égard, et, prenant les devants, j'inflige à mes adversaires la honte d'une justification sur ce point.

Je mets au procès des pièces qui établissent que les paiements ont été faits, non avec le produit de pieuses aumônes ou de cotisations librement versées, mais avec des fonds provenant de la fortune personnelle de mes clients. Par une telle preuve je crois rendre au moins difficile toute insinuation malveillante.

Mais les appelants ne sont pas seulement prêtres ; ils sont, en outre, membres d'une congrégation religieuse qui se nomme la congrégation du Saint-Sacrement. Comme la Cour trouvera dans le jugement même une analyse très complète des constitutions et brefs qui ont donné à la Société son organisation canonique, il semble superflu d'insister ici sur des détails qui sont d'ailleurs absolument inutiles au procès. Il suffira donc de dire que cette congrégation a été fondée en 1857, que ses dernières constitutions datent de 1875, que son but est indiqué par le nom qu'elle porte, qu'elle admet des associés laïques, et qu'elle est ainsi plutôt une agrégation de fidèles qu'une congrégation religieuse.

Cependant mes clients ne font nulle difficulté de reconnaître qu'ils avaient acheté l'immeuble de l'avenue de Friedland pour s'y établir avec leurs frères. C'est précisément au cours des travaux que cette installation rendit nécessaires, que s'éleva la difficulté d'où le procès est sorti. Mes clients voulurent, en vertu de l'article 558 du Code civil, exhausser le mur mitoyen qui sépare leur propriété de celle des époux Lannet. Ceux-ci s'y opposèrent et soutinrent : 1° que les demandeurs n'étaient que les mandataires d'une communauté religieuse non autorisée, et qu'ainsi ils étaient incapables d'ester en justice ; 2° qu'ils étaient également incapables d'ester en justice comme faisant partie d'une société tontinière qui ne pouvait être formée sans l'autorisation du Gouvernement ; 3° qu'enfin, au fond et par suite de la destination du père de famille, le mur mitoyen ne pouvait pas être exhaussé de plus de 2 mètres.

Les deux derniers moyens ne furent pas même soutenus en première instance ; mais le premier fut vivement plaidé et accueilli par le Tribunal dans les termes suivants :

. . . .

Un pareil jugement ne pouvait guère passer inaperçu. Il

réveillait une querelle que la sagesse de la jurisprudence semblait avoir assoupie ; il offensait bien des cœurs et il alarmait bien des intérêts ; il éclatait dans une atmosphère chargée de passions et dans un temps où la question religieuse se mêle à toutes les autres et les domine ; aussi fut-il bientôt connu, publié, commenté, attaqué et défendu avec passion. Les uns y virent une promesse, les autres une menace ; ceux-ci la justification de leurs craintes, ceux-là la réalisation de leurs désirs ; bref, il s'est fait autour de ce jugement plus de..... tapage que la justice n'a l'habitude d'en souhaiter pour ses arrêts. Gardons-nous pourtant de nous en plaindre ; de pareilles discussions, quand même il s'y mêlerait un peu de passion et de flamme, valent encore mieux pour l'esprit humain et pour la société que la torpeur de l'indifférence ; elles agitent, mais elles élèvent.

Certes, la question n'est pas nouvelle, et il est difficile de comprendre pourquoi les premiers juges ont dit qu'elle se présentait avec une netteté sans précédents. Elle a été, au contraire, posée bien des fois, et il n'a dépendu que de ceux qui l'ont discutée et jugée d'y mettre toute la netteté possible ; et même l'embarras vient bien plutôt de la nécessité de circonscrire le débat, de repousser, non sans regret, les trésors que sur cet important sujet offrent le droit, la politique et l'histoire, et de ne pas oublier que nous poursuivons, non pas une solution générale et législative, mais un but spécial et une solution judiciaire.

Le raisonnement sur lequel repose la sentence peut se ramener à des termes très simples. Tout en reconnaissant que le titre de propriété est régulier et inattaqué, le Tribunal déclare que les propriétaires indiqués par le titre ne sont pas les vrais propriétaires, qu'ils ne sont que des mandataires, et que, nul ne plaidant par procureur, ils sont non recevables dans leur action judiciaire. Il ajoute

que le mandant de ces incapables est une communauté non
autorisée, et par conséquent sans existence légale. Enfin,
pour donner plus de relief à la doctrine, le Tribunal affirme
que les associations religieuses sont illicites, contraires à
l'ordre public, et que, si le pouvoir exécutif a la faiblesse
de tolérer leur existence, il appartient au pouvoir judiciaire
de les empêcher de vivre par tous les moyens possibles.

« Toute erreur, a dit Bossuet, est une vérité dont on
abuse ». Cette parole pourrait servir d'épigraphe à la sentence. Les principes d'où elle part peuvent être acceptés
pour vrais ; mais elle en exagère la nature et la portée, et
elle est ainsi conduite à en tirer de fausses conséquences.

Voulez-vous me permettre de vous en donner la certitude, avant de vous en fournir la preuve ? Il suffit pour
cela de voir les conséquences nécessaires qui découlent de
la thèse acceptée par le Tribunal. Si elles sont fausses et
inadmissibles, c'est que la thèse est fausse et inadmissi-
ble.

Or, la première conséquence de cette idée excessive que
l'incapacité civile des corporations religieuses efface jusqu'aux rapports juridiques qui découlent invinciblement
de leur existence de fait, c'est que, si les religieux sont
réputés personnes interposées quand ils agissent, ils doivent être réputés personnes interposées, quand on agit
contre eux. Nul ne plaide par procureur, pas plus comme
défendeur que comme demandeur. Cette logique à outrance
a été employée par la communauté de Picpus dans un
procès dirigé contre elle devant le Tribunal de Tours. Le
Tribunal le lui reproche amèrement, et il a parfaitement
raison ; avant de savoir si un moyen sera utile, des religieux doivent examiner s'il est juste. Mais il faut ajouter
que ce raisonnement n'a jamais paru meilleur au point de
vue juridique qu'au point de vue moral, et la jurisprudence
n'a jamais hésité à condamner des religieux à exécuter les

obligations qu'ils avaient prises, sans se préoccuper de savoir si, dans leur for intérieur, ils les avaient prises pour eux-mêmes ou pour la communauté.

Le Tribunal applaudit à ces décisions, et aussitôt, sans s'apercevoir de l'étonnante contradiction dans laquelle il tombe, il ajoute : « Rien n'est plus moral que de leur enlever le bénéfice de la simulation en leur déniant le droit d'ester en justice quand ils poursuivent, en le leur imposant quand ils sont poursuivis ».

Nous aussi, suivons l'exemple du Tribunal ; et sans être, comme lui, « une sentinelle vigilante de la justice et de la loi, brisons l'enveloppe de la simulation », autrement dit, voyons les conséquences de cette étonnante théorie.

Les communautés religieuses se comptent, en France, par milliers ; c'est par dizaines de mille qu'il faut compter leurs membres. Toutes ont au moins une chapelle ; toutes sont installées dans un immeuble. Ou la propriété de cet immeuble appartient à l'un des membres de la communauté, ou l'un des membres de la communauté en est seulement locataire. A côté des communautés vouées à la vie contemplative, il y en a d'extrêmement actives qui se livrent à l'enseignement, à l'agriculture et même à une sorte de commerce. Elles ont constamment à donner et à recevoir des capitaux immenses. Vente, louage, échange, prêt, dépôt, mandat, nantissement ; quel est le contrat dans lequel, à chaque instant, quelque religieux ne soit pas engagé ? Et c'est ici que se montre toute la beauté de la théorie. Le religieux qui a acheté un immeuble est-il actionné en paiement du prix ? Rien de mieux ; il est capable d'ester en justice et sera condamné à payer le prix. Mais, s'il a le malheur de se plaindre du défaut de contenance et d'actionner le vendeur, on le déclarera personne interposée et, comme tel, incapable d'ester en justice. Le religieux est-il locataire ? Il sera capable d'ester en justice s'il s'agit de le

condamner à payer le loyer ; il cessera de l'être s'il réclame
des réparations locatives. Il est une personne interposée,
quand il s'agit des obligations du bailleur ; il ne l'est plus,
quand il s'agit de celles du preneur. La même loi qui protège les autres contre lui ne le protège pas contre les autres,
et quand il est assigné, il ne peut pas même se défendre ;
car on ne peut pas se défendre sans porter des coups, et,
d'après la théorie du Tribunal, un religieux ne doit paraître en justice que tête nue, poitrine découverte et les mains
liées derrière le dos.

Mais voici qui est plus merveilleux encore, le Tribunal
déclare que l'immeuble acheté et payé par les appelants
appartient non pas à eux, mais à la communauté. En même
temps, le Tribunal proclame que la communauté, non reconnue par l'État, n'existe pas, et, par conséquent, ne peut
pas être propriétaire. A qui donc l'immeuble appartient-il?
L'article 539 du Code civil nous répond : « Les biens sans
maître appartiennent à l'État. » Est-ce donc à proclamer
le droit de l'État aux biens des communautés religieuses
qu'on veut aboutir, ou veut-on y aboutir sans le proclamer?
Il valait la peine de le dire, et quelques lignes là-dessus auraient beaucoup accru l'intérêt de la sentence, sans ajouter
sensiblement à son étendue. Le Tribunal, à la vérité, déclare
que rien n'est plus moral ; mais le Tribunal sera seul de son
avis, et il n'y a personne, au contraire, qui ne sente aussitôt la nécessité de revenir en arrière pour vérifier de plus
près des principes qui aboutissent à de si intolérables conséquences.

Le Tribunal a pris une peine infinie pour établir que les
communautés religieuses, tant qu'elles ne sont pas reconnues, ne jouissent pas de la personnalité civile. Ce point de
départ ne peut être l'objet d'aucune controverse. Mais le
Tribunal aurait pu ajouter qu'il en est de même de toutes
les associations qui ne recherchent pas un gain civil ou

commercial, par exemple, des associations artistiques, scientifiques ou littéraires. Aucune de ces sociétés n'est une personne civile, capable d'acquérir ou d'ester en justice, tant qu'elle n'est pas reconnue par l'État. Or, si l'un des membres de l'une de ces associations achetait un immeuble en déclarant de la façon la plus nette qu'il l'achète pour y installer la société dont il fait partie, j'ose dire qu'il ne viendrait néanmoins à l'idée de personne de contester son droit de propriété. Ainsi l'erreur de la sentence est manifeste dès les premiers pas.

Aussi le Tribunal ne se borne-t-il pas à dire que les communautés religieuses non reconnues sont privées de la capacité civile ; il les proclame illicites, contraires à l'ordre public, criminelles même. Je ne crois pas nécessaire d'entreprendre la réfutation en règle d'une thèse si souvent discutée que tous les éléments en sont d'avance dans l'esprit des magistrats. Il suffira de suivre rapidement l'argumentation de la sentence pour montrer à quel point elle est, l'expression ne saurait avoir rien de blessant pour les premiers juges, réactionnaire.

Le Tribunal a glissé sur la législation de l'ancien régime, et bien à tort, suivant moi ; car il aurait été plus aisé de comprendre le jugement en 1779 que de l'accepter en 1879.

L'édit de 1749, en effet, interdisait aux religieux de se réunir sans l'autorisation du roi, et les adversaires des communautés religieuses n'ont jamais manqué de leur objecter qu'elles ne pouvaient pas espérer d'être traitées aujourd'hui mieux qu'elles ne l'étaient sous les rois très chrétiens. Mais leurs défenseurs ont toujours répondu, non sans raison, qu'il était impossible d'emprunter à l'ancien régime ses rigueurs en même temps qu'on en répudiait les privilèges. Il était naturel que le roi se réservât le droit d'autoriser la formation des congrégations, parce que, une fois qu'elles étaient formées, il se chargeait de faire exécuter leurs règles comme lois de l'État. Là comme ailleurs, là comme partout et toujours, l'Église achetait la protection au prix de l'obéissance.

Les législateurs de 1789 eurent, sur ce point, comme sur tant d'autres, une vue soudaine et très nette des règles qui pouvaient concilier la prudence politique et la liberté. La loi du 19 février 1790 (1) enleva la personnalité civile à toutes les corporations religieuses ; mais elle songe si peu à considérer comme illicite la réunion des hommes dans un but religieux qu'elle assure les moyens de continuer à vivre en commun à ceux qui ne veulent pas profiter de la rupture de leurs vœux. Ma seule prétention est d'établir qu'il n'y a pas moins de liberté en France, en 1879, qu'il n'y en avait en 1790.

A cette loi de tolérance succède une loi de proscription. Il est exact de dire que, dans le domaine du droit civil, le jugement applique les principes de la loi du 18 août 1792. Mais personne n'a jamais osé soutenir que cette loi fût encore en vigueur ; on s'accorde à reconnaître qu'elle a disparu avec le système de gouvernement qu'elle était destinée à défendre, et de ce consentement unanime je tire cette

(1) Loi du 19 février 1790.

Art. 1er. — La loi constitutionnelle du royaume ne reconnaît plus de vœux monastiques solennels de personnes de l'un ni de l'autre sexe. Déclarons, en conséquence, que les ordres et congrégations régulières dans lesquels on fait de pareils vœux sont et demeurent supprimés en France, sans qu'il puisse en être établi de semblables à l'avenir.

Art. 2. — Tous les individus de l'un et de l'autre sexe existant dans les monastères et maisons religieuses pourront en sortir en faisant leur déclaration devant la municipalité du lieu ; il sera pourvu incessamment à leur sort par une pension convenable. — Il sera indiqué des maisons où seront tenus de se retirer les religieux qui ne voudront pas profiter de la disposition des présentes.

Déclarons au surplus qu'il ne sera rien changé, quant à présent, à l'égard des maisons chargées de l'éducation publique et des établissements de charité, et ce, jusqu'à ce qu'il ait été pris un parti sur ces objets.

Art. 8. — Les religieuses pourront rester dans les maisons où elles sont aujourd'hui, les exceptant expressément de l'article qui oblige les religieux à réunir plusieurs maisons en une seule.

conséquence générale que les lois politiques changent virtuellement avec l'état politique de la société, et qu'elles
cessent d'être en vigueur sans avoir été expressément abrogées.

Le Tribunal invoque ensuite les dispositions du décret
du 3 messidor an XII. Il suffit de le lire pour reconnaître
le véritable caractère de ce décret (1). Usant du pouvoir
qui lui appartient, Napoléon dissout certaines associations
religieuses et accompagne de défenses générales la marque
de sa volonté. C'est un acte de police qui n'a pas même le
mérite d'être complet, car on ne trouverait nulle part une
peine qui puisse être appliquée à ceux qui lui auraient désobéi.

Au reste, le caractère contingent, accidentel, momentané
de ce décret est nettement marqué dans une curieuse lettre de Portalis :

« Je persiste à penser que le moment n'est pas favorable pour autori-
» ser des corporations ecclésiastiques. Dans quelques années, il sera

---

(1) Décret du 3 missidor an XII :

ART. 1er. — A compter du jour de la publication du présent décret, l'agrégation de l'association connue sous le nom de Pères de la Foi, d'adorateurs de
Jésus ou Pacanaristes, actuellement établis au collège de Belley, à Amiens, et dans
quelques autres villes de l'empire, sera et demeurera dissoute. Seront pareillement
dissoutes toutes autres congrégations ou associations, formées sous prétexte de
religion, et non autorisées.

ART. 2. — Les ecclésiastiques composant lesdites agrégations ou associations se
retireront dans le plus bref délai dans leurs diocèses, pour y vivre conformément
aux lois et sous la juridiction de l'ordinaire.

ART. 3. — Les lois qui s'opposent à l'admission de tout ordre religieux dans
lequel on se lie par des vœux perpétuels continueront d'être exécutées selon leur
forme et teneur.

ART. 4. — Aucune agrégation ou association d'hommes ou de femmes ne
pourra se former à l'avenir sous prétexte de religion, à moins qu'elle n'ait été
formellement autorisée par un décret impérial, sur le vu des statuts et règlements,
selon lesquels on se proposerait de vivre dans cette agrégation ou association.

(L'article 5 contient des exceptions en faveur de certaines congrégations de
femmes).

ART. 6. — Nos procureurs généraux près nos Cours et nos procureurs impé-
riaux seront tenus de faire poursuivre, même par voie extraordinaire, suivant
l'exigence des cas, les personnes de tout sexe qui contreviendront directement ou
indirectement au présent décret, qui sera inséré au Bulletin des Lois.

» peut-être sage de favoriser ces établissements, qui pourront servir
» d'asile à toutes les têtes exaltées, à toutes les âmes sensibles et dévo-
» rées du besoin d'agir et d'enseigner ; car, dans un vaste État comme
» la France, il faut des issues à tous les genres de caractères et d'es-
» prits que les cloîtres absorbaient autrefois et qui fatiguent la société
» civile... »

Il faut croire d'ailleurs que Napoléon partageait les idées de son ministre. Berryer a raconté un jour, à la barre du Tribunal, la visite que fit le vainqueur d'Arcole aux Oratoriens de Juilly ; et, d'autre part, à la fin de l'Empire, sous les yeux mêmes d'une police qui n'était point aveugle, plusieurs congrégations s'étaient déjà reformées.

Nous rencontrons à présent la loi du 2 janvier 1817 ; elle est encore en vigueur, dit le jugement. Soit ; mais que dit-elle ? Elle déclare que les congrégations religieuses ne peuvent recevoir que de l'État la capacité civile ; que, même après l'avoir reçue, elles ne peuvent acquérir qu'avec l'autorisation de l'État ; ni l'un ni l'autre de ces points n'est l'objet de notre controverse. Mais la loi ne déclare pas contraires à l'ordre public les associations non reconnues ; et la seule date de la loi suffit, à coup sûr, pour écarter d'elle le soupçon de l'avoir pensé (1).

La loi du 24 mai 1825 vient bientôt donner aux communautés religieuses de femmes une réglementation presque complète. Le Tribunal a raison de dire qu'au point de vue

(1) Loi du 2 janvier 1817 :

ART. 1er. — Tout établissement ecclésiastique reconnu par la loi pourra accepter, avec l'autorisation du Roi, tous les biens, meubles et immeubles ou rentes qui lui seront donnés par actes entre vifs, ou par actes de dernière volonté.

ART. 2. — Tout établissement ecclésiastique reconnu par la loi pourra également, avec l'autorisation du Roi, acquérir des biens immeubles ou des rentes.

ART. 3. — Les immeubles et rentes appartenant à un établissement ecclésiastique seront possédés à perpétuité par ledit établissement et seront inaliénables, à moins que l'aliénation n'en soit autorisée par le Roi.

Cette loi était bientôt suivie d'une ordonnance en date du 2 avril, déterminant par sept articles, les règles à suivre pour l'acceptation et l'emploi des dons et legs qui peuvent être faits en faveur, tant des établissements ecclésiastiques que de tous autres établissements d'utilité publique, en vertu de la loi du 2 janvier 1817, et de l'article 910 du Code civil.

des principes généraux de droit public, objet de cette discussion, il n'y a pas à distinguer entre les communautés
d'hommes et les congrégations de femmes. Le Tribunal a
raison de dire que la loi de 1825 est encore en vigueur ;
mais il a tort de penser qu'elle soit favorable à la thèse qu'il
accepte. La vérité est dans l'opinion contraire. En effet,
l'article 2, en disposant que désormais les communautés
de femmes ne pourront plus être reconnues que par une
loi, accorde à celles qui se sont formées avant 1825, et
qui, par conséquent, dans le système contraire, se seraient
établies en violation de la loi, la faveur de pouvoir être
reconnues par une simple ordonnance.

Le Ministre des affaires ecclésiastiques, dans une instruction du 17 juillet 1825, donne le commentaire de cet
article 2 :

> « Parmi les congrégations, il en est qui existaient de fait avant le
> 1er janvier 1825, et qui, sans être autorisées, ont pu librement se for-
> mer et se propager ; maintenant, pour qu'elles puissent avoir une
> existence légale et jouir des avantages qui y sont attachés, comme la
> faculté de recevoir, d'acquérir et de posséder, il faut qu'une demande
> en autorisation, accompagnée de leurs statuts, revêtue de l'approba-
> tion de l'évêque diocésain, soit transmise au ministre ».

Les ministres de la monarchie de Juillet ne parlent pas
un autre langage.

En 1839, le préfet du Cantal demande s'il faut dissoudre
des communautés non autorisées. Le Ministre répond qu'il
faut les laisser en paix :

> « C'est l'intention du Gouvernement, qui n'est qu'une conséquence
> des lois sur la liberté individuelle et sur la liberté des cultes. »

En 1840, le préfet des Hautes-Alpes adresse la même
question.

Le Ministre répond ;

> « La loi du 24 mai 1825 se borne à attacher des avantages à la
> reconnaissance légale, sans atteindre par aucune disposition les com-

» munautés qui ne régulariseraient pas leur position. La privation des
» droits conférés aux institutions reconnues doit être la seule consé-
» quence du défaut d'autorisation ».

La jurisprudence n'interprète pas autrement la loi de
1825 ; je signale particulièrement à l'attention de la Cour
un arrêt de la Cour de Toulouse, du 23 juillet 1835 (D., 36,
2, 176), et un arrêt de la Cour de Grenoble, du 13 janvier
1841 (D. 41, 2, 107), qui ont proclamé ces principes avec
une force incomparable.

On lit dans le premier :

« Attendu que la loi du 24 mai 1825 ne régit que les congrégations
» religieuses qui ont sollicité et obtenu l'autorisation du Gouvernement ;
» que c'est pour elles seulement que sont introduites les prohibitions et
» les avantages que renferme cette loi ; que, relativement aux établisse-
» ments de fait qui n'ont pas voulu se soumettre aux dispositions facul-
» tatives de l'autorisation, ils demeurent soumis aux règles du droit
» commun, soit pour la transmission des biens, soit pour les droits
» divers et les questions de propriété auxquelles ils donnent lieu ; qu'à
» la vérité, l'établissement ne peut recevoir en cette qualité, puisqu'il
» n'a aucune existence aux yeux de la loi ; mais que chacun des mem-
» bres qui le composent est libre de donner ou de recevoir, sans être
» frappé d'aucune autre incapacité que celles qui lui sont propres ; que
» tel est le texte de la loi de 1825, qui, ainsi que le prouve l'époque à
» laquelle elle fut rendue, est toute de faveur pour les congrégations
» autorisées ; — Attendu, quant aux Carmélites de Toulouse, qu'il y a
» établissement de fait, et non pas congrégation légalement autorisée ;
» que par suite aucun des membres qui le composent n'aurait été
» frappé d'incapacité pour recevoir tout ou partie de la fortune de la
« dame Dispar ; qu'ainsi, en admettant soit que le couvent ait person-
» nellement profité, ce qui semble démenti par une lettre de la dame
» Dispar elle-même, soit que les fonds aient été employés à former une
» autre association, dans ce cas, les dames Carmélites sont en voie de
» relaxe. ».

Le second est plus décisif encore :

« Attendu (porte cet arrêt) que la loi du 24 mai 1825 ne régit que les
» congrégations religieuses qui ont obtenu une autorisation du Gou-
» vernement, et qui par suite, composent un être moral capable de
» posséder, acquérir et jouir à perpétuité, et dont les biens ne peuvent
» être aliénés qu'avec l'autorité du Gouvernement ; — Attendu que ce
» n'est que pour des établissements jouissant de privilèges aussi consi-
» dérables, qu'ont été créées les prohibitions que la loi renferme ; —

» Attendu que les établissements de fait que la loi susdite reconnaît, et
» qui n'ont pas voulu profiter de ses avantages, ni se soumettre à ses
» prescriptions, ne peuvent être considérés comme un corps moral ca-
» pable de jouir et de posséder ; qu'ils ne sont composés que d'individus
» qui sont restés dans le droit commun, ont la libre disposition de tous
» les droits de la loi civile, et ont pu disposer, acquérir, vendre, don-
» ner, recevoir, soit entre eux, soit avec des personnes étrangères à leur
» maison..... Attendu qu'on ne pourrait se prévaloir contre les individus
» ainsi réunis des dispositions des édits de 1666 et de 1749 ; que ces
» édits, principalement créés pour empêcher l'accroissement des biens
» de main-morte, ont été emportés, avec les établissements religieux
» qu'ils concernaient, par les lois de 1790 et 1792, portant suppression
» des couvents ; que ces édits sont inconciliables avec la législation qui
» nous régit : d'abord le Code civil, qui ne restreint la capacité de per-
» sonne que dans les cas qu'il détermine, la Charte, qui proclame la
» liberté des cultes, et enfin la loi spéciale de 1825, qui, quoique ne
» s'appliquant qu'aux congrégations autorisées, reconnaît l'existence
» des associations non autorisées, puisqu'elle leur permet, même pen-
» dant un délai de six mois à dater du jour où elles auraient obtenu
» l'autorisation, de régulariser leur position et de faire passer au corps
» moral, alors constitué, toutes les propriétés que chacun es membres
» qui la composent aurait eues à sa disposition ; — Attendu que jusqu'à
» cette autorisation, seule capable de donner à l'association l'être moral
» constitutif de la congrégation, les individus qui composent l'associa-
» tion sont restés dans le droit commun, possédant par eux-mêmes les
» biens qui leur appartiennent, et pouvant, en brisant ce lien d'asso-
» ciation, emporter avec eux toutes les propriétés, les partager entre
» eux, ce que ne pourraient faire les membres des corporations autori-
» sées, car ce ne sont pas alors les individus qui possèdent, mais bien la
» congrégation. »

Les actes quotidiens de l'administration sont inspirés
par les mêmes idées. Je me borne à citer une ordonnance
royale du 3 décembre 1837, portant délimitation entre les
propriétés de l'État et celles du monastère de la Grande-
Trappe, dans laquelle les religieux sont désignés par leur
qualité de Trappistes.

La Révolution de 1848 arrive, et la Constitution proclame que la liberté d'association fait désormais partie du
cortège de ces libertés nécessaires sur lesquelles repose le
droit public.

La loi du 15 mars 1850 fait plus ; elle ouvre aux congrégations non reconnues les portes de l'enseignement secon-

daire, et elle permet à ces communautés, dont l'existence même serait, d'après nos adversaires, contraire à l'ordre public, d'appeler à elles tous les fils de cette grande bourgeoisie dans les rangs de laquelle se confondent, avec une rapidité incroyable, et l'aristocratie qui s'efface, et l'élément populaire, à mesure qu'il s'élève.

31 décembre 1852, décret qui modifie la loi de 1825, en rendant plus facile la reconnaissance des communautés religieuses de femmes qui se sont établies sans autorisation depuis 1825.

Le préambule est remarquable : « *Considérant qu'il » importe, dans l'intérêt du peuple, de faciliter...* »

Que s'est-il donc passé entre 1825 et 1852, pour qu'un pouvoir, issu du vote populaire, et parlant encore au nom du peuple, puisse ainsi, sans craindre de compromettre sa force encore bien nouvelle, accorder à des congrégations religieuses plus de faveur que ne l'avait osé le gouvernement de la Restauration ?

Ce qui s'est accompli, Messieurs, c'est un prodigieux mouvement dans les esprits, accompagné d'une transformation merveilleuse dans les âmes.

Le dix-huitième siècle a quitté la scène du monde, et, descendant à son tour les marches du passé, il a pu croire qu'il emportait avec lui les débris de la foi des vieux âges. Il s'est trompé, car il laissait derrière lui la liberté. A peine le flot de l'invasion s'est-il retiré de notre sol deux fois recouvert, elle se lève ; à son souffle tout renaît ; et, plus puissante que la déesse antique aux pieds de laquelle se prosternait Lucrèce, elle renouvelle les idées, les sentiments, les institutions, les mœurs, les lois. Elle rencontre dans les âmes le scepticisme, son plus mortel ennemi ; pour l'en chasser, elle y ramène l'idéal, et par cela même elle y ranime l'étincelle de la foi. A tout, elle donne un principe nouveau ou une forme nouvelle ; à tout, aux arts, aux lettres, à la philosophie, à la politique, à l'éloquence, à la religion même. Les *Méditations poétiques* donnent le signal, comme il convient à la poésie. La philosophie leur répond par l'*Essai sur l'indifférence*. La politique les suit avec la *Démocratie en Amérique*. A la tribune, la voix éclatante de Montalembert et de notre Berryer ; à la Sorbonne, la parole profonde et mélancolique d'Ozanam ; à Notre-Dame, Lacordaire fait retentir les voûtes de la vieille cathédrale gothique du douzième siècle de l'éloge de la Révolution française. Ainsi se renoue la chaîne des temps. Ainsi, délivrée de ses fers, la liberté moderne retrouve, par dessus le moyen âge, l'Évangile, dont elle est sortie, et la société tout entière tressaille à la voix de ces hommes qui, se dépouillant des passions et des préjugés de leur temps, méritent par là d'être conduits sur ces hauteurs d'où l'homme parvient à découvrir l'avenir et aperçoivent à l'horizon, déjà moins lointain, cette terre vers laquelle la raison humaine se dirige à petites journées et sur laquelle brille à leurs yeux l'alliance de la foi chrétienne et de la liberté.

Certes, les politiques indifférents et parfois sceptiques qui gouvernaient la France à cette époque ne se doutaient guère du travail qui s'accomplissait ainsi sous leurs pieds. Mais la révolution de 1848 le leur montra tout à coup ; et, jetant comme un coup de sonde dans les profondeurs de la société, elle fit jaillir à la surface ces idées puissantes qui germaient dans son sein et qui éclatent dans l'article 6 de la Constitution de 1848 et dans toute la loi du 15 mars 1850.

Tout le monde connaît le principe de liberté inscrit dans la Constitution de 1848 ; et parmi les législateurs qui la discutent et qui la votent, que vois-je ? Je vois un moine dominicain dans l'habit de son ordre. Où donc à présent sommeille le décret de messidor ?

Mais ce qu'on ne relira jamais assez, c'est la discussion de la loi du 15 mars 1850. M. Beugnot, rapporteur de la loi, disait :

« Les membres des congrégations religieuses non reconnues par » l'État pourront-ils ouvrir et diriger des établissements d'instruction » secondaire ou y professer ?... Oui, la République n'interdit qu'aux » ignorants et aux indignes le droit d'enseigner. Elle ne connaît pas » les corporations ; elle ne les connaît ni pour les gêner ni pour les » protéger ; elle ne voit devant elle que des professeurs. »

Et plus loin :

« Si nous voulions étendre par des motifs étrangers à l'objet spécial » de cette loi le cercle des interdictions, nous ne saurions où nous arrê- » ter... Ainsi donc, nul doute, d'après le projet de loi, les membres des » associations religieuses non reconnues, dans lesquels nous ne voyons, » nous aussi, que des citoyens auxquels nul n'a le droit de demander ce » qu'ils sont devant Dieu et devant leur conscience, jouissent de la fa- » culté d'enseigner, parce que cette faculté est un droit civil et qu'ils » possèdent tous les droits de ce genre. (Disc. de l'art. 66.) »

Ce n'est pas tout. Plusieurs membres proposent un amendement ainsi conçu :

« Nul ne pourra tenir une école s'il fait partie d'une congrégation » religieuse non reconnue par l'État ; aucune congrégation religieuse ne » pourra d'ailleurs s'établir que dans les formes et sous les conditions » déterminées par une loi spéciale. »

On vote, et l'amendement est repoussé par 450 voix contre 148.

Mais l'Empire passe et la République le remplace. L'esprit de tolérance et de liberté a-t-il disparu du droit public ? Deux lois sont là pour nous répondre :

Loi de 1875 sur l'enseignement supérieur ; ses dispositions sont connues de tous.

Loi du 4 août 1878, qui autorise la ville de Lyon à s'imposer extraordinairement pour rembourser la somme de 218,023 francs due aux Jésuites pour dommages causés à leur propriété.

Nous touchons à l'heure présente, et par conséquent il

faut nous arrêter. Je n'ai pas à rechercher si cette marche
en avant ne subira pas un temps d'arrêt, si l'usage qu'on a
fait de la liberté n'est pas de nature à la compromettre et
si l'État, se croyant, à tort ou à raison, menacé par l'Église,
ne sera pas amené à faire usage des armes dont il dispose
pour défendre son indépendance. Quand même il en serait
ainsi, cela n'a rien qui nous doive surprendre. L'histoire
nous montre à chaque pas ces légers retours en arrière ;
ils sont la loi même du progrès et comme la condition de
la durée des conquêtes de la liberté. Ainsi, le laboureur revient sur le sillon que la charrue a tracé et le creuse de
nouveau, afin que ni le vent, ni l'orage, ni le pied du se-
meur ne le puisse effacer.

D'ailleurs, ce grave problème qui agite en même temps
la France, l'Allemagne et l'Italie appartient à la politique ;
et n'ayant pas à le résoudre, je n'ai pas à l'examiner. Citoyen, je me rassure parce que je trouve dans le passé la
prophétie de l'avenir. Avocat, je n'ai pas besoin de savoir
quel sera le droit de demain ; il me suffit de déterminer le
droit d'aujourd'hui. Or, ma cause appartient au droit public, c'est-à-dire à cette partie du droit qui règle les rapports entre les citoyens et la puissance sociale. Mais si les
principes du droit public trouvent leur expression la plus
haute dans les Constitutions et dans les Chartes, ils n'y sont
jamais écrits, par la nature même des choses, que sous la
forme de maximes générales, et si l'on a souci d'en préciser la portée, ce sont les manifestations extérieures de la
puissance sociale, c'est-à-dire les actes de l'administration
qu'il faut examiner. Il y a des pays dans lesquels les juges
ordinaires ont chaque jour l'occasion d'appliquer les règles
du droit public, parce qu'ils sont juges, non seulement entre les particuliers, mais encore entre l'État et les particuliers. Il y a des pays, au contraire, dans lesquels tous les
gouvernements, quels qu'ils fussent, plus jaloux de leurs

prérogatives que respectueux des droits de l'individu, ont constamment soustrait aux Tribunaux ordinaires les causes du droit public. Mais lorsque par exception les Tribunaux doivent en appliquer les règles, il faut bien qu'ils les aillent chercher là où elles sont, c'est-à-dire dans les paroles, dans les écrits, dans les actes de l'administration. Et nous, pour préparer dignement votre œuvre, nous devons, comme vous-mêmes, examiner l'un après l'autre les deux termes de la question, à savoir la société qui est gouvernée et la puissance sociale qui la gouverne.

Or, si nous considérons la société, nous voyons, depuis quarante années, les associations religieuses se former avec une entière liberté sur le sol français ; partout elles élèvent librement leurs églises ou leurs cloîtres. Les uns consument leur vie dans les œuvres de la charité, les autres se vouent à l'enseignement ; ceux-ci s'enferment dans la retraite pour y préparer les triomphes de l'éloquence sacrée, ceux-là prient sur la cendre pour la rémission des péchés de leurs frères. Tous suivent librement les inspirations de leur foi, et l'État lui-même confie sans cesse à leur zèle des œuvres de moralisation et de progrès.

En face de ces associations, j'en vois d'autres qui s'organisent pour combattre les premières. La libre pensée a ses congrégations comme la foi. L'amour des arts, des lettres, des sciences, fait naître de toute part des sociétés de toute sorte. En un mot, nous voyons l'esprit d'association envahir toutes les classes de la société, et nous devons nous en réjouir, parce que l'esprit d'association est le seul remède à l'incurable faiblesse dont l'individu souffre dans les sociétés démocratiques. Voilà l'état, voilà les mœurs de ceux qui sont gouvernés.

Maintenant je me retourne du côté de ceux qui gouvernent. Je vois tomber peu à peu les anciennes méfiances. Ceux qui prétendent tenir le pouvoir d'en-haut et ceux qui prétendent le tenir d'en-bas ont ici les mêmes doctrines, c'est-à-dire un respect de plus en plus profond de la liberté de l'homme et du droit sacré de la conscience. Monarchie de droit divin, monarchie de droit populaire, république, empire, république nouvelle, tous ces changements, toutes ces révolutions, toutes ces ruines marquent un progrès nouveau de la tolérance, un pas de plus dans la voie de la liberté, de cette liberté sincère comme tout ce qui est vrai, simple et candide comme tout ce qui est divin, de cette liberté qui ne craint pas de se prodiguer à ceux-là mêmes qui la haïssent, de cette liberté au nom de laquelle je combats la fausse théorie sur laquelle repose la sentence des premiers juges.

Je vais maintenant plus loin. Non seulement cette existence de fait, antérieure à la reconnaissance légale, est licite, mais encore elle est nécessaire, et elle doit être protégée par la loi et par les tribunaux. Les partisans les plus fougueux des communautés religieuses supportent avec impatience le droit que l'État retient de leur donner à son gré la capacité civile, et quand les tribunaux proclament ce principe, comme ils n'ont jamais hésité à le faire, les défenseurs trop ardents des congrégations crient volontiers à l'oppression. Ils ont tort là-dessus, et il est juste, au contraire, que la puissance civile se réserve le droit de donner aux associations la vie civile, sans laquelle, quoi qu'on puisse dire, elles ne peuvent être, soit au point de vue économique soit au point de vue politique, un danger pour la société. Mais ce serait compromettre entre les mains de l'État ce droit précieux, et, par conséquent, nuire à la puissance civile, que de ne pas faciliter l'existence de fait des corporations. En effet, comment agit l'administration, lorsque la reconnaissance légale est sollicitée ? Elle ne se contente ni de statuts approuvés par l'évêque, ni de brefs apostoliques ; elle veut savoir

quel usage on entend faire des règles qu'on lui présente ; elle veut, pour le savoir, qu'elles aient été pratiquées. Avec une sagesse infinie, tous les gouvernements
qui se sont succédé ont toujours imposé aux associations
religieuses un temps de stage, quelquefois fort long, avant
d'accorder l'autorisation. Il est dans l'intérêt de l'État qu'il
en soit ainsi ; il importe à l'ordre public que ce temps d'é-
preuve soit le plus long possible, et que l'administration
ne se relâche jamais de ces prudentes pratiques. Mais qui
peut alors supporter cette étonnante contradiction, d'imposer aux communautés une existence de fait dans l'intérêt de l'ordre public et de déclarer en même temps cette
existence de fait contraire à l'ordre public ? Le principe
proclamé si haut par le Tribunal est aussi contraire au bon
sens qu'il l'est à l'équité et à la loi.

Si cette démonstration est faite, les conséquences s'a-
perçoivent aisément et se déduisent d'elles-mêmes.

Tout d'abord, il est impossible de ne pas répondre au
reproche que le jugement adresse aux appelants d'avoir
tenté une dissimulation, d'avoir ourdi une fraude contre
la loi, d'avoir essayé de tromper la justice et de l'avoir
obligée, pour me servir des termes un peu vifs de la sentence, « à leur arracher le masque qu'ils auraient dû déta-
» cher de leurs propres mains ». Pourquoi de si prodigieux
efforts pour arriver à un résultat que nul ne contestait ?

Il n'était pas besoin de constater qu'un bref du pape était
affiché dans l'immeuble ; il n'était pas besoin de prendre
dans les dossiers des lettres des officiers ministériels écrites à propos d'une transaction avortée ; pas davantage
d'interroger les vœux des religieux, de rappeler les facéties
surannées et fort vulgaires de M. Dupin sur le vœu de pauvreté et sur le vœu de richesse, d'insister avec un respect
nuancé d'ironie sur le but de la congrégation et sur les
pratiques qu'elle a pour but d'encourager, de considérer

des choses étrangères au procès, mystérieuses par leur nature et dans lesquelles la simplicité trouve sa lumière là où la science ne voit que ténèbres et superstitions ; il n'était nul besoin de tant d'arguments et de tant de coups pour enfoncer une porte toute grande ouverte.

Jamais mes clients n'ont soutenu qu'ils n'avaient pas acheté l'immeuble pour y installer la communauté ; jamais ils n'ont soutenu qu'ils ne l'y avaient pas établie. Dès lors, il n'est pas surprenant que, dans le langage habituel, on appelle cette maison la maison des Pères du Saint-Sacrement, et ceux qui se servent de cette expression n'ont assurément pas la pensée de trancher une question de propriété. Mais ils ont soutenu et soutiennent encore que la maison est à eux et rien qu'à eux ; qu'ils ont la jouissance des droits civils, qu'ils sont capables de les exercer ; que par conséquent, ils ont le droit d'acheter des immeubles ; qu'ils sont propriétaires de celui-ci vis-à-vis du vendeur par le titre et le paiement du prix, vis-à-vis des tiers par la transcription, vis-à-vis de l'État par l'acquittement des charges sociales, et que, sur le terrain du droit civil, à moins de se livrer aux pratiques de l'inquisition la plus abominable, personne n'a le droit de leur demander quel usage ils font ou comptent faire de leur propriété. Un homme riche élève un hôpital ; ce n'est pas pour lui, à coup sûr. Il se propose de solliciter la création d'une personne civile à laquelle il puisse transmettre la propriété de cette fondation ; cesse-t-il donc jusque-là d'être propriétaire ?

Écoutez Toullier :

« Le Code définit la propriété, le droit de jouir et disposer des choses
» de la manière la plus absolue, pourvu qu'on n'en fasse pas un usage
» prohibé par les lois ou par les règlements (544). Le droit de propriété
» subsiste indépendamment de l'exercice qu'on en peut faire. On n'est
» pas moins propriétaire, quoiqu'on ne fasse aucun acte de propriété,
» quoiqu'on soit dans l'impuissance de les faire, et même quoiqu'un

» autre les fasse, soit à l'insu, soit contre le gré même du propriétaire.
» Le droit consiste dans la faculté légale de faire ces actes par soi ou
» par autrui en notre nom. La propriété est considérée comme une qua-
» lité inhérente à la chose. »

Mais ils ont fait vœu de pauvreté, dit le Tribunal, et dès lors ils ne peuvent être propriétaires ni de l'argent avec lequel ils ont payé, ni de l'immeuble après l'avoir payé. Franchement, il y a quelque chose de passablement étrange dans cette admonestation canonique ainsi donnée par des juges civils à des religieux ; mais, de plus, en s'aventurant sur un terrain qui ne lui était pas familier, le Tribunal a commis une grave erreur. Les auteurs ecclésiastiques expliquent que le vœu de pauvreté que font les membres des congrégations vulgairement appelées religieuses, ne les oblige pas à se dessaisir de la propriété de leurs biens, mais à ne pas en employer les revenus à la satisfaction de leurs jouissances personnelles. Ainsi, ce millionnaire, qui prend l'habit religieux, ne cessera pas d'être un millionnaire; son patrimoine ne cessera pas d'être son patrimoine. Mais, au lieu de vivre dans le luxe des serviteurs et des habitudes, il s'engage à mener la vie sobre, dénuée, pauvre, obéissante du cloître, et je plains ceux qui ne trouvent dans un pareil sacrifice qu'un prétexte à de fades plaisanteries.

Mais alors, dit-on, répétant un argument usé à force d'avoir servi, meilleure est la situation des congrégations non reconnues. Celles qui ont l'existence civile ne peuvent s'enrichir sans l'autorisation du gouvernement. Les autres vont échapper à tout contrôle, et que n'a-t-on pas à craindre de leurs intrigues et de leur cupidité ? Rien de plus faux que ce raisonnement ; rien de plus chimérique que ces craintes. La capacité civile, la personnalité est pour les associations le seul moyen de s'enrichir, parce qu'elle seule leur assure la durée. On pourra bien, dans l'élan d'une

œuvre nouvelle, recueillir les fonds nécessaires à la construction d'un sanctuaire. Mais laissez faire le temps ; les
résolutions changeront, et la marquise de Guerry rede-
mandera à la communauté de Picpus les 1,200,000 francs
qu'elle lui a apportés ; les religieux mourront, et les héritiers Lacordaire chercheront à enlever aux Dominicains,
non seulement les biens qui appartenaient à leur frère,
mais ceux-là même qui ne lui appartenaient pas. Tout
accroissement notable de patrimoine est impossible au milieu de pareils périls ; et ceux-là même qui manifestent de
pareilles craintes se garderaient bien d'offrir la reconnaissance légale aux communautés, parce qu'ils savent à merveille qu'elles l'accepteraient aussitôt comme le bien le plus
précieux auquel elles puissent aspirer.

Laissons donc de côté ces amertumes sonores de la sentence ; elles n'ajoutent rien à sa valeur et elles n'empêche-
ront pas la Cour de réformer la profonde erreur dans laquelle sont tombés les premiers juges en méconnaissant
la vérité des faits et la nécessité de régler par l'application
des principes généraux du droit ces mille situations de fait
qui sont en dehors de la loi écrite. Vous annulez une société
parce qu'elle a un but contraire à l'ordre public. *Quod nul-
lum est nullos producit effectus.* Voilà la logique à outrance.
Eh bien ! cette société se survit pour sa liquidation ; on
partage l'actif, en s'inspirant des stipulations du pacte social annulé ; on lui donne un syndic, on exerce des actions
contre elle, elle en exerce contre les autres. Voici une succession usurpée par un héritier apparent ; les acquisitions
qu'il a consenties sont valables ; il transmet plus de droit
qu'il n'en a lui-même. Voici un simple possesseur, il n'a
pas d'autre titre que sa possession annale ; il a le droit
d'exercer l'action en bornage ; les tiers qu'il attaque, à
moins qu'ils ne se prétendent propriétaires, sont non recevables à lui opposer le défaut de titre. Et il en est ainsi,

parce que, dans un grand nombre de cas, les apparences du for extérieur suffisent aux rapports sociaux, parce que, au delà d'une certaine recherche, on ne pourrait, sans la plus abominable et la plus ridicule des persécutions, essayer de pénétrer jusqu'au mobile des actions humaines. Les actes, les titres, la possession, c'est-à-dire la propriété apparente, extérieure en quelque sorte, voilà ce qui intéresse la société et par conséquent les magistrats chargés de régler les rapports sociaux ; le reste ne regarde personne.

Et si cela est vrai partout, combien cela ne l'est-il pas plus encore quand il s'agit des actions réelles qui sont attachées à l'immeuble lui-même, doivent être exercées là où il est situé et le suivent partout comme un accessoire nécessaire du fonds ! Quoi ! c'est à propos de l'exercice du droit de mitoyenneté qu'une pareille question est soulevée ! Écoutez M. Demolombe :

« Une servitude est une charge imposée sur un héritage pour l'usage » et l'utilité d'un héritage appartenant à un autre propriétaire (Code » civil, art. 637).

» Cette importante définition sur laquelle nous aurons plus d'une » fois à revenir, nous révèle tout d'abord deux caractères essentiels de » la servitude foncière et qui la différencient profondément des droits » d'usufruit, d'usage et d'habitation, qui font l'objet du titre précédent.

» Tandis que les droits d'usufruit et d'usage sont établis au profit » d'une personne déterminée, et n'ont par conséquent qu'une durée » temporaire, les servitudes ou services fonciers, constitués sur un héri-» tage pour l'utilité d'un autre héritage, participent en général au ca-» ractère de perpétuité des fonds eux-mêmes, dont ils sont des dépen-» dances et des qualités. »

Je veux aller plus loin que je ne l'ai fait jusqu'ici. Quand même un homme, ayant acheté un immeuble, y aurait installé l'association la plus criminelle, une société de faux monnayeurs, si l'on veut, je dis qu'il aurait encore le droit d'exhausser le mur mitoyen ; que son voisin peut le dénoncer, mais ne peut pas s'opposer à l'exhaussement du mur ;

car on réclame contre lui l'exercice d'une servitude légale à laquelle il n'a pas le droit de se soustraire.

Et c'est ici qu'apparaît dans tout son jour l'insuffisance de la réponse faite par la sentence à cette objection : que les époux Lannet sont non recevables à proposer l'exception soulevée par eux, parce qu'ils n'y ont aucun intérêt.

Ils y ont intérêt, dit le Tribunal, parce que d'autres que des religieux élèveraient un mur moins élevé et auraient peut-être plus aisément transigé.

Mais quand on dit à un plaideur qu'il n'a pas d'intérêt, on entend par là qu'il n'a pas d'intérêt légitime. Un plaideur a toujours intérêt à faire perdre le procès de son adversaire, seulement tous les moyens ne sont pas bons pour arriver à ce résultat. L'intérêt est un intérêt injuste quand il a pour but de faire perdre un procès qui doit être gagné. Or, l'article 658 fait peser sur l'immeuble de M. Lannet une servitude légale, et la conséquence du jugement est que tous les immeubles voisins de ceux occupés par des congrégations religieuses sont soustraits à l'effet de l'article 658 ; la valeur de ces immeubles s'accroît incontestablement de tout ce que perd l'héritage voisin. Le but des époux Lannet est donc d'échapper à une servitude que la loi leur impose et de s'enrichir aux dépens d'autrui ; leur intérêt est un intérêt injuste, qui ne peut rendre une action légitime. Ils auraient un intérêt légitime s'ils avaient, en discutant le titre de leur voisin, la prétention de rechercher quel est le véritable propriétaire et qui peut user contre eux de l'article 658. Mais ils sont obligés de reconnaître que le procès, une fois jugé avec les appelants, ne pourra être repris par personne.

Par conséquent, quand ils opposent une fin de non-recevoir, ils cherchent à échapper à l'obligation de discuter le procès avec qui que ce soit ; ils tentent de se soustraire à l'application de la loi ; et en leur accordant le bénéfice d'un

pareil système, le Tribunal a trop clairement oublié que
nul ne doit s'enrichir aux dépens d'autrui, pas même aux
dépens des congrégations religieuses.

Voyons maintenant si la jurisprudence reconnaît ces
principes, et comment elle en fait l'application (1).

. . . .

Ce rapide examen de la jurisprudence m'autoriserait
presque à dire qu'on ne saurait invoquer un arrêt contraire
à la théorie que je défends, par cette raison que les arrêts
mêmes dont la tendance paraît opposée, reconnaissent et

(1) Voici la liste des principaux arrêts invoqués dans la discussion :
Alger, 27 mai 1868, Sir. 1868, 2, 478 ;
Cass., 1er juin 1869, Sir. 1870, 1, 57 ;
Cass., 30 mai 1870, Sir. 1870, 1, 342 ;
Aix, 2 mars 1874, Sir. 1875, 2, 71.

Ce dernier arrêt, qui confirme même la fin de non-recevoir, est ainsi conçu :

COUR D'AIX. — 2 MARS 1874.

« LA COUR,

« *Sur la fin de non-recevoir* :

« Attendu que la ville de Marseille soutient que les demandeurs (*les Jésuites*)
» n'ont pas qualité pour exercer l'action qu'ils ont dirigée contre elle, parce
» qu'ils ne sont pas propriétaires des immeubles, à l'occasion desquels une répa-
» ration est demandée, et parce qu'ils ne sont que les prête-noms d'une commu-
» nauté religieuse non autorisée en France, et qui, par suite, est incapable d'ac-
» quérir et de posséder ;

» Attendu cependant que les demandeurs produisent des actes authentiques
» établissant que la propriété de ces immeubles repose sur leur tête, sans réserve
» et sans condition ;

» Attendu qu'ils les possèdent depuis longues années ; qu'ils les occupent par
» eux-mêmes ou qu'ils les louent, qu'ils les administrent, qu'ils les entretiennent,
» qu'ils en supportent les charges, qu'ils en paient les contributions ;

» Attendu que par cela seul qu'ils en sont au moins les propriétaires apparents
» et qu'ils les détiennent, ils ont le droit de veiller à leur conservation et de de-
» mander la réparation des dommages qu'ils ont éprouvés ;

» Attendu dès lors que sans même qu'il soit nécessaire de rechercher s'ils sont
» ou non de simples dépositaires, il faut reconnaître qu'ils ont eu qualité pour
» exercer leur action ; que la ville de Marseille ne peut pas reculer devant le dé-
» bat tel qu'il lui est offert ; qu'elle n'a pas à craindre de voir reprendre ce débat
» par des propriétaires plus autorisés que ceux qui l'attaquent et qu'elle trouve
» en eux de légitimes contradicteurs ;

» Attendu que, fût-il vrai que les demandeurs ne sont que des prête-noms et
» des dépositaires, la prétention de la ville de Marseille ne devrait pas davantage
» être accueillie ;

proclament la nécessité de régler par les principes de la justice naturelle les situations de fait qui ne rentrent jamais dans les dispositions de la loi écrite. C'est cette jurisprudence que je demande à la Cour de confirmer encore, en réformant une sentence qui méconnaît les idées du temps où elle est rendue, fait reculer de quatre-vingts ans la société française, offense profondément l'équité naturelle et foule aux pieds la liberté de conscience, puisqu'elle met hors la loi toute une classe de citoyens, en se fondant sur leurs pratiques religieuses.

Et ce qui achève de confondre, c'est que cette doctrine d'oppression et de servitude soit soutenue par des hommes qui ont un amour ardent de la liberté, et qui même ont souffert pour elle. Loin de moi la pensée de voir là cette contradiction grossière que les hommes mettent souvent entre leurs principes et leurs actes. Non, non ; je ne méconnais pas la raison de leur ombrageuse défiance ; je n'ai pas la naïveté de croire que les congrégations religieuses se montrent reconnaissantes de la liberté qu'on leur accorde, ni que ces larges pratiques désarment des hostilités qui ont tant et de si fortes racines. Mais si ces considérations doivent tenir en éveil la vigilance du pouvoir, elles

» Attendu, en effet, que la loi qui prohibe aux communautés religieuses non » autorisées d'acquérir et de posséder en France est une loi d'économie sociale » et d'ordre public ;

» Qu'on comprend que l'autorité publique préposée à la garde des intérêts gé- » néraux veille à l'exécution de cette loi et la maintienne dans sa rigueur ou la » mitige par une tolérance que les circonstances peuvent expliquer ;

» Qu'on comprend encore que toute personne lésée par la violation de cette loi » puisse, même dans un intérêt purement privé, s'en faire une arme pour la re- » vendication de ses droits ;

» Mais qu'on ne comprendrait pas que l'auteur d'un dommage ou celui qui en » répond pût y trouver un moyen de défense et une cause d'immunité ;

» Attendu, par suite, que loin d'avoir à déclarer que les demandeurs n'ont pas » qualité pour exercer leur action, c'est à la ville de Marseille qu'il faut dire » qu'elle n'a pas qualité pour opposer son exception ;.

» Au fond......

» (Sirey, 75, 2, 71.) »

ne sauraient inspirer les jugements des magistrats ; et à
ces étranges amis de la liberté, qui demandent leurs inspirations à la Terreur et à l'Empire, je dis qu'ils outragent
la liberté qu'ils aiment, en empruntant, pour la défendre,
les armes de la tyrannie. Homère parle dans l'*Odyssée* d'un
dieu dépositaire des secrets de la sagesse divine ; mais ceux
qui venaient près de lui en chercher les oracles étaient
d'abord reçus avec colère et avec menaces ; il se dérobait
à eux sous toute sorte de figures, prenant tour à tour, pour
les épouvanter, les formes les plus étranges et les plus terribles. Malheur à ceux qui s'effrayaient de ces prestiges !
Ceux-là, au contraire, qui ne cessaient de le presser avec
une volonté inflexible, le voyaient bientôt apparaître sous
la forme noble et pure qui lui était naturelle ; et alors, enchaîné à leurs vœux, il ouvrait devant eux les trésors de sa
sagesse inspirée. Voilà, Messieurs, l'image de la liberté !
Sous quels déguisements ne l'avons-nous pas vue paraître ?
De quels masques n'a-t-on pas couvert son noble visage ?
Quels sophismes n'a-t-elle pas servis ? Quelles oppressions
ne lui ont pas imposé leur alliance ? Grâce à Dieu, elle a
triomphé de ses trop ardents amis comme de ses ennemis.
Qu'on s'en afflige ou qu'on s'en réjouisse, peu importe ;
in hoc movemur et sumus. Elle est aujourd'hui partout,
dans la région sereine des idées comme dans le domaine
agité des faits. Elle est la source de nos lois, l'inspiratrice
de nos mœurs, la base de notre droit public. Il y a six mois,
devant la Cour de Nancy, l'avocat illustre (1), dont le nom
seul est une puissance, cherchait à réveiller dans l'âme des
magistrats qui l'écoutaient l'écho des vieilles rancunes par-
lementaires, et mon contradicteur ne manquera pas d'en
faire autant. Permettez-moi de vous le dire, vous n'êtes
pas plus les héritiers des magistrats qui ont rendu les arrêts de 1763 et de 1826, que vous n'êtes les héritiers de

(1) M. Allou.

ceux qui ont fait rouer Calas. Vous êtes assis sur leurs siè-
ges, il est vrai ; mais vous êtes des hommes de votre temps;
vous en connaissez les mœurs et les besoins, et vous savez
que la liberté est désormais votre alliée la plus fidèle et la
plus sûre pour le maintien de cette paix publique dont la
garde vous est confiée. Arrière donc ces inutiles souvenirs !
Si c'est par des souvenirs que cette cause doit être jugée,
ceux que je combats ne devraient pas oublier que l'homme
en qui se personnifie le dix-huitième siècle qui leur est si
cher, que Voltaire, étendant les mains sur le fils de Fran-
klin, et saisi d'un de ces accès d'enthousiasme subit dont
son âme était capable, poussait ce cri qui doit être la devise
de toute société démocratique qui veut être grande et rester libre : *God and liberty* !

N'en ai-je pas dit assez pour avoir le droit d'espérer que
la Cour voudra bien permettre à mes clients d'exhausser
librement leur mur mitoyen ?

A l'audience du 21 février 1879, la Cour, sur les conclusions
conformes de M. l'avocat général Dubois, a rendu l'arrêt suivant :

» La Cour,

» Sur la fin de non recevoir proposée contre l'action des appelants,
et tirée de ce qu'ils ne seraient pas réellement propriétaires des immeubles dont il s'agit, et qu'ils ne seraient que les prête-noms d'une
congrégation religieuse non autorisée, qui seule en aurait la propriété :

» Considérant que, par acte du 22 novembre 1875, Madame veuve
Deslignières a vendu, moyennant le prix de 900,000 francs, une grande
propriété, sise à Paris, rue de Châteaubriand, n° 14, et un terrain
communiquant par le fond à l'avenue Friedland, n° 3, à : 1° Cyr-Armand
Champion ; 2° Jean-Joseph Audibert ; 3° Paul-Marie-Léonie William
Maréchal ; 4° Alexandre Leroyer ; 5° Augustin-Rémy Gayraud; 6° Char-
les-Gérand Viguier, ces trois derniers représentés par leur mandataire,
William Maréchal, tous prêtres, demeurant à Paris, rue Leclerc, n° 8,
acquéreurs conjoints et solidaires, avec stipulation qu'ils deviennent
propriétaires des immeubles acquis avec des droits égaux, pour en
jouir en commun pendant leur vie, et que la part des prémourants

accroîtra aux survivants, de manière que le dernier survivant en restera seul propriétaire, avec tous les changements, améliorations et embellissements qui y auront été alors faits, le tout à titre de pacte tontinier et de contrat aléatoire ;

» Considérant que le contrat de vente ainsi passé avec les six acquéreurs, en leur propre et privé nom, a eu pour effet immédiat de leur transférer la propriété de la chose qui en a fait l'objet avec tous les droits et actions propres à la garantir et faire valoir ; que les clauses accessoires dont il est assorti rentrent elles-mêmes dans la liberté des conventions et ne sont contraires à aucune prohibition de la loi ; que l'acte dont s'autorisent Armand Champion et consorts, tous d'ailleurs également capables de contracter et d'ester en justice, constitue en leur faveur un titre de propriété efficace par lui-même, et opposable à tous, sauf aux tiers à justifier des droits qu'ils prétendraient avoir acquis sur la chose, soit en vertu de la loi, d'un titre contraire ou de la prescription ; mais que telle n'est point la prétention des défendeurs intimés qui, sans revendiquer aucun droit de propriété ou autre, se bornent à exciper d'un défaut de qualité en la personne des appelants ;

« Considérant qu'ils soutiennent en vain que les six prêtres, acquéreurs conjoints et solidaires, ont acheté en apparence pour eux, en réalité, pour la congrégation religieuse des Pères du Saint-Sacrement, qui serait seule propriétaire ; qu'en admettant avec le jugement de première instance cette allégation comme vraie, il faut d'abord reconnaître que les époux Lannet sont eux-mêmes non recevables à l'opposer, puisqu'ils ne font, en cela, qu'exciper du droit d'un tiers : qu'il importe, en outre, de constater que cette prétention de leur part conduit à une conséquence directement contraire à celle qu'ils veulent en tirer ; qu'en effet, la congrégation religieuse dont il s'agit, à défaut d'une autorisation régulière, n'a aucune consistance légale, ne constitue point une personne juridique, et est incapable d'acquérir, comme d'ester en justice, en son propre nom ; que, dès lors, la propriété des immeubles et les actions qui les concernent ne pouvant légalement résider sur sa tête, reposent nécessairement en droit comme en fait, sur la tête des six personnes qu'un acte régulier d'acquisition en a investies conjointement et indivisément ;

» Que, pour être supposés tous membres d'une congrégation religieuse, ils n'en ont pas moins conservé la jouissance et l'exercice de de leurs droits civils, pour en user avec la libre faculté qui appartient à tous, et dans toute l'étendue de leur capacité personnelle qui est restée entière ; que c'est ainsi qu'en leur nom particulier ils ont acheté, qu'ils possèdent, qu'ils administrent, qu'ils supportent et acquittent toutes les charges de la propriété, qu'aujourd'hui même ils agissent en justice ; qu'en un mot, ils se comportent en tout comme personnellement et exclusivement seuls propriétaires, en conformité de leur titre, sans que la congrégation, dont ils seraient les prête-noms, par cela même qu'elle ne forme aucune personnalité juridique, ait à exercer aucun droit ni aucune action qui soient distincts et indépendants de ceux que les actes publics leur confèrent ;

» Considérant que l'exception proposée par les époux Lannet est d'autant moins admissible, qu'il s'agit de l'appliquer à une action purement réelle, fondée sur les articles 658 et 659 du Code civil, relatifs à la mitoyenneté, et dans une matière où c'est la loi qui, sous la dénomination de servitudes ou services fonciers, détermine elle-même les rapports entre héritages voisins, indépendamment des personnes qui les détiennent ;

» Que les actions de cette nature sont attachées à la propriété, comme les modalités du domaine privé qui leur servent de cause, et qu'elles ne peuvent être exercées, soit activement, soit passivement, que par ou contre ceux que les titres de propriété présentent réciproquement comme légitimes contradicteurs ;

» Qu'à ce dernier point de vue, l'exception est dénuée de tout intérêt juridique et, par conséquent, aussi non-recevable que mal fondée, puisque la décision qui interviendra sur le fond entre les demandeurs et les époux Lannet est destinée à trancher irrévocablement le litige, sans qu'il puisse être jamais repris par qui que ce soit ;

» Au fond,

» Considérant que l'action des appelants se fonde sur les dispositions expresses des articles 658 et 659 du Code civil, qui autorisent tout copropriétaire à faire exhausser le mur mitoyen ; que si, dans la cause, un minimum paraît fixé pour la hauteur du mur mitoyen, les actes produits ne contiennent aucune clause qui en détermine le maximum d'élévation ; qu'Armand Champion et consorts ont donc le droit de le reconstruire en lui donnant la hauteur qu'ils jugent utile à leurs convenances et à leurs intérêts, sauf à eux à se conformer, d'ailleurs, aux règlements de police et à prendre toutes les précautions nécessaires pour en assurer la solidité ;

» Quant aux dommages et intérêts ;

» Considérant que les appelants ne justifient d'aucune cause de préjudice autre que les frais exposés dans l'instance ;

» PAR CES MOTIFS,

» Faisant droit à l'appel, et réformant :

» Sans s'arrêter à la fin de non-recevoir qui est déclarée autant non recevable que mal fondée ;

» Dit qu'Armand Champion et consorts sont autorisés à démolir, reconstruire et exhausser, le tout à leurs frais, le mur mitoyen séparant leur propriété de celle des époux Lannet, ainsi qu'à y adosser telles constructions qu'ils jugeront convenables, et ce, conformément à la loi ;

» Prononce mainlevée de l'amende ;

» Et, pour tous les dommages-intérêts, condamne les époux Lannet aux dépens de première instance et d'appel. »

TRIBUNAL CORRECTIONNEL DE LA SEINE

OFFENSE

A LA PERSONNE DU ROI DE PORTUGAL

AFFAIRE DE L'EMPRUNT DE 1832

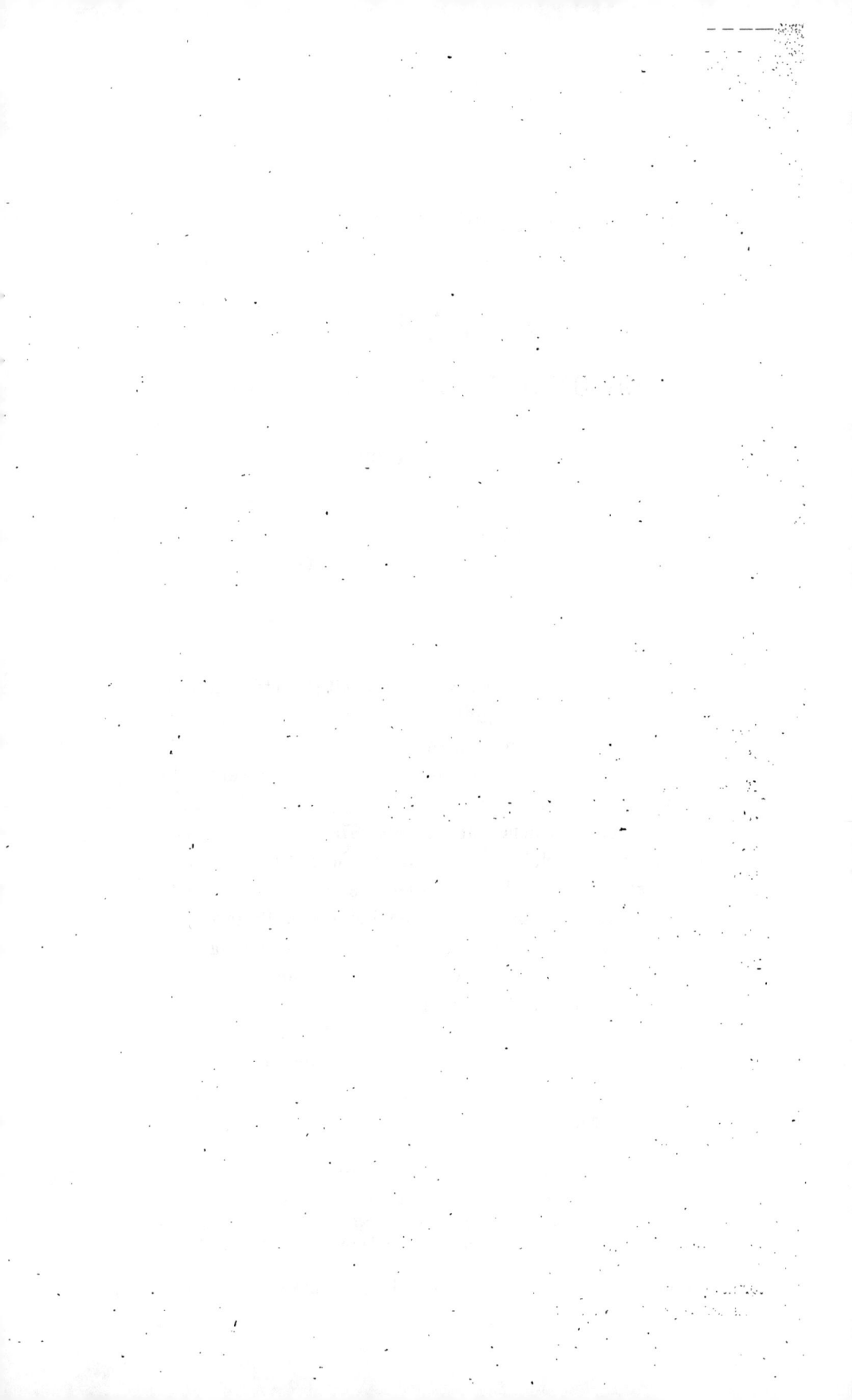

OFFENSE

A LA PERSONNE DU ROI DE PORTUGAL

AFFAIRE DE L'EMPRUNT DE 1832

L'article 12 de la loi du 17 mai 1819 punissait (il a été remplacé par l'article 36 de la loi du 9 juillet 1881) d'un emprisonnement de un mois à trois ans et d'une amende de 100 à 5.000 francs l'offense commise envers la personne des souverains ou envers celle des chefs des gouvernements étrangers. Par application de cet article, un jugement par défaut du 31 août 1879 dont on trouvera le texte au cours de la plaidoirie condamnait M. Battarel à quatre mois d'emprisonnement et 3.000 francs d'amende et M. le comte de Reilhac à 3.000 francs d'amende. MM. de Reilhac et Battarel formèrent opposition à ce jugement, et pour l'intelligence de la plaidoirie, il suffira de rappeler brièvement les circonstances dans lesquelles la poursuite avait été intentée.

Jean VI, roi de Portugal, mourut en 1826, laissant deux fils, D. Pedro, empereur du Brésil, et D. Miguel. D. Pedro, désespérant de porter à la fois les deux couronnes, abdiqua la royauté du Portugal en faveur de sa fille Dona Maria, et confia la régence à

---

(1) Voir : *Le Droit* des 31 août, 26 et 27 décembre 1879.

Emprunt royal du Portugal (1832): *Documents authentiques et historiques, avec photogravures, pour servir à la liquidation de cet emprunt.* (Paris ; Librairie moderne. — Londres, Dulau and campany. — Amsterdam, Blikman et Sartorius. — Bruxelles, A. Roitte).

Le Portugal et ses emprunts, 1880. — Amsterdam, chez Blikman et Sartorius.

son frère D. Miguel, à la condition que celui-ci épouserait sa nièce, quand elle serait nubile. Mais D. Miguel réunit les Cortès et le 11 juillet 1828 se fit proclamer par cette assemblée roi de Portugal. Les partisans de Dona Maria, en très petit nombre, se réfugièrent dans l'île de Terceira, l'une des Açores, et s'y maintinrent avec héroïsme contre les troupes de D. Miguel. Deux ans après, D. Pedro Ier, menacé à son tour par la révolution, abdiquait le trône du Brésil en faveur de son fils D. Pedro II. Il arrivait en Europe en juillet 1830 et organisait une expédition destinée à soutenir les droits de sa fille Dona Maria. Après quatre années de guerre, D. Miguel fut vaincu, et par la convention d'Evora (8 mai 1834) s'engagea à quitter le Portugal.

Les finances d'un pays ainsi livré pendant six années à l'anarchie et à la guerre civile ne pouvaient pas être prospères, et D. Miguel, pour équilibrer ses budgets, avait recours à l'emprunt. C'est ainsi qu'en juillet 1832, il signait avec MM. Outrequin et Jauge, banquiers à Paris, un traité ayant pour objet la négociation d'un emprunt de 40 millions de francs, 5 0/0, amortissable par tirages semestriels en trente deux ans.

Les souscripteurs n'avaient pas entièrement libéré leurs titres, lorsque le gouvernement de D. Miguel fut renversé. Les ministres de Dona Maria surent faire rentrer le reste de l'emprunt; mais ils suspendirent le service de l'intérêt et de l'amortissement. Pendant plusieurs années, une lutte assez obscure s'engagea entre les créanciers et le débiteur. Vers 1840, les porteurs de l'emprunt, bien convaincus qu'ils n'obtiendraient pas justice de bon gré, songèrent à l'obtenir par d'autres moyens. Pétitions aux Chambres, polémique de presse, brochures, consultations jurisconsultes tels que Berryer, Dufaure, O. Barrot, Vatimesnil, Laboulaye, etc., ils mirent tout en œuvre et réussirent seulement à faire fermer au Portugal les Bourses d'Amsterdam et de Londres. Mais au cours de l'année 1879, le gouvernement portugais traita avec un grand établissement financier de Paris de l'émission sur cette place d'un emprunt de 28 millions. A cette nouvelle, les porteurs s'émurent; le président de leur comité, M. le comte de Reilhac, et le secrétaire, M. Battarel, firent apposer sur les murs de Paris les affiches incriminées. En outre, ils échangèrent avec M. le comte de San-Miguel, représentant de Portugal, des déclarations extra-judiciaires qui, reproduites par les journaux, constituèrent le second chef d'inculpation,

En droit, quel est le caractère légal de l'offense punissable ? que faut-il entendre par la personne du souverain ? Comment concilier le respect absolu dû à sa personne avec la liberté laissée de critiquer les actes du gouvernement dont il est le chef ? — En fait, les expressions employées étaient-elles offensantes? S'adressaient-elles au roi ou au gouvernement portugais ? Les revendications des porteurs n'étaient-elles pas d'ailleurs légitimes ? A quelles conditions une nation est-elle engagée tout entière par le gouvernement qu'elle se donne ou qu'elle subit ? Telles étaient les questions de droit pénal et de droit public que soulevait le procès.

Chargés de la défense orale des prévenus (1), Mes Lachaud et Barboux s'étaient partagé la tâche. Celui-ci, plaidant le premier, devait éclairer toutes les circonstances du fait. Me Lachaud devait au contraire, insister davantage sur le droit. Cette circonstance explique l'extrême brièveté de la seconde partie de la plaidoirie.

Messieurs,

La poursuite dirigée contre MM. de Reilhac et Battarel par le gouvernement portugais demeurera certainement l'un des épisodes les plus curieux de la lutte soutenue depuis quarante ans par des particuliers contre un gouvernement qui se raille de leurs droits.

Il est vrai que ces droits ont déjà été reconnus par le gouvernement portugais lui-même devant les représentants du peuple qu'il dirige et en face de l'Europe entière ; il est vrai qu'ils ont été proclamés certains et incontestables à la tribune d'une Chambre française ; il est vrai que sur le terrain juridique ces droits ont été affirmés par des hommes tels que Vatimesnil, Odilon Barrot, Laboulaye, Dufaure, Rousse, Berryer.

Mais il est vrai aussi que, las d'entendre une plainte importune, ce gouvernement injuste essaie aujourd'hui de faire condamner comme diffamateurs les créanciers dont

_____

(1) Me Becker avait soutenu leurs droits dans une brochure dont il sera parlé au cours de la plaidoirie.

il garde l'argent, et, j'hésiterais à le dire si le Tribunal ne le savait déjà, il est vrai qu'il y a réussi.

Par défaut sans doute ; et s'il fallait un exemple de plus du péril auquel la justice est exposée quand elle se laisse entraîner par une parole isolée, vous le trouveriez dans ce procès. Vous allez connaître aujourd'hui la vérité des faits, et quand vous les comparerez à ceux qu'on vous a fait accepter, vous demeurerez profondément surpris. Ne croyez pas d'ailleurs que nos clients soient effrayés d'avoir à rendre compte de leurs écrits et de leurs actes. Depuis qu'ils sont chargés des intérêts qu'ils représentent et qu'ils défendent, ils n'ont cessé de désirer le moment où la question sortirait enfin des nuages de la diplomatie, de souhaiter l'heure où l'on ouvrirait devant eux cette arène judiciaire où tout est égal, où il n'y a plus ni ministres ni sujets, où l'on appelle les choses par leur nom sans s'embarrasser dans les notes et les protocoles. Cet instant est venu par la volonté même de nos adversaires, et puisqu'ils veulent une explication, nous la leur donnerons avec une entière franchise, mais sans oublier la courtoisie dont l'élévation de leur rang nous fait un devoir, facile d'ailleurs à remplir.

J'aurais peut-être avantage à vous raconter les faits dans leur ordre strictement chronologique, parce qu'en effet, lorsque vous connaîtriez les circonstances dans lesquelles l'emprunt a été souscrit, les promesses faites par le gouvernement portugais, les efforts tentés par le gouvernement français, l'opinion des publicistes et des jurisconsultes, la poursuite vous paraîtrait si injuste que j'aurais à peine besoin de la discuter.

Mais je m'exposerais ainsi à ce que le Tribunal ne saisit pas aussitôt l'à-propos de certains détails que je dois lui donner, tandis qu'en vous faisant connaître d'abord la procédure et les questions que soulève ce procès, votre conviction se formera d'elle-même sur les faits et sur les documents, à mesure qu'ils vous seront racontés et produits.

Le Tribunal sait déjà que les porteurs de l'emprunt extérieur de 1832 réclament du gouvernement portugais une satisfaction que celui-ci n'a pas refusée à ses propres sujets. Dès 1840, il s'est formé parmi ces malheureux souscripteurs deux comités ; un comité hollandais et un comité français. L'avant-dernier président du comité français était M. Pinondel, vice-président du Tribunal de la Seine ; le président actuel est M. le comte de Reilhac, et M. Battarel est secrétaire de ce comité.

Les directeurs de ces comités ont entrepris, par les seuls moyens que laissait à leur disposition l'inévitable exception d'incompétence, une lutte persévérante contre leur débiteur, et ils ont réussi jusqu'ici à faire fermer au gouvernement portugais les Bourses étrangères sur lesquelles il pouvait tenter d'émettre de nouveaux emprunts.

Le gouvernement du Portugal, — ce point n'est point contesté — a depuis longtemps des budgets qui se soldent en déficit. Comment y pourvoir ? Par des emprunts à l'intérieur ? Depuis longtemps il n'y faut plus songer. Il s'adresse donc à l'étranger, et d'ordinaire à la Bourse de Londres, car personne n'ignore l'état de vassalité politique et commerciale du Portugal vis-à-vis de l'Angleterre. Mais à la fin, la Bourse de Londres fut saturée de ces emprunts, et on songea naturellement à la France, qui produit à la fois les travailleurs les plus économes et les plus merveilleux actionnaires. En avril 1879, on parla d'un projet d'emprunt portugais. Les porteurs s'émurent ; le comité, pour les convoquer, s'adressa à la presse et fit placarder l'affiche suivante, exactement semblable à celle qui est aujourd'hui incriminée :

» *Emprunt royal du Portugal* de 40 millions de francs, divisé en 40,000 obligations de 1,000 fr., émission de 1832, remboursables en trente-deux ans depuis le 1er septembre 1833, émises à la Bourse à 700 fr. et totalement libérées, garanti par tous les revenus de l'État, suivant décret royal signé à Lisbonne, le 5 octobre 1832. Les versements en retard sur ces obligations ont été l'objet de poursuites judiciaires de la part du gouvernement portugais jusqu'en 1842 ».

» *Réunion des porteurs* (conformément aux décisions prises par l'assemblée générale du 20 mai 1870) *des 38,758 obligations en souffrance.*

» Les porteurs des 38,750 obligations portugaises dont les coupons et l'amortissement restent en souffrance et qui ne se seraient pas encore fait connaître sont invités à nouveau à se faire inscrire avant le 15 août, au secrétariat de la commission syndicale, rue Amelot 138, pour prendre part à la réunion annuelle qui doit avoir lieu prochainement en la salle du Vaux-Hall, rue de la Douane.

» Ils devront justifier de leurs titres et autant que possible des bordereaux de souscription ou d'achat.

» Pour les membres de la commission syndicale élus par l'assemblée générale du 20 mai 1878,

» Battarel, secrétaire,
» Rue Amelot, numéro 138.

» 30 avril 1879 ».

D'autres porteurs de l'emprunt ont fait plus ; ils ont mis en vente publique des titres de l'emprunt portugais de 1832 et la souscription tentée du nouvel emprunt n'a pas réussi.

La presse portugaise, tout en gémissant de l'attitude hostile des porteurs de l'emprunt de 1832, reconnaît que c'était là une conséquence naturelle de la conduite tenue à leur égard. Le gouvernement portugais le comprit aussi et résolut de changer, non pas de dessein, mais de système.

M. le comte de Reilhac, président du comité des porteurs français, avait cru devoir faire avec ses collègues une démarche auprès de M. Mendès Léal, ministre plénipotentiaire du Portugal, et lui demander si son gouvernement ne trouvait pas, enfin, que le moment fût venu de désintéresser les porteurs de l'emprunt de 1832 ou du moins de chercher un terrain sur lequel on pût entrer en accommodement. M. Mendès Léal parut prêter l'oreille aux réclamations de M. le comte de Reilhac. Une correspondance fut alors échangée entre ce dernier et le représentant du Portugal ; elle comprend trois lettres, dans lesquelles le

Tribunal trouvera la preuve de deux choses importantes ; la première, que des négociations étaient engagées au
moment où l'emprunt allait être tenté ; la seconde, que
M. de Reilhac a prévenu les représentants du gouvernement portugais qu'il ne laisscrait pas, sur l'échange des
paroles les plus vagues, périr les intérêts dont il était chargé.

Mais le gouvernement portugais, au lieu d'envoyer des
autorisations de traiter avec les porteurs, s'était déjà hâté
de conclure un emprunt avec le Comptoir d'escompte, qui
prit ferme 75,100 obligations à 398 francs, qu'il veut bien
revendre au public, au prix de 465 francs réalisant ainsi de
ce seul chef une commission de 5,031,700 francs sur 28 millions environ.

A peine M. le comte de Reilhac vit-il l'annonce de cet
emprunt qu'il comprit la nécessité, comme président du
comité des porteurs de l'emprunt 1832, d'avoir avec
M. Mendès Léal une explication catégorique. En effet, ou
le gouvernement se décidait à faire droit enfin aux réclamations des créanciers de 1832, ou il avait la prétention de
passer outre, sans tenir compte plus que par le passé de
leurs légitimes revendications; c'était donc ou la paix ou la
guerre, mais on ne pouvait admettre que le gouvernement
eût, en optant pour la guerre, les bénéfices de la paix qu'il
avait refusée. Le comité entendait bien que si ses réclamations étaient encore repoussées, le Portugal fût maintenu
dans la situation que lui avait faite *le refus de tenir ses engagements*, c'est-à-dire *qu'il restât à la porte du marché de
Paris* suivant l'expression d'un journal portugais.

C'était, a-t-on dit, une menace que nous faisions ; oui,
sans doute, mais c'était une menace légitime, traduite dans
un style plein d'une politesse à laquelle M. de Reilhac n'é-
tait pas obligé.

M. le comte de Reilhac se présente donc chez M. Mendès
Léal ; mais celui-ci avait quitté Paris, et c'est cette absence

qui motiva la correspondance dont j'ai déjà indiqué la nature et la portée.

L'emprunt allait être émis ; il fallait agir. Deux choses étaient nécessaires dans la lutte que les porteurs spoliés entreprenaient à nouveau : la première, c'était de convoquer une assemblée de tous les intéressés ; la seconde, de signifier clairement au gouvernement portugais qu'on ferait appel à l'opinion publique dont il n'avait jamais osé jusqu'ici affronter le jugement.

Une nouvelle affiche, semblable à celle d'avril, fut donc collée sur les murs de Paris.

Elle porte seulement la signature de M. Battarel ; mais M. le comte de Reilhac déclare nettement en accepter la responsabilité absolue. Si M. Battarel l'a signée, c'est qu'il était le secrétaire du syndicat et que ses fonctions étaient de convoquer les créanciers.

Cette affiche a été placardée sur les murs de Paris, au nombre d'un millier d'exemplaires environ. Elle invitait les porteurs de l'emprunt de 1832 à se réunir à une date indiquée. Les commentaires sur cette affiche viendront en leur temps, mais je n'ai pas besoin de dire que je soutiens que les rédacteurs n'ont pas dépassé leurs droits.

Cette affiche ne gênait guère le gouvernement portugais, car il avait déjà le contrat par lequel le Comptoir d'escompte lui assurait 28.890,389 francs ; mais il y avait quelqu'un dont cet affiche contrariait la spéculation, le Comptoir d'escompte. Aussi c'est lui qui agit aujourd'hui ici sous le nom du gouvernement portugais. En voulez-vous la preuve?

Vous trouverez à la page 15 du livre dans lequel M. de Reilhac a réuni non seulement nos documents, mais encore ceux de nos adversaires (1) : une traduction du *Diario popular*, feuille ministérielle de Lisbonne :

(1) Emprunt royal de Portugal, *Documents authentiques pour servir à la liquidation de cet emprunt.* Paris, 1880, Librairie Moderne, 17, boulevard Montmartre.

» On se plaint des bénéfices extraordinaires que va faire le Comptoir d'escompte en émettant l'emprunt à Paris, mais ces bénéfices sont loin d'être liquidés. Pour se rendre compte de l'énormité des charges qui pèsent sur lui, il suffit de considérer la terrible lutte qu'il a à soutenir avec les porteurs de notre emprunt de 1832. Cette lutte coûte des dépenses effroyables et, pour l'affronter, il fallait l'union de puissantes maisons, comme le Comptoir d'escompte et la maison Marcuard. N'oublions pas aussi que, jusqu'ici, nous avions été mis à la porte du marché de Paris... »

C'est le 1er août que l'affiche est placardée. Le soir, M. Battarel recevait de M. le comte de San Miguel, chargé d'affaires intérimaire du Portugal, une déclaration par huissier, ainsi conçue :

» L'an 1879, le 31 juillet, à la requête de M. le comte San Miguel, chargé d'affaires du Portugal en France, agissant comme représentant et pour le compte du gouvernement portugais.

» J'ai, huissier soussigné, dit et déclaré à M. Battarel, avocat, propriétaire, demeurant à Paris, rue Amelot, 138, que la légation du Portugal vient d'être informée qu'une affiche, placardée sur les murs de Paris, fait savoir que le roi de Portugal a contracté un emprunt, en 1832, en obligations ;

» Que les porteurs de ces obligations laissées en souffrance pour le capital et les intérêts (le mot souffrance imprimé en grands caractères) sont convoqués au domicile de M. Battarel pour former un syndicat et aviser aux mesures à prendre pour le recouvrement.

» Que ce *factum* est une manœuvre pouvant avoir pour conséquence de porter une atteinte grave au crédit et à la considération du gouvernement portugais en laissant supposer au public que ledit gouvernement ne remplit pas exactement les engagements par lui contractés, alors qu'il vient d'émettre un emprunt dont la souscription est ouverte le 2 août prochain au Comptoir d'escompte de Paris.

» Avec intention, il a été dit dans l'annonce : Emprunt du roi de Portugal ,pour l'assimiler à l'emprunt actuellement en émission, et qu'avec intention également l'affiche est placardée en parallèle avec l'affiche de la souscription ;

» Que c'est un acte de mauvaise foi et de déloyauté unique alors que le signataire de l'affiche et ses adhérents occultes n'ignorent pas qu'antérieurement à 1832, par un décret du 23 août 1830, le gouvernement de la Régence, au nom de la reine Dona Maria II, avait formellement déclaré que les emprunts de l'usurpateur dom Miguel ne seraient pas reconnus ;

» Qu'en conséquence, les personnes qui ont pris part au contrat de 1832 ne pouvaient ignorer que les capitaux engagés seraient complétement perdus ;

» Que sur une pétition présentée au Sénat français en 1862 par les sieurs Dechambre et Buisson, se disant mandataires d'obligataires aux fins d'une intervention diplomatique en leur faveur par le gouvernement français, leur demande a été repoussée par le Sénat qui, sur l'avis du rapporteur, M. le président Bonjean, a passé à l'ordre du jour, l'intervention diplomatique ne pouvant avoir lieu ;

» Qu'il importe au gouvernement portugais, qui a toujours refusé d'accepter la responsabilité de l'emprunt 1832 de protester énergiquement, comme de fait il proteste contre cet abus grave d'une publicité calomnieuse et diffamatoire, réserve expresse étant faite de l'exercice de tous droits et recours par toutes les voies ordinaires et extraordinaires.

» Comte SAN MIGUEL. »

Cette protestation, où l'injure n'est pas épargnée, où l'on nous traite de diffamateurs, est publiée, le soir même, dans un grand nombre de journaux de Paris.

Le lendemain, nous signifions une contre protestation qui est la seconde pièce incriminée.

» L'an 1879, le 2 août, à la requête de M. le comte de Reilhac, de M. Arthur Battarel, agissant en leurs noms personnels comme porteurs de l'emprunt royal de Portugal, 1832, et souscripteurs originaires, et en outre, M. de Reilhac, en sa qualité de président, et M. Battarel de secrétaire de la commission syndicale de réclamations dudit emprunt, régulièrement élus dans l'assemblée générale des porteurs dudit emprunt tenue au Wau-Hall, le 20 mai 1878.

» J'ai, Brossier, huissier soussigné, etc.,

» Déclaré à M. le comte de San Miguel, chargé d'affaires de Portugal en France.

» Que les requérants protestent de la manière la plus formelle contre la signification du 31 juillet dernier ;

» Qu'en effet le gouvernement portugais sait bien qu'un emprunt a été contracté en France, en 1832, par Dom Miguel Ier, roi du Portugal depuis 1828 ;

» Que cet emprunt, émis publiquement et coté à la Bourse de Paris, s'élevait à 40 millions de francs, divisé en 40,000 obligations de 1,000 fr., remboursable en trente-deux ans et productif d'intérêts à raison de 5 pour cent par an payables par semestre ;

» Qu'une quittance authentique, déposée aux archives du royaume de Portugal, a été consentie par le gouvernement portugais aux banquiers français, MM. Jauge et Outrequin, contractants de cet emprunt ;

» Qu'en souscrivant, les porteurs français ont entendu faire un placement sérieux de leur fortune ;

» Qu'ils n'avaient pas, d'ailleurs, qualité pour discuter les droits de Dom Miguel et ceux de Dona Maria, sa nièce, au trône du Portugal ;

» Qu'il leur a suffi de savoir, au moment où l'emprunt était émis que Dom Miguel était, en fait, depuis plus de quatre ans, roi de Portugal ;

» Qu'il avait été acclamé par les États Généraux du pays et qu'il exerçait, en fait, tous les attributs de la puissance royale sur tout le territoire portugais ;

» Qu'en outre il avait été reconnu par plusieurs gouvernements étrangers, frappait monnaie, laquelle a encore cours aujourd'hui, commandait les armées et pourvoyait à toutes les charges publiques du royaume,

Que 1,250 titres seulement ont été remboursés, conformément au contrat, et trois semestres acquittés, de telle sorte qu'il reste actuellement 38,750 titres en souffrance n'ayant reçu aucun intérêt depuis plus de quarante-cinq ans ;

» Que pour refuser le paiement de cet emprunt après la chute de Dom Miguel et l'avènement au trône de Dona Maria, sa nièce, le gouvernement portugais a prétexté que Dom Miguel était un usurpateur ; que cette manière de payer ses dettes est contraire à tous les principes d'équité, du droit civil et du droit des gens ; mais, en outre, les faits suivants témoignent du peu de respect que le gouvernement portugais apporte aux engagements solennels pris par lui;

» Qu'en effet, après la prise de Lisbonne par Dom Pedro, frère de Dom Miguel, agissant pour le compte de sa fille Dona Maria, un décret royal fut rendu par lui, le 31 juillet 1833, nommant une commission de finances pour recouvrer le solde de l'emprunt de 1832, et en conformité des paroles solennelles prononcées par Dom Pedro lui-même, restituer les sommes recouvrées aux porteurs en temps convenable; que cette commission de finances a constaté l'existence de traites envoyées de Paris par les banquiers Jauge et Outrequin pour une somme de 2 millions 600,000 fr. environ, à l'ordre de M. Couto Fernandes, caissier général du gouvernement de Dom Miguel, qui, seul des fonctionnaires précédents, fut maintenu en fonctions par Dom Pedro, son endossement étant indispensable au recouvrement des traites dont s'agit ;

» Que cependant plusieurs souscripteurs de ces traites s'étant refusés au paiement, le gouvernement de Dona Maria les fit poursuivre judiciairement de 1834 à 1842 tant à Paris qu'à Londres, par son agent M. Soarès, qui ne put même obtenir condamnation qu'en affirmant, sous serment, que les fonds seraient répartis aux porteurs de l'emprunt de 1832 et que les recouvrements, par lui opérés, ont figuré dans les budgets portugais de 1834 à 1842 ;

» Que, cependant, malgré les récriminations nombreuses desdits porteurs, malgré l'intervention officieuse du gouvernement français à diverses reprises, et notamment en 1853, à la suite de la décision du Sénat français en date du 29 avril 1853, le gouvernement portugais s'est refusé à restituer les sommes recouvrées, qui n'étaient en ses mains qu'en dépôt et qu'il n'avait pas craint d'employer à ses besoins financiers ;

» Qu'en 1864, cédant à des récriminations plus vives d'une nouvelle commission syndicale organisée à Paris en 1858, et dont Me Dechambre, avoué à Paris, était président, et M. Battarel, l'un des requérants, secrétaire, le gouvernement portugais fit faire des ouvertures de transaction et remit un projet de traité par l'entremise de son ambassadeur à Paris,

M. de Païva ; mais, qu'après plus d'une année de négociations, le projet
de transaction fut abandonné par suite des exigences inacceptables du
gouvernement portugais ; que si, en 1866, le Sénat français, sur le rapport de M. Bonjean, n'a pas cru devoir faire intervenir de nouveau le
gouvernement impérial, c'est précisément parce que le Portugal a refusé
de rouvrir les négociations ; qu'au surplus, les droits des porteurs de
titres de cet emprunt sont incontestables ; qu'ils ont été affirmés de la
manière la plus énergique par des hommes d'État, des jurisconsultes et
des publicistes des plus éminents, notamment MM. Dufaure, Odilon Barrot, de Vatimesnil, anciens ministres ; Berryer, avocat ; MM. Laboulaye,
Vergé, Bozérian, Jozon, Rousse, Barboux, Vavasseur, Block, Huard,
Pouillet ; et enfin par une publication spéciale sur l'emprunt Dom Miguel par M. Becker, avocat au barreau de Paris.

» Qu'en présence de ces faits, qui sont constants, mes réquérants ont
lieu d'être surpris que le gouvernement portugais traite de *factum* l'affiche apposée sur les murs de Paris par les soins de la commission syndicale desdits porteurs, alors que cette affiche n'est que la reproduction
des titres qu'ils ont en mains, qu'ils protestent énergiquement contre
l'imputation de mauvaise foi, de déloyauté, de calomnie et de diffamation que le gouvernement portugais leur applique et qu'ils persistent à
réclamer de celui-ci, par toutes les voies et moyens en leur pouvoir, le
remboursement de ce qui leur est dû, ajoutant au surplus que le gouvernement de Dona Maria a reconnu lui-même et converti le 31 octobre 1836 un emprunt contracté par le roi Dom Miguel, le 12 novembre
1831, à l'intérieur du royaume de Portugal.

» Et sous toutes réserves les requérants ont signé avec l'huissier. »

Cette contre-protestation fut également publiée dans les
journaux, et le Tribunal l'a retenue comme un écrit constituant le délit d'offense à la personne du roi de Portugal.

Onze jours s'écoulèrent... Ah ! c'est que les résolutions
étaient difficiles à prendre. D'abord il ne pouvait échapper
à un adversaire aussi habile et aussi rompu aux procès de
presse (1) qu'il n'y avait aucun délit dans ces écrits. En outre,
quel danger n'y avait-il pas à engager un débat judiciaire
sur des faits que l'intérêt le plus cher du gouvernement
portugais était de laisser tomber peu à peu dans le silence
et dans l'oubli ! Mais la spéculation ne connaît ni ces ménagements ni ces calculs ; le souci du gain est sa seule loi,
et quand elle commande, il faut lui obéir.

_____

(1) Me Durier.

M. de Reilhac, d'ailleurs, annonça clairement qu'on ne le ferait pas capituler.

Le 13 août, le comité des porteurs de l'emprunt de 1832 *faisait signifier à la chambre syndicale des agents de change de Paris une opposition à l'admission à la cote du nouvel emprunt portugais* émis sur le marché par le Comptoir d'escompte de Paris.

Le 16 août, M. le comte de Reilhac et M. Battarel recevaient une assignation à comparaître le 23 devant cette chambre même, pour répondre du délit de diffamation, ou tout au moins d'offense envers le gouvernement portugais.

L'assignation est donnée à la requête de gouvernement portugais, agissant aux poursuites et diligences de M. San Miguel.

Les motifs sont à peu près les mêmes que ceux de la protestation; j'indique seulement les passages dans lesquels le système du demandeur est précisé

» Attendu que Battarel a fait apposer des affiches sur les murs de Paris.

» Que ces affiches contiennent une imputation de nature à porter atteinte à l'honneur et à la considération du gouvernement portugais, puisqu'il est dit que 38,750 obligations de l'emprunt royal du Portugal sont restées en souffrance, mot *souffrance* imprimé en gros caractères :

» Que Battarel accuse ainsi le gouvernement portugais de ne pas payer ses dettes ;

» Que, dans la signification du 2 août, M. le comte de Reilhac et Battarel ont dirigé les imputations les plus outrageantes contre le gouvernement portugais ; qu'il y est dit notamment que « cette manière de payer ses dettes est contraire à tous les principes d'équité, de droit civil et de droit des gens. »

Les défendeurs étaient assignés pour le 23 août, c'est-à-dire pour une date où l'on savait qu'il était impossible qu'un pareil procès pût être l'objet d'une discussion utile. Malgré cela, ou plutôt à cause de cela, le demandeur insistait pour obtenir un jugement, et mes clients, privés de leurs défenseurs, étaient réduits à faire défaut. C'est dans ces circonstances que, le 30 août, a été rendu le jugement dont je dois mettre le texte sous les yeux du Tribunal.

« Le Tribunal :

Donne défaut contre de Reilhac et Battarel non comparants, quoique régulièrement cités, et après en avoir délibéré conformément à la loi pour le profit :

Attendu qu'il est constant que les affiches signées Battarel ont été placardées, à la fin de juillet 1879, sur plusieurs points de la ville de Paris et distribuées le 2 août suivant, soit à la porte extérieure du Comptoir d'escompte, soit devant le péristyle de la Bourse ;

Attendu que le gouvernement portugais est signalé dans ces placards comme ne remplissant pas ses engagements envers ses créanciers et laissant en souffrance des obligations émises en 1832, qualifiées d'emprunt royal ;

Attendu que ces affiches ont été composées et imprimées de manière à attirer plus spécialement les regards sur certains mots destinés à produire de l'effet sur le public, qu'il est établi qu'elles ont été apposées à côté de celles qui annonçaient l'ouverture de la souscription à Paris, le 2 août, au Comptoir d'escompte, de l'emprunt voté par les Cortès portugaises en 1879 ;

Attendu que Battarel a reproduit, dans le numéro du 9 avril dernier du journal le Conseiller de l'Épargne, publié, mis en vente et vendu, le placard qu'il avait fait afficher et distribuer ; ·

Attendu que le journal le Temps, dans le numéro du 9 août, publié, mis en vente et vendu, a inséré, sur sommation par huissier, une déclaration signifiée le 2 août 1879 au représentant du gouvernement portugais à Paris, à la requête du comte de Reilhac et de Battarel, aux termes de laquelle les imputations déjà produites ont été renouvelées et même aggravées ; que, notamment, il y est dit : « que les faits témoignent » du peu de respect que le gouvernement portugais apporte aux enga- » gements solennels pris par lui ; qu'il s'est refusé à restituer les som- » mes recouvrées qui n'étaient en ses mains qu'en dépôt et qu'il n'avait » pas craint d'employer à ses besoins financiers » ;

Attendu que la rédaction, la composition et la publication des placards par Battarel et l'insertion requise par lui dans le Temps, à laquelle s'est associé le comte de Reilhac, ont été conçues et affectuées dans un esprit malveillant et offensant à l'égard du gouvernement portugais ;

Attendu que si ces imputations n'ont pas été adressées directement à la personne du souverain de Portugal, elles l'atteignent en sa qualité de chef du gouvernement ;

Attendu que la diffamation envers un gouvernement étranger n'est pas prévue par la législation, que la seule disposition de la loi du 17 mai 1819, applicable aux faits de la cause, se trouve dans l'article 12 § 2 ;

Attendu que Battarel et le comte de Reilhac ne devaient pas ignorer les circonstances dans lesquelles cet emprunt a été émis en 1832, ni les réclamations, rapports, démarches, observations et réponses dont il a été

le sujet ; que la publicité mauvaise donnée par ces deux agents aux pré-
tendus griefs dont ils se sont fait les interprètes auprès du gouvernement portugais n'avait qu'un but, celui d'atteindre par voie de pression
et d'intimidation, ce qu'ils n'avaient pas pu obtenir régulièrement ;

Attendu que la conduite coupable de Battarel et du comte de Reilhac
ont causé au gouvernement portugais, dans la personne d'un de ses
chefs, un préjudice pour la réparation duquel, et à titre de dommages-intérêts, ce dernier demande l'insertion dans plusieurs journaux français
et portugais de la décision à intervenir :

Attendu que le Tribunal a les éléments suffisants pour apprécier la
légitimité de la réclamation, et dans quelle mesure elle doit être admise
et accordée ;

Statuant tant sur les réquisitions de M. le procureur de la République
que sur la plainte de la partie civile ;

Vu l'article 12 de la loi du 17 mai 1819 et 463 du Code pénal en faveur
du comte de Reilhac ;

PAR CES MOTIFS,

Condamne Battarel à quatre mois d'emprisonnement et 3.000 francs
d'amende ;

Condamne le comte de Reilhac à 3.000 francs d'amende ;

Ordonne l'insertion du présent jugement dans cinq journaux portugais et cinq journaux français au choix du demandeur et aux frais de
Battarel et du comte de Reilhac, sans que chaque insertion puisse s'élever à plus de 300 francs ;

Condamne Battarel et de Reilhac en tous les dépens.

A cette même audience du 30 août, le Tribunal était saisi
par nous d'une demande en diffamation et injures publiques
dirigée à la fois contre M. San Miguel et les journaux le
Soir et le *Messager*, fondée sur la publication de la protestation du 1er août à laquelle on avait répondu par celle du
2 août. Le Tribunal se déclara incompétent sur notre demande, à l'égard de M. San Miguel, et remit à un jour ultérieur la cause pendante avec les journaux.

On arrachait au Tribunal le jugement qui condamne
MM. de Reilhac et Battarel en demandant une réparation
des injures reçues. Mais, en réalité, c'était une réclame
qu'on sollicitait de vous, et l'usage qu'on en a fait l'a bien
montré. Aussi nos adversaires se sont-ils empressés de
donner à cette décision par défaut toute la publicité possible, et rien n'est plus curieux que la lecture de la presse

officielle, fêtant ce jugement comme une victoire et, oubliant, comme il est juste, *de dire qu'il est par défaut.*

Écoutez le *Diario popular* :

« Le ministre des finances a reçu de Paris divers télégrammes lui faisant savoir le jugement du procès que le gouvernement avait intenté au comité de l'emprunt 1832.

» Le Tribunal, dans une sentence suffisamment développée et admirablement fondée, a condamné, etc.

Et il ajoute :

» Les coupables assistaient à l'audience, défendus par le célèbre avocat Lachaud qui leur prêtait le concours de son talent.

. . . .

» Les Tribunaux français ont fait complète justice de ceux qui voulaient, par la diffamation, nous arracher d'onéreuses concessions. »

Et le *Diario de Noticias*, dit, de son côté :

« C'est là un grand service que M. le Comte de San Miguel a rendu au pays en jetant la lumière sur une question qui nous ennuie depuis plus de trente ans. La colonie portugaise de Paris est dans la joie et s'est transportée chez M. de San Miguel pour lui offrir ses remerciments. »

On a fait plus, le gouvernement s'est servi de cette décision pour en faire une réclame électorale, et il s'est prévalu du succès de l'emprunt de 1879, qui allait, disait-il, rétablir l'équilibre dans les finances portugaises.

La procédure exposée, examinons les questions que soulève le procès.

Il y en a une, d'abord, que vous avez tranchée par le jugement d'incompétence et qui ne se représente plus devant vous.

M. San Miguel avait considéré comme offensante notre contre-protestation du 2 août ; nous avions le droit de considérer comme injurieuse la protestation du 1er à laquelle nous avions répondu le 2. En conséquence, nous l'avons assigné devant vous et les deux instances se présentaient comme une demande principale et une demande.

reconventionnelle, comme les deux éléments d'un même procès.

Le Tribunal condamne mes clients et se déclare incompétent vis-à-vis de leur adversaire, à cause du caractère diplomatique dont il est revêtu.

Messieurs, je me rends bien compte de la difficulté d'attaquer un jugement devant la Chambre même qui l'a rendu ; mais je vous connais assez pour être sûr que vous me laisserez discuter la sentence aussi librement que si elle avait été rendue par d'autres juges. Eh bien, laissez-moi vous dire que la simultanéité de ces deux jugements, l'un se déclarant compétent pour nous condamner, l'autre incompétent pour nous rendre justice me paraît le renversement absolu de tous les principes sur lesquels repose le droit de défense.

Pour attaquer un Français devant un juge français, le représentant diplomatique doit sortir de son ambassade, se soumettre à la condition de tous les étrangers, c'est pourquoi M. Dom Miguel a dû commencer par verser la caution *judicatum solvi*.

Or, à qui ferez-vous comprendre que le juge compétent pour statuer sur la demande, ne l'est plus pour statuer sur la reconvention ? Alors les représentants des puissances étrangères sont semblables à ces guerriers d'Homère, dont le courage invincible sème partout le carnage et la terreur, mais que, dès qu'on les serre de trop près, une déesse complaisante couvre d'un nuage qui les rend invisibles et les dérobe aux coups qu'on va leur porter. Cela est admirable dans un poème épique ; mais telles ne sont pas les conditions du duel judiciaire. Là, tout doit être égal ; si tout n'est pas égal, il peut y avoir des jugements, il n'y a plus de justice. Et comme on ne peut pas se défendre sans porter des coups, il est clair qu'on ne peut pas se défendre, si l'on n'a pas le droit de toucher à son adversaire.

Ainsi vous apercevez l'admirable question qui se serait offerte à votre jugement. Quand un représentant diplomatique abandonne son privilège pour attaquer, peut-il s'en couvrir pour se défendre ? Avions-nous le droit d'invoquer contre lui la même loi qu'il invoque contre nous ?

Mais je n'ai pas à examiner cette question, et voici pourquoi.

Nos clients, ignorants de la loi, n'ont pas relevé appel dans les délais légaux, en sorte que le jugement par lequel le Tribunal se déclare incompétent est aujourd'hui passé en force de chose jugée. Condamnés à laisser de côté l'auteur des injures dont nous nous plaignons, nous trouverions inique de nous en prendre aux journaux qui les ont reproduites.

Laissons donc de côté cette première question et examinons le jugement.

La loi dont on a fait application est celle du 17 mai 1819, articles 12 et 13.

Le Tribunal a écarté l'article 13 par ce motif que la loi ne punit pas la diffamation à l'égard des gouvernements étrangers.

Cette théorie est évidemment irréprochable, et j'irai même jusqu'à dire qu'il est impossible de comprendre la diffamation vis-à-vis d'un gouvernement, fût-ce le gouvernement français ? La diffamation suppose la publicité donnée aux faits intimes et privés dont la révélation soulève la colère, fomente la haine, sème la division dans la société, prépare les vengeances et les crimes. Rien de semblable vis-à-vis d'un gouvernement. Là tout est public et tout doit l'être. On peut commettre des délits et des crimes par la voie de la presse contre le gouvernement. Mais ce ne seront jamais des délits de diffamation.

Mais le jugement retient l'article 12 qui punit l'offense

envers les souverains ou chefs de gouvernement. Il trouve
le délit dans la phrase suivante : « *Emprunt en souffrance.*
— *Le gouvernement portugais a montré peu de souci des
engagements pris par lui* ». A peine ai-je besoin d'effleurer
ce raisonnement pour en montrer la fragilité. J'essaierai,
au contraire, d'établir que l'affiche et la protestation ne
contiennent que des faits absolument exacts établis par des
documents historiques ; qu'ils ne contiennent ni diffamation, ni offense ; que, d'ailleurs, ils s'adressent au gouvernement, et non à la personne du roi, ce qui rend à la fois
l'assignation donnée à la requête du gouvernement non
recevable et la demande mal fondée.

Le Tribunal a bien compris d'ailleurs qu'il était un peu
dur de condamner à quatre mois de prison et 6,000 francs
d'amende les fils de ceux qui ont perdu plus de 1 million
500,000 francs en achetant, en 1833, à la Bourse de Paris,
les titres d'un emprunt portugais. Aussi lisons-nous :

> « Attendu que Battarel et le comte de Reilhac ne devaient pas igno-
> rer les circonstances dans lesquelles cet emprunt a été émis en 1832, ni
> les réclamations, rapports, démarches, observations et réponses dont il a
> été le sujet ; que la publicité mauvaise donnée par ces deux agents aux
> prétendus griefs dont ils se sont faits les interprètes auprès du gou-
> vernement portugais n'avait qu'un but, celui d'atteindre par voie de
> pression et d'intimidation ce qu'ils n'avaient pu obtenir régulièrement ».

Il faudrait que les choses fussent ainsi pour que notre
condamnation fût possible. C'est donc dans les faits qui
ont précédé, accompagné et suivi l'emprunt que se trouvent les raisons de la bonne ou de la mauvaise foi ; ce
sont, par conséquent, ces faits qu'il faut examiner et discuter.

S'il me fallait exposer en détail les circonstances au milieu desquelles a été souscrit l'emprunt de 1832, ce serait
six années de l'histoire contemporaine qu'il me faudrait
raconter, six années d'événements que l'expédition d'Espagne prépare et que la révolution de 1830 précipite. Mais

chaque chose doit avoir sa mesure ; la plaidoirie ne saurait se permettre les larges développements de l'histoire, et je ne veux présenter au Tribunal qu'un résumé très succinct et très bref des événements qui se sont accomplis en Portugal de 1828 à 1834.

Le roi Jean VI monta sur le trône en 1799 et mourut en 1826. Le Brésil était alors colonie portugaise, et Jean VI y trouva un refuge, lorsqu'en 1807 l'armée de Junot l'obligea à quitter l'Europe. Deux ans après, l'armée française abandonna le Portugal, reculant devant les troupes anglaises, qui demeurèrent maîtresses du pays. Cependant Jean VI ne revint en Europe qu'en 1821, laissant le Brésil entre les mains de Dom Pedro, son fils aîné.

Il semble qu'une loi secrète de l'histoire entraîne toujours les colonies à se séparer de la métropole, lorsqu'elles ont atteint un certain degré de civilisation et de puissance. Dès 1817, la fièvre de l'indépendance avait soulevé contre l'Espagne, le Paraguay, le Chili, le Pérou, la Colombie, et l'Angleterre favorisait cette révolte, dont Simon Bolivar devait assurer le succès. En 1822, le Brésil voulut imiter ses voisins ; il se souleva contre le Portugal ; Dom Pedro, obligé de choisir entre l'exil et l'empire, se décida pour le trône ; il se mit à la tête des indépendants, battit avec eux les troupes portugaises du roi son père, et se fit proclamer empereur constitutionnel. En 1824, un traité ratifia cette séparation du Brésil et du Portugal, qui devint alors définitive.

Jean VI mourut deux ans après, laissant deux fils : Dom Pedro, empereur du Brésil, et Dom Miguel.

Dom Pedro comprit aussitôt qu'il lui était impossible de porter cette double couronne. D'une part, la constitution du Brésil lui interdisait de s'éloigner du pays; d'un autre côté, la perte d'une si puissante colonie avait vivement blessé les Portugais, et Dom Pedro était, en ce moment profondément impopulaire. Mais alors il voulut essayer d'assurer à sa fille le trône qu'il ne pouvait garder pour lui-même ; il abdiqua donc en faveur de Dona Maria, âgée de sept ans, et chargea de la régence du royaume son frère Dom Miguel, avec cette condition qu'il épouserait Dona Maria dès qu'elle serait nubile.

Dom Miguel offrait avec son frère le contraste le plus complet. Dom Pedro était vif, généreux, chevaleresque ; Dom Miguel fanatique, soupçonneux et cruel. Il avait ourdi contre la vie de son père des complots qui avaient été découverts et qui avaient obligé le triste Jean VI à l'éloigner du Portugal ; et quand on songe que Dom Pedro confia à un pareil homme la tutelle politique de sa jeune enfant, en attendant qu'il devint son mari, on demeure confondu de voir à quel point les calculs de la politique peuvent altérer et détruire les sentiments les plus vifs et les plus profonds du cœur.

Dom Miguel, d'ailleurs, n'était pas homme à tenir en réserve pour un autre, un pouvoir dont il pouvait s'emparer. Tout favorisait ses ambitieux desseins. Depuis l'invasion française, la péninsule était violemment agitée par la lutte entre l'esprit des vieux âges et celui du monde nouveau. Dom Miguel représentait la monarchie théocratique et absolue. L'expédition d'Espagne avait rendu une grande force à ce parti en abattant le parti contraire ; il n'éprouva donc aucune résistance à s'emparer du pouvoir, et rejetant la constitution libérale que Dom Pedro avait envoyée toute faite du Brésil, il convoqua les Cortès, qui formaient, d'après la vieille loi du pays, la représentation élective du Portugal. Trois cent treize députés y siégèrent, et après de longues délibérations, ils votèrent, sous forme d'une consultation longuement motivée de droit monarchique, une résolution qui porte la date du 11 juillet 1828, et dont voici le résumé :

» Ce que tout bien considéré et gravement médité les trois États du royaume ayant trouvé que des lois très claires et très décisives excluaient de la couronne, avant le 10 mars 1826, D. Pedro et ses descendants, et par cela même appelaient la seconde ligne dans la personne du seigneur Dom Miguel ; et que tout ce qu'on allègue et pourrait alléguer de contraire est de nulle force, ils ont reconnu unanimement et ont déclaré dans leurs actes spéciaux, et reconnaissent et déclarent dans cet acte général :

» Que la couronne portugaise appartient depuis le 10 mars 1826 au roi notre maître et seigneur D. Miguel, premier du nom, et que par conséquent on doit réputer nul tout ce qui a été pratiqué et décrété par le seigneur D. Pedro, dans la qualité de roi de Portugal qui ne lui appartenait pas, et notamment la soi-disant Charte constitutionnelle de la monarchie portugaise, datée du 29 avril de ladite année 1826, et, pour que cela soit constant, on a dressé cet acte signé par toutes les personnes, qui, dans ce moment, sont rassemblées en Cortès pour les trois États du royaume. »

Au nombre des députés de la noblesse figure M. le comte de San Miguel, qui est sans doute l'un des aïeux de notre honorable adversaire.

A-t-il régné, ce roi que M. le comte de San Miguel voudrait maintenant faire traiter comme s'il avait été le chef de la commune insurrectionnelle de Paris ?

A l'extérieur, il a été officiellement reconnu par les États-Unis, l'Espagne et le Saint-Siège, et les autres puissances n'ont pas cessé d'entretenir près de lui des agents chargés d'assurer les relations internationales.

A l'intérieur, les Cortès qu'il avait réunies ont légiféré, et la collection officielle des lois en vigueur publiée par le gouvernement portugais, en 1869, contient 150 lois et décrets sur toutes les branches de l'administration qui datent du règne de Dom Miguel.

Il a contracté, à l'intérieur, deux emprunts plus tard reconnus et payés par le gouvernement qui lui a succédé.

Il a battu monnaie, et l'argent avec lequel le peuple portugais paie les impôts dont vit le gouvernement qui nous attaque, porte l'effigie et le titre de Dom Miguel 1er, roi de Portugal.

Oui, il a régné, et son succès si rapide, son empire si vite établi, ce peuple qui s'incline sans effort et sans lutte sous la main d'un roi improvisé, ces Cortès qui se réunissent et qui l'acclament, cette Europe qui le reconnaît ou demeure silencieuse, tout cela n'a rien qui nous puisse surprendre ; nous avons vu des choses semblables. Il commettrait d'ailleurs une grande erreur, celui qui voudrait juger l'état des esprits dans la péninsule ibérique par l'état des esprits en France à la même époque. Chez nous, depuis la Révolution, la masse de la nation a toujours été profondément attachée à ses conquêtes, et le nom magique de la liberté y a toujours fait battre bien des cœurs, quelquefois même un peu trop vite. Là-bas, au contraire, une ignorance générale et profonde, les restes du fanatisme le plus étroit et le plus cruel, l'indolence que la douceur du climat conseille, la pauvreté, fille de la paresse, qui avilit les âmes, avec cela la liberté passant les monts dans les plis d'un drapeau détesté, et ainsi les élans du patriotisme le plus pur d'accord avec les suggestions du fanatisme et avec les conseils de la servitude, tout cela faisait une nation absolument indifférente aux idées libérales. Aussi, tandis que chez nous il suffisait que le roi portât la main sur la Charte pour soulever contre lui la nation entière, là-bas, les conspirations succèdent aux conspirations, les révoltes aux révoltes, un régime absolu à un régime libéral, tous ces changements n'intéressent qu'un petit nombre d'hommes, dont les meilleurs encore gémissaient dans les prisons, ou battaient douloureusement les chemins de l'exil. Quant à la nation, au peuple qu'on gouverne et qui paie, il subissait tout, acceptait tout, acclamait tout, comme l'animal qui, délivré du joug, demeure courbé, l'attendant de nouveau.

Où donc était alors le parti pédriste ? De toute la monarchie portugaise un seul point avait refusé de reconnaître

l'autorité de Dom Miguel, l'île de Terceira, l'une des îles
Açores. Sur cet étroit rocher de quelques lieues carrées à
peine, une troupe de trois cents hommes représentait toute
la puissance de Dona Maria. Louis XVIII en avait davantage à l'armée de Condé ! Il est probable que ces partisans
inconnus n'auraient jamais fait courir de grands dangers
à la monarchie de Dom Miguel, si des événements extérieurs n'avaient tout à coup changé la face des choses et
renversé le courant qui traversait la péninsule.

- La révolution de 1830 avait ébranlé toutes les monarchies absolues, en en renversant une qui avait essayé de
le devenir.

· L'année suivante, une autre révolution chassa du Brésil
Dom Pedro, qui revint en Europe, où il ne porta plus désormais que le titre de duc de Bragance. Privé de sa couronne, il voulut au moins tenter d'en reconquérir une pour
sa fille. Il alla en Angleterre et s'assura la neutralité bienveillante du cabinet anglais, comme il s'était déjà assuré
le bon vouloir du nouveau gouvernement français. Il put
emprunter quelque argent, enrôler des soldats, acheter
quelques vaisseaux qu'il réunit à Belle-Isle.

Parti de ce port, il se rend à l'île de Terceira ; puis, six
mois après, débarque avec sa petite troupe devant la ville
de Porto. Il est d'abord repoussé par les habitants ; puis
une méprise du général qui commandait dans Porto lui
livre cette place sans combat. Dom Pedro y entre, s'y ins-
talle, et aussitôt assiégé par l'armée portugaise, y résiste
onze mois. C'est au moment même où ces événements commençaient que le gouvernement portugais contractait l'emprunt extérieur qui est l'objet de ce procès. Cependant
Dom Pedro, enfermé dans Porto, allait y succomber, lorsqu'il eut la pensée de confier sa petite flotte à un marin
anglais, le capitaine Napier, qui, préludant à sa gloire,
chercha la flotte portugaise, la trouva dans les eaux du cap

Saint-Vincent, et, sans craindre la disproportion des forces, l'attaqua et la captura tout entière.

Les soucis et les craintes avaient accru la dureté naturelle de Dom Miguel; plusieurs étaient tombés victimes de
ses soupçons. Des Français même avaient souffert, et déjà
l'amiral Roussin, pour obtenir satisfaction du gouvernement portugais, avait forcé l'entrée du Tage, canonné les
forts et menacé de bombarder Lisbonne. Mal servi par des
hommes auxquels il donnait chaque jour de nouvelles
raisons de désirer sa chute, le roi Dom Miguel quitta sa
capitale au mois de juin 1833. Un mois après, Villaflor
débarqua avec 2,000 hommes dans les Algarves, et après
avoir passé le Tage à Cacilhas, entra sans coup férir dans
Lisbonne, avec 1,500 hommes et 16 lanciers. Désormais
les rôles allaient changer, l'insurrection de Porto se changeait en guerre civile. Cette guerre continua encore pendant une année dans les provinces, et seulement après la
convention d'Evora (8 mai 1834), Dom Miguel abdiqua définitivement la couronne, et quitta le Portugal pour n'y
plus rentrer.

Au mois de septembre 1834, D. Maria lui succédait
comme reine de Portugal.

Examinons maintenant les éléments de l'emprunt de
1832 ; je n'invoque encore ici que des documents historiques.

Voici d'abord la quittance authentique délivrée à Lisbonne par le gouvernement portugais aux banquiers souscripteurs :

» Je déclare par la présente obligation avoir reçu la somme de 40 millions selon le contrat susdit.

» Par la présente, je déclare en mon nom, mes héritiers et ayants cause
débiteurs à toutes les personnes intéressées dans le présent emprunt de
la somme portée dans chacune des obligations, et je me reconnais dès à
présent débiteur envers toutes les personnes qui, à l'avenir, seront propriétaires d'une ou plusieurs de ces obligations, pour le paiement du

capital et des intérêts desquelles je promets que l'intérêt de cet emprunt de 40 millions de francs à raison de 5 pour cent par an sera payé à Paris en paiements trimestriels.

» Nous promettons en outre pour nous, héritiers et successeurs, que le remboursement du capital de cet emprunt sera effectué de manière que tout ce capital sera remboursé dans le délai de trente-deux ans, à partir du 1er septembre 1832.

» Pour garantie et sécurité de l'amortissement de cet emprunt, tant du capital que des intérêts, j'hypothèque à tous mes preneurs en mon nom royal et au nom de mes héritiers et successeurs, spécialement et exclusivement tous les produits des subsides militaires, de la dîme de la ville de Lisbonne et de la ville de Porto ; et dans le cas où cette hypothèque ne serait pas suffisante j'engage en général tous les revenus du royaume.

» Je déclare pour moi, mes héritiers et successeurs, que la présente obligation doit être réputée inviolable, et sera réputée sacrée tant en paix qu'en guerre... Je m'oblige, mes héritiers et successeurs, à l'accomplissement des promesses précédentes, en foi de quoi j'ai signé la présente obligation générale déposée aux archives où elle sera enregistrée.

» Palais royal de Queluz, 5 octobre 1832.

» Signé, « le Roi.»
» Contre-signé par les ministres, etc., etc. »

M. le comte de Reilhac, à la suite de cette quittance authentique, a placé dans l'ouvrage précité le résumé des circonstances politiques que je viens de faire connaître.

» Il importe, dit-il, de rappeler les conditions dans lesquelles se trouvait le gouvernement fonctionnant dans le Portugal depuis 1828, quand, vers le milieu de l'année 1832, il entrait à Paris en pourparlers avec divers banquiers en négociation d'un emprunt extérieur, signait ensuite par l'intermédiaire de commissaires spéciaux un traité au nom même du Portugal, et le 5 octobre délivrait au soumissionnaire la quittance authentique que je viens de lire.

» Il y avait quatre ans et demi que la royauté de Dom Miguel avait été proclamée par les Cortès de Lisbonne, et, depuis lors, le gouvernement n'avait pas cessé de pourvoir régulièrement à toutes les fonctions civiles et militaires de l'État. En matière économique notamment, il avait amplement pourvu au service de la cinquième caisse, ou caisse d'amortissement, réglé la circulation du papier-monnaie et pris diverses mesures financières.

» On avait liquidé les anciens comptes. Les arriérés dus aux fournisseurs de l'armée avaient été consolidés par la création de nouvelles rentes 5 pour cent.

» Divers emprunts intérieurs avaient été réalisés, les uns, comme ceux du 6 mai 1828, du 13 novembre 1830, pour la consolidation de la dette ;

les autres, des 12 juin 1828 et 12 novembre 1831, pour faire face à des besoins nouveaux.

» Alors, comme aujourd'hui, les recettes étaient insuffisantes en Portugal. Le déficit existait comme il existe encore aujourd'hui. C'est pourquoi le 28 juin 1832, le ministre des finances demandait une retenue de 10 pour cent sur les intérêts de la dette publique, ceux des actions de la Banque de Lisbonne et de la Compagnie des vins du Haut Douro pendant deux semestres. C'est alors que le gouvernement portugais s'adressa, selon l'habitude qu'il a toujours eue, à des banquiers étrangers, et, après diverses propositions, signait avec MM. Outrequin et Jauge, de Paris, un traité ayant pour objet la négociation d'un emprunt de 40 millions de francs 5 pour cent, amortissable par tirages semestriels en trente-deux ans.

» Quelques semaines après, il délivrait à Lisbonne même, aux soumissionnaires, la quittance ci-dessus contresignée par le conseil des ministres et leur remettait les obligations de l'emprunt royal de Portugal.

» Or, c'était pendant le cours même de ces divers pourparlers que Dom Pedro, expulsé du Brésil l'année précédente, était apparu pour la première fois sur les côtes du Portugal pour y tenter la fortune.

L'emprunt fut émis le 3 avril 1833. Il fit d'abord son apparition à la Bourse avec 1 pour cent de prime, ainsi qu'il résulte de tous les bulletins de bourse des grands journaux du temps où il figure à côté d'un emprunt grec. Faut-il voir là une prophétie !

Savez-vous maintenant sur quoi se fonde M. de San Miguel pour soutenir que les souscripteurs de l'emprunt de 1832 sont assurément de mauvaise foi ? Voici ses paroles :

» Que leur réclamation est un acte de mauvaise foi et de déloyauté unique, alors que le signataire de l'annonce et ses adhérents occultes n'ignorent pas qu'antérieurement à 1832, par un décret du 23 août 1830, le gouvernement de la régence, au nom de la reine Dona Maria II, avait formellement déclaré que les emprunts de l'usurpateur Dom Miguel, ne seraient pas remboursés. »

Vous chercheriez, en vain, dans les actes officiels ou dans les archives, la trace de ce décret. Vous la chercherez, en vain, dans les bulletins de bourse du temps. Nulle part il n'existe. Il suffit de le lire pour en connaître la valeur.

» La régence du royaume du Portugal et des Algarves, considérant que tous les actes émanés de l'infant D. Miguel, depuis le 25 avril 1828, sont manifestement nuls, caducs et sans effet, soit qu'ils aient été passés au nom du régent ou en celui du roi, puisque c'est dans ce jour que Son Altesse a manifesté plus à découvert le projet qui dans la suite s'est développé peu à peu et a été consommé d'usurper la couronne, laquelle appartenait, sans aucun doute, au seigneur D. Pedro IV par le droit indiscutable d'héritage, en vertu des lois fondamentales du royaume et de celles en usage dans toutes les monarchies, et laquelle appartient depuis, en vertu d'une abdication formelle à Sa Majesté, son auguste fille Dona Maria II... Le conseil de régence voulant prévenir tous les doutes qui pourront s'élever relativement aux opérations financières et empêcher toute fraude et tromperie, déclare au nom de la reine que jamais ne seront reconnus comme obligatoires pour la couronne de Portugal les emprunts, paiements anticipés ou autres contrats onéreux pour les finances du Portugal... »

Ce décret est rendu à Augra, chef-lieu de l'île de Terceira, *par les quatre gentilshommes qui commandent l'armée de Dona Maria, forte de trois cents soldats.*

Les courtisans de Louis XVIII lui comptant, en 1815, vingt-trois ans de règne, n'étaient pas plus... que M. de San Miguel, nous parlant avec pompe d'un décret rendu en 1830 par D. Maria.

Mais retournons maintenant au Portugal, où l'intérêt du récit va croître encore.

A peine entré à Lisbonne, D. Pedro déclare vouloir respecter intégralement tous les engagements contractés par le gouvernement auquel il succède envers les étrangers. Il institue une commission des finances qui ne devra pas :

» Confondre ce qui est propriété publique avec les fonds prenant leur source dans les emprunts contractés par le gouvernement usurpateur.
» A l'égard de ces fonds, dit le décret de Dom Pedro, la commission sera autorisée uniquement à en opérer le recouvrement, parce qu'il répugnerait à ma générosité de mettre le moindre empêchement à leur remise entre les mains de ceux auxquels ils peuvent appartenir de droit, en temps convenable...
» 31 juillet 1833. »

« DOM PEDRO, DUC DE BRAGANCE ».

Ainsi la commission était chargée de recouvrer les versements restant à faire sur l'emprunt de 1832. C'était, disait alors le gouvernement portugais, dans l'intérêt des obligataires et pour mettre en sûreté les fonds qui devaient leur revenir.

D. Pedro trouvait même dans les caisses de l'État de l'argent provenant des versements des souscripteurs de 1832. C'est ce qui résulte du rapport officiel fait aux Cortès par le nouveau ministre des finances, le 30 août 1834 :

« Il me paraît, dit le ministre, devoir être déclaré ici que la somme trouvée dans les caisses publiques était une somme de 334 contos 2,412 reis provenant d'un emprunt contracté avec la maison Outrequin et Jauge, dont 25 contos 65.950 reis en espèces frappées antérieurement au 24 juillet 1833 et le reste en lettres de change sur Lisbonne et Londres.

» Il en résulte que la somme encaissée par la commission des finances nommée par décret du 31 juillet 1833 et provenant de cette transaction est de 255 contos 915,442 reis. »

Autrement dit, deux millions et demi à trois millions de francs, rien que dans la caisse du Trésor.

Les années suivantes on constate à la rubrique : « *Recettes extraordinaires, emprunt Outrequin* », un chiffre qui d'abord ne s'augmente guère.

Les souscripteurs, voyant que le service de l'emprunt était suspendu, ne s'expliquaient pas bien comment le gouvernement portugais invoquait le bénéfice d'un contrat dont il répudiait les charges. Le gouvernement de Dona Maria s'occupe alors activement de poursuivre les souscripteurs de l'emprunt de 1832. Et, à cet effet, seul, parmi les fonctionnaires du gouvernement précédent, le trésorier général, M. Conto Fernandès, avait été maintenu en fonctions après le 31 juillet 1833, dans le but de lui faire endosser les traites que la maison Outrequin et Jauge lui avait adressées et que seul il pouvait endosser. L'endos avait eu lieu au nom de M. Soarès, agent du nouveau gouvernement à Londres, le 7 août 1833 et, le 9 août, M. Conto Fernandès était révoqué.

En 1839, on envoie à M. Soarès l'ordre de poursuivre

les versements en retard sur l'emprunt de 1832 et de les obtenir comme il le pourra; mais la Chambre des lords, saisie du procès, résistait à la demande et exigeait une déclaration sous serment, de l'emploi ultérieur des fonds. Alors, en 1840, on expédie à M. Soarès l'ordre de faire la déclaration exigée par la Chambre des lords. M. Soarès prête donc serment :

« Qu'il est dans les intentions de la reine et du gouvernement actuel du Portugal de mettre de coté les fonds qui proviendront du paiement des lettres de change, et qu'autant que la totalité en sera réalisée et reçue par le gouvernement d'en distribuer le montant entre les ayants droit. Il dit qu'il a reçu pour cet emploi équitable du ministre de son gouvernement l'ordre de poursuivre le paiement des lettres de change et d'en remettre le montant a la commission des finances de Lisbonne, ou ces fonds seront tenus a part de tous autres fonds et revenus du royaume par la destination susdite, parce qu'il est a sa connaissance qu'en vertu du décret de D. Pedro du 31 juillet 1833, rendu au nom de D. Maria, les fonds a provenir de ces traites doivent être mis a part pour être répartis en temps voulu a tous ceux a qui ils peuvent appartenir de droit ».

Vous entendez bien cela, Messieurs, et vous allez vous en souvenir.

Maintenant, franchissons quinze années, et voyons ce qui se passe.

Les porteurs ont d'abord ajouté foi aux promesses du gouvernement portugais ; puis, comme toute patience a des bornes, las d'attendre, ils s'agitent, s'organisent, s'adressent au gouvernement portugais qui, après leur avoir fait mille promesses finit par les éconduire, à leurs gouvernements qui les écoutent, à l'opinion publique qui les soutient.

Vous trouverez dans les pièces qui vous sont communiquées le rapport fait aux Chambres françaises en 1853. Il est trop long pour être cité en entier ; je ne mettrai sous vos yeux que le passage suivant :

« C'est à coup sûr ce qui ouvre un droit certain, incontestable, aux porteurs d'obligations de l'emprunt 1832. Aussi se crurent-ils fondés à adresser au gouvernement de juillet plusieurs pétitions qui, cependant, ne furent pas accueillies. Une dernière pétition eut un sort plus favorable : sous la Législative, le 14 mars 1851, sur le rapport de M. de Dampierre, elle fut renvoyée à M. le ministre des affaires étrangères, mais elle n'a eu aucune suite.

» Aujourd'hui, les porteurs s'adressent à vous. Ils accompagnent leur demande de consultations rédigées en faveur de leur cause par les jurisconsultes les plus éminents, MM. Berryer, Dufaure, O. Barrot, de Vatimesnil. Ils réclament d'abord la reconnaissance de l'emprunt, invoquant leur bonne foi et faisant remarquer que Dom Miguel était alors de fait le chef du gouvernement portugais. Ils s'appuient également sur le principe que les gouvernements qui se succèdent sont, malgré leur origine différente, solidaires de leurs devanciers. Ils demandent tout d'abord l'exécution loyale et complète du décret de D. Pedro, du 31 juillet 1833, portant que les valeurs provenant de cet emprunt et trouvées dans les caisses du Trésor à Lisbonne seraient mises en sûreté pour être restituées en temps convenable aux ayants droit. L'expérience des cinquante dernières années a suffisamment démontré qu'il n'y avait pas seulement justice, mais encore profit pour les nations à tenir leurs engagements. Les États les plus obérés sont précisément ceux qui ont le plus d'intérêt à asseoir leur crédit. »

Le rapporteur conclut à ce que la pétition soit renvoyée au ministère des affaires étrangères, qui accepte ce renvoi dans l'espoir que ses réclamations seront écoutées à Lisbonne.

Quelque temps après, la commission de réclamation des porteurs de l'emprunt de 1832 se réunit, et le président de cette commission déclare que le ministre des affaires étrangères, après avoir fait appeler la commission ;

« A bien voulu l'assurer que des instructions ont été envoyées au ministre de France à Lisbonne pour réclamer au moins du gouvernement portugais l'exécution des engagements qu'il a lui-même contractés en promettant le remboursement de la partie de cet emprunt dont il a profité ».

Telles sont les instructions que le ministère des affaires étrangères donnait alors à notre représentant à Lisbonne.

Voulez-vous savoir maintenant la réponse du gouvernement portugais ? N'oubliez pas, je vous prie, la déclaration sous serment que l'agent Soarès a dû faire devant la Chambre des lords, n'oubliez aucun des documents dont nous vous avons donné connaissance, et écoutez ceci ;

« QUANT AUX VALEURS TROUVÉES DANS LES CAISSES DE L'ÉTAT LORS DE L'EN-
TRÉE DE D. PEDRO A LISBONNE, ET DONT CE SOUVERAIN AVAIT ORDONNÉ PAR UN
DÉCRET LA RESTITUTION AUX PORTEURS, LE GOUVERNEMENT ACTUEL SE RETRAN-
CHE DERRIÈRE L'INCONSTITUTIONNALITÉ DE CETTE MESURE, QUI NE POUVAIT ÊTRE
PRISE SUIVANT LUI SANS L'AUTORISATION DES CHAMBRES. CE DÉCRET ÉTANT NUL,
IL S'ENSUIVAIT QUE LES EXISTENCES DU TRÉSOR DE D. MIGUEL APPARTENAIENT
AU PARTI VAINQUEUR ».

Ainsi le décret rendu par D. Pedro en 1833 est inconstitutionnel, mais le décret de Terceira de 1830 est constitutionnel!

Ainsi il est inconstitutionnel de servir un emprunt dont
on recueille les bénéfices, mais il est constitutionnel d'en
revendiquer les bénéfices et d'en repousser les charges!

Ainsi il est inconstitutionnel de promettre qu'on rendra
l'argent à ceux qui l'ont versé, mais il est constitutionnel
de le garder après l'avoir pris!

Ainsi il est inconstitutionnel d'autoriser M. Soarès à
prêter serment pour arriver à faire payer les souscripteurs,
mais il est constitutionnel de violer ensuite le serment
qu'on a fait prêter!

*Et nunc reges, intelligite, erudimi, vos qui judicatis ter-
ram!*

Ah! Messieurs, que n'est-il ici pour nous entendre, ce
jeune souverain dont on nous accuse d'avoir offensé la personne! Et, puisque négligeant sa prérogative constitutionnelle et confondant pour un jour sa personne et sa fonction royale, il lui plaît de descendre dans une arène où
nous ne l'avons pas appelé, que ne peut-il, au milieu des
respects qu'il ne nous coûte pas d'accorder à sa couronne,
entendre les conseils sévères que lui donne ici la plus simple et la plus vulgaire équité! Que ne puis-je lui montrer
que les plus dangereux ennemis de son honneur et de sa
gloire, ce ne sont pas les infortunés qui cherchent à se
défendre contre une spoliation injuste, mais les courtisans
avides qui lui persuadent de ne pas réparer le tort que

nous a fait son prédécesseur, et ternissent par leurs noirs
sophismes l'éclat des principes éternels de la justice et de
la bonne foi ! La bonne foi qui ne devrait pas être seulement une vertu populaire, et à laquelle un roi de France
malheureux voulait réserver un asile dans le cœur des rois !
La bonne foi, c'est-à-dire la sincérité absolue de l'esprit et
de la parole, la volonté, éclairée par la lumière intérieure
de la conscience, de ne rien avoir du bien d'autrui ; la
bonne foi qui terrasse d'un regard le sophisme insidieux
et louche, n'a qu'un seul visage et une seule parole, grandit l'humble citoyen qui lui demeure fidèle et dégrade le
puissant qui la méconnaît !

Dix ans se passent encore ; les souscripteurs attendent
toujours ; ils s'adressent enfin de nouveau au Sénat. C'é-
tait une faute. Le gouvernement français avait vu ses représentations diplomatiques repoussées. Il ne pouvait pas les
renouveler, et la pétition des porteurs le mettait en quelque
sorte en demeure d'avouer publiquement son impuissance.

M. Bonjean, chargé de rapporter la pétition, n'appela
pas les intéressés devant lui ; il s'adressa aux bureaux du
ministère des affaires étrangères. On lui répondit qu'il n'y
avait rien à faire, et son rapport fut rédigé tout entier pour
débarrasser le gouvernement d'une réclamation juste, mais
incommode.

« Tous les efforts de notre diplomatie ont échoué devant l'inébranlable refus du cabinet de Lisbonne, fondé sur diverses considérations qu'il
convient de vous faire connaître :

» En premier lieu, en ce qui concerne la déclaration du 31 juillet
1833, on a répondu, qu'aux termes même de la charte par lui donnée
au Portugal en 1826, D. Pedro n'avait aucunement le droit de lier le
trésor ; que ce droit n'appartenait qu'aux Cortès.

» En second lieu, il a été répondu par le gouvernement portugais
que, pour ce qui concerne la question d'équité, les souscripteurs savaient
fort bien que leurs fonds devaient servir à payer la guerre civile et
qu'il serait étrange que le pays qui avait tant souffert de cette guerre
fût tenu de réparer le tort auquel les souscripteurs s'étaient volontai-

rement exposés au mépris des protestations solennelles de D. Pedro contre l'emprunt de 1832 ».

Vous voyez que je ne me suis pas trompé en caractérisant ce document avant de le citer. Puisqu'il n'y a rien à faire, il est inutile de renvoyer au ministre; tout le rapport tient dans ces quelques mots.

Le président de la commission des porteurs de titres, convoque alors une assemblée générale le 9 avril 1868. Il informe l'assemblée que le Sénat a passé à l'ordre du jour:

« Il est regrettable, dit-il, que M. le rapporteur n'ait pas cru devoir appeler près de lui votre commission afin de s'éclairer sur les points importants de cette affaire. Les justifications que nous lui aurions fournies auraient pu modifier les conclusions de son rapport et nous aurions certainement détruit les quelques allégations du gouvernement portugais qui ont obtenu créance près de lui. »

Le Tribunal trouvera dans le livre de M. de Reilhac la réfutation point par point des assertions du rapporteur. Je ne m'attache ici qu'à une seule. Les créanciers qui me poursuivent de leurs clameurs sont des agioteurs qui ont acheté leurs titres à vil prix, dit le gouvernement portugais. D'abord ce ne serait pas une raison pour ne pas payer la dette qu'on a contractée et rendre l'argent qu'on a pris; mais, en outre, il faut que le Tribunal sache, comme le savent si bien nos adversaires, que nos clients ont conservé les bordereaux authentiques d'agents de change qui constatent leurs achats à la Bourse de Paris en 1833; que le père de M. de Reilhac, pour ne parler que de lui, a englouti plus de 1,500,000 fr. dans ces achats de titres portugais!

Maintenant, parlerai-je des voyages de M. de Reilhac à Lisbonne, des deux longs séjours qu'il y a faits, des hommes d'Etat qu'il y a vus, des propositions qui lui ont été faites?

Le Tribunal trouvera tout cela dans son livre, dans la mesure du moins où la discrétion qu'on doit aux personnes permettait de l'imprimer. Je me hâte donc, puisque maintenant le Tribunal connaît les documents principaux, de vous placer en face des questions du procès.

Nos adversaires avaient relevé la diffamation et l'offense ; le Tribunal n'a retenu que l'offense. Nos adversaires peuvent ne pas accepter la théorie du jugement, et d'autre part Me Lachaud leur répondra. Ma discussion doit donc être courte, sous peine de redites.

Je conteste d'abord la théorie juridique du jugement par défaut. Que dit, en effet, l'article 12 de la loi du 17 mai 1819 ?

« L'offense par l'un des mêmes moyens envers la personne des souverains ou envers celle des chefs des gouvernements étrangers, sera punie d'un emprisonnement de un mois à trois ans et d'une amende de 100 à 5,000 fr. »

Le Tribunal nous a condamnés en visant le second membre de phrase : « *Les chefs des gouvernements* » C'est une première erreur. Il est clair, en effet, qu'ici « *chefs des gouvernements* » désignent les présidents de République, vice-rois, stathouders, etc., mais que le Portugal étant une monarchie, l'offense devrait être faite à un souverain, pour qu'il y eût offense.

Puis quel doit être le caractère légal de l'offense punie par l'article 12 ? La loi le dit elle-même ; il faut qu'elle s'adresse *à la personne du souverain*.

Le Tribunal sent bien la nécessité d'établir cette relation et il croit la trouver dans ce passage : *Emprunt royal de Portugal.* — Il me suffira de répondre que l'affiche placardée en août 1879 est identique à celles qu'on a employées dans les précédentes années, et que les mots incriminés sont empruntés au titre même de l'obligation.

Mais vous ne vous bornez pas, nous dit-on, à employer ces mots : « *Emprunt royal* », vous ajoutez qu'il est resté « *en souffrance* » et vous trahissez vos intentions perverses par les majuscules offensantes que vous avez employées. Et

qui voulez-vous offenser, qui outragez-vous? Le roi qui est
le chef d'un gouvernement que vous accusez de ne pas
payer ses dettes. Ainsi parle et raisonne le jugement.

Je fais d'abord une première réponse. Le roi, dans l'hypothèse du jugement, serait attaqué, non dans sa personne,
mais comme chef du pouvoir exécutif.

La personne du roi ne se confond pas avec le pouvoir
exécutif du roi ; la personne du roi peut être profondément
respectée et les actes du pouvoir exécutif violemment discutés, et quelque républicains que nous soyons devenus,
il est clair cependant que nous ne pouvons pas avoir complètement oublié ces principes élémentaires du droit monarchique constitutionnel.

La personne du souverain a donc été respectée ; et quant
au gouvernement portugais, il ne doit s'en prendre qu'à
lui-même, s'il se sent blessé dans son honneur, puisque
nous ne lui avons dit que la vérité. Il voudrait faire entendre, pour excuser sa conduite, qu'il a offert une transaction
à ses créanciers. Nous avons imprimé nous-mêmes sa proposition. Il suffira, pour faire juger de sa sincérité, de
constater qu'il a toujours refusé et qu'il refusera encore
de faire connaître les sommes touchées par le gouvernement de Dona Maria, et qu'il entend garder les intérêts de
ces capitaux employés depuis quarante ans à ses besoins.

Mais ce n'est pas tout. On vous a fait, dites-vous, une
offense intolérable.

Pourquoi avez-vous jusqu'à présent gardé le silence?
Tenez, voici ce dont les porteurs hollandais ont couvert
les murs d'Amsterdam :

EMPRUNT ROYAL 5 0/0 PORTUGAIS DE 1832.

Le Comité des détenteurs d'Obligations portugaises
dudit emprunt :

Considérant que le gouvernement du royaume de Portugal continue à
ne pas payer sa dette,

PROTESTE

énergiquement contre l'émission en Hollande du nouvel emprunt annoncé 5 pour cent, aussi longtemps que le gouvernement portugais se refusera à solder ou régler les obligations contractées par lui dans le passé.

Pour le Comité :

L. H. Weetjen, *président,*

A. C. Wertheim, *secrétaire :*

Amsterdam, 25 juillet 1879.

Le gouvernement a-t-il réclamé? Non ; et la Bourse d'Amsterdam lui a été fermée.

Ce n'est pas tout encore ; M. de Reilhac a reproduit dans son livre des extraits de la presse portugaise bien autrement agressifs que les nôtres ; avez-vous poursuivi vos propres sujets? Vous ne l'avez pas osé.

Pourquoi? Parce que vous êtes incliné malgré vous devant la force du principe juridique que Bossuet a traduit par cette maxime qui retentira dans tous les siècles comme le cri de l'offensé : « Il n'y a pas de droit contre le droit » : Non pas que je veuille dire que la revendication d'un droit ne puisse quelquefois se traduire par des formes excessives, ni que j'accorde aux créanciers le droit d'outrager leurs débiteurs ; rien n'est plus loin de ma pensée ; mais quand la revendication d'un droit légitime ne dépasse pas la mesure très large qui doit lui être accordée, je dis qu'il est impossible de renverser les rôles et de permettre au débiteur d'étouffer la plainte du créancier.

Mais le gouvernement portugais ne viole pas seulement les règles de la probité vulgaire. Il foule aux pieds les principes les plus certains du droit international. Écoutez cet admirable article de *la Quotidienne* du 11 juin 1834 :

» Les événements récents du Portugal ont répandu, parmi les porteurs de l'emprunt royal portugais, une inquiétude qui tend à déprécier les valeurs dont ils sont propriétaires. Nous ne prétendons ni préjuger une question aussi délicate, ni influer sur les déterminations des capitalistes intéressés, mais nous croyons devoir rappeler la position du gouvernement qui a contracté, et des banquiers français et anglais qui ont sous-crit.

» La guerre peut bien décider les questions politiques; elle laisse intactes les questions financières ; telle est la jurisprudence actuelle de l'Europe en matière d'emprunts. Napoléon, en 1815, n'avait pu nouer avec aucune puissance des relations politiques quelconques, et cependant Louis XVIII, en rentrant en France, reconnut ses moindres créances ; cette probité a fondé le crédit et la prospérité de notre pays.

» Les banquiers de France et d'Angleterre n'ont point contracté avec un aventurier, mais avec un gouvernement établi depuis cinq ans, gou-vernement de droit, selon l'Espagne, les États-Unis et Rome qui entrete-naient des ambassadeurs auprès de lui, gouvernement de fait pour tous les autres. Quand l'emprunt fut émis à la Bourse, Dona Maria était à Paris et D. Pedro resserré dans Oporto ; D. Miguel était, à quelque titre que ce fût, le chef du gouvernement du pays ; il a donc pu contracter en son nom, et en se liant, il a lié le Portugal lui-même ; ceci est in-contestable.

» Les gouvernements passent, les peuples restent ; aucune transaction financière ne serait possible, s'il suffisait qu'un pays renversât son gou-vernement ou en fût violemment privé, pour que ses dettes fussent te-nues pour payées. Cette question intéresse tous les gouvernements, tous les banquiers, tous les capitalistes ; les porteurs de fonds pédristes sont les premiers intéressés à la reconnaissance de l'emprunt royal ; car cet acte de probité politique et de haute prudence mettrait leurs créances à l'abri des revers de fortune qu'il faudrait encore prévoir au sein même du triomphe le plus complet.

» La dette contractée en 1832 n'est pas une charge considérable pour le Portugal bien administré ; la repousser serait proclamer une *banque-route* et sans excuse possible. La reconnaître, au contraire, est un acte utile pour le gouvernement portugais. »

Voilà le langage des économistes. Voici maintenant la voix des jurisconsultes :

» D. Miguel, écrivait M. Dufaure en 1853, D. Miguel était incontes-tablement le débiteur des porteurs de l'emprunt ; il l'a reconnu et pro-clamé de la manière la plus solennelle par sa quittance du 5 octobre 1832. Après sa défaite, ses biens ont été confisqués ; le soussigné ne con-naît pas l'acte de confiscation ni les motifs précis sur lesquels cette mesure extrême est fondée ; mais il peut arriver que le vainqueur en tempère la rigueur, au profit des légitimes créanciers du vaincu. La Convention nationale, au plus fort de ses mesures révolutionnaires, proclamait, par la loi du 13 nivôse an III, article 8, que les créanciers des émigrés et de tout individu frappé de la confiscation de ses biens étaient déclarés créanciers directs de l'État. Le gouvernement français peut certainement, sans abandonner en rien la ligne politique qu'il a suivie dans les affaires du Portugal, demander au profit de ses nationaux une dérogation semblable au décret de confiscation contre D. Miguel.

» Sous un autre rapport, on ne comprend même pas que la réclamation des porteurs d'obligation ne soit pas encore accueillie. Quelles sommes a-t-on recouvrées et mises en sûreté, il paraît que les porteurs des obligations de l'emprunt ne le savent pas encore ; mais peu importe, c'est un compte à rendre par le gouvernement qui s'est chargé de ces recouvrements.

» Le gouvernement français demandera pour ses nationaux ce compte et la restitution des sommes recouvrées ; son intervention protectrice à cet égard n'est pas facultative, mais obligée. En échange des sacrifices qu'ils imposent aux citoyens, les gouvernements, ne sont pas seulement tenus de garantir leurs personnes et leurs biens contre les dangers qu'ils peuvent courir à l'intérieur, ils leur doivent une sécurité au moins égale contre les avanies dont ils pourraient être victimes à l'étranger. Ce serait une triste réponse que de dire : La France ne peut pas déclarer la guerre au Portugal pour les porteurs de l'emprunt de 1832. La guerre n'est pas la fin nécessaire de toute réclamation diplomatique. Il y a d'ailleurs, grâce au ciel, d'autres puissances que celle de la force matérielle ; la justice a aussi son autorité, et, dans les circonstances dans lesquelles notre avis est demandé, elle nous paraît si évidente qu'il nous est impossible de croire qu'elle ne soit pas entendue par le gouvernement portugais ».

Berryer affirme avec la même énergie que le Portugal est débiteur de l'emprunt tout entier, et que le gouvernement français doit appuyer vigoureusement nos droits.

»... De même, dit-il, que selon les principes invariables du droit des gens, chaque gouvernement est responsable envers les étrangers de ce que les sujets de ceux-ci éprouvent de dommages, d'injustices, d'avanies, de la part de ses propres sujets, sur son territoire et dans l'étendue de sa juridiction, chaque nation est aussi responsable des actes extérieurs du gouvernement qu'elle s'est donné ou par qui elle a été dominée et régie, en qualité de puissance instituée et exerçant la souveraineté ».

Voulez-vous entendre maintenant un professeur de droit. Ecoutez M. Laboulaye :

»..., C'est à l'opinion qu'il faut vous adresser, et non pas aux Tribunaux. La sanction, c'est de faire exclure du marché français tout emprunt portugais, c'est la seule que connaissent les Anglais, mais c'est la bonne ».

A ces noms illustres, ajoutez ceux dont la consultation

fait suite à la brochure de notre confrère, M. Becker ;
noms plus humbles, mais non moins sûrs, quand il s'agit
d'apprécier la justice et la bonne foi d'une réclamation.
Voilà nos cautions, nos garanties, nos défenseurs ; je cherche où sont les vôtres. Vous n'avez trouvé personne, si petit qu'il fut, qui osât prendre vis-à-vis de l'opinion, la responsabilité de vous défendre. Quand nous avons imprimé
ces avis, vous vous êtes tus, quand, chaque année, nous
avons par les mêmes affiches, convoqué les porteurs, vous
vous êtes tus, quand le comité hollandais vous a fait exclure
de la Bourse d'Amsterdam, vous vous êtes tus, quand vos
journaux vous ont insultés chez vous, vous vous êtes tus.
Peut-être auriez-vous bien fait de vous taire encore et de
ne pas provoquer un débat dans lequel le plus grand sujet
d'étonnement doit être pour tous que ce soient nos clients
qui aient des justifications à présenter.

Après la plaidoirié de Mᵉ Durier pour la partie civile, et la réplique de Mᵉ Lachaud, M. le substitut Calary a conclu au renvoi
des prévenus.

Conformémrnt à ses conclusions, le Tribunal a rendu le jugement suivant :

« LE TRIBUNAL,

» Après en avoir délibéré conformément à la loi ;

» Attendu que l'opposition formée par de Reilhac et Battarel au jugement par défaut du 30 août 1879 qui les condamne, de Reilhac, à
3,000 fr. d'amende et Battarel à quatre mois de prison et 3,000 fr.
d'amende pour offenses envers S. M. le roi de Portugal, est régulière en
la forme ;

» Le Tribunal déclare ledit jugement non avenu et statuant à nouveau ;

» Attendu que, bien que l'instance engagée par M. le comte de San
Miguel, chargé d'affaires du Portugal, à la requête du gouvernement
portugais, relève envers ce gouvernement un double délit d'offense et
de diffamation qui n'est pas réprimé par la loi française, il n'y a pas
lieu de s'arrêter à cette irrégularité, le demandeur soutenant que cette
qualification comprend implicitement celle d'offense au roi, et les débats n'ayant porté que sur cette dernière prévention ;

» Au fond,

» Attendu que l'offense envers le roi de Portugal résulterait de deux publications, consistant l'une en un placard imprimé, signé Battarel, que les prévenus auraient fait apposer, en août 1870, dans les rues de Paris, à côté des affiches par lesquelles une souscription publique était ouverte pour un emprunt royal du Portugal et qu'ils auraient en même temps fait distribuer sur la voie publique ; l'autre dans la reproduction faite par plusieurs journaux d'une notification signifiée le 2 août au comte de San Miguel à la requête des prévenus ;

» Que, par le placard, les prévenus signalent à l'attention du public un emprunt royal portugais, émis en 1832, et dont les titres seraient en souffrance ;

» Que, dans le rapprochement de ces mots imprimés en grands caractères :

» Emprunt royal du Portugal » et « en souffrance » et dans l'apposition du placard, à côté des affiches appelant le public à donner un témoignage de confiance au roi de Portugal, la demande voit une offense au roi de Portugal en tant que chef d'un gouvernement accusé de ne pas payer ses dettes ;

» Que, d'autre part, cette même offense se retrouverait dans la notification du 2 août, et notamment dans ces mots :

» Que, pour refuser le paiement de cet emprunt après la chute de » Dom Miguel et l'avènement au trône de Dona Maria, sa nièce, le nou-» veau gouvernement portugais a prétexté que Dom Miguel était un » usurpateur ; que cette manière de payer ses dettes est contraire à » tous les principes d'équité, du droit civil et du droit des gens ; mais » qu'en outre, les faits suivants témoignent du peu de respect que le » gouvernement portugais apporte aux engagements solennels pris par » lui » ; et plus loin dans cette assertion : « Le gouvernement portugais » s'est refusé à restituer les sommes recouvrées qui n'étaient entre ses » mains qu'en dépôt, et qu'il n'avait pas craint d'employer à ses besoins » financiers ;

» Attendu, en droit, que l'offense envers les souverains étrangers, qu'elle s'attaque à leur caractère public ou à la vie privée, ne constitue un délit qu'autant qu'elle est dirigée contre leur personne même, et que cette personne est directement ou indirectement mise en cause par les manifestations qu'elle défère à la justice ;

» Attendu que cette personnalité de l'attaque ne se rencontre pas dans les écrits incriminés ;

» Que le roi de Portugal n'y est ni nommé, ni même désigné ;

» Que les imputations qu'ils renferment ne s'adressent qu'au gouvernement portugais ;

» Que vainement le plaignant cherche à faire ressortir l'outrage à la personne du roi, de la qualification de « royal » donnée à l'emprunt, que les prévenus disent être en souffrance, cette qualification n'ayant pas été choisie par eux, mais s'étant imposée à eux comme le titre légal de cet emprunt, et s'expliquant d'ailleurs par l'usage de désigner les emprunts d'État sous des dénominations dérivées de la forme du gouvernement ;

» Qu'il n'y a point là d'allusion à la personne royale ;

» Que vainement aussi, le plaignant, se fondant sur les mots : "« chefs de gouvernements étrangers », employés dans l'article 12 de la loi du 17 mai 1819, parallèlement à l'expression de « souverain, » en conclut que l'offense prévue par cet article comprend tout à la fois l'atteinte portée à la personne des souverains et celle dirigée contre eux en leur qualité de chefs de gouvernement, et, par suite, qu'une allégation blessante contre leur gouvernement peut rejaillir sur eux comme une offense et tomber sous l'application de la loi ;

» Que cette interprétation est repoussée aussi bien par le texte de la loi que par les principes de droit public en vigueur dans les États constitutionnels et par l'esprit général de la législation française ;

» Attendu, en effet, que la loi de 1817, en parlant des chefs de gouvernement après avoir parlé des souverains, n'a point eu pour but de créer une deuxième catégorie d'offense, celle qui, identifiant le souverain avec son gouvernement, ferait remonter jusqu'à lui les critiques dont son gouvernement est l'objet, mais s'est uniquement proposé de protéger, à l'égal des souverains, en les plaçant sur la même ligne qu'eux, les chefs d'État qui ne sont pas souverains ;

- » Qu'à l'égard des uns et des autres, le législateur exige que l'offense, pour être punissable, soit faite à leur personne, ce qui exclut l'hypothèse qu'il ait entendu caractériser une double situation sous laquelle l'offense pourrait les atteindre, et la réprimer alors même que, portant moins haut, l'attaque s'arrêtait à leur gouvernement ;

» Attendu, d'autre part, que le régime constitutionnel, tel qu'il est établi en France et même au Portugal, comportant comme principes fondamentaux, à la fois pour le citoyen la liberté de critiquer les actes du gouvernement, et pour le souverain, l'irresponsabilité de ces mêmes actes, il est constitutionnellement impossible qu'une appréciation, quelque vive qu'elle soit, des faits du gouvernement, puisse être considérée comme remontant jusqu'au chef de l'État, lorsque l'écrivain n'a pas mis ce dernier personnellement en cause ;

» Que l'irresponsabilité du souverain constitue une fiction légale qui le place en dehors et au-dessus des discussions et qui fait s'évanouir à ses pieds toutes les âpretés de la polémique dirigée contre son gouvernement ;

» Qu'ainsi entendue, cette fiction est une garantie à la fois pour la dignité du souverain et pour l'indépendance du citoyen ;

» Que, sans elle, la liberté de discuter les actes d'un gouvernement ne serait qu'un vain mot, puisque toute discussion de ce genre pourrait être considérée comme une offense au chef de l'État, qui a permis et approuvé les actes critiqués ;

» Qu'il appartient donc à chacun de l'invoquer, et quelque violent qu'ait été son langage, de s'abriter derrière le privilège constitutionnel du souverain pour soutenir que sa parole n'a voulu ni pu s'élever jusqu'à lui ;

» Qu'à un point de vue plus général, et même en regard d'une monarchie absolue, il ne serait pas possible, en présence des conditions de la vie nationale moderne, de soutenir que le souverain s'identifie avec son gouvernement ou avec les pouvoirs de l'État, au point que toute attaque contre les uns puisse être interprétée comme une offense envers l'autre ;

» Attendu, enfin, que la loi française, s'inspirant de ces principes, a poussé jusqu'à l'extrême la tolérance du droit de critiquer et d'attaquer les actes du pouvoir et ne réprime son abus que lorsqu'il dégénère en excitation à la haine et au mépris du gouvernement français ;

» Qu'en créant un délit spécial pour les entraînements de la polémique anti-gouvernementale, le législateur a, par cela même, laissé entendre qu'en dehors de cette excitation, cette polémique demeurait entièrement libre, et ne pouvait être entravée sous prétexte d'offense au chef de l'État, tant qu'elle laissait inattaquée la personne de ce dernier ;

» Qu'à plus forte raison doit-il en être ainsi pour les attaques envers les gouvernements étrangers, attaques qui, jouissant, d'après la loi française, d'une immunité absolue, ne peuvent évidemment être retenues à offense envers les souverains étrangers, lorsque ces souverains ne sont visés ni directement ni indirectement ;

» Attendu qu'il suit de ces considérations que le délit d'offense relevé au nom du roi de Portugal n'existe pas légalement ;

» Attendu au surplus et en fait que, y eût-il entre un souverain et son gouvernement une solidarité assez étroite pour qu'il pût se juger atteint par les attaques dont ce gouvernement serait l'objet, les circonstances de la cause ne permettraient pas d'attribuer aux imputations formulées par les prévenus le caractère d'une offense envers le gouvernement portugais, et moins encore envers le roi ;

» Qu'il importe, à cet égard, de rappeler que l'emprunt qui a motivé leurs publications a été contracté, en 1832, par le roi Dom Miguel, alors en possession paisible du pouvoir que les Cortès lui avaient déféré en 1828, et qu'il a été publiquement émis et coté à la Bourse de Paris au mois d'avril 1833 ;

» Que, d'autre part, une partie des fonds provenant de cette opération, représentée par des traites sur l'Angleterre, est entrée dans les caisses du gouvernement qui, après la prise de Lisbonne par Dom Pedro, au mois de juillet 1833, a succédé à celui de Dom Miguel ;

» Que, pour faciliter cet encaissement, le nouveau gouvernement a, à deux reprises, en 1833 et en 1840, officiellement déclaré que les sommes ainsi recouvrées ou à recouvrer sur les traites devaient être mises à part pour être réparties entre ceux à qui elles pouvaient appartenir ;

» Que, conformément à ces déclarations, ces sommes figurèrent aux budgets portugais, dans un chapitre spécial des recettes extraordinaires jusqu'en 1841, époque où ce chapitre disparut et où les ressources provenant de l'emprunt furent confondues dans la masse du budget;

» Qu'enfin, depuis 1834, le service de l'emprunt a été arrêté ;

» Attendu qu'en présence de ces faits, il n'est pas possible de prêter aux prévenus, uniquement préoccupés de la défense de leurs intérêts, cette intention de dénigrement et de malveillance sans laquelle il n'est pas d'offense.

» Que si le Tribunal n'a point à apprécier leurs prétentions, il ne peut cependant oublier que tous les éléments du débat soulevé entre eux et le Portugal, débat considérable par les intérêts et les principes engagés, non moins que par l'inégalité des forces des parties, appartiennent à l'histoire, et que si le publiciste et l'historien ont pu librement s'en inspirer pour les discuter et les apprécier, à plus forte raison les intéressés lésés par ces événements étaient-ils autorisés à les présenter à leur point de vue et à en réveiller le souvenir, dans l'espérance d'en faire jaillir la reconnaissance de ce qu'ils appellent leur droit ;

» Que l'on ne peut oublier davantage que toute justice régulière étant fermée aux porteurs de l'emprunt et l'unique arbitre entre eux et le Portugal étant le Portugal lui-même, le jugement de l'opinion publique était le seul auquel ils pussent recourir, et qu'il y aurait déni de justice à leur imputer à faute de l'avoir provoqué ;

» Que, sans doute, le mode et le moment qu'ils ont choisi pour faire cet appel peut être blâmé ; mais que, quelque regrettable que soit la manifestation dans les conditions où elle s'est produite, elle ne perd point pour cela le caractère d'un acte rigoureusement licite au regard de la loi pénale ;

» Attendu, d'ailleurs, que l'on ne peut exiger d'un créancier d'État impayé la même réserve que celle qui s'impose entre créancier et débiteur privés, la situation d'un État, comme aussi les garanties de solvabilité qu'il peut offrir ressortant avant tout de la publicité ;

» Que le gouvernement portugais, en provoquant en France une manifestation en sa faveur, et en s'adressant par voie de souscription publique au crédit français, s'est volontairement exposé à la critique de ses actes et à la contradiction publique des intérêts opposés ou se prétendant lésés par lui ;

» Que laisser entendre, dans de telles circonstances qu'il a répudié, au regard d'un précédent emprunt extérieur, toute solidarité avec le gouvernement qui l'a émis, et ne formuler ce reproche que par la désignation d'obligations en souffrance donnée aux titres non payés, ce n'est point excéder la vérité historique, ni le droit de protestation qui appartient aux porteurs de ces titres ;

» Que si, dans l'acte du 2 août, le gouvernement portugais est plus particulièrement mis en cause, et le reproche de ne pas tenir ses engagements directement accentué, il est constant que cet acte n'est qu'une réponse à une déclaration par huissier, signifiée le 1er août à la requête de ce gouvernement et publiée le même jour dans plusieurs journaux, et que sa vivacité s'explique et s'excuse par le ton général de cette dé-

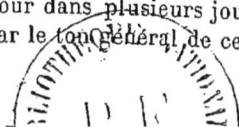

claration et les accusations de manœuvres, de déloyauté et de mauvaise foi que l'on y rencontre à l'adresse des prévenus ;

» Que, d'ailleurs, les faits historiques que les prévenus se sont bornés à relever dans cette deuxième publication, n'ont dans la manière dont ils ont été présentés, ni le caractère d'une diffamation vis-à-vis du gouvernement portugais, ni celui d'une offense au roi ;

» Attendu qu'en présence de cette solution sur le fond du débat, il est sans intérêt de rechercher si la poursuite, telle qu'elle a été soumise au Tribunal n'est pas, en outre, non recevable, comme n'ayant pas été engagée à la requête même du souverain du Portugal ;

» PAR CES MOTIFS,

» Le Tribunal, sans qu'il y ait lieu de statuer sur la fin de non-recevoir qui vient d'être énoncée ;

» Renvoie les prévenus des fins de l'assignation.

Sur l'appel du gouvernement portugais, ce jugement a été confirmé par la Cour.

AFFAIRE FRÉMY ET AUTRES

CONTRE

DIVERS ACTIONNAIRES DU CRÉDIT FONCIER

———

NÉGOCIATION DES OBLIGATIONS ÉGYPTIENNES

PAR

LE CRÉDIT AGRICOLE ET LE CRÉDIT FONCIER

Première chambre. — Présidence de M. Aubépin

AFFAIRE FRÉMY ET AUTRES

CONTRE

DIVERS ACTIONNAIRES DU CRÉDIT FONCIER

NÉGOCIATION DES OBLIGATIONS ÉGYPTIENNES

PAR

LE CRÉDIT AGRICOLE ET LE CRÉDIT FONCIER

Les conclusions de M. l'avocat de la République Tanon contiennent un résumé exact des faits et des questions du procès. Nous ne pouvons mieux faire que de le lui emprunter.

Lorsque le gouverneur du Crédit foncier annonça aux actionnaires réunis, dans l'assemblée générale du 27 avril 1876, que tous les fonds disponibles de la Société étaient engagés dans les finances égyptiennes, ce fut une vive alarme, non seulement au sein de cette assemblée, mais aussi, au dehors, chez tous ceux, en si grand nombre, qui s'intéressaient à la prospérité et à la bonne renommée de ce grand établissement.

Des protestations s'élevèrent de toutes parts. Elles furent portées, à la fois, dans la presse et à la tribune même de l'Assemblée. Le gouvernement, chargé de la haute tutelle de cet établissement, s'en émut. Il se préoccupa surtout de l'intégrité du gage que le Crédit foncier doit assurer aux porteurs de ses obligations. Il constata que ce gage n'avait pas été atteint, et que les obligations n'avaient pas perdu les garanties que la loi elle-même leur avait assurées. Il n'y avait plus dès lors qu'une question de responsabilité à vider entre les actionnaires et les gouverneurs du Crédit foncier, à raison d'opérations qui avaient pu compromettre une partie des fonds disponibles de la Société, mais qui n'avaient pas porté atteinte à ses opérations essentielles.

Des négociations s'engagèrent à ce sujet. Un traité en est sorti, qui contient une transaction par laquelle le Crédit foncier a pris à sa charge, sans réserve, tous les risques des opérations égyptiennes, moyennant une somme de 16 millions.

Les actionnaires qui se présentent aujourd'hui devant vous n'acceptent pas cette transaction, et, s'armant de l'action individuelle qui leur appartient, ils viennent demander aux gouverneurs la réparation individuelle qu'ils pensent leur être due. Ils rouvrent tout le débat devant vous, et ils ne veulent reconnaître d'autre justice que la vôtre. Nous allons donc aborder, à notre tour, l'examen de ces graves questions. Nous nous attacherons principalement à déterminer, avec précision, les divers points de droit qu'elles soulèvent et la situation juridique des parties. Nous n'éluderons cependant aucune des questions de fait qui y sont intimement liées et qui ont donné lieu à de si vives contradictions ; et nous nous efforcerons, en procédant à ce délicat examen, de nous tenir à une égale distance des critiques injustes ou passionnées aussi bien que des vaines et fausses apologies.

Quelle est l'action intentée par les demandeurs ? Quel est son véritable fondement ? Il paraît y avoir eu tout d'abord quelque confusion à cet égard dans les prétentions des demandeurs. Mais aujourd'hui, et dans le dernier état du débat, ces prétentions se sont formulées avec plus de précision ; et nous voyons que cette action est double.

D'une part, les demandeurs poursuivent contre les gouverneurs la réparation directe de leurs actes de gestion. Ils prétendent que les agissements des gouverneurs relativement aux opérations égyptiennes constituent des fautes lourdes de gestion, et que ces agissements ont présenté ce double caractère qu'ils étaient préjudiciables et dolosifs et qu'ils constituaient une contravention formelle aux statuts.

D'autre part, ils poursuivent la réparation indirecte de ces mêmes actes, en soutenant qu'ils ont été amenés frauduleusement à entrer dans la Société. Ils prétendent qu'ils ont été trompés par les gouverneurs sur le caractère véritable des opérations de la Société et la source de ses bénéfices ; qu'ils ont été égarés sur ce point, soit par des réticences calculées, soit par des déclarations mensongères, et qu'ils ont été ainsi déterminés à entrer dans une Société dont ils n'auraient pas, sans ces dissimulations, consenti à faire partie.

Ces deux actions, bien que s'attaquant au même ordre de
faits, sont cependant entièrement distinctes. La première, qui
a son fondement dans un préjudice causé par des faits de gestion ou autres à l'universalité des associés, est essentiellement
une action sociale. La seconde, qui a son fondement dans le
préjudice individuel souffert par certains associés qui auraient
été déterminés à entrer dans la Société par des manœuvres
dolosives, est une action personnelle.

La première, par son caractère d'action sociale soulève toutes
les fins de non recevoir proposées contre les demandeurs : la
transaction, l'article 95 des statuts, le dessaisissement des titres. Ces fins de non recevoir sont, au contraire, étrangères à
la seconde.

Il suffira, pour compléter ce résumé, de préciser quelques chiffres et quelques dates. Le 27 avril 1876, le Crédit foncier avait en
portefeuille 131 millions de valeurs égyptiennes. Mais, au jour des
plaidoiries, le chiffre total des valeurs égyptiennes existant entre les
mains du Crédit foncier s'élevait à 166 millions ; la différence prove-
nait du portefeuille du Crédit agricole absorbé par le Crédit foncier.

Cette réunion des deux établissements avait été consommée par
le traité du 26 novembre 1876 dont la plaidoirie contient une suffisante analyse.

On a pensé que, même à dix ans d'intervalle, quelque chose
avait pu survivre de l'intérêt qu'a excité ce procès. Le rôle considérable que joue le Crédit foncier dans le mouvement du crédit
public, la crise qu'il a alors traversée, le souvenir de cette Égypte
que la politique française a si maladroitement abandonnée, tirent
un peu ce procès hors des affaires financières dont le tumulte
banal n'a cessé depuis vingt ans de remplir les tribunaux.

Les plaidoiries de Mᵉˢ Albert Martin, Payen et Rivolet, avocats
du demandeur, sont rapportées dans les journaux judiciaires du
11 avril 1878.

Messieurs,

Les quinze mois qui se sont écoulés depuis les premiers
actes de la procédure n'ont pas été perdus pour la manifestation de la vérité ; et s'il a paru bien dur aux défendeurs de demeurer pendant un temps si long exposés sans
défense à des accusations imméritées, à des attaques

cruelles, à des soupçons odieux autant qu'injustes, ils y
trouveront du moins cet avantage de pouvoir répondre
d'un seul coup à toutes les critiques dont leurs actes pouvaient être l'objet.

L'assignation délivrée à la requête de M. Vernis remonte
au 28 novembre 1876. Depuis, onze autres actionnaires
du Crédit foncier sont venus se joindre à M. Vernis. Ce ne
sont sans doute pas tous les mécontents ; mais le petit
nombre des demandeurs montre cependant que l'émotion
n'a pas gagné les porteurs de titres, et que les véritables
intéressés ont envisagé avec calme et sans crainte le caractère et les conséquences d'une opération qui ne peut, en
aucun cas, compromettre l'avenir du Crédit foncier, puisque les réserves de cet établissement dépassent de plus de
20 millions les pertes que, dans les calculs mêmes de nos
adversaires, il peut éventuellement encourir.

Mais les délais de la procédure ont eu un autre avantage. Ils ont fait apparaître l'une après l'autre toutes les
faces de ce procès. On peut être assuré qu'aucun des points
de vue auxquels les mêmes faits pouvaient être envisagés
n'aura échappé à la sagacité des demandeurs, en sorte
qu'en répondant à leurs plaintes, on est assuré de ne rien
laisser derrière soi.

Les demandeurs ont tour à tour soutenu des systèmes
divers, sur certains points même opposés.

Si on prend leurs assignations, on est frappé de ce fait,
qu'ils s'attachent uniquement à incriminer la négociation
des traites égyptiennes comme contraire par sa nature
aux statuts et préjudiciable par ses résultats aux intérêts
de la Société. On devait s'attendre à les voir reprendre
cette thèse à l'audience et demander compte des suites de
cette opération, en vertu du contrat qui lie les gérants de
la Société aux actionnaires.

Cependant, ce n'est pas ce système qui a été développé

tout d'abord par les demandeurs. Celui qui a pris le premier la parole a volontairement déserté le rôle si commode et en même temps si favorable du mandant qui appelle son mandataire à répondre devant la justice de faits de gestion, pour prendre celui d'un tiers qu'aucun lien social ne rattache à mes clients, et qui leur demande réparation, d'après le droit commun, dans les termes de l'article 1382 du Code civil, d'un fait personnel lui ayant causé préjudice.

Ce changement d'attitude, si étrange en apparence, trouve son explication dans les faits de la cause. Les demandeurs ont renoncé à agir en vertu des principes du mandat, parce que tous, sauf deux, ont vendu leurs titres ; qu'ils ne sont plus dans les liens du contrat social ; que ce sont des actionnaires sans actions, et qu'ils seraient allés se heurter à la plus insurmontable de toutes les fins de non recevoir, celle tirée du défaut de qualité en leur personne, s'ils avaient persisté à chercher dans les articles 1991 et 1992 du Code civil la base même de leur procès.

Alors, pour prouver le quasi-délit, ils ont imaginé de reprocher au gouverneur et aux sous-gouverneurs d'avoir employé, dans les rapports et dans les comptes rendus portés à la connaissance du public, antérieurement à leur entrée dans la société, des réticences calculées et des affirmations mensongères, sur la foi desquelles ils seraient devenus acheteurs d'une certaine quantité d'actions du Crédit foncier.

Mais dans ce système, quelle place peuvent avoir les opérations du Crédit foncier avec le gouvernement égyptien ? Ce sont des faits postérieurs à l'entrée des demandeurs dans la société, partant sans intérêt au point de vue de l'appréciation de l'action personnelle qu'ils intentent.

Ainsi, les deux systèmes que les adversaires ont successivement proposés au Tribunal sont contradictoires, puisque tantôt ils invoquent l'action sociale et tantôt l'action personnelle ; le second est de plus incohérent, car les demandeurs commencent par poser en thèse et comme un fait acquis au débat, que l'administration du Crédit foncier n'a été, depuis la nomination de M. Frémy aux fonctions de gouverneur en 1857, qu'une suite ininterrompue d'opérations anti-statutaires présentées au public sous l'apparence trompeuse d'opérations licites et régulières, et presque aussitôt après ils prennent des conclusions pour demander au tribunal de nommer trois experts avec mission de rechercher, par la vérification des livres de la Société, de quelle nature ont été ces opérations.

Au double système présenté au nom des demandeurs, nous faisons une réponse qui peut se résumer ainsi qu'il suit :

A ceux qui sont encore actionnaires nous disons : Vous invoquez les statuts que vous prétendez avoir été violés. Commencez par donner vous-même l'exemple de les respecter. L'article 95 porte que « les contestations touchant l'intérêt général et collectif de la Société ne peuvent être dirigées soit contre le conseil d'administration ou l'un de ses membres, soit contre le gouverneur, qu'au nom de la masse des actionnaires et en vertu d'une délibération de l'assemblée générale. » Le rédacteur des statuts a voulu sagement, en exigeant l'approbation de l'assemblée générale pour l'exercice de toute action sociale, que l'intérêt de la collectivité des associés ne pût pas être compromis par l'action d'un seul. Vous avez méconnu cette loi du contrat que vous invoquez. Mais vous vous seriez soumis à l'article 95 que votre action n'en serait pas plus recevable. En effet, la prétention que vous soulevez a déjà été appréciée par l'assemblée du 30 novembre 1876, et la ratification qu'elle a donnée au traité du 26 novembre, a entraîné l'abandon de toute contestation semblable.

A ceux qui ne sont plus actionnaires, nous disons : Si vous étiez encore actionnaires, vous rencontreriez les deux fins de non recevoir ci-dessus ; mais vous avez vendu vos actions, et en vous dessaisissant de la propriété de vos titres, vous avez abandonné l'action sociale qui pouvait vous appartenir. Vous n'avez plus l'action sociale et vous n'avez pas l'action personnelle, car vainement vous travestissez les faits pour faire croire à une responsabilité personnelle du gouverneur et des sous-gouverneurs vis-à-vis de vous, pris en tant que tiers, avant votre entrée dans la Société. Tous vos artifices déguisent mal une action sociale que vous avez perdue en vendant les titres.

Les adversaires n'ont même pas cru devoir examiner ces fins de non recevoir ; ils ont laissé de côté, sans les discuter, les arrêts nombreux qui forment un corps de jurisprudence complet sur les questions préjudicielles que nous avons soulevées, et ils ont immédiatement porté le débat sur le fonds du procès en dehors du cercle où la procédure l'a renfermé.

Peut-être conviendrait-il de restreindre les développements aux points précis qui font l'objet des conclusions. Mais en présence des attaques dont les défendeurs ont été l'objet, il est impossible de garder le silence sur cette préface du débat. On l'abordera donc à la suite des demandeurs en s'attachant surtout aux faits principaux. Le Tribunal conclura du général au particulier et du principal à l'accessoire.

L'article 1er des statuts est relatif aux lettres de gage que le Crédit foncier a le droit d'émettre dans une proportion exactement correspondante au montant des prêts fonciers. L'article 2 autorise le Crédit foncier à recevoir des capitaux en dépôt jusqu'à concurrence de 80 millions, et il limite au tiers des fonds déposés, la portion qui peut être employée en valeurs de portefeuille.

Nos adversaires ont fondé toute leur argumentation sur cet article et ils ont dit : En admettant que le chiffre des dépôts fût de 80 millions, le gouverneur et les sous-gouverneurs avaient la faculté de disposer de 26 à 27 millions en portefeuille. Or, il est entré dans le portefeuille du Crédit foncier 166 millions de traites du gouvernement égyptien. De là une violation des statuts, bientôt suivie d'une baisse considérable sur les actions, et un préjudice dont le gouverneur et les deux sous-gouverneurs sont personnellement responsables.

On oublie, quand on tient ce langage, que le texte des statuts ne s'applique qu'aux valeurs reçues en dépôt, et qu'il ne règle pas l'emploi du capital et des réserves, c'est-à-dire des bénéfices accumulés et des autres fonds de provenance diverse, que le mouvement des affaires du Crédit foncier produit et dont il faut à chaque instant régler l'emploi.

Les adversaires eux-mêmes ont reconnu dans une consultation délibérée et signée par l'un d'entre eux que les statuts étaient muets sur ce point. Il est vrai qu'ils ajoutent aussitôt que, si la lettre des statuts fait défaut, l'esprit indique que le capital et les réserves doivent recevoir un emploi déterminé.

On traitera donc successivement les points suivants : En premier lieu, on cherchera quels sont les fonds dont le gouverneur et les sous-gouverneurs du Crédit foncier pourraient, en se conformant aux statuts, régler l'emploi sous leur responsabilité personnelle. On indiquera, dans une seconde partie, la nature du papier reçu de l'Egypte et les circonstances qui l'ont fait entrer dans le portefeuille du Crédit foncier. Puis, les faits étant ainsi rétablis, il conviendra d'examiner l'action exercée par les demandeurs. Il sera facile de montrer que les adversaires sont impuissants à en faire une action personnelle et que, s'agissant d'une action sociale, cette action ne saurait être mise en mouvement par des actionnaires qui ont vendu leurs titres, surtout en présence de l'article 95 des statuts et de la délibération de l'assemblée du 30 novembre 1876.

Les avocats des demandeurs ont cru devoir remonter jusqu'aux origines de l'institution du Crédit foncier. Ils ont fait une étude historique qui peut en elle-même offrir quelque intérêt, mais qui est sans utilité pour la cause. Le Tribunal n'a pas besoin de connaître les modifications successives que les statuts ont reçues; il suffit qu'il ait sous les yeux leur texte dans sa forme dernière.

Qu'est-ce que le capital du Crédit foncier, disent d'abord nos adversaires? Un fonds de garantie qui, par conséquent, doit être employé en valeurs sûres et d'une réalisation toujours facile. Et ils ont cherché la justification de cette prétention dans une étude historique sur le Crédit foncier. A cet effet, ils ont examiné son origine, son but, son développement; mais sur tous ces points, ils ont méconnu la vérité des faits et les principes qui s'imposent à toute Société financière.

Les financiers qui, en 1852, ont réglementé le Crédit foncier, ont eu à coup sûr une pensée à la fois ingénieuse et féconde, en organisant un système qui permet à l'emprunteur de se libérer à long terme et presque sans s'en apercevoir. Mais pour prêter, il faut de l'argent. En demandera-t-on à des souscripteurs, à des actionnaires? Le prêt hypothécaire jouit nécessairement d'un revenu modique; ajoutez l'immobilisation du capital et l'embarras des capitaux remboursés parfois en temps inopportun. Si donc on avait organisé une Société au capital de 200 millions pour prêter hypothécairement avec ces fonds, comme il est clair qu'on n'aurait rien ou presque rien donné aux souscripteurs, il est évident qu'on n en aurait pas trouvé.

On eut alors une seconde pensée excellente que M. Frémy

a maintes fois exprimée. Emprunter pour prêter. Tout le mécanisme du Crédit foncier est là : émettre des obligations dont l'argent est employé en prêts et représenté par des prêts.

Quant au capital, son rôle est double : d'une part, il fait face aux frais généraux de l'entreprise ; d'autre part, il sert de garantie au service régulier des intérêts et à l'amortissement des obligations. Le Crédit foncier a donc à la fois un capital obligations, à revenu fixe, qui est représenté par des prêts hypothécaires ou des prêts communaux, et un capital actions, à revenu variable. Ce sont les obligations qui jouissent des faveurs de la loi et non les actions ; et, ce qu'il faut que tout le monde sache, c'est que l'argent des obligations n'a jamais été détourné de son emploi et que leur service ne peut jamais courir aucun risque.

Comment ce capital, qui était en 1875 de 80 millions, sur lesquels 45 millions seulement avaient été versés, est-il rémunéré ? Ce ne peut être uniquement par la différence d'intérêt entre le taux des prêts hypothécaires et celui des obligations foncières ou lettres de gage. Il faut, de toute nécessité, pour que ce capital reçoive un emploi fructueux, que le Crédit foncier le fasse servir à des opérations de banque.

Si cet emploi est licite pour les fonds provenant des dépôts, dans la mesure fixée par l'article 2 des statuts, il l'est, à plus forte raison, pour le capital social. En effet, il y a entre les dépôts et le capital social cette différence que la Compagnie règle elle-même l'intérêt des dépôts, qu'elle l'élève ou l'abaisse à sa volonté, et qu'ordinairement elle le maintient à un taux qui n'excède pas 1 pour cent, ce qui lui permet d'en trouver facilement la rémunération, tandis que les actionnaires qui ont concouru à former le capital social, sont entrés dans la Société en vue d'y faire

des bénéfices et de toucher à la fois des intérêts et des dividendes qui ne peuvent être obtenus qu'au moyen d'opérations de banque.

Cependant, les adversaires ont cru trouver une réfutation
de ces principes dans la pratique de l'ancienne administration du Crédit foncier. Nous les avons entendus diviser
cette administration en deux périodes ; la première, marquée par le passage successif, au gouvernement du Crédit
foncier, de M. Woloski et du comte de Germiny ; la seconde, inaugurée par la nomination de M. Frémy aux fonctions de gouverneur en 1857. Ils ont exalté de leur mieux
la première période pour rabaisser d'autant la seconde, et
l'éloge des morts a, suivant l'usage consacré, servi surtout au dénigrement des vivants.

De 1852 à 1857, ont-ils dit, les actions du Crédit foncier étaient au-dessous du pair ; elles n'ont jamais rapporté de dividendes, et elles ne donnaient pas même l'intérêt à 5 pour cent des capitaux versés. C'était là une
excellente administration. Depuis 1857, au contraire, les
actionnaires ont touché de gros dividendes ; les cours des
actions se sont élevés, et, un jour même, ces actions ayant
été dédoublées, on a vu les actions nouvelles reprendre en
peu de temps le cours des actions anciennes. Ce sont là, à
leurs yeux, autant de pratiques détestables. Ils ont bien
voulu ajouter, cependant, que si la fortune nous était demeurée constamment fidèle, ils seraient restés silencieux.
Mais la fortune est changeante ; un instant on a pu croire
qu'elle abandonnait le Crédit foncier. C'en est assez pour
que les demandeurs se soient crus autorisés à quitter la
Société à la première alerte et à exiger aujourd'hui la rançon de leurs inquiétudes.

Le récit qu'on a présenté des phases de la première administration du Crédit foncier n'a pas même le mérite de
l'exactitude. En 1857, a-t-on dit, le conseil d'administra-

tion distribue 20 francs par action ; comme les actions étaient de 500 francs, cette somme ne représentait que 4 pour cent du capital versé. On a oublié de déduire du chiffre de 500 francs, capital nominal de l'action, les 250 francs dont l'appel était différé, en sorte qu'on se trouve en présence d'une somme de 20 francs de revenu pour 250 francs versés, soit un intérêt de 7 3/4 pour cent, ce qui prouve que les actionnaires de cette époque entendaient bien tirer de leur capital le revenu industriel qu'il pouvait donner.

Comment ces résultats avaient-ils été obtenus ? En plaçant, comme on l'a toujours fait, le capital social non pas en valeurs de Bourse, mais en valeurs de banque, en prêts commerciaux aux Sociétés, aux négociants, aux particuliers. Ces opérations n'ont jamais été dissimulées au public ; elles ont été faites d'une manière ouverte et portées à sa connaissance par des bilans publiés mensuellement. Chaque bilan reflétait l'opération, soit dans le compte portefeuille, lorsqu'elle était encore en cours, soit dans le compte profits et pertes, quand elle était terminée.

Il serait trop long de reprendre ces bilans depuis 1852. On s'attachera seulement, par forme d'exemple, au dernier bilan préparé par les soins de M. de Germiny. On y voit qu'après cinq années d'existence, la Société n'a pas pu parvenir à faire au delà de 75 millions de prêts fonciers, et que les bénéfices réalisés sur ces prêts ont été, pour une année, de 43,411 francs. Si l'on avait compté uniquement sur cette source de produits pour rémunérer le capital social, les actionnaires auraient touché 2 centimes et demi 0/0.

Y a-t-il une preuve plus certaine que les bénéfices venaient de l'emploi du capital social dans des opérations de banque ? Si l'on en doutait encore, il suffirait de rappeler le langage que M. de Germiny tenait aux actionnaires à l'assemblée du 29 avril 1857 : « En d'autres termes, disait-il, d'une part, praticiens d'un système particulier de prêts, et de l'autre, banquiers ; tandis que les circonstances entravaient cette mission de prêteurs, elles servaient nos combinaisons de banque, et nous n'avons rien négligé pour en obtenir, dans cet ordre de faits, tout ce qu'elles ont pu donner ».

Voilà pour l'ancienne administration.

Suivons maintenant les adversaires dans l'examen des faits de gestion depuis 1857. A ce moment, ont-ils dit, un nouvel esprit anime ceux qui sont à la tête du Crédit foncier ; l'institution dévie de son but ; les spéculations aventureuses vont commencer.

Étrange langage dans la bouche de gens qui sont entrés douze ans après dans la Société !

Pour répondre à toutes les critiques, il convient de faire remarquer tout d'abord qu'un ordre nouveau d'opérations, telles que les prêts à l'Algérie, les subventions aux syndicats formés pour le drainage, a été imposé au Crédit foncier par des lois, ce que nos adversaires sont obligés de reconnaître. Ils ont reconnu de même que la création du Crédit agricole avait été imposée par la loi au Crédit foncier. Je n'entends pas critiquer la pensée qui a inspiré cette création au gouvernement impérial ; mais les gouverneurs du Crédit foncier virent alors sans aucun plaisir s'accroître d'autant leur responsabilité.

Quel usage cependant les gouverneurs et sous-gouverneurs du Crédit foncier ont-ils fait des grands pouvoirs qui leur étaient ainsi conférés ? Les chiffres sont là pour le faire connaître, et il en ressort une démonstration écrasante.

En 1857, après cinq années de fonctionnement, le Crédit foncier ne comptait que 75 millions de prêts réalisés,

17

et il était impossible qu'il en fît davantage, parce que ses obligations n'avaient pas de marché.

Dix-huit années s'écoulent. Dans le bilan du 31 décembre 1875, les prêts s'élèvent à 1,451,804,707 francs. Ajoutez à ce chiffre la portion déjà amortie de ces avances, et vous verrez qu'une somme de 2 milliards a été répandue sur le sol où elle s'est transformée en richesses nationales et en richesses privées.

Le capital-actions a suivi une progression semblable. Au bilan de 1874, les ressources atteignent une somme de 200 millions. Ce sont ces ressources que le gouvernement du Crédit foncier aurait dû employer, suivant les adversaires, en valeurs absolument sûres et d'une réalisation toujours facile. On a cité à titre d'exemples les rentes françaises et les actions de la Banque de France. Ces valeurs ne sont point exemptes des variations qui sont le sort commun des fonds d'État et des placements industriels. On a fait dresser deux tableaux qui permettent au Tribunal de voir quelle a été dans ces dernières années l'amplitude de leurs oscillations. Pour ne parler que de la Banque de France, il pourra constater que l'écart des cours n'a pas été moindre de 1,800 francs depuis 1872.

Quand les adversaires recommandent de pareilles règles de conduite, ils méconnaissent absolument les conditions qui s'imposent aux directeurs des Sociétés financières. Le gouverneur et les sous-gouverneurs du Crédit foncier avaient devant eux l'immense marché des capitaux. Le plus souvent ils se livraient à l'escompte du papier de commerce de Paris. Quand l'escompte était difficile, où quand une occasion favorable se présentait, il leur est arrivé de prendre part aux souscriptions ouvertes, comme toutes les grandes maisons de banque, par exemple, à nos grands emprunts ou aux emprunts de la ville de Paris.

Ils ont ainsi dirigé l'établissement du Crédit foncier dans cette voie féconde, pendant vingt ans, sous les yeux du gouvernement, sous le regard du public, sans que jamais personne ait élevé de réclamation contre ces opérations qui étaient à la fois statutaires, bien conduites et fructueuses.

Il n'en faut pour preuve que ce fait qui suffit à confondre toutes les accusations, à savoir que le souscripteur originaire de deux actions possède aujourd'hui, par suite de dédoublements successifs et d'émissions nouvelles, quinze actions, qui lui ont coûté ensemble 2,500 francs, soit 166 francs par titre, et que le même souscripteur a touché depuis la fondation de la Société une somme de 2,407 francs, représentant l'intérêt à 5 pour 100 de son capital, plus une somme de 5,858 francs, comme dividende, soit au total 17 1/2 pour 100 du capital versé.

C'est là précisément ce que nous vous reprochons, reprennent les adversaires, les bénéfices ont fait monter le cours des actions, et comme nous avons pensé qu'ils étaient obtenus aux moyens de placements en rentes ou en actions de la Banque de France (*valeurs qui donnent moins de 5 p. 100* !), nous sommes entrés sans défiance dans la Société. Ce n'est que longtemps après que la baisse des cours est venue nous révéler brusquement le caractère anti-statutaire des opérations.

Il semblerait, à entendre les adversaires, que les actions du Crédit foncier n'ont jamais subi de variations avant 1876. Mais le tableau des cours qu'eux-mêmes ont fait distribuer au Tribunal les condamne. Car il suffit d'y jeter les yeux pour voir qu'en 1863, 1865, 1866, les cours ont éprouvé des variations de plusieurs centaines de francs, et qu'en 1869 notamment, l'écart entre les plus hauts et les plus bas cours cotés a été de 340 francs. Les demandeurs qui déclarent avoir eu tous les comptes rendus faits aux assemblées générales n'ignoraient point l'importance de ces variations ; à la fin de chaque compte rendu, ils trouvaient un tableau dressé par les soins de l'administration du Crédit foncier, qui leur permettait d'embrasser d'un coup d'œil le mouvement général des actions depuis leur fondation. Ils l'ignoraient si peu qu'ils en ont tiré profit en spéculant sur la différence des cours. Les actions du Crédit foncier étant nominatives, il nous a été facile de suivre sur les registres des transferts les opérations auxquelles ils se sont livrés, et nous avons la preuve que l'un deux a gagné 79,000 francs ; qu'un autre a réalisé un bénéfice de 75,681 fr. 25.

On comprend à merveille que, dans ces conditions, ils n'aient pas été soucieux de soumettre leurs prétentions à l'assemblée générale des actionnaires qui en aurait sans doute fait bonne et prompte justice.

Cependant les adversaires insistent, et ils reprochent aux défendeurs d'avoir à tout le moins déguisé le caractère vrai des opérations du Crédit foncier dans des comptes rendus fallacieux et mensongers. Ils prennent çà et là des passages habilement découpés dans les dix-huit rapports du gouverneur et des censeurs de 1857 à 1875, et ils relèvent dans ces traits des expressions générales comme celles-ci : « Le capital social est un capital de garantie ; il ne doit jamais être immobilisé ni même engagé dans des opérations à long terme, il doit, au contraire, rester constamment disponible ».

A ce dernier grief, je ferai deux réponses : Je dirai d'abord à mes honorables adversaires qu'ils ne feront croire à personne que quatre lignes d'un rapport de 1857 aient pu décider des tiers à devenir sept, huit ou dix ans plus tard, actionnaires du Crédit foncier.

J'ajouterai surtout, et, à mon sens, c'est là une réponse décisive, que si ces rapports ont parfois exprimé des maximes générales de conduite, sur lesquelles tout le monde est d'accord, ils n'en ont jamais fait l'application à telle ou telle opération particulière.

Mais il n'est pas même vrai de dire que l'administration du Crédit foncier ait déguisé au public le véritable caractère de l'emploi du capital social. J'ai cité un extrait du rapport de M. de Germiny disant en 1857 : « D'une part, praticiens d'un système particulier de prêts, et de l'autre, banquiers... » En 1864, c'est M. Paravey, censeur, qui tient aux actionnaires, réunis en assemblée générale, le langage suivant : « En même temps qu'elle diminuait nos prêts, la crise offrait un placement plus fructueux à la portion disponible de ce capital et aux fonds que la confiance du public continuait de nous apporter, même dans les moments les plus difficiles. Elle nous rendait ainsi d'un côté ce qu'elle nous ôtait de l'autre, par l'effet naturel des combinaisons financières sur lesquelles reposent nos opérations et de la position que notre Société s'est faite dans l'opinion des capitalistes ».

Ainsi, dans cette année où l'argent était cher, la société n'a pas fait de prêts fonciers, mais elle a réalisé des bénéfices de banque. Ce langage est l'affirmation du droit, pour ceux qui l'administrent, de chercher librement, sous leur responsabilité personnelle, l'emploi le plus utile des capitaux de la Société.

Les rapports ne sont d'ailleurs que des préfaces, à côté desquelles il y a des bilans dont les extraits accompagnent chacun des comptes rendus. Les adversaires se sont bien gardés de faire, même la plus légère allusion, aux bilans publiés mensuellement et à fin de chaque exercice.

Ces bilans présentent-ils des éléments altérés ? Y a-t-il eu fraude, dissimulation, distribution de dividendes fictifs ? On ne l'a pas même allégué. C'est, qu'en effet, la fraude est impossible dans un établissement qui est placé sous la surveillance du gouvernement, et dont les bilans sont publiés et discutés, mois par mois, par les organes de la presse financière.

M. Vernis, qui est entré dans la Société en 1869, a dû au moins consulter les bilans des trois exercices précédents. S'il a pris le bilan dressé au 31 décembre 1866, qu'y a-t-il vu ? L'article « caisse et portefeuille » présentait un chiffre de 123 millions dont 10 millions pour la caisse et 113 millions pour les valeurs de portefeuille qui provenaient évidemment de l'escompte et d'autres opérations de banque.

Dans le même bilan, le compte profits et pertes fait apparaître un bénéfice de 9 millions, dont 6 millions obtenus sur les prêts fonciers, qui s'élevaient à 1 milliard 66 millions, et 3 millions réalisés à l'aide du capital, qui n'est que de 30 millions, par des escomptes, des prêts commerciaux, etc.

Au 31 décembre 1868, le portefeuille est de 103 millions ; les bénéfices obtenus par l'emploi commercial du capital et des dépôts s'élèvent à près de 5 millions.

J'entends un adversaire me dire : « Il vous est facile, à vous qui avez la clef des opérations du Crédit foncier, de décomposer les bilans et d'y voir ce qui reste impénétrable pour d'autres. Mais c'est des tiers qu'il faut se préoccuper, et nous défions un étranger de suivre, à travers les chiffres du compte profits et pertes ou du compte portefeuille, les opérations du Crédit foncier. » Mes honorables contradicteurs oublient qu'ils se sont chargés de faire la démonstration contraire, et que l'un d'eux a pu, uniquement à l'aide du bilan de 1875, reconstituer dans ses phases successives l'ensemble de l'opération sur les valeurs égyptiennes.

D'ailleurs, il y a une réponse générale absolument décisive.

A ce point de vue comme à tous les autres, les gérants d'une Société ont des devoirs différents vis-à-vis du public et vis-à-vis des actionnaires.

Ceux-ci sont représentés dans le sein de la Société par des censeurs ; si l'examen des censeurs ne leur suffit pas, ils ont l'assemblée générale ; si elle ne leur suffit pas encore, ils peuvent s'adresser, quand ils le veulent, à leurs mandataires pour obtenir des explications.

Vis-à-vis des tiers, il en est tout autrement. On ne leur doit qu'une chose : ne pas les tromper par des affirmations mensongères ; mais aller plus loin, obliger les Sociétés à divulguer le secret de leurs opérations en cours, à joindre à leurs bilans la liste de leurs débiteurs, serait inaugurer une pratique destructive à laquelle un conseil d'administration ne se soumettra jamais. La prétention, d'ailleurs, n'est pas nouvelle ; elle s'est produite devant les tribunaux.

Dans les affaires du Crédit mobilier, des acheteurs ont fait un grief aux administrateurs de n'avoir pas indiqué par une mention spéciale aux bilans que la créance de cet établissement sur la Société immobilière était un des principaux éléments de son actif. La Cour de Paris a fait justice de cet théorie qui ruinerait le crédit des Sociétés, si jamais elle triomphait. (Cour de Paris, arrêt du 28 juin 1873).

On connaît maintenant la vérité sur toutes les critiques qu'on a adressées à la première période de l'administration des défendeurs. Je crois avoir le droit de dire, après les explications dans lesquelles je suis entré, qu'il n'en reste rien, et qu'on n'osera plus aujourd'hui parler de statuts violés dans leur lettre ou dans leur esprit. La vérité est, que pendant ces dix-huit années, le Crédit foncier a été administré avec ordre, avec prudence, avec succès. Non pas que mes clients aient la prétention de s'en attribuer exclusivement l'honneur. Une bonne part en revient au conseil

d'administration, au gouvernement, aux circonstances
mêmes. Mais ils ont su s'appuyer sur l'expérience de leur
conseil d'administration ; ils ont su trouver un élément de
succès dans la surveillance de l'État ; ils ont su profiter des
circonstances quand elles étaient favorables et dominer les
faits, quand ils ont pu les voir. Voilà ce qu'ils ont fait, sans
violer les statuts ni dans la lettre, ni dans l'esprit. Les statuts marquaient le but à atteindre et les moyens à employer ; mais sur beaucoup de points, les statuts ne peuvent que poser des règles générales. Le but à atteindre,
c'était le développement des prêts fonciers. En cinq ans,
on en avait fait 75 millions. En dix-huit années, ils avaient
atteint le chiffre d'un milliard et demi, et grâce à ce développement immense, la propriété immobilière, que l'é-
branlement intérieur de 1848 avait si rudement éprouvée,
a pu traverser presque sans souffrance les effroyables catastrophes de 1871. A côté de cela, dans une sphère plus
modeste, ils ont réglé avec un bonheur constant l'emploi
de ces capitaux immenses que le développement de la
Société a peu à peu formés, et ils ont assuré à leurs actionnaires la rémunération la plus large que jamais actionnaires aient reçue ; et quand leurs adversaires leur reprochent ces prospérités comme des fautes, ils oublient qu'il
en est des créations de l'homme comme de l'homme lui-
même, qu'une fois nées il leur faut grandir ou disparaître,
et que le développement progressif est partout la loi inflexible de la vie même.

Nous arrivons maintenant à l'année 1875, dans laquelle
se placent les escomptes égyptiens.

Pour que mes explications sur ce point soient complè-
tes, il est nécessaire que je dise un mot du Crédit agricole.

Le Crédit agricole a été fondé en 1860 ; son but était,
comme le nom l'indique, de faire des prêts à l'agriculture.

On vous a dit qu'il avait promptement dévié du but de son institution ; qu'il s'était livré à d'immenses opérations de banque dont les suites désastreuses pour son crédit avaient amené sa ruine complète dans les dernières années. C'est alors que les gouverneurs, qui étaient les mêmes dans les deux institutions du Crédit agricole et du Crédit foncier, auraient, pour réparer ces ruines, engagé le Crédit agricole dans des opérations avec l'Égypte et y auraient entraîné à sa suite le Crédit foncier. On a même osé parler de dividendes fictifs distribués aux actionnaires du Crédit agricole.

Aucun des traits dont on a, comme à plaisir, assombri ce tableau n'est fidèle. Pour rendre hommage à la vérité, on aurait dû dire que le Crédit agricole a été fondé en 1860 par l'État, en dehors de M. Frémy et contrairement à ses désirs. Le lien qui existait entre le Crédit agricole et le Crédit foncier est l'œuvre du législateur lui-même. La loi a voulu (art. 29 des statuts), que les fonctions de gouverneur et de sous-gouverneur du Crédit agricole fussent remplies par le gouverneur et les sous-gouverneurs du Crédit foncier de France, et cette disposition n'a rien d'excessif quand on sait que les actions du Crédit agricole avaient été réservées aux actionnaires du Crédit foncier.

En imposant une attache si étroite aux deux établissements, le gouvernement entendait bien que le Crédit foncier admettrait à l'escompte les valeurs du Crédit agricole, les avances du Crédit foncier trouvant d'ailleurs leur garantie dans le capital du Crédit agricole, qui était de 40 millions.

Le Crédit agricole n'était pas condamné par la loi de son institution à ne faire que des prêts à l'agriculture. L'article 2 de ses statuts lui permettait les ouvertures de crédit, les prêts sur nantissement, les dépôts, les comptes courants, en un mot les opérations de banque.

C'est dans ces conditions de fonctionnement que le Crédit agricole commença sa carrière.

Les placements à l'agriculture ne tardèrent pas à donner des mécomptes. L'agriculture n'emprunte pas, ou, si elle emprunte, elle se ruine, car ses profits ne sont pas assez considérables pour lui permettre de payer les intérêts de ses emprunts et de faire des bénéfices.

Le Crédit agricole dût alors chercher d'autres placements dans le cercle de ses statuts, et en cela il suivit l'exemple des banques d'Angleterre et d'Écosse qui ont servi de modèle à toutes les institutions du même genre et qui ont toujours pratiqué à côté des prêts agricoles les opérations de banque proprement dites.

On a dit que les opérations du Crédit agricole avaient été désastreuses, qu'on n'avait pu les dissimuler qu'en distribuant des dividendes fictifs, et pour preuve de ce qu'on avançait, on est allé prendre le rapport de M. Frémy à l'assemblée du 27 novembre 1876, dans lequel on a découpé le passage suivant : « La Société, disait M. Frémy, a été chercher ses moyens d'existence..... !

Et on s'est écrié : « Voyez, la Société était ruinée, puisqu'elle cherchait des moyens d'existence ». Comme si les moyens d'existence d'une Société de crédit n'étaient pas les opérations mêmes auxquelles elle est destinée, et comme si le rapport n'ajoutait pas que « ces moyens d'existence » étaient la source de ses bénéfices !

C'est là, de la part des adversaires, une argumentation bien insuffisante, et pourtant rien n'eût été plus facile, si le fait était vrai, que de le démontrer. S'il y a eu distribution de dividendes fictifs, il suffit de prendre les bilans et les écritures du Crédit agricole qui sont aujourd'hui dans les mains de tous. On ne l'a pas même essayé ; je pourrais me borner à en prendre acte et passer outre ; mais je ne veux rien négliger dans un débat de cette nature, et je tiens à démontrer, par l'examen du rapport et des bilans de l'exercice 1874, qu'on n'a distribué que des dividendes absolument acquis.

Tout d'abord, je relève dans ce rapport un détail qui a son prix. On vous a parlé du Comptoir de l'agriculture et on l'a représenté poétiquement comme un rameau desséché qui trahissait la maladie dont l'arbre entier était atteint. Il n'y a dans ce récit qu'une inexactitude, mais elle est capitale : la liquidation du Comptoir de l'agriculture a donné des bénéfices et les actions ont été remboursées avec une prime de 20 francs par titre.

J'entre maintenant dans le détail du bilan de 1874, et j'y vois que le portefeuille était, au 31 décembre, de 57 millions, et que l'exercice a donné un bénéfice net de 1,858,182 fr. 96.

En 1875, le Crédit agricole a subi la loi générale du marché. Il y avait surabondance de capitaux, disette absolue d'affaires. C'est ainsi que le Crédit agricole a été conduit à faire des prêts au vice-roi d'Égypte, dont les demandes n'eussent sans doute pas trouvé un accueil aussi facile, sans les circonstances générales que je viens de rappeler.

Les avocats des demandeurs ont beaucoup varié sur l'importance de ces prêts, il importe donc d'en préciser le chiffre.

Aujourd'hui, le Crédit foncier détient dans son portefeuille pour 166 millions de valeurs égyptiennes. Dans ce nombre, il y a 60 millions de valeurs gagées ; le surplus se divise en dette du Trésor public et dette de la Daïra ou dette du Trésor privé du khédive. La dette a été convertie en obligations égyptiennes par une mesure forcée ; quant aux dettes de la Daïra, elles sont garanties par une hypothèque sur les domaines du vice-roi.

A l'époque de l'assemblée générale du 27 avril 1876, le Crédit foncier n'avait dans son portefeuille que 131 millions de valeurs égyptiennes. Ce n'était point, comme aujourd'hui, par suite de la consolidation imposée aux porteurs de bons, des titres négociables en Bourse, amortissables à long terme, c'étaient des traites de nature et de forme commerciales, exigibles à courte échéance. C'étaient, par conséquent, des valeurs d'une négociation facile, et qui a été fructueuse jusqu'au jour où le vice-roi a suspendu ses paiements.

Nos adversaires ont pris texte de ce procès pour se livrer à des attaques fort vives contre le gouvernement égyptien. Ils l'ont appelé un gouvernement de prodigues, victime de négociations usuraires, payant en sus des 12 pour cent d'intérêt des commissions énormes pour se procurer de l'argent.

Quand on étudie la condition des finances égyptiennes, il faut se tenir en garde contre les appréciations de la presse et ne les admettre qu'après un rigoureux contrôle. Il n'y a, à vrai dire, que trois documents qu'on puisse consulter en pleine sécurité : le rapport de M. Cave, membre du cabinet anglais envoyé en mission en Égypte par son gouvernement ; celui de MM. Goschen et Joubert, délégués par une assemblée des actionnaires anglais, et enfin, celui de MM. Jozon et Sanders.

Les adversaires ont cité le rapport de M. Cave et ils ont essayé d'en faire usage pour le besoin de leur cause. D'après eux, M. Cave aurait déclaré que le vice-roi a reçu seulement 40 millions de livres sterling sur les 80 millions de livres qui constituent sa dette. M. Cave n'a rien dit de semblable ; il s'est borné à faire remarquer que le capital nominal de la dette consolidée du gouvernement égyptien excédait le montant des sommes touchées par le vice-roi. Il n'y a là que la constatation d'un fait normal, qui se reproduit dans une foule d'opérations semblables où la valeur est émise à un chiffre payé par le prêteur et remboursable à un autre souvent beaucoup plus élevé. Qu'importe, d'ailleurs, l'opinion de M. Cave au point de vue du procès actuel, puisque le Crédit foncier n'a eu aucune part dans les emprunts de la dette consolidée ?

Je ne m'arrêterai pas davantage au décret du vice-roi, dont on rappelait le préambule à votre dernière audience. Le vice-roi se plaint des conditions rigoureuses qui lui ont été faites par ses créanciers, et il en prend prétexte pour suspendre, par le même décret, ses paiements ; en sorte que les circonstances dans lesquelles ces déclarations sont intervenues leur ôtent toute valeur.

Les embarras financiers de l'Égypte ne sont pas le fait de ses créanciers. M. Cave lui-même le dit : les embarras tiennent à une double cause ; d'une part, les difficultés inhérentes à une période de transition et de transformation comme celle que traverse l'Égypte, et de l'autre, des travaux publics très considérables exécutés en un très petit nombre d'années.

Quoi qu'il en soit, d'ailleurs, de ces causes, ce qu'il importe uniquement de fixer au procès, c'est la mesure du crédit dont l'Égypte jouissait sur les marchés européens en 1875. Le gouvernement égyptien avait, comme presque tous les gouvernements, une dette consolidée et une dette flottante. Le dernier emprunt de la dette consolidée avait été fait en obligations au capital nominal de 500 francs, rapportant 25 francs d'intérêt par an. Au moment où le Crédit foncier a accepté les traites égyptiennes et dans les trois années qui ont précédé, les titres de la dette égyptienne se tenaient constamment dans le voisinage du pair, et prenaient place dans l'échelle des fonds publics, immédiatement après les fonds d'État anglais et français. Voilà pour la dette consolidée.

Quant à la dette flottante, elle se composait de traites payables à courte échéance, susceptibles d'être protestées, semblables en tout point aux effets de commerce ordinaires, avec cette différence qu'au lieu d'être signées par un particulier, elles portaient la signature d'un souverain. Le taux légal de l'escompte était, pour les traites à échéance d'un an, de 12 pour cent ; en fait, les traites se négociaient couramment sur le marché au taux moyen de 9 3/4 pour cent, soit avec une prime de 25 pour cent.

Il n'y a pas lieu de s'étonner que la nature de ces traites leur attirât la faveur des financiers. Il y a, entre la dette consolidée et la dette flottante d'un État, une différence énorme. Le crédit d'un État est intimement lié au sort de sa dette flottante. La dette consolidée, c'est le prêt civil à long terme ; c'est l'ami avec lequel parfois on ne se gêne pas assez. La dette flottante, c'est le billet en circulation ; c'est, à l'échéance, le banquier dur et intraitable. De là vient que les États n'ont jamais laissé en souffrance leur dette flottante et que les moins scrupuleux en ont toujours assuré le service.

On trouverait d'ailleurs une raison de plus à cette faveur dont jouissaient les fonds égyptiens en France et en Angleterre. Sur ce terrain, il y avait toujours eu entre les deux peuples une rivalité dont les vice-rois avaient admirablement profité. L'argent et ceux qui le possèdent obéissent plus qu'on ne le croit à l'influence des idées générales, à ces grands courants qui sont comme les manifestations de l'instinct d'un peuple entier. L'argent, après tout, n'est que matière ; c'est l'esprit qui le soulève et le porte où il veut. Faut-il rappeler l'enthousiasme de la souscription aux actions du canal de Suez! Est-ce uniquement l'appât de gros dividendes qui attirait les capitalistes français ? Évidemment non ; car personne ne pouvait se dissimuler les incertitudes de toute sorte qui pesaient sur cette grande entreprise. Il y avait évidemment autre chose ; et cette chose, c'était le sentiment profond de cette œuvre prodigieuse, consolidant notre influence sur

cette terre d'Égypte qu'on a quelquefois appelée une terre
à demi française. A côté de cela, qu'on se rappelle l'émotion
que causa la nouvelle de l'achat fait par l'Angleterre de
100 millions de parts du canal ; l'opinion publique s'émut ;
peu s'en fallut qu'on n'accusât le gouvernement d'avoir
ainsi laissé l'Angleterre s'assurer d'un pareil gage, parce
que tout le monde sentait que c'était peut-être le commencement de la conquête, et que pas un Français n'a pu voir
sans une tristesse poignante pâlir encore une fois les rayons
de cette influence de la France sur l'Orient, qui ne s'est
jamais exercée que pour l'avancement de la civilisation et
le bien de l'humanité, de cette influence qui va de Saint-
Louis aux Pyramides et au canal de Suez, de cette prépon-
dérance qui n'est pas seulement un des éléments les plus
précieux de notre grandeur, mais encore une des gloires
les plus radieuses et les plus pures de notre histoire.

C'est au milieu de ces circonstances générales que se
place l'escompte des traites du gouvernement égyptien,
escompte dans lequel le Crédit agricole recevait 6 pour
cent et le Crédit foncier 6 pour cent, avantage précieux
dans un temps où l'escompte était tombé à 2 pour cent.

L'avocat place sous les yeux du Tribunal la correspondance échangée
entre l'Anglo-Egyptian-Bank et le Crédit agricole à propos de ces
négociations, dans laquelle les conditions de cette négociation sont sti=
pulées suivant les usages ordinaires du commerce.

Il n'est pas inutile d'ajouter que dans le même temps tous
les établissements de crédit et la plupart des maisons de
banque privées les plus honorablement connues de la place
de Paris, faisaient les mêmes opérations d'escompte sur
les valeurs égyptiennes. Cette observation répond suffisamment à l'exemple qu'on a cité d'une banque, dont la direction aurait refusé de continuer ses prêts à l'Égypte. On
s'est bien gardé de faire connaître au Tribunal que le rapport dont on a lu quelques extraits parle de faits de novem-

bre et de décembre 1875, et que, d'ailleurs, il s'agit d'une banque qui n'a pour ainsi dire de relations d'affaires qu'avec l'Amérique.

Que dire de l'allégation des adversaires qui prétendent, sur la foi du rapport de M. Cave, que les traites égyptiennes s'escomptaient à 25 pour cent, sinon qu'ils ont mal lu ce rapport? M. Cave, qui écrivait en mars et avril 1876, exprime tout simplement, sous forme de conclusion, que l'Égypte ne pourrait pas supporter le renouvellement de sa dette à 25 pour cent, ce qui n'a rien à faire avec le procès.

Que dire surtout des insinuations tendant à faire croire que des profits personnels auraient été réalisés au détriment du Crédit agricole et du Crédit foncier? Des accusations de cette nature ne devraient être produites au grand jour qu'autant qu'on serait en mesure de les appuyer de témoignages certains et de documents positifs. Mais lorsqu'elles se manifestent sous une forme vague et incertaine, elles ne méritent pas qu'on s'arrête à les discuter et elles n'appellent, de la part de ceux à qui elle s'adresse, qu'une protestation publique. Le Tribunal n'oubliera pas que le Crédit foncier est placé sous la surveillance incessante du gouvernement; que des enquêtes minutieuses ont été faites et qu'elles n'ont rien révélé qui rendît vraisemblable une pareille accusation. Il faut laisser aux partis politiques ces armes détestables et dédaigner ces calomnies banales que le vent des passions soulève, agite, porte aux nues, et qui, l'instant d'après, retombent et sont oubliées.

Il reste désormais acquis au débat que les opérations sur les traites égyptiennes ont été normales, régulières, et qu'elles n'ont procuré que le profit naturel auquel donne droit le taux de l'escompte en Orient. On ne peut pas même dire qu'elles aient été hardies, si l'on considère que le mouvement du portefeuille du Crédit foncier atteint près d'un milliard par an.

Cependant, en octobre 1875, la banqueroute du gouvernement ottoman ébranle par contre-coup le crédit du vice-roi d'Égypte, son vassal ; en novembre, l'achat de 100 millions de parts du canal de Suez par l'Angleterre ramène une hausse momentanée sur les valeurs égyptiennes. Mais le 7 avril 1876 paraît un décret du vice-roi qui consolide la dette flottante, en exceptant seulement de cette mesure la partie de la dette qui était gagée. Bientôt après, les décrets des 2 et 7 mai instituent une commission internationale chargée de recevoir du gouvernement égyptien le produit des impôts et de l'appliquer au paiement de la dette. Les commissaires étaient investis de pouvoirs extraordinaires ; ils avaient le droit de poursuite et d'exécution, et ils en ont usé en assignant le ministre des finances d'Égypte devant les Tribunaux égyptiens et en frappant de saisie-arrêt les revenus des chemins de fer. Un décret du 18 novembre 1876 a complété l'ensemble de ces mesures en instituant deux contrôleurs des finances chargés de la perception des impôts.

La dette gagée avait été laissée, ainsi qu'il a été dit, en dehors de la consolidation, et l'échéance en avait été reportée d'un commun accord au 1er octobre 1877, en vertu d'un traité négocié à la suite du voyage de MM. Jozon et Sanders. A cette date, le Crédit foncier aurait pu réaliser les gages qui garantissaient sa créance. Ceux qui le dirigeaient ont sagement décidé de s'abstenir d'un acte d'exécution qui aurait porté une grave atteinte au crédit de l'Égypte sans procurer un avantage appréciable au Crédit foncier, puisque le gage ne change pas de valeur et qu'ainsi la garantie ne diminue pas.

De cet exposé des affaires égyptiennes, il faut retenir deux choses : la première, c'est que tous ceux qui ont examiné les ressources de l'Égypte reconnaissent que ses finances, convenablement administrées, sont suffisantes pour acquitter sa dette tout entière ; la seconde, c'est que, depuis les mesures de consolidation imposées par le vice-roi, les intérêts de la dette ont été régulièrement servis. Sans doute le khédive pouvait être tenté de se dégager de sa promesse ; mais autre chose est de le vouloir, autre chose de le pouvoir, et les événements qui, à l'heure actuelle, accumulent les ruines en Orient, sont bien plutôt une cause de sécurité pour les porteurs de titres Égyptiens, car ils placent l'Égypte dans une dépendance étroite des puissances occidentales, et le vice-roi doit comprendre que sa couronne, ainsi que ses revenus, est aujourd'hui le gage de ses créanciers. En tout cas, c'est là l'avenir qui n'appartient à personne. Le présent, c'est un capital demeuré entier, dont les intérêts sont régulièrement servis et que personne n'a le droit de réputer perdu ni pour le tout, ni pour partie.

Avec quelle somme le Crédit foncier a-t-il pu faire ces escomptes ?

Les adversaires, rappelant que le Crédit foncier s'était engagé à prêter en cinq années 65 millions aux départements de l'Est, ont fait des efforts extraordinaires pour prouver que tout ou partie des sommes que le Crédit foncier s'était procurées en vue de faire face à cet engagement, avaient été employées aux escomptes égyptiens. A cet effet, ils ont accumulé les hypothèses et présenté successivement dans les quatre pages d'une note distribuée au Tribunal leurs conjectures. A la première page, ils les présentent comme possibles, à la seconde comme vraisemblables, à la troisième comme probables, et enfin à la quatrième comme absolument certaines.

L'avocat entre ici dans la discussion des chiffres invoqués par les adversaires et combat l'erreur qu'ils ont commise en essayant d'indiquer un emploi déterminé pour chacun des éléments de la caisse. Toutes les sommes disponibles sont versées dans la caisse ; mais là elles se confondent, et il n'y a qu'une chose à examiner, c'est le point de savoir si le

Crédit foncier a eu à sa disposition des sommes légalement disponibles
pour faire ces opérations.

L'avocat entre alors dans le détail des chiffres, et montre que jamais
les fonds disponibles du Crédit foncier n'ont été inférieurs au montant
des prêts égyptiens, que, même au 31 mai 1876, à l'époque où les dépôts étaient tombés à 50 millions, les sommes dont les gouverneurs
avaient l'emploi pour des opérations de banque atteignaient 135 millions,
tandis que les prêts égyptiens ne dépassaient pas 131 millions.

Dans cette énumération ne figurent pas les 102 millions de prêts différés. Si on les range, comme les adversaires ont semblé le concéder,
dans la catégorie des valeurs déposées, il en résultera que ces 102 millions pouvaient, jusqu'à concurrence du tiers, être employés en valeurs
de portefeuille. On obtient alors non plus 135 millions, mais 168 millions
de sommes disponibles.

Mais il est tout à fait arbitraire d'assimiler les prêts différés aux dépôts ; car, à la différence des prêts aux particuliers, ces prêts aux communes se font en numéraire.
Dès lors il est indispensable qu'avant de faire des prêts
de cette nature, le Crédit foncier s'adresse au public
pour se procurer les fonds nécessaires à ses placements.
Une seule condition lui est imposée par l'article 76 de ses
statuts, celle de n'emprunter que dans la proportion de
ses engagements. Sous cette réserve, il est le maître d'é-
mettre à son heure, suivant les conditions du marché, le
nombre d'obligations correspondant au chiffre de ses
engagements. Il serait insensé de prétendre qu'après avoir
obtenu les capitaux auxquels il a fait appel, le Crédit
foncier doive les tenir en réserve et en payer 5 pour cent
par an d'intérêt aux prêteurs, sans en retirer aucun profit. Évidemment les gouverneurs ont le droit d'en régler
l'emploi sous leur responsabilité, et ils auraient pu, sans
violer les statuts, faire servir l'argent des prêts différés à
des opérations d'escompte. Mais en fait, ils s'en sont abs-
tenus.

En résumé, on doit tenir pour justifié, à l'heure actuelle, que le Crédit foncier a toujours disposé pour ses
opérations de banque, dans la limite de ses statuts, de

sommes infiniment plus considérables que celles qu'il a engagées dans les affaires égyptiennes.

Le 27 avril 1876, vingt jours après les décrets du vice-roi, les actionnaires du Crédit foncier devaient tenir leur réunion annuelle ; le gouverneur leur fit connaître l'existence des valeurs égyptiennes dans le portefeuille de l'établissement. Le langage que M. Frémy a tenu dans cette circonstance a excité l'indignation des adversaires, comme si la réserve gardée dans le rapport n'était pas conforme aux intérêts de tous. Mais qu'importe la forme, puisque le fond s'y trouve, et qu'il n'est pas même allégué que le gouverneur ait produit un chiffre inexact ou une explication insuffisante.

Le lendemain avait lieu l'assemblée du Crédit agricole. Deux faits la signalent : le gouverneur informe les actionnaires de la nature des valeurs qui garnissent le portefeuille, et en même temps il leur propose de ne plus distribuer de dividende.

C'était là une mesure provisoire en attendant la solution définitive. Dans le même temps, le Crédit agricole était victime d'une faillite de 5 millions de la part du directeur de l'agence de Marseille.

On comprit immédiatement que la liquidation était devenue nécessaire, et on se mit à rechercher par quelle mesure elle pourrait être le plus avantageusement réalisée. C'est ainsi que le traité du 26 novembre 1876 a été débattu pendant six mois par des hommes d'affaires d'une expérience consommée, par les négociants les plus considérables, sous les yeux du gouvernement appelé plus tard à le sanctionner.

Les points essentiels de ce traité sont déjà connus. Le Crédit agricole avait pour principal créancier le Crédit foncier à qui il avait transmis par endossement 131 millions de traites égyptiennes ; il était naturel qu'on pensât à faire faire une cession de biens par le débiteur au créancier. Cette cession est intervenue sur les bases suivantes. Le Crédit foncier reçoit 16 millions qui représentent la partie réalisée du capital social du Crédit agricole, 24 millions qui restent à appeler, et 4 millions de versement complémentaire à raison de 50 francs par action, soit au total 44 millions qui peuvent être ramenés à 38, par suite d'un aléa prévu et réservé de 6 millions.

Par contre, le Crédit foncier crée 80,000 actions nouvelles de 500 francs qui sont délivrées aux actionnaires du Crédit agricole à raison d'une action nouvelle par une action ancienne. Le capital social est par conséquent porté de 80 millions à 120 millions, augmentation qui réalise un avantage considérable à raison de la disposition des statuts qui fixe le minimum des prêts fonciers à vingt fois le capital social. Un nouveau champ est ainsi ouvert à l'activité de la Société qui avait presque atteint la limite permise des prêts fonciers avec son capital de 80 millions.

En outre, le Crédit foncier demeure chargé seul et sans réserve des risques des valeurs égyptiennes, et comme les 16 millions sont fournis à titre de garantie dans les conditions que le Tribunal connaît, il est déclaré que toutes les stipulations du traité sont absolument indivisibles.

Telle est l'économie de ce traité très long et très complexe, à raison même de la variété des intérêts qu'il embrasse et qu'il a pour but de régler.

Il est une disposition de ce traité sur laquelle les adversaires ont particulièrement insisté : c'est celle qui a pour effet d'assurer au Crédit foncier la garantie des 16 millions formant la partie déjà versée du capital social du Crédit agricole. Ces 16 millions ont été fournis par un syndicat composé du gouverneur et des deux sous-gouverneurs.

Aussitôt les adversaires de s'écrier : C'est l'aveu de leur responsabilité, c'est la rançon de leurs malversations.

On a répondu à l'outrage, il faut examiner l'argument.

Le gouverneur et les sous-gouverneurs craignaient qu'on ne leur fît un procès, disent les adversaires. — Vous croyez? Mais, à ceux qui auraient invoqué la nature de l'opération, ils auraient répondu en prouvant qu'elle était conforme aux statuts, et à ceux qui auraient allégué son importance, ils auraient montré qu'elle n'était pas hors de proportion avec la puissance du débiteur dont le crédit était partout reconnu et accepté, restituant ainsi au sinistre qui a frappé le Crédit agricole et le Crédit foncier son caractère d'événement imprévu et de force majeure.

Ils auraient ajouté enfin que toute action en dommages-intérêts suppose un préjudice né et actuel. Or, il y a deux ans, comme aujourd'hui, il eût été impossible de justifier d'aucun préjudice.

Mais il est des circonstances et des situations dans lesquelles il ne convient pas de pousser son droit jusqu'à l'extrême. Les trois défendeurs gouvernaient le Crédit foncier depuis dix-huit ans; sa grandeur était devenue la leur, ils s'y étaient attachés comme à l'œuvre de toute leur vie. Tout à coup, le navire qu'ils avaient jusque-là dirigé avec tant de succès touchait un écueil que les cartes n'avaient pas marqué. Quoi de plus naturel et de plus honorable que leur mouvement pour se jeter à son secours !

Que les adversaires y prennent bien garde d'ailleurs. Plus ils insistent sur le caractère transactionnel de la garantie fournie, plus ils élèvent la barrière qui empêche leur main de saisir le but vers lequel elle est tendue.

Au surplus, le traité a dû subir, à raison des intérêts complexes auxquels il touchait, l'examen de l'assemblée générale des actionnaires du Crédit agricole, de celle du Crédit foncier et celui du Conseil d'État. Il a reçu des débats mêmes auxquels il a donné naissance au sein de ces assemblées un commentaire qui éclaire d'un jour complet sa véritable signification.

Les lettres de convocation qui appelaient les actionnaires des deux Sociétés à délibérer sur ce traité, précisaient de la manière la plus nette l'objet de la réunion et indiquaient que l'instrument de la convention serait communiqué avant le jour de la réunion à tous les actionnaires qui en feraient la demande. L'assemblée du Crédit agricole a eu lieu la première, le 29 novembre 1876 ; on peut voir, en se reportant au procès-verbal de la séance, que le caractère transactionnel du traité a été nettement marqué dans la discussion. Le lendemain, 30 novembre, l'assemblée générale du Crédit foncier se réunissait à son tour. Après un exposé de la situation fait par le gouverneur, l'assemblée écoute la lecture du rapport de l'un des censeurs qui fait valoir qu'il s'agit, non pas d'une fusion, mais d'une absorption du Crédit agricole par le Crédit foncier, cet établissement devant rester après le traité ce qu'il était auparavant, et qui conclut en recommandant vivement l'adoption du projet. Une discussion longue, minutieuse, abondante, s'engage alors. Un actionnaire fait observer que l'opération des traites égyptiennes était contraire aux statuts ; en conséquence, il proteste et demande acte de sa protestation ; puis il propose d'ajourner la délibération, le traité n'ayant pas été distribué aux actionnaires.

Le gouverneur répond en affirmant le caractère statutaire des prêts égyptiens, et en rappelant que le texte du traité a été tenu pendant plusieurs jours à la disposition des actionnaires, au siège social.

Un autre actionnaire propose de réserver la discussion des opérations d'escompte faites avec l'Égypte et d'insérer au procès-verbal de la séance que le vote du traité n'implique pas ratification de ces opérations.

Le conseil judiciaire de la Société se lève alors, et, dans

un langage d'une rigoureuse précision, établit que le traité est indivisible et que la renonciation à toute réclamation du chef des opérations égyptiennes est la condition du versement de garantie de 16 millions.

Un autre actionnaire réplique ; le gouverneur intervient dans la discussion ; puis, quand personne ne demande plus la parole, on passe au vote, et le traité est approuvé en son entier par 418 voix contre 10.

Il est impossible de ne pas reconnaître que la discussion qui a précédé ce vote a été loyale, complète, et que toutes les conséquences du traité mis en délibération ont été nettement aperçues et signalées avec force à l'attention de l'assemblée.

Les adversaires prétendent, pour affaiblir la portée du vote, que les actionnaires qui ont pris part à l'assemblée du 30 novembre avaient tous siégé la veille à celle du Crédit agricole, et ils sont entrés dans un long examen des conditions du traité pour montrer qu'il était plus favorable aux actionnaires du Crédit agricole qu'à ceux du Crédit foncier.

Ce qui est vrai, c'est que, sur 78 actionnaires présents à l'assemblée du 30 novembre, il n'y en avait que 28 qui fussent à la fois actionnaires des deux Sociétés, sur lesquels 18 seulement avaient pris part auparavant à l'assemblée du Crédit agricole.

Mais quand bien même l'argument ne manquerait pas en fait, quelle portée pourrait-on lui donner ? La réunion des deux Sociétés était voulue par la loi ; il n'y aurait donc pas eu sujet de s'étonner ni de récriminer si les actionnaires avaient été les mêmes dans les deux assemblées, et cette circonstance, loin d'infirmer la valeur du vote, eût été une garantie de plus en faveur d'un vote réfléchi et éclairé.

Combien, d'ailleurs, les points de vue sont différents ! Tandis que les demandeurs s'efforcent à cette audience d'établir que le traité est préjudiciable aux intérêts du

Crédit foncier, un actionnaire du Crédit agricole assigne en dommages-intérêts, et il fonde sa prétention sur ce que le traité a eu pour but et pour résultat unique d'enrichir le Crédit foncier au détriment du Crédit agricole?

Les adversaires, s'attachant avec persistance à la critique du vote de l'assemblée du 30 novembre, font encore remarquer le petit nombre des actionnaires présents à l'assemblée. Comme ils sont obligés de reconnaître que l'assemblée était composée régulièrement, suivant la loi des statuts, leur critique se résume en une attaque contre les statuts eux-mêmes. Sans doute la charte constitutionnelle du Crédit foncier a créé une représentation en quelque sorte aristocratique ; mais rien n'est plus naturel, en pareille matière surtout, que de proportionner le droit de suffrage à l'importance des intérêts matériels de celui qui vote.

Puisqu'on a soulevé de l'autre côté de la barre cette question de la représentation au sein des assemblées, il n'est pas sans profit, au point de vue de la cause actuelle, de faire remarquer qu'il n'est pas d'assemblées dont la composition offre plus de sincérité que celles du Crédit foncier.

Les actions sont nominatives et elles ne donnent droit à prendre part à l'assemblée générale qu'autant qu'elles sont transférées depuis trois mois. Qu'il y a loin de ces dispositions sagement prévoyantes à celles des statuts de certaines Sociétés où il suffit de déposer, cinq jours à l'avance, des titres au porteur pour avoir le droit de vote à l'assemblée !

La suite a montré, d'ailleurs, combien les résolutions prises à l'assemblée du 30 novembre, avaient été prudentes. Le traité de fusion a été approuvé par décret du 26 janvier 1877 et il a reçu presque aussitôt son exécution, par l'échange des titres du Crédit agricole contre des actions nouvelles du Crédit foncier. Pendant ce temps la Société poursuivait, avec succès, le cours de ses opérations et elle se remettait promptement de la secousse qu'elle avait éprouvée. Le compte rendu de l'exercice 1877 apprendra bientôt aux actionnaires les opérations excellentes faites pendant l'année 1877. Ces résultats se traduisent en chiffres par une somme de 87 millions portée à la réserve, en sorte qu'il est permis d'affirmer que l'immobilisation de capitaux résultant des prêts faits à l'Égypte n'a pas entravé la marche des opérations du Crédit foncier, et qu'elle n'a empêché ni un prêt hypothécaire, ni un escompte.

Les faits ainsi précisés, il faut y appliquer les règles du droit.

Les adversaires ont accumulé les déclarations pour établir que l'action qu'ils exercent n'est pas l'action sociale, mais une action personnelle.

Ils ont cherché le type de leur action dans le célèbre arrêt du 16 avril 1870, qui a condamné les administrateurs de la Compagnie immobilière, et dans les décisions de justice postérieures qui sont intervenues sur la poursuite des obligataires de la même Société. Bien loin de contester ces principes, les défendeurs, au contraire, les invoquent et y trouvent la plus sûre démonstration du mal fondé des prétentions de leurs adversaires.

Tout d'abord, il est inexact de prétendre que du contrat de Société découlent deux actions, une action personnelle et une action sociale. Le contrat de Société n'engendre qu'une action, l'action sociale qui est l'action de mandat, quand il s'agit des rapports entre les gérants et les actionnaires.

Son but est de procurer l'exécution du contrat, de rappeler à l'observation du contrat ceux qui s'en écartent, de punir ceux qui ont désobéi au contrat.

Cette action appartient à la Société, parce que les gérants sont les mandataires de la Société et non des associés pris individuellement.

Comme elle appartient à la Société, la Société seule en dispose, soit qu'elle l'exerce, soit qu'elle l'éteigne par des traités régulièrement formés. Et il ne peut être permis à un associé de s'approprier cette action, soit directement soit indirectement. Dès lors, c'est à tort que certains demandeurs se fondent sur des protestations ou des assignations données avant l'assemblée du 30 novembre ; cette précipitation n'a pu leur donner des droits qu'ils n'avaient pas.

Toutefois, ce principe trouve sa limite dans la raison même. Si la Société se refuse d'une façon systématique à exercer l'action sociale, la Cour admet que l'associé puisse l'exercer en vertu de l'article 1166 ; mais c'est toujours l'action sociale, observation qui détruit les prétentions d'un des demandeurs que son action est une action personnelle, parce qu'il ne conclut que pour lui-même.

Enfin, cette action est attachée au titre et passe avec lui entre les mains de tous les possesseurs légitimes. C'est là un principe essentiel dans les Sociétés par actions. Dans les Sociétés ordinaires, l'article 1861 du Code civil interdit à l'associé de céder sa part sans le consentement de ses co-associés, parce que ces Sociétés sont établies sur la considération des personnes. Au contraire, dans les Sociétés par actions, l'associé a le droit absolu de céder son titre à qui il veut, quand il le veut, et à des conditions dont il est le seul maître.

Mais, par un juste et nécessaire retour, la Société n'a pas à se préoccuper de ces mutations ; elle y demeure absolument étrangère, et ces transformations, en quelque sorte extérieures, de sa surface, ne peuvent l'arrêter dans sa marche ni la faire dévier de l'orbite que la loi de son origine lui a tracée.

Voilà l'action sociale. Maintenant, à propos des faits de leur gestion, comme à l'occasion de toute autre espèce d'actes, les administrateurs peuvent commettre des délits et des quasi-délits qui donnent lieu, au profit des tiers, à une action personnelle. Les faits d'où peut dériver cette action sont innombrables, comme les faits de la vie même, mais puisque les adversaires prennent pour type l'arrêt du 16 avril 1870, il faut voir s'il y a analogie entre les faits relevés dans les deux affaires.

D'une part, on trouve des bilans volontairement altérés, un passif soigneusement dissimulé, des distributions de dividendes fictifs, en un mot une Société présentée au public comme prospère, quand elle est déjà complètement ruinée. De l'autre, on est obligé de reconnaître la sincérité absolue des écritures et des bilans, la prospérité croissante de la Société, et on se borne à alléguer qu'on a appliqué un article des statuts autrement qu'il ne devait être entendu d'après ses termes ou suivant son esprit, en sorte que l'action est une action sociale ou qu'elle n'est rien.

Eh bien ! si c'est une action sociale, que vaut-elle entre les mains de ceux qui l'intentent ? En admettant pour un instant que les demandeurs en aient l'exercice, ils rencontreraient d'abord sur le fond du procès toutes les réponses qui leur ont déjà été faites. Ils auraient de plus à prouver, ainsi qu'il a été dit plus haut, que le préjudice est né et actuel, condition nécessaire de toute action en dommages-intérêts. Or, la situation actuelle du Crédit foncier n'offre aux demandeurs aucun moyen d'établir ce préjudice ; le capital engagé dans les opérations égyptiennes est demeuré intact, et, s'il est possible que la réalisation des valeurs égyptiennes soit plus tard l'occasion d'une perte, il est possible aussi que le Crédit foncier sorte indemne de la négociation qu'il a faite.

Il vrai que les demandeurs ont soin de rappeler qu'ils ont vendu leurs titres et qu'ils tirent de ce fait cette conséquence que, la vente ayant eu lieu à perte, en ce qui les touche, le préjudice est réalisé. Cela est indifférent puisque la Société n'a pas à se préoccuper des conditions diverses auxquelles s'effectue la transmission de ses titres. On comprendrait encore qu'on vînt dire : « Les gouverneurs ont joué à la baisse ; ils ont dissimulé l'actif et augmenté le passif de la Société pour aider à la dépréciation des cours. Ils doivent réparation du préjudice éprouvé par ceux qui ont vendu leurs titres sous l'impression de la baisse amenée par des publications erronées et mensongères ». Mais les demandeurs confessent qu'ils ont vendu parce qu'ils ont eu peur que la Société ne périclitât, c'est-à-dire en vue de s'exonérer de leur part dans une perte sociale éventuelle : preuve évidente qu'ils ont agi comme actionnaires et non pas comme tiers, et qu'ils sont impuissants à justifier d'aucun préjudice pouvant servir de mesure à leur action aussi longtemps que cette perte sociale ne sera pas réalisée.

En résumé, si l'action sociale était entière, elle devrait être déclarée mal fondée par cette double raison qu'il n'y a eu ni faute ni préjudice.

Mais il reste à montrer que les demandeurs n'ont pas l'exercice de l'action sociale et que, de plus, cette action est éteinte.

La première fin de non recevoir que rencontre leur action est tirée de l'article 95 des statuts qui oblige les actionnaires à saisir l'assemblée générale de leurs réclamations avant toute action en justice. C'est à peine si les adversaires ont relevé cette fin de non recevoir ; l'un a dit que la disposition de l'article 95 était léonine, un autre a ajouté que ses clients étaient certains d'avance que l'assemblée générale n'approuverait pas leurs prétentions. Il suffit de rappeler, en présence de contestations aussi timides, que la disposition de l'article 95 n'est pas spéciale au Crédit foncier, et qu'elle est écrite dans les statuts d'un grand nombre de Sociétés. La validité d'une pareille clause a été l'objet d'un débat devant la Cour de Paris, elle a été reconnue et proclamée par l'avocat général qui tenait le siège du ministère public, et elle eût sans doute été confirmée par la Cour, si des raisons de procédure ne l'avaient pas dispensée de l'apprécier. Or, si cette clause doit être respectée dans les Sociétés ordinaires où elle résulte du pacte social, elle s'impose à plus forte raison quand elle a trouvé place dans les statuts du Crédit foncier qui ont été approuvés par une loi. C'est d'ailleurs une disposition naturelle, légitime, conforme de tout point au dessein qu'on se propose quand on se met en Société, et dont les Tribunaux doivent, pour toutes ces raisons, assurer l'effet.

Mais il ne s'agit pas d'ailleurs de savoir ce qu'il faudrait décider si l'assemblée générale, saisie de la réclamation des actionnaires, refusait systématiquement d'y donner suite.

La question est beaucoup plus simple, c'est la question même que plusieurs arrêts ont déjà tranchée. En effet, la seconde fin de non recevoir opposée aux demandeurs, est prise de l'approbation que l'assemblée du 30 novembre 1876 a donnée au traité de fusion avec le Crédit agricole. Les adversaires sont placés dans cette alternative ou d'arguer de nullité les décisions de l'assemblée, ou, s'ils les tiennent pour sincères, de les respecter.

Ils ont essayé d'échapper à cette conséquence, en disant que l'assemblée générale n'était jamais compétente pour couvrir une violation des statuts. C'est là une thèse parfaitement juridique; mais si on veut la soutenir, il faudrait demander la nullité du traité du 28 novembre, de l'assemblée du 30 novembre, des nouveaux statuts et de l'émission des nouvelles actions. Personne n'ose prendre ces conclusions. D'ailleurs les adversaires confondent les modifications essentielles des statuts qui sont interdites aux assemblées d'actionnaires avec le droit qui appartient à ces assemblées d'apprécier souverainement les actes d'administration faits dans la sphère des intérêts sociaux. Une assemblée générale ne peut pas dénaturer le caractère d'une Société, changer son but, dire par exemple que la Société se livrera dorénavant à des jeux de Bourse, ou voter, comme l'assemblée des actionnaires du Crédit mobilier, dont les décisions ont été annulées par la Cour de Paris, une émission d'actions de priorité. Mais l'assemblée est toujours maîtresse d'apprécier les faits de gestion des administrateurs de la Société, et de les ratifier après qu'ils sont accomplis.

Le ministre des finances a lui-même pris soin de déterminer de quel ordre étaient les résolutions que l'assemblée des actionnaires du Crédit foncier a été appelée à prendre, quand il disait, dans le préambule du décret du 18 janvier, qu'il avait laissé aux gérants et actionnaires le soin de régler eux-mêmes leurs intérêts. Les demandeurs ont essayé de mêler la politique à ce procès. Mais c'est là une tentative impuissante. Il s'agit d'intérêts privés soumis aux principes du droit civil et aux décisions des Tribunaux. C'est dans cette sphère que les prétentions des parties doivent se mouvoir, et on n'aurait pas dû essayer de les en faire sortir.

Conformément aux conclusions de M. le substitut Tanon, le Tribunal a rendu le 26 avril 1878 le jugement suivant :

« Le Tribunal,
» Joint, à raison de leur connexité, les demandes formées contre Frémy, le baron de Soubeyran et Leviez, pris en qualité de gouverneur et de sous-gouverneurs du Crédit foncier de France, 1º par Vernis ; 2º par Petit-Colin, Chasteau, Villamus, Villard, d'Arbigny, Bertrand ; Étienne-Alfred Maslier et Albert Maslier ; 3º par la veuve Lafont et

Dedons ; 4° par Chesneau et de Bouis, et en outre la demande formée par Brachelet et Frémy et le baron de Soubeyran, pris également dans les qualités sus-énoncées :

» Et statuant sur le tout par un seul et même jugement :

» Attendu que les demandeurs imputent aux défendeurs d'avoir, au cours de leur gestion et en violation des statuts, employé à des opérations purement financières la majeure partie des ressources de la Société, et d'avoir fait notamment, dans leur intérêt personnel, à la Société du Crédit agricole, dont ils étaient également les gérants, des avances excessives sur des traites et valeurs émanées du gouvernement égyptien, opération qui par sa nature était contraire à la loi sociale et qui, en fait, a causé un grave dommage à l'association ;

» Qu'ils leur imputent en outre d'avoir, par des rapports inexacts et incomplets produits devant l'assemblée générale des actionnaires et livrés à la publicité, dissimulé ces mêmes opérations financières et laissé croire au public que l'institution du Crédit foncier n'avait aucunement dévié de son but primitif et continuait à présenter les mêmes garanties, tandis que le véritable caractère de l'institution était entièrement dénaturé par leurs actes ;

» Que, suivant les demandeurs, la révélation des faits qu'ils reprochent aux défendeurs et spécialement de l'opération égyptienne, apportée par Frémy à l'assemblée générale des actionnaires du 27 avril 1876, aurait entraîné pour les actions de la Société une dépréciation qui aurait contraint la plupart d'entre eux à réaliser leurs titres dans des conditions désastreuses et qui, en tout cas, aurait amoindri la valeur de ces mêmes titres aux mains de ceux qui, comme la veuve Lafont, Chesneau, Dedons et de Bouis, avaient cru devoir les conserver, imposant aux uns et aux autres un préjudice, dont la réparation leur serait due aux termes de l'article 1382 du Code civil ;

» Attendu que l'action des demandeurs, envisagée sous son premier aspect, et en tant qu'elle se fonde directement sur la violation des statuts, constitue une action sociale ;

» Qu'elle a pour base, non pas une faute générale que les défendeurs auraient commise, au mépris du principe d'ordre social que nul ne doit porter préjudice à autrui par un fait illicite, mais la faute spéciale qui résulterait de l'inaccomplissement du mandat déterminé par leur qualité de gérants et par les statuts de la Société ;

» Que si, en pareil cas, tout porteur de titres d'une Société menacée dans son crédit, se trouve lésé personnellement, le dommage qu'il éprouve ne se distingue, sous aucun rapport, de celui qui atteint la société tout entière, et qu'il ne peut l'en séparer arbitrairement, en poursuivant pour son intérêt isolé une réparation basée sur des principes autres que ceux qui régissent l'intérêt social ;

» Attendu que la demande envisagée à un second point de vue, et en tant qu'elle se base sur une faute générale, résultant de dissimulations qui auraient induit le public en erreur, constitue au contraire une action personnelle, laquelle appartient, suivant l'article 1382 du Code civil, à quiconque, sur la foi d'allégations mensongères ou de réticences coupables, entre dans une Société où il rencontre la ruine ;

» Qu'alors l'intérêt du porteur de titres se distingue à tous égards de l'intérêt de la Société, à laquelle il prétend n'avoir été lié que par une fraude dommageable, et que son action ne peut être gouvernée par les règles du mandat qu'il répudie, non plus que par des statuts qui ne l'auraient jamais obligé ;

» Attendu qu'il y a lieu d'examiner successivement les prétentions respectives des parties, selon qu'elles se rapportent à l'exercice par les demandeurs de l'action sociale ou de l'action personnelle ;

» En ce qui touche l'action sociale :

» Attendu que les défendeurs en contestent la recevabilité, soit parce que la plupart des demandeurs auraient aliéné leurs titres avant l'introduction de l'instance ou depuis, soit parce que, suivant délibération du 30 novembre 1876, l'assemblée générale des actionnaires du Crédit foncier aurait approuvé un traité intervenu entre Frémy et la société du Crédit agricole, et ayant pour objet, comme pour conséquence, de couvrir la responsabilité des gérants à l'occasion de l'opération égyptienne, soit enfin, et en toute hypothèse, parce que les demandeurs, avant d'agir en justice dans l'intérêt collectif de la Société, n'auraient pas soumis la proposition à l'assemblée générale des actionnaires, conformément à l'article 95 des statuts ;

» Attendu, sur le premier point, qu'en droit l'exercice individuel de l'action sociale est inséparable de la possession des titres qui lient l'actionnaire à la société, c'est-à-dire de la qualité même d'actionnaire dans la personne de celui qui agit en justice en raison de cette qualité ;

» Qu'en aliénant ses titres, l'actionnaire aliène tous les droits qui y sont inhérents, et qu'il n'y a pas lieu de distinguer à cet égard entre l'aliénation qui se produit avant que l'instance ne se soit introduite et celle qui est réalisée au cours du procès ;

» Que dans ce dernier cas, l'actionnaire se dépouille de la qualité en laquelle il a pu juridiquement introduire l'instance, et qu'en se séparant de la Société, il abdique tout droit de provoquer le contrôle de la justice pour la sauvegarde des intérêts sociaux ;

» Qu'en fait, tous les demandeurs, à l'exception de Dedons et de la veuve Lafont, ont aliéné leurs titres avant l'introduction de la demande, ou depuis, et que dès lors à ce premier point de vue, leur action n'est plus recevable ;

» Attendu, sur le second point, que d'après le traité intervenu entre Frémy, comme gouverneur de la Société du Crédit foncier, et la Société du Crédit agricole, cette dernière Société, mise en liquidation, faisait apport au Crédit foncier, pour le couvrir du montant des traites égyptiennes qu'il lui avait négociées, de son actif entier, se constituant par le capital à provenir d'un appel de 300 francs sur ses actions et par le versement immédiat d'une somme de seize millions fournie par un syndicat anonyme qui laissait apparente pour tous la personnalité des défendeurs ;

» Que ce traité a été approuvé le 30 novembre 1876, par l'assemblée générale des actionnaires du Crédit foncier, après avoir reçu, le 29 du même mois, l'approbation de l'assemblée générale des actionnaires du Crédit agricole ;

» Que son véritable caractère ne pouvait être douteux lorsqu'il intervenait à la suite des déclarations faites par Frémy à l'assemblée générale du 27 avril 1876, d'où résultait que l'opération des valeurs égyptiennes avait été engagée sans l'avis du conseil d'administration pour des sommes énormes, c'est-à-dire dans des conditions qui étaient de nature à engager la responsabilité des défendeurs d'une façon d'autant plus grave que le recouvrement de ces mêmes valeurs était alors plus incertain ;

» Que le caractère du traité s'accentuait encore par l'émotion qui s'était produite dans le monde financier, après l'assemblée générale du 27 avril 1876, par les craintes qu'avait suscitées la situation du Crédit foncier, et par la dépréciation qu'avaient subie ses titres, non moins que par les attaques dont la gestion de ses gouverneurs avait été l'objet ;

» Qu'en réalité les défendeurs, gérants tout à la fois du Crédit agricole et du Crédit foncier, proposaient à l'assemblée générale du 30 novembre 1876 de les dégager de la responsabilité qu'ils avaient pu encourir, moyennant le versement immédiat de la subvention stipulée au contrat ;

» Qu'en ratifiant ce contrat, l'assemblée générale a nécessairement accepté la condition implicite sans laquelle les défendeurs ne se seraient pas personnellement engagés ; qu'elle a ainsi éteint par voie transactionnelle l'action sociale dont elle était maîtresse, et que les demandeurs ne peuvent plus relever cette action après qu'elle l'a souverainement appréciée dans l'intérêt commun des associés ;

» Attendu qu'on oppose vainement que la délibération de l'assemblée générale du 30 novembre 1876 n'obligeait pas les actionnaires absents ou dissidents, par ce motif qu'elle aurait eu pour objet de couvrir des actes anti-statutaires, et pour résultat d'amnistier une violation ouverte des statuts ;

» Attendu, en effet, qu'en admettant comme justifiés tous les griefs relevés par les demandeurs à l'occasion de l'opération égyptienne, les défendeurs auraient suivi cette opération sans l'avis du conseil d'administration ; que, de plus, ils y auraient englouti le capital de garantie provenant des actions, le fonds de réserve obligatoire, les sommes provenant d'une négociation prématurée des obligations qui devaient être appliquées aux prêts différés, et enfin les capitaux déposés en compte courant ;

» Qu'aucune disposition des lois et décrets qui régissent la Société du Crédit foncier n'interdit l'emploi en opérations financières du capital de garantie et du fonds de réserve obligatoire, et que, spécialement pour ce dernier fonds, l'emploi en est réglé suivant l'article 91 des statuts par le conseil d'administration ;

» Que la nature des choses commandait de ne pas laisser ces capitaux improductifs dans l'intérêt bien entendu des actionnaires, et qu'une pratique ancienne, ostensiblement suivie, les a fait fructifier d'une manière constante à l'aide de négociations commerciales ;

» Qu'il n'en saurait être autrement quant aux sommes applicables aux prêts différés, les gouverneurs devant rester libres de saisir les occasions qui leur semblent plus favorables pour l'émission des obligations, du moment où cette émission a été régulièrement autorisée ;

» Attendu que l'emploi des capitaux déposés en compte courant a seul été déterminé par le pacte social, en ce sens que, d'après l'article 2 des statuts, ces capitaux ne peuvent excéder 80 millions et doivent être représentés par des versements en compte courant au Trésor et des avances sur titres de la Société de la Banque de France, ces mêmes capitaux ne devant jamais être employés en valeurs de portefeuille que jusqu'à concurrence du tiers au plus de leur importance totale, et sur l'avis du conseil d'administration ;

» Attendu, dès lors, que la faute imputable aux défendeurs consisterait dans les trois premiers cas en un emploi qui, sans être prohibé par lui-même, aurait été imprudent au plus haut degré, et dans le quatrième, en un emploi qui, légitime jusqu'à une portion déterminée, ne l'aurait pas été au delà ; qu'elle résulterait en outre de l'absence d'un contrôle exigé par les statuts ;

» Attendu que l'appréciation de cette faute ainsi caractérisée et des conséquences funestes qu'elle avait entraînées n'excédait pas la limite des pouvoirs confiés à l'assemblée générale, par les dispositions du pacte social ;

» Que d'abord la ratification des actes incriminés ne portait aucune atteinte aux éléments constitutifs de la Société et qu'elle n'en modifiait par voie indirecte ni le but ni les caractères essentiels ;

» Que, de plus, aux termes des articles 47 et 92 des statuts, il importait à l'assemblée générale de délibérer sur l'augmentation du fonds social, sur les modifications du contrat qui lie les associés, sur la prolongation anticipée de l'association, sur l'extension des opérations de la Société, et généralement sur tous les cas que les statuts n'auraient pas prévus ;

» Que des pouvoirs aussi étendus ne sauraient se concilier avec l'incompétence absolue de l'assemblée pour statuer sur des actes qui doivent être appréciés en eux-mêmes, d'après leur nature propre, quelle que soit leur témérité, et qui à ce titre constituent principalement des actes d'administration ;

» Qu'enfin, suivant l'article 38 du pacte social, l'assemblée générale, régulièrement constituée, représente l'universalité des actionnaires et que, suivant l'article 48, les délibérations de l'assemblée, prises conformément aux statuts, obligent tous les actionnaires, même absents ou dissidents ;

» Que les critiques dirigées par les demandeurs contre la composition de l'assemblée générale du 29 novembre 1876 sont sans fondement juridique, les statuts ne prononçant aucune exclusion contre les action-

naires qui participeraient à un titre quelconque à l'administration de la
Société ;

» Attendu, dès lors, que la seconde fin de non recevoir, opposée par
les défendeurs, est justifiée à tous égards ;

» Attendu, sur le troisième point, que l'article 95 du pacte social dispose en termes exprès :

» Les contestations touchant l'intérêt général et collectif de la Société
» ne peuvent être dirigées, soit contre le conseil d'administration, soit
» contre le gouverneur, qu'au nom de la masse des actionnaires, et en
» vertu d'une délibération de l'assemblée générale ;

» Tout actionnaire qui veut provoquer une contestation de cette na-
» ture doit en faire, quinze jours au moins avant la prochaine assemblée
» générale, l'objet d'une communication au gouverneur, qui est tenu de
» mettre la proposition à l'ordre du jour de cette assemblée ;

» Si la proposition est repoussée par l'assemblée, aucun actionnaire
» ne peut la reproduire en justice dans son intérêt particulier ; si elle
» est accueillie, l'assemblée désigne un ou plusieurs membres pour sui-
» vre la contestation ; »

» Attendu que cette disposition, protectrice de l'intérêt commun contre
les erreurs ou les abus de l'intérêt personnel, est impérative et absolue ;

» Que, sans rechercher si elle s'impose à l'actionnaire lorsqu'il s'agit
de faits que l'assemblée générale ne saurait apprécier souverainement,
elle serait en tous cas applicable à l'espèce, les faits allégués à l'appui
de la demande n'ayant pas ce caractère particulier, ainsi qu'il vient
d'être dit ;

« Attendu enfin que l'exception tirée de l'article précité est opposable
aux demandeurs, non seulement en ce qu'ils imputent à faute aux défendeurs les actes qui ont préparé, facilité et consommé l'opération
égyptienne, mais encore en ce qu'ils relèvent contre eux des actes semblables antérieurs à la même opération, à l'aide desquels les fonds disponibles de la Société auraient été engagés dans des combinaisons financières également contraires à la prudence et aux statuts ;

» Attendu que de tout ce qui précède, il résulte que les demandeurs,
en tant qu'ils exercent l'action sociale, sont les uns et les autres, bien
qu'à des titres divers, non recevables dans leur demande ;

» En ce qui touche l'action personnelle :

» Attendu qu'il incombe aux demandeurs d'établir, pour justifier leurs
réclamations, qu'à l'époque où ils ont acheté leurs titres, ils ont été
induits à entrer dans la Société par les manœuvres dolosives des défendeurs et, qu'y étant entrés sur la foi d'apparences trompeuses, ils ont
subi un dommage dont ces manœuvres et ces apparences leur auraient
dissimulé l'éventualité ;

» Attendu que les demandeurs ne sauraient d'une manière générale
tirer cette justification des rapports annuels présentés par les gouverneurs
du Crédit foncier à l'assemblée des actionnaires, ni des bilans publiés
mensuellement par leurs soins ;

» Que, si les rapports et les bilans n'ont jamais spécifié les opérations financières dans lesquelles les ressources disponibles de la Société étaient engagées, aucun doute n'a pu être raisonnablement conçu par les tiers sur l'existence de ces opérations et sur la part qu'y prenait la Société ;

» Qu'autrement les tiers n'auraient pu s'expliquer d'une façon plausible le chiffre des dividendes annuels qui étaient répartis entre les actions et les variations des titres sur le marché, les dividendes provenant nécessairement de la mise en produit du capital social, et les titres subissant des variations suivant les résultats plus ou moins fructueux de son emploi ;

» Que, d'ailleurs, le silence des rapports et des bilans sur la nature des opérations engagées, commandé dans la pratique courante des Sociétés par les lois de la prudence vulgaire, ne saurait être incriminé, qu'autant qu'il affecterait un caractère dolosif et aurait pour but de masquer frauduleusement une situation anormale ;

» Que les demandeurs ne fournissent pas sur ce point de preuves décisives, ni d'indices d'une précision et d'une gravité suffisantes pour servir de base à des vérifications plus approfondies ;

» Attendu, d'autre part, en ce qui concerne spécialement l'opération égyptienne, qu'engagée au cours de l'année 1874 et reprise en 1875, après un premier règlement, elle ne paraît pas avoir affecté dès l'abord, quelle qu'en fût la témérité, le caractère inquiétant qu'elle a pris ultérieurement ; que ce caractère une fois révélé, il y aurait eu manifestement péril pour les intérêts sociaux à le divulguer d'une manière inopinée, sans que l'esprit public eût été préparé à une semblable révélation et avant que la suspension par le gouvernement égyptien du paiement de sa dette eût définitivement accusé le danger au commencement de l'année 1876 ;

» Que le silence gardé par les défendeurs sur cette opération jusqu'à l'assemblée générale du 29 avril 1876 n'a donc pas nécessairement une cause dolosive qui permette de la considérer comme une réticence coupable ;

« Attendu, en troisième lieu, que, parmi les demandeurs, quelques-uns ont acheté leurs titres de 1869 à 1872, un autre en 1876 avant l'assemblée générale du 29 avril et d'autres encore à la fin de 1876 et dans le courant de 1877 ;

» Que, pour les premiers, ils sont devenus actionnaires dans une période où la Société prospérait, et où rien n'établit que cette prospérité, qui suffisait à déterminer leur acquisition, fût simplement apparente et factice ; que les derniers ont acheté après l'assemblée générale du 30 novembre 1876, à un moment où le traité intervenu entre la Société du Crédit agricole et la Société du Crédit foncier avait été ratifié par ces deux Sociétés, et avait fait connaître la véritable situation de l'une et de l'autre ; que celui des demandeurs qui a acheté en 1876, avant le 29 avril, pourrait arguer de son erreur, si les alarmes répandues dès cette époque dans le public sur les opérations financières du Crédit foncier avec le gouvernement égyptien n'avaient dû éveiller son attention ;

» Attendu, enfin, que l'action personnelle, dans les conditions où les défendeurs l'exercent, implique un préjudice certain, dérivant principalement de la faute ou du quasi-délit sur lequel cette action repose ;

» Que, sans qu'il soit besoin de déterminer quelle est la situation présente de la Société du Crédit foncier, et si elle a pu éprouver de sérieux embarras, il est certain qu'elle n'a jamais cessé de satisfaire à ses engagements ; que le principal objet de son institution n'a reçu aucune atteinte et que sous ce rapport son fonctionnement n'a reçu aucun échec ; que son capital social et ses réserves engagés dans les négociations égyptiennes peuvent être actuellement paralysés, sans que la perte en soit inévitable ; qu'en un mot le préjudice allégué par les demandeurs, comme dérivant directement de la faute des défendeurs, n'est pas actuellement certain ;

» Que, pour ceux d'entre eux qui ont aliéné leurs actions, la baisse dont ces titres étaient alors frappés ne saurait être attribuée d'une manière exclusive, et avec une entière sécurité, à la situation de la Société, les variations des cours sur le marché dépendant souvent de causes extérieures étrangères à la valeur intrisèque du titre, et que, quant à ceux qui ont conservé leurs actions, l'incertitude du préjudice demeure entière ;

» Attendu qu'en cet état, il n'y a lieu de recourir aux voies d'instruction sollicitées subsidiairement par les demandeurs, en soumettant les livres du Crédit foncier à une expertise, ni de statuer sur leurs autres chefs de conclusions dont l'examen devient superflu d'après ce qui précède ;

» PAR CES MOTIFS,

» Déclare, Vernis, Petit-Colin, Chasteau, Villamus, Villard, d'Arbigny, Bertrand, Etienne-Alfred et Albert Maslier, la veuve Lafont, Dedons, Chesneau et de Bouis non recevables et mal fondés dans toutes leurs demandes, fins et conclusions contre Frémy, le baron de Soubeyran et Leviez, et les en déboute ;

» Déclare également Brachelet non recevable et mal fondé dans toutes les demandes, fins et conclusions contre Frémy et le baron de Soubeyran, et l'en déboute ;

» Condamne les demandeurs chacun aux frais faits sur sa demande ;

» Dit que chacun d'eux supportera par part égale le coût et l'enregistrement du présent jugement, ainsi que de sa signification ;

» Fait distraction des dépens à Mᵉ Leboucq, avoué. »

AFFAIRE DE L'UNION GÉNÉRALE

QUESTION DE DROIT
NULLITÉ DE SOUSCRIPTIONS

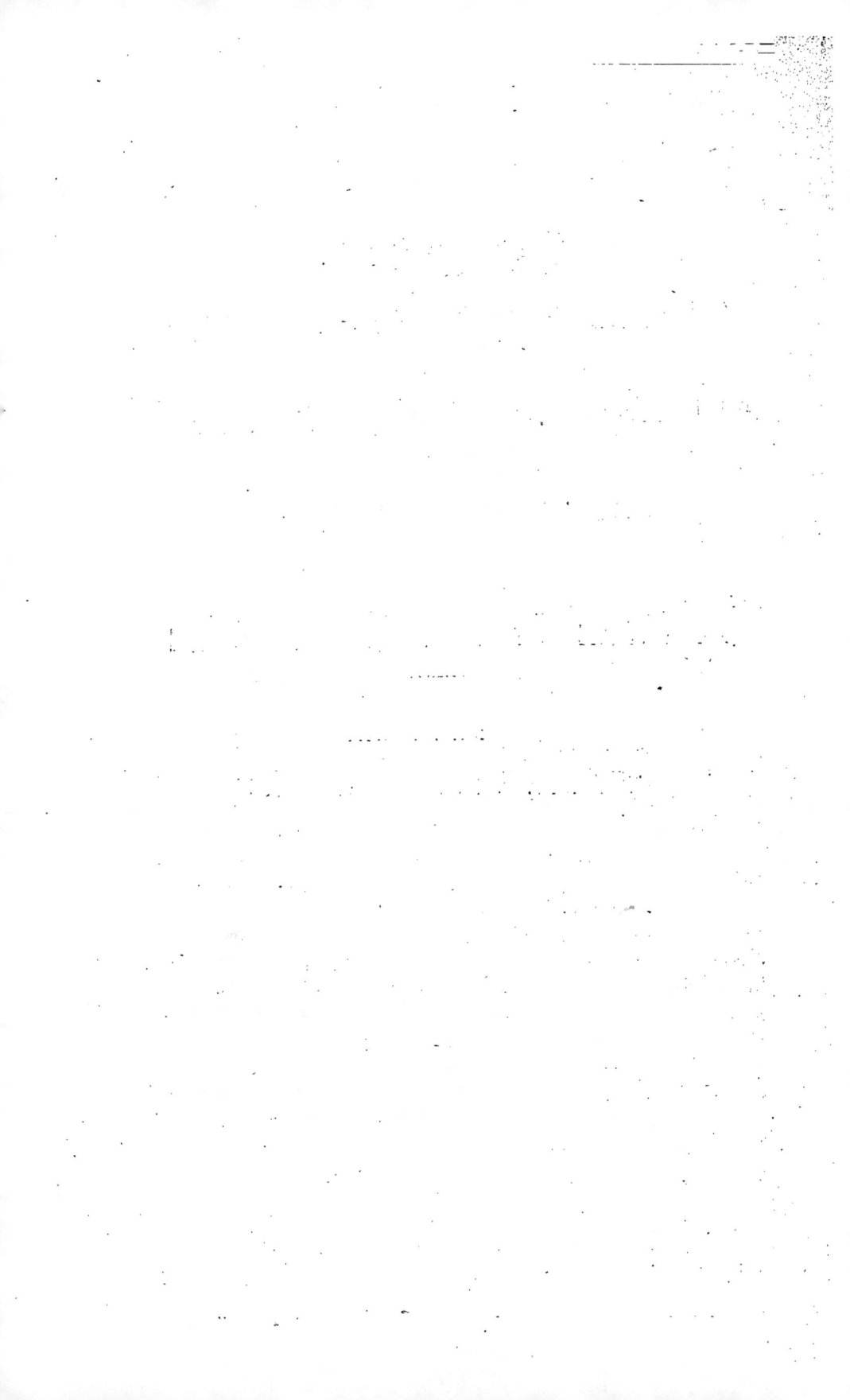

AFFAIRE DE L'UNION GÉNÉRALE

NULLITÉ DE SOUSCRIPTIONS

Ce n'est pas aux créanciers que la chute de l'Union a été fatale, mais aux actionnaires et au public. Les créanciers recevront la presque totalité des sommes qui leur sont dues ; mais la faillite, en entraînant la prodigieuse dépréciation de l'actif et en rendant immédiatement exigibles toutes les sommes dues par les actionnaires, a amoncelé autant de ruines que l'a fait en Angleterre la catastrophe de la banque de Glasgow ; et le crédit public a souffert, pendant plusieurs années, du contre-coup qui l'avait alors ébranlé. J'ai essayé alors de sauver les souscripteurs en les plaçant sous la protection d'un moyen de droit que la Cour n'a pas accueilli. L'aridité d'une matière d'où tout agrément semble être exclu m'aurait enlevé la pensée de reproduire cette plaidoirie, si elle n'était très courte et si elle ne m'avait fourni l'occasion de marquer les causes multiples dont la coïncidence entraîne la formation de ces cyclones qui traversent à de larges intervalles l'histoire de la spéculation et des finances.

PLAIDOIRIE

POUR MM. GOURD, DUCREUX ET AUTRES

————

Messieurs,

Bien que mes clients soient appelants d'un jugement qui a prononcé la nullité de la dernière émission faite par l'Union générale, ce n'est cependant pas la validité de cette émission que je viens soutenir. Non seulement je serais prêt à dire avec le Tribunal qu'elle est nulle; mais encore je prétends qu'il n'y a pas eu, à proprement parler, d'émission. Je dis qu'au nombre des conditions essentielles mises par la loi à la formation du lien social figurent le contrôle, l'examen, la ratification par l'assemblée générale des souscripteurs de la déclaration de souscription et de versement faite par les administrateurs ou les fondateurs, et que, cette assemblée générale ayant été empêchée par la faillite, la souscription demeure inexistante par la défaillance de la condition suspensive sous laquelle elle avait été faite. Je dis que c'est là la disposition formelle des articles 24 et 25 de la loi de 1867. Le texte de ces articles est le siège de mon procès. Je n'ai pas trouvé d'ailleurs que la question eût été déjà examinée et tranchée. La raison en est simple; jamais la faillite n'a été déclarée avant que l'assemblée générale ait été tenue. Mais si l'espèce est nouvelle, les principes ne le sont pas; ils ont été affirmés avec éclat dans plusieurs arrêts de la Cour de cassation et acceptés ensuite par toutes les Cours, si bien qu'il faudrait aujourd'hui tenter de revenir en arrière, pour échapper aux conséquences qu'une logique inflexible en déduit.

I

La carrière de l'Union générale n'a pas été longue, et sa fin est si rapprochée de son origine que son histoire tient tout entière dans quelques chiffres et dans quelques dates. Elle a été fondée le 24 mai 1878 sous la forme anonyme au capital de vingt-cinq millions, divisés en 5,000 actions, sur lesquelles 125 francs seulement avaient été payés. L'objet de la Société était de faire la banque, et même l'article 8 des statuts interdisait toute opération à terme et toute spéculation de Bourse. Elle était dirigée par un conseil d'administration dans le sein duquel était choisi un conseil de direction. M. le marquis de Plœuc en occupa d'abord la présidence; puis le 11 septembre 1878, il fut remplacé par M. Bontoux. Celui-ci, par les grandes entreprises qu'il organisa sous le patronage de l'Union générale, et par les bénéfices considérables que la Société réalisa pendant les premières années, montra qu'il savait concevoir de grandes opérations financières. Malheureusement il portait dans les affaires la faculté la plus redoutable, l'imagination ; et, à certains moments, il est permis de douter qu'il ait eu la notion exacte de ce que représentent les chiffres.

Le capital social fut une première fois augmenté le 29 avril 1879, et porté de 25 à 50 millions. Il le fut une seconde fois le 19 novembre 1880, et porté de 50 millions à 100 millions. On a dit en police correctionnelle que de graves irrégularités avaient été commises au cours de ces deux premières augmentations, et l'on s'est appuyé pour le soutenir sur les chiffres acceptés par M. l'expert Flory. Me Du Buit a contesté ces chiffres avec une extrême véhémence, et l'on a été obligé de reconnaître que le rapport contenait de graves inexactitudes. Le Tribunal a tenu assez peu de compte de ces rectifications et a prononcé une condamnation sévère contre MM. Bontoux et Feder. Ceux-ci ont interjeté appel du jugement ; toutes ces circonstances suffiraient à nous interdire de discuter ces faits, si d'ailleurs leur examen n'était ici absolument inutile. Il ne s'agit pas des deux premières émissions, mais de la dernière.

L'assemblée générale avait été convoquée pour le 5 novembre 1881, et voici le langage qu'y tenait M. Bontoux :

« L'opération projetée, dont nous tenons à bien préciser la marche, afin de répondre d'avance à toute objection, serait réalisée comme suit :

» Les actions nouvelles seraient émises entièrement libérées au cours de 850 francs ; le prix total devrait être versé dans les caisses de la Société avant le 26 décembre prochain, et les actions nouvelles seraient assimilées aux anciennes à dater du 1er janvier 1882.

» L'émission serait faite à ce prix, sous la condition formelle que sur les 350 francs de prime versés par chaque action nouvelle, 250 francs seraient appliqués à libérer de 125 francs chacune des deux actions actuelles correspondantes, et que les 100 francs restants iraient grossir la réserve commune.

» Nous vous demandons de donner à votre Conseil d'administration, comme vous l'avez toujours fait dans des cas analogues, les pouvoirs nécessaires pour constater la sincérité du versement de 85 millions.

» Nous vous demandons en outre de décider dès aujourd'hui que le versement de 85 millions de francs ayant été vérifié et affirmé, les actions actuelles seront libérées — à la date du 1er janvier 1882 — de la somme de 75 millions de francs à prélever, savoir :

» 50 millions sur les disponibilités des exercices antérieurs et de l'exercice qui sera clos le 31 décembre 1881 ;

» 25 millions sur la somme de 35 millions provenant de la prime des actions nouvelles, ainsi qu'il vient d'être dit.

» Le tableau (A) placé à la suite de ce rapport résume tous les chiffres relatifs à l'opération.

» La combinaison qui vous est soumise aurait donc ce double avantage d'établir votre Société sur des bases répondant à ses intérêts actuels et futurs, et en même temps de permettre la libération des actions et leur mise au porteur.

» Si vous approuvez nos propositions, le capital de la Société de l'Union générale sera, à partir du 31 décembre prochain, porté à la somm .

de 150 millions de francs, représenté par 300.000 actions de 500 francs entièrement libérées.

» Comme conséquence de cette délibération, vous devrez autoriser votre Conseil d'administration à rembourser les sommes versées par anticipation sur une certaine partie des actions actuelles.

» Après prélèvement des attributions statutaires (art. 62-64) et des impôts :

La réserve statutaire sera. . . . . de fr.	5.328.998 92
La réserve spéciale. . . . . de fr.	2.800.000 »
La réserve extraordinaire. . . . . de fr.	10.000.000 »
Ensemble des réserves. . . . . fr.	18.128.998 92

» Conformément aux règles toujours suivies à l'Union générale, les actions non souscrites seront réalisées au profit de la Société. Il ne peut y avoir là de bénéfice que pour la famille entière des actionnaires.

» L'état de situation qui sert de base à ces combinaisons a été arrêté à la date du 30 septembre dernier.

» Nous avions déjà, à cette date, réalisé dans l'affaire des Emprunts Serbes des profits qui auraient pu très régulièrement être portés en compte ; nous ne l'avons pas fait. Tous les bénéfices que nous pouvons légitimement attendre de nos entreprises de Serbie sont exclusivement réservés aux exercices 1882 et suivants.

» Nous aimons à croire que le reste de l'année apportera son contingent au compte final de l'exercice : vous auriez à vous prononcer sur l'emploi du solde à la prochaine Assemblée générale ordinaire en avril prochain ; dans ces conditions, vous trouverez parfaitement naturel qu'aucun coupon d'intérêt ne soit payé le 31 décembre prochain à des actions qui auront reçu 375 francs à titre de libération ».

A la suite de ce rapport, l'assemblée votait les résolutions suivantes :

« L'Assemblée générale, à laquelle 654 actionnaires possédant 124.715 actions étaient présents ou représentés, a voté à l'unanimité les résolutions suivantes :

PREMIÈRE RÉSOLUTION.

» L'Assemblée générale décide qu'il y a lieu d'élever le capital social de 100 à 150 millions de francs.

» Cette augmentation aura lieu au moyen de l'émission de 100,000 actions de 500 francs chacune.

» Les porteurs des actions actuelles auront le droit de souscrire ces 100,000 actions dans la proportion d'une action nouvelle pour deux anciennes.

» Les porteurs de nombres impairs d'actions anciennes, dont la fraction d'une action représente le droit à une moitié d'action nouvelle, recevront un bon de versement de cette moitié d'action.

» La possession de deux de ces bons donnera droit à une action nouvelle.

<h3 style="text-align:center">DEUXIÈME RÉSOLUTION.</h3>

» Les actions seront émises à 850 francs.

» La souscription sera ouverte immédiatement et close le 23 novembre.

» Il sera versé :

250 francs en souscrivant :
250 francs du 5 au 10 décembre 1881 ;

Soit 500 francs à titre de libération intégrale du montant de l'action ;

» Et 350 francs par action du 20 au 25 décembre prochain à titre d'apport supplémentaire.

» Les nouvelles actions porteront intérêt à partir du 1er janvier prochain, et, à dater de cette époque, elles seront entièrement assimilées aux anciennes.

<h3 style="text-align:center">TROISIÈME RÉSOLUTION.</h3>

» Lorsque les nouvelles actions auront été souscrites et que les versements indiqués ci-dessus auront été effectués, le Conseil d'administration, ou l'un des administrateurs délégué par lui, fera par-devant notaire la déclaration de souscription de ces actions et des versements effectués.

» Après cette déclaration, la Société sera définitivement constituée au capital de 150 millions de francs, et *l'article* 10 des statuts sera supprimé et remplacé par les dispositions suivantes :

» ART. 10 — Le capital social est fixé à 150 millions de francs ; il
» est divisé en 300.000 actions de 500 francs cha-
» cune. »

<h3 style="text-align:center">QUATRIÈME RÉSOLUTION.</h3>

« L'Assemblée générale approuve le rapport du Conseil d'administration et le règlement des attributions statutaires (art. 64).

« Elle décide que — la déclaration de souscription et de versement des cent mille actions nouvelles prévue à la résolution qui précède étant faite — les deux cent mille actions actuelles de la Société de l'Union générale, sur lesquelles une somme de vingt-cinq millions a été versée, seront entièrement libérées des soixante-quinze millions restant dus et pourront être mises au porteur, conformément à l'article 17 des statuts.

» En conséquence l'Assemblée décide :

» *Premièrement* : Que la somme de soixante-quinze millions, nécessaire à la libération de ces deux cent mille actions, sera prélevée, savoir :

» 1º Cinquante millions sur les disponibilités des exercices antérieurs et de l'exercice courant, qui sera clos le 31 décembre 1881, soit *dix-huit millions cinq cent mille francs*, représentant les primes versées par les actionnaires lors des deux augmentations du capital social, ci . . . . 18.500.000 »
» *Et trente et un millions cinq cent mille francs* sur les bénéfices sociaux, ci . . . . 31.500.000 »

Ensemble . . . . 50.000.000 »

» 2º *Vingt-cinq millions de francs* sur la somme de *trente-cinq millions de francs* provenant de la prime des cent mille actions nouvelles ci-dessus indiquées.

» *Deuxièmement* : Qu'une somme de 3.537.500 francs sera prélevée sur les bénéfices de 1881, à titre de réserve statutaire, ce qui portera cette réserve au chiffre de francs 5.328.992,92 ;

» Qu'une somme de 2.800.000 francs, également prélevée sur les bénéfices disponibles de 1881, sera portée à la réserve spéciale ;

» Qu'une somme de 10.000.000 de francs, solde de la prime de 35.000.000 de francs, sera portée à la réserve extraordinaire.

CINQUIÈME RÉSOLUTION.

» L'Assemblée décide qu'après la libération des deux cent mille actions anciennes, les versements anticipés sur partie de ces actions seront remboursés dans les délais et formes déterminés par le Conseil d'administration.

SIXIÈME RÉSOLUTION.

» L'Assemblée confère au Conseil d'administration, avec faculté de les déléguer à un ou plusieurs de ses membres, les pouvoirs nécessaires à l'effet d'effectuer le dépôt de la présente délibération en l'étude du notaire de la Société.

» De plus, l'Assemblée donne au porteur d'une expédition ou d'un extrait tous pouvoirs nécessaires pour faire faire les publications prescrites par la loi ».

Il convient de marquer les traits essentiels de ces propositions du Conseil et de ces résolutions de l'Assemblée.

L'idée d'émettre des actions nouvelles avec prime est une idée parfaitement juste. Lorsqu'une Société a d'importantes réserves, l'actionnaire nouveau aura dans ces réserves la même part que l'actionnaire ancien. S'il obtient l'action nouvelle au pair, cela n'est pas juste ; car ces réserves sont le produit accumulé des risques courus par les anciens actionnaires et des bénéfices réalisés qu'ils ont laissés dans la caisse sociale. Dans le domaine des choses temporelles, il ne paraîtra jamais équitable, que l'ouvrier de la onzième heure reçoive le même salaire que celui qui travaille depuis le lever du jour. Aussi, quand une Société, dans la situation prospère que je suppose, fait une émission d'actions, ces actions font prime dès le lendemain. Pourquoi la Société ne recueillerait-elle pas cette prime, au lieu de l'abandonner à la spéculation ? Il n'y a rien qui le défende. Ce n'est pas qu'on ne puisse abuser de cette idée comme de toutes les autres ; mais en soi, elle est exacte, et ni l'équité, ni le droit ne la condamnent.

L'Union générale l'avait déjà mise deux fois en pratique. A la première augmentation, les actions avaient été émises avec 25 francs de prime ; elles l'avaient été avec 175 francs de prime à la deuxième émission ; elles l'étaient avec 350 francs à la troisième.

Il faut d'ailleurs reconnaître que M. Bontoux faisait de cette prime un emploi excellent. Comme la Société était portée de 100 millions à 150 millions, on donnait une action nouvelle pour deux anciennes. Ces anciennes actions n'étaient libérées que de 125 francs ; on prenait 250 francs, soit 125 francs par action, sur la prime de 350 francs, pour libérer d'autant les actions anciennes. Restaient, sur la prime, 100 francs qui étaient portés aux réserves. Ces 100 francs sur 100,000 actions représentaient 10 millions, qui s'ajoutaient aux réserves sur lesquelles une somme de 50 millions était prélevée pour libérer, cette fois en totalité, les actions anciennes.

De cette façon, et l'opération accomplie, toutes les actions étaient libérées, et l'actionnaire qui avait payé :

Sur la première action	125 fr.
Sur la seconde	145 fr.
Sur la troisième	300 fr.
Sur la quatrième	850 fr.
Total	1,420 fr.

avait quatre actions, qui, au cours d'alors, valaient plus de 7,000 francs. Ces rêves brillants ont été bien vite et bien cruellement dissipés.

La souscription fut ouverte le 6 novembre et close le 31 décembre. Le 8 janvier 1882, M. Bontoux, avec plusieurs des administrateurs, déclarait par acte authentique, reçu Dufour notaire, que toute la souscription avait été couverte, et que la totalité des actions souscrites avait été payée. M. Bontoux faisait publier cette déclaration le 13 janvier. Puis l'assemblée générale des souscripteurs était convoquée pour le 3 février.

Mais le 28 janvier, cette banque qui comptait un mois auparavant 100 millions de capital et 50 millions de réserves, et qui venait, au moins en apparence, de recevoir 85 millions des nouveaux souscripteurs, fermait ses guichets. Elle avait pu, dans le courant de janvier, se procurer une avance de 18 millions qui avaient été absorbés en un instant. Le 28, elle devait payer 4 millions ; elle suspendait ses payements. Le 30, M. Bontoux et M. Feder étaient arrêtés. Le 2 février, la faillite était déclarée, et par conséquent l'Assemblée générale du 3 février devenait impossible.

La crise effroyable, au milieu de laquelle s'écroulait l'Union générale, est encore trop voisine pour qu'il soit nécessaire d'en rappeler les traits. Bien qu'elle ait éclaté seulement au mois de janvier 1882, les causes venaient de plus loin, et depuis longtemps déjà des hommes circonspects signalaient l'orage qui montait lentement à l'horizon. On a dit et répété que MM. Bontoux et Feder avaient entraîné le public dans une formidable partie de jeu, où ils avaient été vaincus. Cela ne me semble pas exact ; les causes de la crise sont plus générales, et voici la principale. Si l'on consulte le cours de la Bourse des derniers mois de l'année 1880, on observe que nos meilleures valeurs ont atteint alors les plus hauts cours vers lesquels elles se soient jamais élevées. Au mois de septembre 1880, le 3 0/0 était à 87 fr. 30 ; au mois d'octobre l'amortissable était à 89 fr. 40 ; le 5 0/0 à 120 fr. 85 ; les obligations de chemins de fer touchaient un instant le cours de 400 francs. Un pareil état, excellent à certains points de vue, produit cependant cette grave conséquence d'abaisser démesurément le loyer de l'argent. Augmenter son revenu, pour quelques-uns, n'est qu'un désir ; pour beaucoup, c'est un besoin. L'épargne, très considérable (car on calcule qu'elle s'élève en moyenne en France, à un milliard 1/2 par an), s'en va donc, çà et là, cherchant un placement plus avantageux. Tantôt elle s'engage dans des opérations de report qui fournissent précisément aux joueurs l'aliment de leur passion ; tantôt elle se fixe sur des valeurs de spéculation et de crédit, dont on espère qu'elles donneront un revenu plus élevé et même un profit sur le capital. C'est l'heure des enthousiasmes extraordinaires, que rien n'explique et que tout excuse. Malheur à ceux qui les partagent ! Malheur aux Sociétés qui en sont l'objet ! L'année 1881 a été tout entière marquée de ce stigmate. Ni la gêne monétaire attestée par l'élévation de l'escompte à 4 1/2, ni l'approche de la rupture de notre traité de commerce avec l'Angleterre, ni l'équilibre déjà fort instable d'un budget surchargé de dépenses, ni les embarras extérieurs et intérieurs d'une politique à peine dirigée, rien ne pouvait décourager la spéculation. Elle s'attacha un instant à l'action d'une de nos plus grandes compagnies de chemins de fer, et sous prétexte d'un canal qui ne sera peut-être jamais entièrement creusé, elle fit monter l'action de 1,700 à 2,400 francs. Puis, se détournant, elle se rua sur deux valeurs qui étaient alors excellentes, l'action de Suez et l'action de l'Union générale. Toutes deux s'élevèrent ensemble ; toutes deux ensemble tombèrent. Seulement la Compagnie de Suez survécut aisément à cette secousse, parce qu'elle était demeurée absolument étrangère à tout cet agiotage, tandis que l'Union générale s'est effondrée avec ses actions, parce que ceux qui la dirigeaient avaient cru pouvoir se mêler à ces téméraires spéculations.

Je n'ai pas besoin de rappeler à la Cour le spectacle vraiment affreux de ces tristes journées, ces sommes immenses engagées sans compter, cet engouement incroyable dont ceux-là mêmes qui le provoquent subissent le vertige, des hommes considérables entraînés par une sorte de fatalité vers un abîme où ils ne laisseront pas seulement leur fortune, mais peut-être, ce qui pour eux est plus cruel, des lambeaux de leur honneur, une élévation formidable des cours, une chute subite et sans remède, une compagnie d'officiers publics, renommée jusque-là pour son opulence, secouée jusque dans ses fondements, la troupe des intermédiaires marrons coiffant hardiment le bonnet vert et s'imaginant qu'au milieu du désarroi général on n'aperçoit pas la mauvaise foi qui lui fait méconnaître ses engagements, tant d'inquiétudes, tant de craintes, tant de deuils, tant de tristes confidences, tant de visages où se peignent tour à tour l'abattement et la fureur, voilà le spectacle que nous avons eu sous les yeux, il y a une année, spectacle assurément bien fait pour nous instruire et nous corriger, s'il n'était pas l'œuvre de passions que rien n'apaise et l'accès périodique d'une incurable folie.

Maintenant, Messieurs, comptons les morts et soignons les blessés.

Sur qui pèse la responsabilité de ces grands désastres ? Quelle est l'étendue de cette responsabilité ? Quelle en est la nature ? Est-elle pénale ? Est-elle simplement civile ? Toutes ces questions sont étrangères à ma cause. Je n'ai ici personne à défendre, et, ce qui vaut mieux encore, personne à accuser. La question que je discute est une question de droit, dont j'entends bien ne pas sortir.

On comprend aisément que, le lendemain, le syndic ait eu quelque peine à se reconnaître dans une pareille mêlée. D'ordinaire une industrie ne périt qu'après une agonie plus ou moins longue dans laquelle ses forces se sont lentement épuisées. Celle-ci tombait presque au moment où tous la croyaient grande et prospère.

Les causes immédiates de sa chute étaient faciles à déterminer. Au jour de la faillite, la Société avait dans ses caisses 98.000 de ses titres représentant une somme de 212 millions. Sur cette somme 100 millions étaient encore dus et constituaient une dette immédiatement exigible. Il est vrai que cette dette avait une contre-partie. La Société avait vendu 57.000 titres pour une somme de 116 millions, et cette somme était aussi immédiatement exigible. Il y a un mot qui doit être dit, qui doit être répété partout où il sera question de l'Union générale, et dont les conséquences doivent dominer tous les jugements qu'on portera sur cette grande catastrophe : si les 116 millions avaient été payés, comme ils devaient l'être, l'Union générale serait encore debout.

Quels étaient donc les débiteurs de cette somme de 116 millions ? Des insolvables ? Non. L'expert les a indiqués avec une discrétion que je veux imiter.

Coulissiers et banquiers. . . . . . 116.912.650 fr.
Clients . . . . 5.775.000 fr.

Qu'allait devenir cette créance énorme ? Ce devait être là la première préoccupation du syndic.

Me Barboux analyse les diverses procédures engagées par MM. Pireyre, Borner et Cie, Carré-Léclancher et Cie, Lévy, contre le syndic de la faillite. Il donne lecture des jugements rendus dans ces divers procès par le Tribunal de commerce.

Une autre question, tout aussi grave, s'imposait également dès le début à l'attention du syndic. Quelle était la situation des sous-cripteurs de la nouvelle émission ? Ils avaient en souscrivant versé 850 francs qui devaient servir, avec les réserves, à libérer à la fois l'action nouvelle et les deux actions anciennes. Mais le syndic soutenait que, les réserves étant épuisées au 31 décembre 1881, la libération des deux actions anciennes n'avait pu avoir lieu, et qu'ainsi chaque souscripteur d'une action nouvelle était débiteur de 500 francs vis-à-vis de la faillite. Les souscripteurs, en contestant d'abord les chiffres produits par le syndic, répondaient que l'émission n'était pas devenue définitive parce que l'assemblée générale, prescrite par l'article 25 de la loi de 1867, n'avait pas été tenue. C'est sur ces prétentions opposées qu'a été rendu le jugement du 15 mars 1882, dont Me Barboux donne lecture à la Cour.

II

On voit, par le texte du jugement, que le Tribunal n'a pas même examiné la question soumise à la Cour. Le Tribunal a cru qu'on opposait le défaut de réunion d'assemblée générale comme un moyen de nullité de l'émission, et il a dit qu'il n'était pas nécessaire d'examiner ce second moyen, puisqu'on en trouvait un premier dans l'inexactitude de la déclaration du 3 janvier. Le tribunal n'a pas vu que les souscripteurs ne demandaient pas du tout la nullité de l'émission, qu'ils soutenaient une thèse absolument différente, et prétendaient démontrer l'inexistence de la constitution du nouveau capital social, par la défaillance de la condition suspensive sous laquelle la souscription avait eu lieu. La question se présente donc tout entière devant la Cour et il convient de l'examiner de très près.

En thèse générale, lorsque plusieurs personnes veulent se mettre en Société, elles se rendent chez un notaire et y signent ensemble un contrat. Il n'en est pas de même quand il s'agit des Sociétés par actions. L'idée de la Société naît d'abord dans la pensée d'un petit nombre des futurs associés ; on les appelle les fondateurs. Ils rédigent un projet de statuts, et ils appellent à eux des adhérents. Ceux-ci arrivent les uns après les autres, pendant un laps de temps plus ou moins long ; ils souscrivent, autrement dit, ils s'engagent à devenir associés.

Dans cet état des choses, leur engagement est-il définitif ? Oui, en ce sens qu'ils n'ont pas le droit de le reprendre ; mais il est soumis à une condition formelle, bien qu'implicite, c'est que toutes les conditions mises par la loi à la constitution de la Société soient remplies.

Il faut mettre ce premier point, qui est mon point de départ, au-dessus de toute contestation.

Prenons un exemple. On fonde une Société au capital de 25 millions, divisés en 50.000 actions. Paul souscrit pour dix actions, autrement dit, il s'engage à verser 5,000 francs ; son engagement est définitif, mais à la condition qu'il sera déclaré dans les formes légales que la totalité des actions a été souscrite et que le quart a été versé. Pourquoi ? Par la raison très simple que les statuts sont indivisibles, que Paul adhère à une Société dans laquelle il doit y avoir 50,000 actions et non 40,000. Chacun n'est engagé qu'à la condition que tous le soient.

Ces premiers principes sont-ils vrais ? Écoutons M. Paul Pont :

« La question s'élève à ce propos de savoir si, dans le cas où le capital social ne serait couvert qu'en partie, ce capital pourrait être réduit au montant des actions réellement souscrites.

» La Cour de Paris s'est prononcée pour la négative par un arrêt déjà cité, dont la portée véritable sur le point en question nous paraît avoir été méconnue,

» Une Société nouvelle, résultant de la fusion de plusieurs Sociétés anciennes, avait été constituée au capital de cinq millions. Les opérations sociales avaient été commencées quand un grand nombre d'actions restait encore à souscrire. Mais une délibération était intervenue qui avait réduit le capital social de cinq millions à près de quatre millions, formant le montant du capital alors réellement souscrit. Dans ces circonstances, le gérant nommé lors de la fusion aux lieu et place du gérant des Sociétés primitives crut pouvoir poursuivre l'un des actionnaires débiteur du montant de ses actions. Il fut déclaré non-recevable par ces motifs entre autres : « que c'est au mépris de la volonté expresse du législateur que la nouvelle Société avait été constituée sans qu'un grand nombre de ses actions fussent souscrites...; qu'elle était donc nulle dans son principe comme dans ses effets aux termes de l'article 6 de la loi du 17 juillet 1856...; qu'une pareille nullité était d'ordre public et ne pouvait être couverte..., que le gérant était conséquemment sans qualité pour exercer l'action par lui dirigée contre N... au nom d'une Société qui n'avait pas d'existence légale ».

» La Cour de Paris juge donc, non pas, comme le supposent quelques auteurs, qu'il n'appartient pas à la majorité des souscripteurs de décider, obligatoirement pour tous, la réduction du capital à la portion souscrite, mais très nettement qu'en lui-même ce fait de la réduction du capital de fondation, annoncé comme nécessaire à l'entreprise, constitue une violation flagrante de la loi et vicie le contrat d'une nullité d'ordre public qui ne peut être couverte.

» Or cette solution est parfaitement juridique, elle est certainement plus sûre que celle qui, admise par plusieurs auteurs, reconnaît à l'*unanimité* des souscripteurs, d'accord avec les fondateurs, le droit de réduire le capital social dont la souscription n'a pas été obtenue pour le tout, et irait jusqu'à reconnaître ce droit même à la majorité des souscripteurs si cela avait été réservé par une clause des statuts.

» Ce serait là, à notre avis, un moyen laissé aux fondateurs de Sociétés d'éluder la loi dans la disposition qui exige la souscription de la totalité du capital avant la constitution de la Société et de se soustraire à cette obligation imposée dans un intérêt d'ordre public.

» Notez, d'ailleurs, que cette faculté de réduction est accordée sans limitation aucune du chiffre que la souscription devrait atteindre pour que le capital social y pût être réduit.

» Ainsi une Société est annoncée au capital d'un million divisé en 2,000 actions de 500 francs. Elle trouve des actionnaires ; cela va de soi. Y a-t-il une entreprise quelconque qui n'en ait pas trouvé? Mais au lieu de 2.000 actions, 500 seulement ont été souscrites. Il n'importe. Et pourvu que le fondateur amène ses souscripteurs, ou simplement la majorité de ses souscripteurs, s'il a eu la prévoyance de lui réserver tout pouvoir par les statuts qu'il a préparés, à reconnaître qu'après tout 258.000 francs pourraient bien suffire à une entreprise pour laquelle un million avait été jugé nécessaire, il pourra passer outre et devra être considéré comme ayant satisfait à la loi qui exige la souscription de la totalité !

» Cela ne saurait être.

» Quelles que soient les clauses des statuts, ni la majorité des souscripteurs, ni même l'unanimité, ne sauraient déroger à une disposition
de la loi qui, étant d'ordre public, est supérieure à toute volonté contraire.

» Lorsque les promoteurs d'une affaire ne peuvent pas obtenir la
souscription en totalité du capital qu'ils ont déclaré nécessaire, la Société ne peut pas être constituée : c'est l'inévitable conséquence de la
règle qui fait de la souscription intégrale l'une des conditions de la
constitution des Sociétés par actions.

» Le devoir qui alors s'impose à tous, fondateurs et souscripteurs,
c'est d'abandonner leur projet ; que, s'ils y persistent néanmoins, le seul
moyen de le réaliser, est de dresser un nouvel acte qui, appelant un
capital moindre, fût-ce même celui qui dans la première tentative a été
couvert, pourra sortir à effet. »

Ainsi donc il y a des conditions essentielles qui, bien
que non exprimées dans l'engagement du souscripteur,
n'en sont pas moins des conditions suspensives de cet
engagement. Et ces conditions sont précisément celles
que la loi exige pour que la Société soit constituée, c'est-à-
dire pour que le lien social soit définitivement formé.

La première de ces formalités, c'est la déclaration des
fondateurs que tout est souscrit et que le quart est versé.
Ainsi, qu'on ne me fasse pas dire ce que je ne dis pas. Il
n'est pas nécessaire, pour que l'engagement du souscripteur devienne définitif, que tout soit souscrit et que le
quart soit versé ; mais il est nécessaire que cela soit déclaré dans la forme légale par les fondateurs. Nous verrons dans un instant comment le contrôle de la loi a organisé le contrôle des souscripteurs.

Mais cela est-il vrai vis-à-vis des tiers, aussi bien qu'entre les associés? Nous touchons ici au fond même du débat.

Une hypothèse bien simple nous fournira la réponse. Les
organisateurs d'une Société font appel au public, leur
appel est entendu et les souscripteurs affluent. Mais avant
que la déclaration de souscription et de versement ait été
faite, un événement, quel qu'il soit, rend cette déclaration

impossible. Cependant des dettes ont été créées. Les fondateurs ont loué pour vingt ans un local au prix de
50,000 francs par an, soit 1 million. Ils ont fait 100.000
francs d'annonces, ils ont fait imprimer 15.000 francs de
prospectus, ils ont fait timbrer 50.000 francs d'actions ;
en un mot ils ont créé un passif qui, par sa nature même,
est un passif social. Qui le payera ? Il n'y a personne qui
ne réponde que ce passif sera le passif personnel des fondateurs, et que non seulement les souscripteurs ne sont
pas engagés à le payer, mais encore qu'ils auraient une
action pour abus de dépôt contre ceux à qui ils ont remis
leur argent, si leur argent servait à acquitter ces dettes.
Il est clair en effet que les créanciers ne peuvent pas avoir
l'engagement d'une Société qui n'existe pas. Ce n'est
pas une nullité que des associés opposent à des tiers. Il
n'y a ici ni tiers, ni associés. L'annulation d'une Société
suppose l'existence d'une Société. Or, la Société ne prend
pas naissance, même en apparence, et cette situation se
règle d'après les principes du droit commun en matière
d'obligations.

Voici donc un premier point bien établi. Quand les conditions de forme exigées par la loi pour la constitution de la
Société ne sont pas remplies, la Société ne se forme pas.
Les souscripteurs et ceux qu'on appelle les tiers sont également des créanciers personnels des fondateurs.

Maintenant quelles sont les conditions exigées par la loi
pour la formation, même à l'égard des tiers, du lien social ?
La première, c'est la déclaration que tout le capital est
souscrit et que le quart est versé.

Qui doit faire cette déclaration ?

Dans les Sociétés en commandite par actions, c'est le
gérant.

« Cette souscription et ces versements sont constatés par une déclaration du gérant dans un acte notarié. » (Art. 1, § 3.)

Dans la Société anonyme, ce sont les fondateurs.

« La déclaration imposée au gérant par l'article 1 est faite par les fondateurs de la Société anonyme. » (Art. 24, § 2.)

Mais cette déclaration est-elle affranchie de tout contrôle? En aucune façon.

Dans la Société en commandite par actions, la déclaration du gérant est vérifiée par le premier conseil de surveillance. (Art. 6.)

Dans la Société anonyme, l'article 24 ajoute, à la disposition qu'on vient de rappeler :

« Cette déclaration est soumise, avec les pièces à l'appui, à la première assemblée générale qui en vérifie la sincérité. »

Art. 25. « Une assemblée générale est, dans tous les cas, convoquée à la diligence des fondateurs, postérieurement à l'acte qui constate la souscription du capital social et le versement du quart du capital qui consiste en numéraire. Cette assemblée nomme les premiers administrateurs ; elle nomme également pour la première année les commissaires institués par l'article 32 ci-après... Le procès-verbal de la séance constate l'acceptation des administrateurs et des commissaires présents à la réunion. LA SOCIÉTÉ EST CONSTITUÉE A PARTIR DE CETTE ACCEPTATION ».

On pourra s'écrier aussi souvent et aussi haut qu'on le voudra que les nullités de Société ne sont pas opposables aux tiers ; on n'empêchera pas qu'il soit certain qu'une Société ne peut être annulée qu'autant qu'elle existe, au moins en apparence ; qu'ainsi il n'y a pas d'associés, tant que la Société n'est pas constituée ; qu'aux termes de l'article 25, la Société n'est constituée qu'après la réunion de de l'assemblée générale ; et qu'elle ne l'est pas, quand l'assemblée générale n'a pas été réunie. Le texte de la loi est formel ; on pourra le violer avec plus ou moins d'adresse ; mais il faudra le violer pour décider le contraire de ce qui est écrit.

Et pourquoi donc est-il absolument indispensable, que la déclaration de souscription et de versement soit soumise à une assemblée générale, contrôlée par elle, approuvée par elle? Par la raison très simple, que c'est cette approbation qui va river la chaîne du lien social. A partir de ce moment, dit la loi, la Société est constituée ; elle aura une signature, des droits, des obligations. Si, plus tard, on reconnaît que les déclarations faites ont été mensongères, et si la Société périt par le vice secret dont elle était infectée, alors, mais alors seulement, il sera juste de dire aux actionnaires qu'ils seront traités au regard des tiers comme si la Société n'était pas nulle, et qu'ils ne peuvent pas profiter d'une violation de la loi dont ils ont accepté la responsabilité.

Voilà le système de la loi, système équitable et très bien lié. Les souscripteurs ne sont pas à la merci de la fraude des fondateurs. Les tiers ne sont pas à la merci de la mauvaise foi des actionnaires.

Il est si vrai que l'assemblée générale, chargée de vérifier la sincérité de la déclaration des fondateurs, est une assemblée exceptionnelle, constitutive, que l'article 27 veut qu'elle soit composée de tous les souscripteurs.

Art. 27. « Néanmoins, dans les assemblées générales, appelées à vérifier les apports, à nommer les premiers administrateurs et à vérifier la sincérité de la déclaration des fondateurs de la Société, *tout actionnaire*, quel que soit le nombre des actions dont il est porteur, peut prendre part aux délibérations avec le nombre de voix déterminé par les statuts, sans qu'il puisse être supérieur à dix ».

Ainsi tout souscripteur, n'eût-il qu'une action, aura voix délibérative dans cette assemblée, parce qu'il s'agit de former le contrat, et parce qu'on ne peut pas, avant le contrat formé, lui imposer des statuts qui n'existent que par le contrat.

Qu'arrivera-t-il cependant si cette assemblée n'est pas tenue ou si elle refuse de ratifier la déclaration des fondateurs? C'est M. Pont, qui va le dire :

« Au contraire, la délibération de l'assemblée générale entraîne la nullité des souscriptions et de la Société, lorsque, les évaluations étant considérées comme excessives, elle aboutit à un refus d'approbation.

» A défaut d'approbation, est-il dit à l'article 4 en prévision de cette seconde hypothèse, la Société reste sans effet à l'égard de toutes les parties ».

» Il n'en pouvait pas être autrement.

» La Société doit rester sans effet à l'égard de l'associé qui a fait l'apport en nature ou stipulé des avantages particuliers ; car il ne saurait rester engagé, si l'assemblée générale n'accepte pas ses propositions ou appréciations dans la mesure même où il lui a paru juste de les faire.

» Elle doit rester également sans effet à l'égard des souscripteurs ; car la souscription n'ayant été de leur part qu'une adhésion conditionnelle, qu'un consentement donné sous réserve que le fonds social serait bien tel qu'ils ont dû le croire d'après les déclarations des statuts, ils sont nécessairement dégagés par défaillance de la condition, et ils reprennent leurs droits dès que, ces déclarations n'étant pas admises par l'assemblée générale, il est avéré que l'affaire ne pourrait plus être celle à laquelle ils avaient voulu s'associer.

« Ainsi, le contrat est radicalement rompu par l'effet du refus d'approbation.

» Il est vrai de dire même que, légalement, le contrat n'a jamais eu d'existence.

» Et cela tranche, à notre avis, une question débattue entre les auteurs, celle de savoir à qui incombent les frais d'organisation exposés pour arriver à la constitution de la Société.

» La question n'en est pas une, on le comprend, quand la Société se constitue. Il est naturel de faire alors état de ces frais et de les laisser à la charge de la Société.

» Le doute et la controverse se sont produits seulement dans le cas où, à défaut d'approbation des apports par l'assemblée générale, la Société ne peut pas être constituée.

» D'après certains auteurs, les souscripteurs ne pourraient pas refuser de supporter un prorata dans ces frais, encore qu'ils ne s'y soient pas obligés expressément en souscrivant, et c'est seulement dans le cas où il serait reconnu que la conception de l'affaire a été frauduleuse de la part des fondateurs que les frais resteraient en entier à la charge de ces derniers.

» D'autres, tout en reconnaissant qu'en thèse générale les frais doivent être supportés par les fondateurs, réservent le cas où la Société n'aurait pu se constituer par suite de l'abstention des souscripteurs, estimant qu'en ce cas, ces derniers doivent supporter les dépenses que leur négligence seule a rendues inutiles.

» Ces distinctions sont inadmissibles, à notre avis. A défaut d'approbation des apports, le contrat de Société ne se forme pas ; il n'existe pas et n'a jamais existé. Le résultat est le même, quelle que soit la cause pour laquelle l'approbation n'a pas été obtenue, soit qu'elle ait été formellement refusée après délibération de l'assemblée générale, soit que l'assemblée n'ait pas pu délibérer faute d'avoir réuni un nombre suffisant d'actionnaires.

» En toute hypothèse, il y a une tentative restée sans effet, un projet qui n'a pas abouti et dont l'avortement fait qu'il ne subsiste rien de l'affaire, pas plus dans le passé que dans le présent.

» D'où la conséquence nécessaire qu'en toute hypothèse, les souscripteurs doivent être remis dans l'état même où ils étaient quand ils ont donné leur signature, et, par suite, qu'ils ont droit de reprendre en entier le montant de leur souscription sans avoir à tenir compte de frais dont la charge ne peut incomber qu'à ceux qui ont engagé l'affaire, et qui en cela ont agi à leurs risques et périls.

» C'est, d'ailleurs, la solution émise dans la discussion de la loi. « Si l'approbation manque, a dit la commission du Corps législatif, nul lien n'existe, pas plus dans le passé que dans le présent et dans l'avenir. » « *Souscripteurs sous condition, les actionnaires n'ont pas même à se préoccuper des frais exposés par ceux qui sont venus solliciter un concours qui s'est refusé à leurs désirs.* »

III

Donc, s'il s'était agi, le 5 novembre 1881, de constituer la Société, si la souscription avait été ouverte le 6 novembre et fermée le 31 décembre, si les fondateurs avaient fait la déclaration du 3 janvier, s'ils l'avaient publiée le 13, s'ils avaient été arrêtés le 31 janvier, quelles que puissent être les dettes par eux créées, les créanciers n'auraient aucune action contre les souscripteurs.

Mais il s'agit d'une augmentation de capital, la solution doit-elle être la même? Ici la jurisprudence est unanime. Le point de départ se trouve dans le célèbre arrêt de la Cour de cassation rendu en 1873 dans l'affaire des Comptoirs généraux de Saint-Nazaire. La Cour déclare : « que les Sociétés par actions ne sont autorisées qu'à la condition que les actions représentant le capital social seront préalablement souscrites intégralement et réalisées en numéraire jusqu'à concurrence du quart de leur valeur nominale ; que cette prescription d'ordre public s'applique nécessairement aux augmentations de ce même capital, autorisées par l'assemblée générale des actionnaires ; qu'une distinction ne saurait être faite entre le capital originaire et le capital nouveau ; que l'un et l'autre sont la garantie des tiers et doivent être constitués dans les mêmes conditions ; que, s'il en était autrement, la loi ne serait plus qu'un obstacle vain aux fraudes et aux abus que la sagesse du législateur a voulu prévenir ». (Cass. 27 janvier 1873. S. V. 73-1-163. — *J. Pal.* 1873, p. 383. — D. P. 73-1-331.)

Cette doctrine a depuis fait la règle de toutes les décisions judiciaires. Le Tribunal de commerce lui-même l'a appliquée dans le jugement que j'attaque, et le Tribunal correctionnel a fait le dernier pas, lorsqu'il a appliqué aux nullités commises dans une augmentation de capital les sanctions pénales édictées par la loi pour punir les fraudes commises dans la constitution.

Eh bien ! supposons que la déclaration du 3 janvier n'ait pas été faite et que la faillite soit survenue le 2 février. Qui oserait dire que les souscripteurs étaient engagés vis-à-vis des créanciers ? Personne. Si donc ils le sont, c'est à cause de la déclaration du 3 janvier, et c'est bien là ce que dit le Tribunal.

Mais, en le disant, le Tribunal viole la loi, car la loi exige pour la formation du lien social deux conditions : la déclaration par les fondateurs, la ratification par l'assemblée. Le Tribunal supprime l'une des conditions pour les augmentations de capital; il distingue là où la loi ne distingue pas.

Si on admet que les augmentations du capital soient soumises aux mêmes conditions que la constitution du capital originaire, on n'échappera jamais au texte de l'artice 25.

IV

Voyons maintenant les objections que, dans une question si nouvelle, il est possible de prévoir.

On dira d'abord que l'Union générale n'a jamais observé les articles 24 et 25 ; qu'aux deux premières augmentations de capital, aucune assemblée générale constitutive n'a été réunie, et qu'ainsi les actionnaires pourraient prétendre qu'ils ne sont engagés par aucune de ces augmentations.

La réponse est vraiment trop aisée. D'une part, il est probable que la Cour tiendra peu de compte de la jurisprudence de MM. Bontoux et Feder. D'autre part, les deux premières augmentations ont été suivies d'assemblées générales et de distribution de dividendes qui emportent la complète ratification des augmentations elles-mêmes.

On pourra tirer une objection plus sérieuse de la résolution même prise par l'assemblée du 5 novembre 1881. Les actionnaires, dira-t-on, ont autorisé les administrateurs à faire la déclaration et les ont dispensés de les réunir. Il importe peu que le mandat soit contraire à la loi ; le mandant ne peut pas profiter du quasi-délit qu'il a chargé le mandataire de commettre.

Il faut, pour mesurer la portée de l'objection, remettre sous les yeux de la Cour le texte même de la résolution votée par l'assemblée. « Lorsque les nouvelles actions auront été souscrites et que les versements indiqués ci-dessus auront été effectués, le Conseil d'administration ou l'un des administrateurs, délégué par lui, fera, par-devant notaire, la déclaration de souscription de ces actions et des versements effectués ».

Cette première partie prouve seulement l'ignorance complète où tous, administrateurs et actionnaires, étaient des dispositions de la loi ; il était fort inutile de donner aux administrateurs un mandat qu'ils tenaient de la loi.

Puis la résolution continue :

« Après cette déclaration, la Société sera définitivement constituée au capital de 150 millions ».

Veut-on voir là une déclaration de principes ? Il est clair que ce n'est pas à une assemblée générale qu'il appartient de déterminer les conditions auxquelles une Société est ou n'est pas constituée. Veut-on au contraire y trouver une dispense de réunir l'assemblée générale ? Je réponds que toutes les formalités prescrites par la loi de 1867 sont d'ordre public et qu'on ne peut pas y déroger par des conventions. Je réponds que le mandat de ne pas faire une chose prescrite par la loi est nul, et que la résolution d'une assemblée générale qui donne un pareil mandat ne saurait engager la minorité qui ne le donne pas.

Je réponds qu'on n'observe pas assez que ce ne sont pas du tout ceux qui ont tenu l'assemblée du 5 novembre qui devaient être réunis le 3 février. En fait, beaucoup d'actionnaires avaient vendu leurs actions, et si tous les droits et toutes les obligations passent avec l'action aux divers porteurs, ce ne sont assurément que ceux qui résultent de la loi ou de faits licites, et non les responsabilités qui résulteraient d'un quasi-délit. En droit, les actions anciennes disparaissaient par la transformation de la Société, et c'est dans ce principe même que se trouve le fondement de la jurisprudence qui assimile les augmentations de capital à la constitution du capital primitif.

« Lorsqu'une Société, dit admirablement M. Pont, s'est constituée à un capital déterminé divisé en actions dont le nombre et la valeur sont fixés, elle a posé, par ces indications, la base même et l'une des conditions fondamentales du contrat. Si elle y touche ensuite, si elle change son capital primitivement déterminé en appelant des nouveaux actionnaires, il est vrai de dire qu'une autre Société est établie, Société nouvelle par son capital qui n'est pas celui que le pacte primitif avait fixé, et par son personnel qui va se composer, non pas seulement des anciens associés, mais encore de ceux qui répondront à l'appel en souscrivant des actions nouvelles. Il est certain alors que la loi ancienne est applicable ; une Société nouvelle est constituée ; quelle serait la raison de la soustraire aux obligations qui sont la condition même de la constitution des Sociétés ? »

Ainsi, en droit comme en fait, ceux qui étaient réunis le 5 novembre 1881 n'étaient pas ceux qui devaient être réunis le 3 février 1882. Ceux-ci ne pouvaient donc pas engager ceux-là par leurs votes.

Voudrait-on par hasard soutenir que l'article 25 n'est pas applicable aux augmentations de capital, parce que l'assemblée générale n'aura pas besoin de nommer les administrateurs qui le sont déjà ? C'est une pure pétition de principe, puisque, si l'on admet que l'article 25 est applicable, l'assemblée générale constitutive devra, ou ratifier par son silence le mandat précédemment donné, ou le confier expressément de nouveau. Mais dans l'un comme dans l'autre cas, il sera vrai de dire que l'assemblée constitutive de cette Société transformée a nommé les mandataires qui doivent la représenter.

Qui ne voit d'ailleurs qu'il n'y a aucune raison de ne pas exiger la ratification des actionnaires pour les augmentations du capital, comme la loi le fait pour la constitution du capital primitif ? Si jamais cette question se pose devant le Parlement, on prendra précisément pour exemple l'Union générale. Le 3 janvier, MM. Bontoux et Feder se rendent, avec quelques administrateurs, chez un notaire ; ils affirment que tout est régulier ; chacun signe et s'en va à ses plaisirs ou à ses affaires. Mais si, après les événements terribles du mois de janvier, l'assemblée générale avait été tenue le 3 février, à qui fera-t-on croire qu'il ne se serait trouvé personne pour demander, par exemple, comment un homme qui avait 30.000 francs d'appointements

pouvait être titulaire de 12.000 actions ? Car il faut bien
comprendre que la disposition de l'article 25 est précisément une protection assurée par la loi aux souscripteurs ;
elle les traite à ce point de vue particulier comme des incapables ; un incapable ne peut pas renoncer à la protection que la loi lui donne contre lui-même ; et je n'hésite pas
à dire que le souscripteur aurait-il renoncé à son droit de
contrôle dans le bulletin de souscription, la réunion de
l'assemblée générale n'en serait pas moins nécessaire pour
constituer la Société, non seulement entre les associés, mais
même vis-à-vis des tiers.

V

Terminons cette discussion. La validité des Sociétés est
soumise à des conditions de fond et à des conditions de
forme. Les unes et les autres sont nécessaires pour que la
Société soit valable entre associés. Il suffit, mais il faut,
vis-à-vis des tiers, que les conditions de forme soient
remplies. Au nombre des conditions figure la ratification
par l'assemblée générale de la déclaration faite par les fondateurs ou administrateurs. La loi ne veut pas que les
actionnaires soient engagés sans avoir pu apprécier eux-
mêmes les résultats de la souscription. Donc, lorsque cette
formalité n'est pas remplie, il y a, non pas une Société
qu'il faut annuler, mais un projet de Société qui n'aboutit
pas ; et les organisateurs sont seuls responsables, vis-à-vis
des tiers, du passif qui a été créé par eux. Ce n'est pas là
seulement la disposition précise de la loi ; c'est encore
l'application des règles générales du droit. Mais j'ajoute
maintenant, que cette solution est rigoureusement conforme à l'équité. C'est en effet sur l'équité, qu'est fondé ce
principe que les nullités ne sont pas opposables aux tiers

par les associés. Cette personnalité civile qu'ils ont créée, malgré le vice originel dont elle a pu mourir, a vécu : elle a contracté des obligations ; il faut qu'elle les tienne. Ici, dans la mesure où il est possible de parler des faits dont le syndic garde pour lui la connaissance, tout le passif de la Société est antérieur au mois de janvier 1882. Où donc sont les tiers abusés ? Où est la bonne foi trahie ? On ne trouvera dans la cause rien de semblable ; en sorte que l'équité peut accepter sans se plaindre la solution que le droit impose. Ceux qui ont répondu à l'appel de l'Union générale sont restés des souscripteurs ; ils ne sont pas devenus des actionnaires.

Sur les conclusions conformes de M. l'avocat général Loubers, la Cour a rendu l'arrêt suivant :

LA COUR,

. . . .

Considérant qu'il est vainement prétendu par les parties principales ou intervenantes que la Société nouvelle n'est pas seulement entachée de nullité, mais qu'elle doit être réputée inexistante, par le motif que l'assemblée générale prescrite par l'article 25 n'a été ni convoquée ni réunie après l'acte constatant la déclaration par les administrateurs de la souscription de la totalité des actions et du versement du quart au moins par chaque action.

Qu'en effet la non-convocation de cette assemblée générale n'a pas empêché le lien social de se former entre les actionnaires, et que l'article 41 de la loi de 1867 n'en fait expressément qu'une cause de nullité, que les parties intéressées peuvent sans doute invoquer, mais que les associés ne sauraient opposer aux tiers. (V. *Journal des Sociétés*, année 1883, p. 283.)

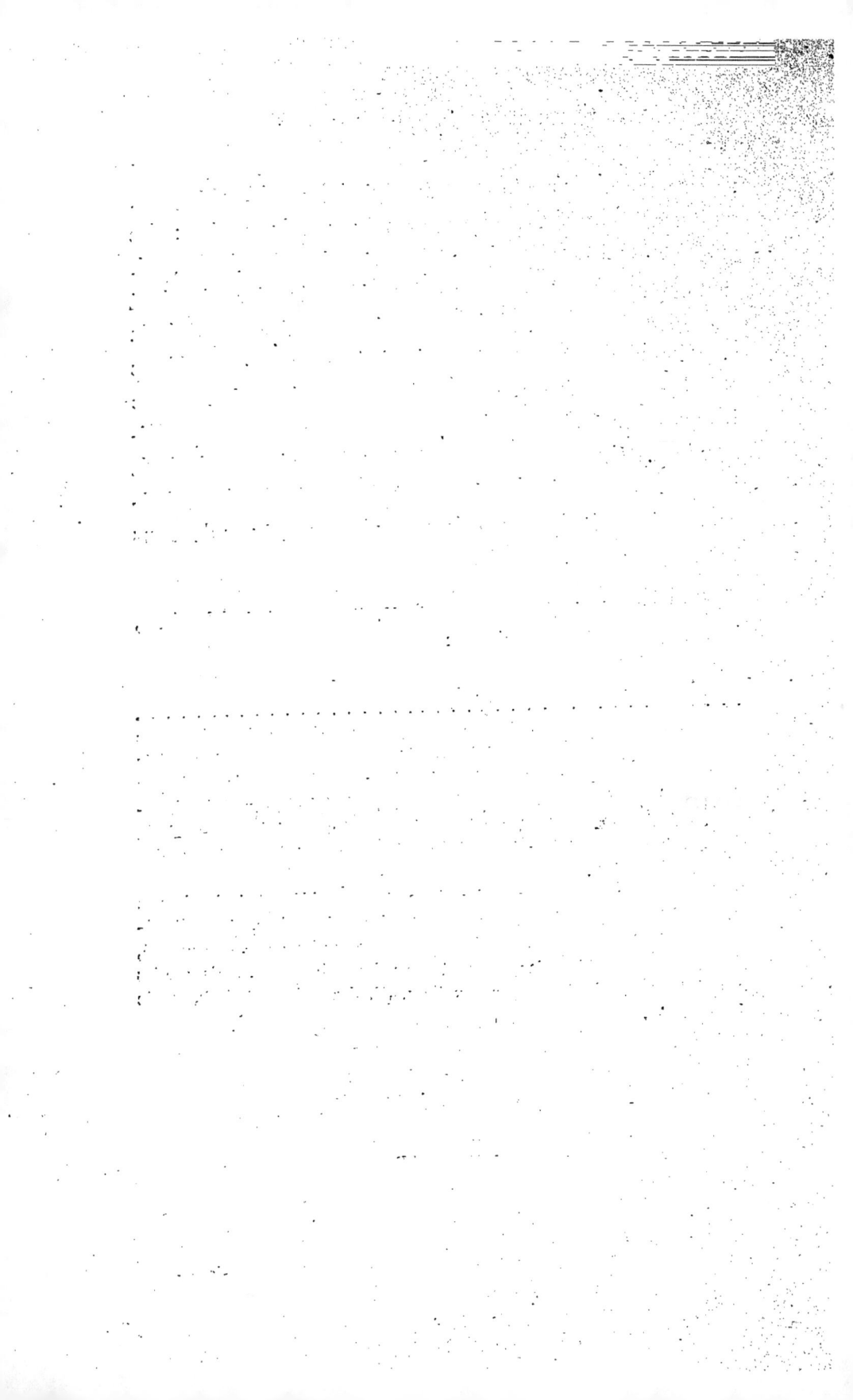

AFFAIRE DE Mlle SARAH BERNHARDT

CONTRE

LA COMÉDIE-FRANÇAISE

———

RUPTURE D'ENGAGEMENT THÉATRAL

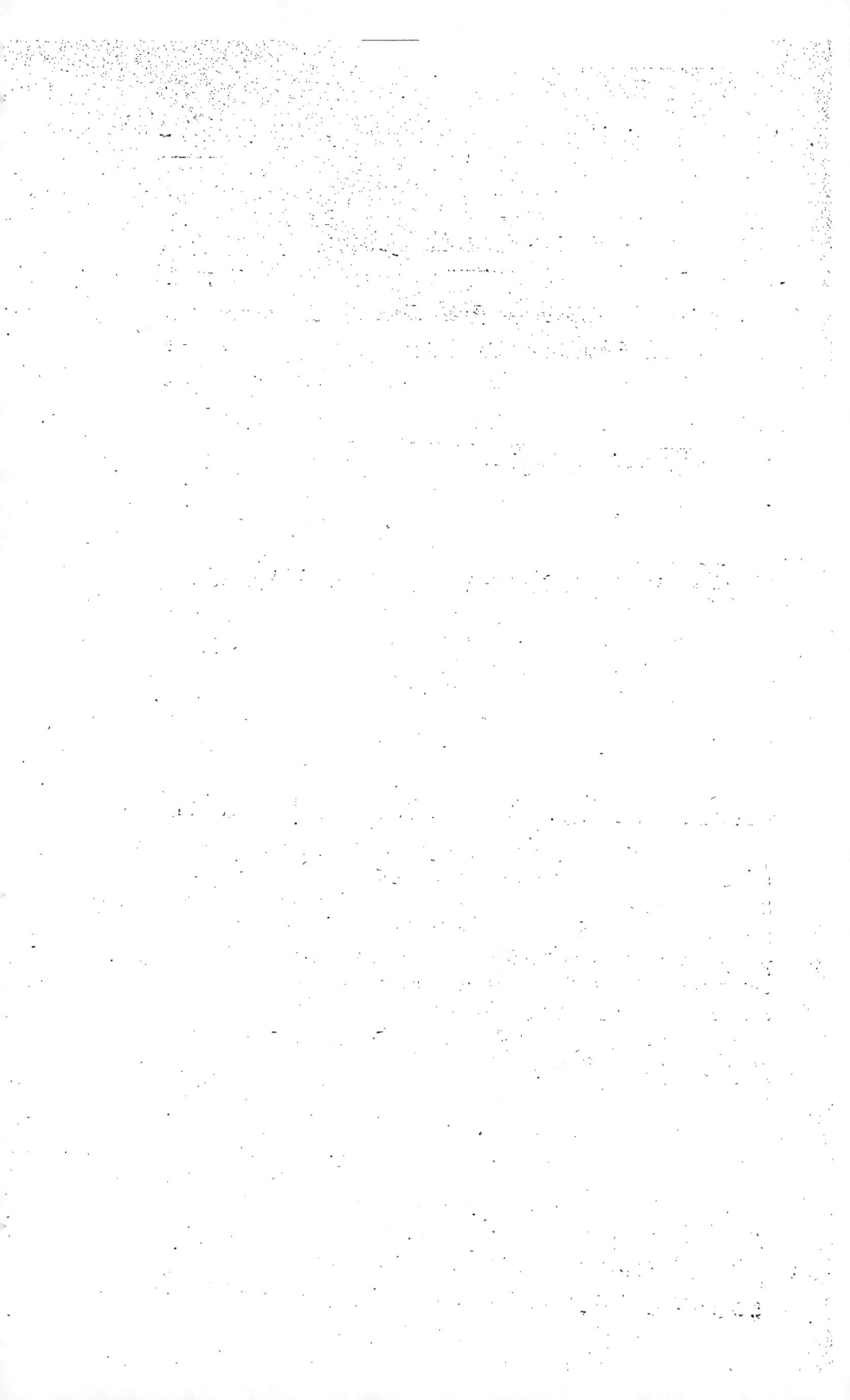

Première chambre. — Présidence de M. AUBÉPIN
M. EMMANUEL BRUGNON, *substitut.*

AFFAIRE SARAH BERNHARDT

RUPTURE D'ENGAGEMENT THÉATRAL

Mlle Sarah Bernhardt, entrée au Théâtre-Français en 1872, le quitta brusquement en 1880 dans les circonstances suivantes. Chargée du rôle de Clorinde dans l'*Aventurière*, elle s'attira, à la première représentation, les sévérités de la critique. Là-dessus, elle envoya sa démission de sociétaire et quitta même Paris pendant quelques jours. La Comédie-Française forma contre elle une demande en résiliation de son engagement et demanda en outre 343,000 fr. de dommages-intérêts.

M. Allou plaida pour le Théâtre-Français (V. Allou, *Discours et plaidoyers*, t. II, p. 579).

Messieurs,

Je n'ai pas le dessein de justifier le coup de tête de Mlle Sarah Bernhardt. Mais, puisqu'il lui vaut un gros procès, je veux montrer au Tribunal que son imprudence a beaucoup d'explications et beaucoup d'excuses ; que le

Théâtre-Français a saisi avec empressement l'occasion qu'elle lui a maladroitement offerte de rompre le *l*....... qui les unissait ; que cette résiliation, très dommageable à ma cliente, ne cause aucun préjudice à la Comédie, et qu'ainsi, au point de vue juridique, le seul qui puisse préoccuper le Tribunal, la demande de M. Perrin n'est pas justifiée. Je veux vous montrer tout cela brièvement, tout prêt à reconnaître les torts de ma cliente, si elle en a eu, mais très résolu aussi à ne pas oublier qu'il s'agit ici de l'héritière la plus directe de Rachel, de l'interprète justement admirée de Racine et de Victor Hugo.

Mlle Sarah Bernhardt est entrée au Théâtre-Français en 1872. Elle venait de l'Odéon, où elle avait obtenu de beaux succès dans la comédie et, dans la tragédie, montré, par la façon dont elle jouait les seconds rôles, ce qu'elle était capable de faire dans les premiers. Elle entrait au Théâtre-Français avec 6,000 francs d'appointements ; mais elle était d'abord obligée de payer un dédit de 6,000 francs au directeur de l'Odéon, en sorte qu'elle a servi la première année pour rien. Puis, sa situation a grandi et ses appointements sont devenus plus considérables. M. Perrin en a fait le compte avec cette précision qui est une qualité de l'administrateur, et j'en suis fort aise, car ma cliente n'avait pu me donner aucune indication précise sur ce point. En huit années, Mlle Sarah Bernhardt a gagné au Théâtre-Français 179,330 fr. 02 c. ; mais elle n'en a touché que 125,705 francs ; le reste, soit 43,000 francs, lui est dû, et le premier objet de la demande des adversaires est la confiscation de cette somme au profit du théâtre, ce qui porte à 343,000 francs les dommages-intérêts qui lui sont réclamés.

Elle a d'ailleurs vaillamment gagné ses appointements. Elle a joué : *Mlle de Belle-Isle*, *Britannicus*, *Dalila*, *le Mariage de Figaro*, *Aricie* et *Phèdre*, *Péril en la demeure*

et *Gabrielle, le Sphinx, la fille de Roland, Zaïre, Mithri-
.... , ndromaque, Amphitryon, Rome vaincue, l'Etran-
gère, Hernani, Ruy-Blas,* au total 918 fois.

M. l'administrateur du Théâtre-Français a mis au débat
un tableau du nombre des représentations où les principaux artistes de la Comédie-Française ont figuré. On y
voit que quelques-uns ont joué plus souvent encore que
Mlle Sarah Bernhardt. Je n'ai rien à dire de ces chiffres ;
ils ne tiennent compte ni du sexe, ni de la santé, ni de la
longueur des rôles, ni de la force comique ou tragique
qu'il y faut déployer, ni surtout de l'excessif travail qui a
été imposé à ma cliente pendant l'Exposition universelle ;
en un mot, c'est de la statistique, qui peut avoir son prix
ailleurs, mais non pas dans une matière où tout est d'impression et de sentiment.

Tout n'est pas bénéfice, d'ailleurs, dans ces sortes de
contrats. Les engagements que les acteurs y prennent
sont vraiment effrayants, et rien n'est plus curieux, pour
ceux qui savent ce que c'est que le louage d'industrie et de
quelles précautions jalouses le législateur a entouré ces
stipulations par lesquelles on enchaîne la liberté du travail.
Je lis dans le contrat de Mlle Sarah Bernhardt :

« Article premier. — Mlle Sarah Bernhardt s'engage et s'oblige, envers
M. l'administrateur général, à jouer sur le théâtre de la Comédie-Française tous les rôles qui lui seront distribués dans la tragédie, la comédie
et le drame, soit par MM. les auteurs, soit par l'administrateur général,
spécialement dans l'emploi des jeunes premières, dans la comédie et le
drame, princesses et fortes jeunes premières dans la tragédie, et tous
autres rôles pour lesquels elle sera jugée nécessaire ou convenable, sans
en pouvoir refuser aucun, sous quelque prétexte que ce soit, et sans
pouvoir en rendre, en céder ou en quitter aucun que du consentement
exprès de l'administrateur général. Elle s'engage aussi à paraître dans
toute cérémonie et dans toute pièce à spectacle, lorsqu'elle en sera requise ».

« Art. 3. — Mlle Sarah Bernhardt s'engage à se fournir à ses frais
tous les habits nécessaires et convenables à ses rôles et emplois, tant
pour la tragédie que pour la comédie et le drame, sans pouvoir exiger

du magasin d'autres habits et costumes que ceux qui, d'après l'usage de la Comédie-Française, sont fournis par elle comme costumes extraordinaires, et sans pouvoir refuser ceux qui lui seront présentés, dont elle devra se contenter ».

« Art. 4. — Mlle Sarah Bernhardt s'engage à suivre la Comédie partout où il plaira à l'administration de la faire jouer, soit à Paris, soit ailleurs, même à deux théâtres le même jour, si elle en est requise, sans pouvoir exiger aucune augmentation ni dédommagement, à l'exception des frais de voiture et de transport des effets nécessaires, si le soin de payer ces frais n'avait pas été pris par l'administration ».

Disons nettement la vérité. De pareils engagements, pris dans des termes si absolus, entraînant une si complète abdication de la volonté, seraient inexécutables, s'ils n'étaient à chaque instant tempérés par les accidents de la vie de théâtre, et, j'en conviens sans effort quand il s'agit de M. Perrin, par la bonne grâce et par la bienveillance du directeur.

M. Perrin s'est cru obligé de faire une preuve sur ce point, et il a produit toute une correspondance écrite par Mlle Sarah Bernhardt dans le cours de ces dernières années. Il en conclut qu'il n'a jamais cessé d'avoir pour elle les égards que méritait son talent, et qu'il ne lui a marchandé aucune complaisance, dès qu'elle était compatible avec les besoins du service.

Je n'ai rien à dire à tout cela. J'ajoute même qu'il ne déplaît pas au défenseur de Mlle Sarah Bernhardt que cette correspondance ait été produite. Puisque vous êtes chargés de juger un de ses actes, vous devez désirer de connaître le mobile ordinaire de sa conduite, le tempérament de son esprit et son caractère. Eh bien ! elle se peint elle-même à chaque ligne de cette correspondance ; elle s'y montre telle qu'elle est, sans fard, et elle s'y montre sous des traits qui ne sauraient la rendre odieuse au Tribunal.

Y a-t-il rien de plus mélancolique et qui sente moins la vie de théâtre que la lettre adressée par elle à M. Perrin le 1er janvier 1878, qui vous a été lue par mon adversaire !

C'est le jour où tout le monde est dans la joie. Les étrennes ne lui ont pas manqué, soyez-en sûrs. Elle veut cependant que la première pensée de l'année soit pour ceux qui ne sont plus. Elle prend froid en allant au cimetière, et, empêchée d'aller visiter M. Perrin, elle lui écrit. Pourquoi faire ? Pour lui demander un service ? Non. Pour lui faire de banals compliments ? Pas davantage. Elle lui exprime dans un style incorrect, mais éclatant de sincérité, toute la reconnaissance qu'elle éprouve et toute l'affection qu'elle ressent. Une autre se dirait peut-être qu'on la traite bien parce qu'elle joue bien. Une pareille pensée n'approche pas de son esprit ; elle fait honneur du tout à la générosité des sentiments de son directeur ; un acte de piété envers les morts, un acte de reconnaissance pour celui qui l'a obligée ; voilà, pour une comédienne, un jour de l'an qui n'est pas trop mal employé.

Permettez-moi de lire encore cette autre lettre produite par l'adversaire :

« Quel grand plaisir m'a fait votre lettre, mon bien cher monsieur Perrin ! le savez-vous ? Je vais toujours de mieux en mieux. Je reviendrai certainement à Paris avant la fin de ce mois.

ɪ D'abord je m'assomme ici. Et puis j'ai repris mes forces, c'était le plus urgent. Si le docteur Lannelongue ne juge pas l'opération nécessaire, je serai à votre disposition le 1er mai ; si l'opération a lieu, je ne serai vôtre que le 10, ce qui fera six semaines. J'ai calculé très justement ce qu'il fallait pour que je vous tinsse parole, même dans le cas le plus improbable de l'opération. Vous avez parfaitement raison, mon très aimé monsieur Perrin, je hais la retraite, j'étais épuisée, je suis remise et je ne pense qu'au retour. Je suis très-contente à l'idée de Monime. C'est un rôle que j'adore, je le repasse de suite ; car Racine et Ossian ne me quittent jamais. Vous êtes très bon, vous savez, et je vous aime pour cela, et je vous aime avec tout mon cœur, et décidée à vous être toujours aussi agréable que si j'étais d'une nature douce et calme. Vous êtes le seul être auquel je sacrifie, et il me plaît fort de vous le dire. Au plus tôt, mon très aimé monsieur Perrin, j'ai grand espoir de vous retrouver tout à fait bien, alors que je vous présenterai votre nouvelle sociétaire »,

                                        SARAH BERNHARDT.

Ici ce n'est plus la femme, c'est l'actrice qui se réveille ; c'est son art qui la ressaisit ; mais c'est toujours elle-même avec ses résolutions soudaines, avec ses impatiences fébriles, ses variations plus brusques que celles de l'atmosphère la plus tourmentée, incapable de laisser à la raison le temps d'intervenir en médiatrice entre la volonté qui exécute et la passion qui la sollicite, capricieuse et fantasque, toute de flamme ou toute de glace, jamais tiède, à la fois classique et romantique, associant, par le plus bizarre mélange, la tendresse mélodieuse de Racine aux rêves funèbres de la poésie scandinave, fille du Nord plutôt que du Midi, et vraiment semblable à ces créatures fantastiques et charmantes dont l'imagination de Shakespeare a peuplé le *Songe d'une nuit d'été* et la *Tempête*.

Et cependant jusqu'au voyage de Londres, le ménage n'a pas été trop souvent troublé.

Ce voyage de la Comédie-Française a pu produire d'heureux effets ; par plus d'un côté, il a causé de graves ennuis à M. l'administrateur; mais tout cela a été assez connu du public pour que je n'en parle pas, et je veux m'en tenir d'ailleurs absolument à ce qui concerne Mlle Sarah Bernhardt.

On semble lui reprocher l'engouement extraordinaire que lui ont valu les grâces un peu maladives de sa personne et ce talent qui donne aux passions tragiques elles-mêmes une sorte de douceur et de mélancolie. Franchement, il n'y a pas là de sa faute. Tout ce qu'il faut relever au point de vue du procès, c'est qu'elle ne s'est pas plus épargnée que ses camarades pour soutenir vaillamment l'honneur de la maison, et personne ne peut dire qu'elle n'a pas largement contribué au succès commun.

Elle s'y est montrée bizarre et déraisonnable, dites-vous ? Pourquoi discuterais-je ? C'est au retour de ce voyage que vous l'avez admise sociétaire à part entière.

A la fin de ce voyage, dites-vous encore, elle a eu un caprice ; sans motif légitime, elle a donné sa démission.

La vérité est qu'elle était malade, épuisée et comme étourdie par son succès même.

Car il n'y a rien de plus exagéré ni de plus injuste que le raisonnement de mes contradicteurs. Que parlez-vous, nous disent-ils, d'efforts, de travaux ? Est-ce qu'elle n'en a pas été largement récompensée ? Toutes les louanges, toutes les hyperboles ont été pour elle épuisées. Même un rayon d'une grande gloire éteinte a brillé sur sa jeune tête ; tout ce qui peut contenter l'orgueil d'une artiste, rassasier la vanité d'une femme lui a été prodigué et jeté, comme un tapis, sous ses pieds. Et comme nous sommes en procès et qu'il faut bien que la voix discordante de la chicane se mêle à toutes nos paroles, l'assignation ajoute :

« Attendu que les dommages-intérêts doivent être fixés par le Tribunal à raison des circonstances particulières de l'affaire ;

» Attendu qu'il y a lieu de prendre en considération les succès de Mlle Sarah Bernhardt et l'importance attachée aux services de cette artiste ;

» Qu'en outre de ses succès dans les rôles actuellement tenus par elle, Mlle Sarah Bernhardt était évidemment appelée par son talent à remplir ultérieurement et avec distinction d'autres rôles encore, et cela pendant seize années environ... »

Ainsi, vous l'entendez, ces succès, ces triomphes, tout cela rapporte de l'argent. Or, pendant seize ans, elle est liée à la Comédie-Française ; il suffit ainsi de faire le compte de ce qu'elle pourrait gagner pendant seize ans.

Tout cela est exagéré et profondément injuste. Je ne parle pas de l'espèce de soulèvement que l'esprit lui-même éprouve à cette tentative d'estimer et d'évaluer en argent ce qu'il y a au monde de plus insaisissable, de plus subtil, de plus idéal, de plus incertain, l'émotion de l'artiste, l'inspiration qui souffle où elle veut et l'admiration de la foule si fugitive et si changeante. Même en m'efforçant de matérialiser le plus possible tous les éléments de ce procès, j'ai le droit de demander à mes adversaires s'ils parlent sérieusement, quand ils ont la prétention de faire le compte de ce que devait leur rapporter pendant seize ans Mlle Sarah Bernhardt.

Mon adversaire prétend que c'est ici un procès commercial, parlons donc alors la langue du commerce. Si vous voulez ouvrir à l'artiste un compte courant et inscrire à son débit l'argent que doivent rapporter ses triomphes, il faut alors porter à son crédit le prix dont elle les a payés, le prix dont elle les paie chaque jour. Boufféraconte, dans ses curieux Souvenirs, l'anecdote suivante : Après avoir joué plus de cent fois de suite *le Gamin de Paris*, il eut une extinction de voix complète ; Poirson, son directeur, le fit venir : « Il est très-fâcheux, lui dit-il, que vous » n'ayez pas ici un rôle de muet, au moins je ne serais » pas obligé de faire disparaître votre nom de l'affiche ». Et il lui fit faire un rôle de muet.

Permettez-moi de joindre à cette anecdote celle-ci, empruntée au voyage de la Comédie-Française à Londres, et racontée par l'un des critiques les plus estimés, l'un des meilleurs amis de la Comédie-Française, M. Francisque Sarcey :

« Mlle Sarah Bernhardt, quelque confiance qu'elle ait en son talent, qui est de premier ordre, est cependant assez intelligente et assez fine pour s'inquiéter du bruit fait autour de son nom. Comment se tenir à la hauteur de cette réputation qui s'envole avec des allures de soupe au lait ? Comment remplir l'attente d'un public fouetté de surexcitations, dont quelques-unes sont un peu factices. Elle sent vivement la responsabilité dont se trouve chargée sa jeune et charmante tête.

» Le premier soir, elle jouait, en guise d'intermède, le second acte de *Phèdre*. C'est elle qui avait exigé cette intercalation au programme. Il paraît qu'au moment d'entrer en scène, elle fut prise d'une de ces peurs bleues qui paralysent quelquefois les artistes. Elle tomba à la renverse, à demi pâmée, et ses camarades passèrent dix minutes à rappeler par d'énergiques frictions la chaleur aux extrémités qui s'étaient subitement refroidies. On la porta en scène plutôt qu'elle n'y entra. Elle attaqua, comme il est naturel dans les moments d'émotion forte, la première note trop haut. Une fois cette tonique admise, c'est une sensation que les artistes connaissent bien, il fallut la garder comme base du morceau tout entier. La voix dut partir de là et s'élever à mesure que les sentiments qu'elle avait à exprimer croissaient en force et en pathétique. L'artiste fut réduite à crier ; elle précipita son débit, elle était perdue.

» Vous croyez peut-être qu'il y a eu chez les Anglais ce sentiment de malaise que nous eussions éprouvé tous à Paris ? Ah bien ! oui ; ils étaient enchantés, ils l'ont applaudie avec frénésie ; ils l'ont rappelée et, quand elle est reparue, pâle, à demi-morte, appuyée au bras de Mounet-Sully, sans qui elle serait tombée, ils l'ont acclamée furieusement. »

Et ne croyez pas que cette défaillance de la nature soit chez l'actrice un accident isolé. Plus d'une fois, à Paris même, il a fallu l'emporter roulée dans des couvertures et crachant le sang.

Bravo ! dites-vous, c'est la fièvre de l'art, tout cela est raconté le lendemain par les journaux, la sympathie pour la femme accroît l'admiration pour l'artiste ; tout cela fait recette.

Oui, mais pas pendant seize ans. Ne sentez-vous pas ce qu'il y a de fragile dans ces succès mêmes ? Ne voyez-vous pas que ces cordes, pour avoir trop et trop souvent vibré, sont déjà peut-être bien amincies ? Ne voulez-vous pas voir la rapidité terrible avec laquelle l'imprudente déroule le frêle écheveau de sa vie ? Et quand, le lendemain de ces triomphes si chèrement payés, elle reparaît sur la scène, nonchalante et négligée, ou bien si elle vous déclare qu'elle veut rompre avec cet art qui la fascine et qui l'épuise, ne dites pas que ce sont là des caprices sans excuse, mais reconnaissez que ce sont là les retours inévitables de la nature, et que c'est un rude métier que celui de comédien.

Mais quittons maintenant l'Angleterre, revenons en France et n'en sortons plus.

Après vingt ans, le Théâtre-Français va remonter l'*A-venturière*. M. Perrin avait voulu confier le rôle de Clorinde à Mlle Croizette, mais M. Emile Augier insista pour qu'on le donnât à Sarah Bernhardt. La pièce apprise, les répétitions commencèrent. Mlle Sarah Bernhardt a écrit qu'elle n'en avait eu que huit; M. Perrin parle de dix-huit; mais, au fond, cette différence vient de ce que Mlle Bernhardt ne parle que des répétitions *à la scène*, elle le dit elle-même, les seules dont les artistes aient l'habitude de tenir compte.

Elle en a manqué trois, vous dit-on, et pendant qu'elle négligeait au Théâtre-Français les répétitions de l'*Aventurière*, elle répétait aux Variétés le répertoire qu'elle joue en ce moment à Londres. Je crois pouvoir établir l'inexactitude de cette accusation par la déclaration suivante émanée des principaux artistes qui sont en ce moment à Londres.

« Nous ne pouvons pas attester que Mlle Sarah Bernhardt ait assisté ou non à la répétition du 14 avril, mais nous pouvons certifier que du jour où Mlle Sarah Bernhardt a répété l'*Aventurière* à la Comédie-Française, elle a manqué la plupart des répétitions, étant prise par le travail des répétitions à la Comédie.

» Les artistes en représentations au « Gaiety Theatre ».
» Londres, 15 juin 1880 ».

A la répétition générale, elle sentit qu'elle jouait mal. Obéissant à l'impétuosité de son caractère, elle fit aussitôt à M. Perrin une scène violente. Celui-ci dépêcha vers elle l'un des sociétaires qui vint rapporter qu'elle ne voulait pas jouer le lendemain. M. Perrin offrit un délai de huit jours. Pourquoi ne l'a-t-elle pas accepté, dit-on? La réponse est bien simple ; c'est M. Emile Augier lui-même qui l'a pressée de ne pas retarder la première représentation.

Ce point important est-il vrai? Il est établi par les deux

lettres qu'ont échangées, pour l'édification du public et l'utilité de ce procès, M. Perrin et M. Emile Augier.

Voici le passage de la lettre de M. Perrin :

« Vendredi dernier, à la suite de la répétition générale, elle me faisait avertir par M. Delaunay, qui remplissait les fonctions de semainier, qu'elle ne jouerait pas le lendemain. Vous étiez dans mon cabinet, M. Delaunay vous demanda si vous vouliez voir Mlle Sarah Bernhardt, je vous priai de lui donner avis que je me mettais à sa disposition et que, si elle le désirait, la représentation serait remise au samedi suivant. Quelques minutes après vous reveniez me dire qu'elle consentait à jouer. L'affiche fut donc maintenue et la pièce jouée samedi.

» Vous voyez, mon cher ami, par ce simple exposé des faits, combien les allégations contenues dans la lettre de Mlle Sarah Bernhardt sont peu conformes à la vérité. »

Voici maintenant la réponse de M. Augier :

« Les choses se sont en effet passées exactement comme vous le rappelez dans votre lettre. Vous auriez pu ajouter, à l'appui, que M. Febvre, aussi nouveau dans la pièce que Mlle Sarah, n'ayant pas eu plus de répétitions qu'elle, mais n'en ayant pas manqué une seule, s'est trouvé assez prêt pour remporter le grand succès que nous savons.

» S'il y a un coupable en tout cela, c'est moi, qui en portant parole pour vous à notre charmante tragédienne, en lui donnant carte blanche de votre part, l'ai pressée, j'en conviens, de jouer le lendemain. Pourquoi ? Parce qu'à mon avis elle était aussi prête qu'elle peut l'être ; et je maintiens encore qu'elle a joué aussi bien qu'à son ordinaire, avec les mêmes défauts et les mêmes qualités, où l'art n'a rien à voir, et j'ajoute avec les mêmes applaudissements d'un public idolâtre. »

Elle arrive le lendemain à la représentation, encore sous le coup des émotions de la veille. Ce rôle de Clorinde est vraiment terrible. Le personnage est d'un bout à l'autre ballotté entre les sentiments les plus nobles et les instincts les plus bas, et le spectateur doit demeurer partagé et comme suspendu pendant quatre actes, entre le dégoût et la pitié. Sarah Bernhardt sentit aussitôt qu'elle n'était pas maîtresse d'elle-même ; au grand éclat du quatrième acte sa voix lui échappe, et alors elle se lance en avant, tête baissée, jetant les vers les uns sur les autres, courant à la fin, poussant des cris, provoquant les bravos par ses

22

efforts mêmes, mais au fond du cœur furieuse et sentant qu'elle ne les avait pas mérités.

M. Emile Augier a porté sur cette représentation le jugement que vous venez de lire, et dans lequel beaucoup de sévérité se cache sous la courtoisie de la forme.

J'aurais mauvaise grâce à disputer d'art dramatique avec M. Emile Augier, mais j'emprunte à des critiques de profession la réponse qu'il convient de lui faire.

Voici tout d'abord ce qui répond à la critique générale qu'il fait du talent de Mlle Sarah Bernhardt :

« Et comment voulez-vous que les journaux gardent la mesure, lorsqu'un maître du théâtre contemporain, tel que M. Émile Augier, perd lui-même toute logique. Je dirai jusqu'au bout ce que je pense, puisque j'y suis contraint. On nous a raconté comme quoi M. Augier avait insisté auprès de M. Perrin pour donner le rôle de Clorinde à Mlle Sarah Bernhardt. M. Perrin aurait préféré Mlle Croizette ; mais l'auteur exigeait Mlle Sarah Bernhardt, dont le talent sans doute lui semblait préférable. Dès lors, quelle est notre stupeur de lire dans la lettre écrite par M. Augier ces deux phrases que je détache: « Je maintiens qu'elle a joué aussi bien qu'à son ordinaire, avec les mêmes défauts et les mêmes qualités, où l'art n'a rien à voir... Soyons donc indulgents pour cette incartade d'une jolie femme, qui pratique tant d'arts différents avec une égale supériorité, et gardons nos sévérités pour des artistes moins universels et plus sérieux ».

» Mais, dans ce cas, pourquoi M. Augier a-t-il voulu absolument confier le rôle de Clorinde à Mlle Sarah Bernhardt ? « Si l'art n'a rien à voir » chez cette comédienne, s'il y a à la Comédie-Française des artistes « moins universels et plus sérieux », encore un coup pourquoi diable l'auteur a-t-il fait un si mauvais choix ? Je ne saurais m'arrêter à cette idée que M. Augier a choisi Mlle Sarah Bernhardt parce qu'elle faisait recette ; cette supposition serait indigne. Il y a donc manque de logique. On n'abandonne pas de la sorte, en faisant de l'esprit, une artiste au talent de laquelle on a cru. »

Ces réflexions sont celles de M. Émile Zola.

Et voici maintenant la preuve que M. Augier est seul de son avis, lorsqu'il prétend que Mlle Sarah Bernhardt a joué ce soir-là comme elle joue d'habitude.

Et d'abord, le passage de l'article de M. Vitu qui a si fort ému Mlle Sarah Bernhardt.

« Au contraire, le seul aspect de Mlle Sarah Bernhardt, vêtue d'un costume disgracieusement étrange, coiffée d'une sorte de casque doré qui laisse sortir et flotter ses cheveux sur les épaules, devrait avertir Monte-Prade que son enchanteresse descend, non pas des seigneurs de Burgos, mais du chariot de Thespis. Une demoiselle ainsi costumée est plus vraisemblablement la sœur d'un soudard comme Annibal ; mais elle doit faire l'effet d'un masque dans le manoir des Monte-Prade. Le geste et le débit de la nouvelle Clorinde n'affaiblissent pas cette impression. Elle a eu, pendant les deux derniers actes, des emportements excessifs de toute manière, d'abord parce qu'ils forçaient sa voix qui n'a de charme que dans le médium, ensuite parce qu'ils l'amenaient à des mouvements de corps et de bras qu'il serait fâcheux d'emprunter à la grande Virginie de *l'Assommoir* pour les introduire à la Comédie-Française. Je signale aussi à tout autre chose qu'à l'admiration de mes contemporains, l'impulsion rotative que dona Clorinde, lorsqu'elle est en colère, donne au chasse-mouches qui lui sert d'éventail. »

Ajoutez-y maintenant l'article suivant de M. Sarcey :

« Elle n'a nulle peur à concevoir des critiques de profession. Elle les a mis en cause fort injustement et j'oserai même dire d'une façon quelque peu ridicule. Celui de nos confrères que sa lettre a visé n'avait fait que répéter un mot qui circulait dans les couloirs le jour de la première représentation, et que j'avais recueilli moi-même, sans y mettre de malice. Il faut que les comédiens se mettent bien dans la tête que nous disons fort peu de choses de notre cru. Pour tout ce qui relève de l'esthétique, je ne consulte en effet que mes études et mes goûts ; mais aussitôt qu'il s'agit de porter un jugement sur les acteurs ou même sur le succès matériel d'une pièce, c'est à la foule que je demande son avis ; et quand par hasard, je suis d'une autre opinion, je crois devoir en exposer tout au long les motifs.

» Cette fois, la critique s'était trouvée tout entière d'accord avec le public. Il ne faut pas que les applaudissements décernés à l'actrice en scène trompent là-dessus. C'est l'opinion des couloirs qui fait loi. Les mêmes gens qui avaient battu des mains dans la salle, par complaisance, par tradition, par entraînement, hochaient la tête en sortant et marquaient leur mécontentement. Il y a chez ce public des *premières*, ou tout le monde se connaît si bien, une sorte de *Shibolet*, que savent les initiés, et qui est comme l'expression d'un jugement commun. Chacun ensuite le traduit à sa façon.

» Notre confrère Vitu l'avait porté le premier, parce que son journal paraît le lendemain au matin. Vingt-quatre heures après, c'était un concert dans toute la critique. »

Nous avons donc à présent la certitude que Mlle Sarah Bernhardt a joué ce jour-là d'une façon peu digne d'elle-même.

Cela lui donnait-il le droit de rompre son contrat et de donner sa démission? Pas le moins du monde. Je m'empresse d'en convenir; elle devait rester à Paris; elle devait continuer à jouer l'*Aventurière*; il fallait chercher à prendre les jours suivants la revanche de ce premier insuccès; il fallait savoir supporter les critiques, même acerbes et blessantes; il fallait, en un mot, n'être ni une actrice gâtée par le succès, ni une femme maladive et nerveuse. Car le public, au nom duquel on semble ici plaider, s'est montré infiniment plus juste que nos contradicteurs. Tout en proclamant les torts de Mlle Sarah Bernhardt, il a aussitôt reconnu qu'une bonne partie devait demeurer à sa propre charge. Eh quoi? Voilà une femme à qui l'éducation de sa jeunesse n'a donné ni l'habitude, ni le dédain de la flatterie; elle s'éprend d'un art, qui non seulement s'exerce en public, mais ce qui est bien pire, qui ne se propose d'autre objet que le plaisir et l'applaudissement du public, elle l'obtient à ce point, ce dangereux suffrage, qu'on la traite en idole. Étonnez-vous après cela de ses caprices et de ses emportements? Ne sentez-vous donc pas que cet amour-propre excessif dont vous la voulez aujourd'hui punir, a été l'aiguillon des efforts qu'elle a faits tous les soirs pour vous séduire et pour vous plaire; que ces admirations, ces bravos, ces fleurs, tout ce cortège incliné d'adulations et de soupirs auraient donné le vertige à une tête plus solide que la sienne, et que ce ne serait pas être juste que de ne pas trouver là encore de larges éléments d'atténuation et d'excuse?

On a cherché toutes sortes de prétextes au départ de Mlle Sarah Bernhardt; on a dit qu'elle avait voulu quitter la Comédie-Française pour se procurer le congé dont elle avait besoin, pour remplir l'engagement d'un mois qu'elle tient en ce moment à Londres. La vérité est, que le contrat qu'elle avait avec M. Mayer est connu de tout le monde depuis un an, et de M. Perrin lui-même, il vient de le reconnaître. J'ajoute, et je l'affirme au nom de deux personnes honorables dont il est inutile de mettre les noms au débat, que M. Perrin s'en était expliqué de telle façon, qu'il était impossible de douter qu'il accordât le congé nécessaire à l'exécution de ce court engagement.

On a dit encore qu'elle avait voulu quitter le Théâtre-Français pour aller en Amérique ; on l'a dit au lendemain de sa démission ; le fait était alors inexact, cela est certain ; il est devenu exact depuis, vous dit-on, et le contrat serait du 10 juin. Je ne sais rien de Mlle Sarah Bernhardt qui m'autorise à nier ce contrat ou à le reconnaître ; mais quand on fait miroiter aux yeux du Tribunal les avantages pécuniaires qu'elle en peut recueillir, j'ai bien le droit de rappeler que Rachel est revenue d'Amérique appauvrie et mourante, et j'ai bien le droit de dire que ce n'est pas pour signer un contrat le 10 juin, qu'elle a donné sa démission le 20 avril.

Ne l'accusez donc pas d'avoir donné sa démission par cupidité ; elle a cédé à un sentiment d'amour-propre froissé, à la crainte de sa renommée théâtrale compromise, voilà tout.

Mais voyons la suite. A peine a-t-elle fait ce coup de tête, qu'elle le regrette ; elle revient à la hâte, tout juste pour recevoir l'assignation, que, le lendemain de son départ, le Théâtre-Français lui a donnée. Elle écrit, le 25 avril, la lettre suivante dans laquelle elle manifestait aussi clairement que le lui permettait sa dignité, son regret de la faute qu'elle avait commise ; mais ce retour ne faisait pas le compte du Théâtre-Français.

A Monsieur le Directeur du Figaro.

« Mon intention bien arrêtée était de ne pas prendre la parole dans la discussion passionnée qui a éclaté au sujet de ma démission de sociétaire de la Comédie-Française. Aujourd'hui encore je ne veux pas ex-

poser les causes nombreuses qui ont amené la crise finale. La Comédie
m'intente un procès, et je pense que le Tribunal ne lui accordera pas
les trois cent mille francs de dommages-intérêts qu'on me réclame, sans
tenir compte des circonstances qui ont précédé ma rupture, et dont le
procès fera connaître tous les détails.

» Sur un point, il m'importe d'éclairer dès aujourd'hui l'opinion publique. Quoique je n'aie pas l'intention de reparaître de sitôt sur une scène
parisienne, je ne veux pas que le public, à qui, en échange de sa sympathie, je suis liée par une profonde reconnaissance, puisse se mépren-
dre sur les motifs qui m'ont fait prendre une si grave détermination. Si
j'avais uniquement quitté la Comédie-Française pour une question d'argent à l'étranger, je me serais rendue coupable envers le public d'une
ingratitude qui, certes, n'est pas au fond de mon cœur, et d'un dédain
de la Comédie-Française qui n'est pas au fond de ma pensée.

» En dehors d'un engagement pour la saison de Londres que j'ai contracté l'année dernière, aucune autre promesse ne me lie ni envers l'A-
mérique, ni envers un théâtre de Paris. Ma démission ne repose sur
aucun calcul ; elle n'était pas préméditée ; elle est la conséquence spontanée d'une longue irritation qui a fait explosion le soir de l'*Aventurière*.
Je n'ai pas fait preuve de mauvaise volonté en ne suivant pas toutes les
répétitions ; j'étais sérieusement fatiguée et, par le même motif, contrairement à tout ce qu'on a dit à ce sujet, j'avais dû interrompre en même
temps les répétitions du répertoire que nous jouerons à Londres. Donc
de ma part aucune préméditation ; rien qu'une explosion subite, une détermination rapide aussitôt mise à exécution et dont, le lendemain, j'ai
peut-être été aussi surprise que le public. Il n'y a pas à revenir sur un
fait accompli et que je ne regrette pas, puisqu'il me rend plus que la
liberté ; il rend le calme à mon esprit et à mon système nerveux.

» Voilà la vérité dans toute sa simplicité. En attendant que les preuves
viennent l'appuyer devant le Tribunal, je vous prie d'accorder quelque
crédit à ma parole. Mais ne vous semble-t-il pas, et ici je ne fais pas allusion aux critiques sur l'*Aventurière*, si acerbes qu'elles soient, ne vous
semble-t-il pas que cette rupture avec la Comédie n'est pas un de ces
crimes qui me rende indigne de la sympathie publique ? Ne pensez-vous
pas plutôt avec moi que, dans la discussion la plus passionnée, on n'ait
jamais le droit d'oublier la galanterie que, selon la tradition française, on
doit à une femme et — passez-moi ce petit accès d'orgueil — les égards
auxquels peut prétendre une artiste qui n'est pas la première venue.

» Agréez, etc.

Sarah BERNHARDT.

Paris, 25 avril 1880. »

On a parlé du procès que la Comédie-Française avait
fait, en1 845, à Mlle Plessis, mais l'attitude que la Comédie-Française avait prise alors était absolument différente
de celle qu'elle prend aujourd'hui.

En 1845, la Comédie-Française demandait contre Mlle Plessis l'exécution de son contrat, à défaut de quoi elle réclamait des dommages-intérêts. Le Tribunal, par un premier jugement, avait accordé une provision de 6,000 francs, en impartissant à Mlle Plessis un délai de trois mois pour venir reprendre sa place à la Comédie-Française. Ce n'est qu'au bout de ce délai que le Tribunal, constatant le refus persistant de l'artiste, la condamna à 100,000 francs de dommages-intérêts.

Tout autre est aujourd'hui l'attitude du Théâtre-Français. Le lendemain du départ de Mlle Sarah Bernhardt, profitant avec empressement de l'occasion qui s'offre, et rendant ainsi à l'artiste tout retour impossible, il demande contre elle la résiliation et 343,000 francs de dommages-intérêts.

C'était son droit, et je ne lui reproche pas de l'exercer ; mais ce que je lui reproche, c'est de demander à la fois une résiliation précipitée, qui suppose que Mlle Sarah Bernhardt lui est inutile, et 350,000 francs de dommages-intérêts, comme s'il ne pouvait pas se passer d'elle.

Les dommages-intérêts, vous dit-on, doivent être considérables. Et pourquoi donc ? Le préjudice l'est-il ? Mon adversaire s'est chargé lui-même tout à l'heure de vous démontrer qu'il n'y a pas de préjudice et qu'il ne pouvait pas y en avoir. Il vous a dit, en effet, que Mlle Sarah Bernhardt n'était pas faite pour le rôle qui lui avait été donné, et que dans celui-là, comme dans tous les autres, elle avait été immédiatement et avantageusement remplacée. J'ajoute que la curiosité de tous, surexcitée par le désir de voir comment Mlle Croizette jouait Clorinde, comment Mlle Bartet s'acquittait du rôle de Marie de Neubourg, a fait du départ de Mlle Sarah Bernhardt la plus merveilleuse réclame qu'il soit possible d'imaginer, et le Théâtre-Français fait publier partout que, depuis le départ de Sarah

Bernhardt, il n'a pas cessé de faire chaque soir le maximum des recettes. Encore une fois, est-ce un bénéfice qu'on veut faire ou un préjudice souffert dont on demande la réparation ?

350,000 francs de dommages-intérêts ! Y pensez-vous ? Vraiment, en discutant ce frivole procès, je ne puis me défendre d'un retour plein de tristesse sur nos causes habituelles. Que de fois nous venons à vous demander la réparation du préjudice causé par les accidents de l'industrie ! C'est un homme tué dont le travail faisait vivre la femme et les enfants ; c'est un jeune homme mutilé et infirme pour toute sa vie. Joie du présent, espérance de l'avenir, tout s'est évanoui ; le deuil est entré dans la maison, et la main de la misère s'appesantit de nouveau sur ces malheureux qui allaient lui échapper. Nous venons à vous chargés de ces infortunes qui brisent le cœur ; nous portons dans nos mains l'urne remplie jusqu'aux bords de vraies larmes, arrachées par la misère et par la souffrance ; nous la répandons sur les pieds de la justice, et nous obtenons 15.000, 20.000, 50 ou 60.000 francs dans les cas les plus graves. Quoi donc ! la balance de la justice va-t-elle cesser d'être égale ? Et verrons-nous, jusque dans le domaine des choses judiciaires, ce contraste entre la prodigalité avec laquelle nous dotons nos plaisirs, et la parcimonie avec laquelle nous nous portons au secours de l'infortune ? Si ces appréciations sont exactes, si ces réparations sont suffisantes, si elles font une juste part à cette incertitude, à la fois bienfaisante et cruelle, qui pèse sur la vie en apparence la plus solide, que dire quand il s'agit d'estimer, non pas ce que valent la vie et la santé d'un homme, mais ce que valent le sourire d'une comédienne, une brune au lieu d'une blonde, et quelques *bravo ! bravo !* de plus ou de moins.

Il ne s'agit pas de cela, dit l'adversaire ; c'est un châtiment qu'il faut, et il le faut exemplaire, non seulement pour punir la capricieuse qui l'a mérité, mais encore pour effrayer ceux ou celles qui seraient tentés de l'imiter.

En vérité, et en sera-t-il désormais des rois et des reines de théâtre comme des autres, et châtiera-t-on leurs fautes sur le dos de leurs camarades ? Le Théâtre-Français, dit-on, n'est pas un théâtre ordinaire ; ce n'est pas une maison de commerce, c'est la maison de Molière. Il est chargé d'entretenir parmi nous la connaissance de nos chefs-d'œuvre, la grandeur de notre littérature dramatique et le culte du beau. C'est cette institution qu'il faut défendre, ce sont ces pures jouissances qu'il faut assurer.

J'accorde tout cela ; mais, à ce compte, et si l'on plaide au nom du public, Mlle Sarah Bernhardt n'a-t-elle pas le droit d'opposer, en compensation, pour ne pas oublier la langue du droit, tous les nobles plaisirs qu'elle lui a déjà donnés ? Tous ces beaux vers dont sa voix mélodieuse nous a rendu l'harmonie, toutes ces ombres tragiques dont elle a pour un instant ranimé les contours, ces transports qu'ont si souvent excités dans nos âmes les paroles divines mises par la poésie sur ses lèvres, n'est-ce rien que tout cela ? ou plutôt n'est-ce pas tout ? Cela ne suffit-il pas à l'absoudre, et de pareils souvenirs ne valent-ils pas cette beauté merveilleuse qu'Hypéride avait osé découvrir et qui, toute seule, avait désarmé..... vos prédécesseurs (1).

Il vous faut un châtiment, dites-vous. Mais le maître de votre maison, Molière, vous l'a fourni. Cette coquette abominable vous a lassé par ses caprices, vous l'avez quittée ; vous lui avez fermé cette scène sur laquelle elle était si

---

(1) Voici le passage de la plaidoirie de Me Allou auquel je répondais : « Elle n'avait que trente-cinq ans... Faut-il le dire aussi pour l'Amérique ? Faut-il dire moins ? Elle avait donc le temps d'élever encore ses talents, d'arriver à cette maturité de Talma, de Mlle Mars, qui ont fourni une si longue carrière. Elle n'avait pas, je le dis sans sourire, à redouter l'embonpoint, cet ennemi terrible des femmes au théâtre, et pour l'avenir, elle pouvait, longtemps encore, remplir les rôles de jeunesse et de grâce délicate ».
Allou. *Discours et plaidoyers*, t. II, p. 802.

grande et en dehors de laquelle elle n'est rien ; vous lui
avez donné des rivales, et elle peut entendre le bruit des
applaudissements qu'elle devait recueillir et qui s'adressent à d'autres ; vous l'avez abandonnée à ses dépits et à
ses regrets. Voilà le châtiment, le seul qui soit équitable,
le seul qui soit de bon goût, le seul efficace et durable.
Durable ! Sommes-nous bien sûrs, dans le monde du caprice et de la fantaisie, où ce procès nous transporte, de
faire quelque chose de durable ? Nous voyons bien qu'Al-
ceste a quitté Célimène ; mais nul n'oserait assurer qu'ils
ne se retrouveront pas.

N'exagérons donc rien. Appliquons ici même ces leçons
de mesure et de goût que M. Perrin nous fait donner tous
les soirs. Vous entendez chaque jour d'austères personna-
ges se plaindre de la place que les comédiens occupent
dans la société moderne. Je n'ai pas pu examiner si le
reproche est injuste ou mérité. Mais ce que je puis dire,
c'est qu'il appartient au Tribunal de montrer, par son
jugement, qu'il entend laisser chaque chose à sa place,
réserver les larges indemnités aux grands préjudices et
aux vraies souffrances, et réduire à ses justes proportions
un débat dont le plus grand mérite est d'avoir apporté un
instant de délassement à vos graves travaux.

Sur les conclusions conformes de M. le substitut Brugnon, le Tribunal rendit, le 25 juin 1880, le jugement suivant :

« Le Tribunal,

» Attendu que la demoiselle Sarah Bernhardt, en adressant, le 18 avril
dernier, à l'administrateur général de la Comédie-Française sa démission de sociétaire, et en abandonnant son service au théâtre, a méconnu
les engagements qu'elle avait pris envers la Société et spécialement l'o-
bligation que lui imposait l'article 12 et l'acte constitutif du 27 germi-
nal an XII ;

» Que les motifs qu'elle a assignés à sa détermination, en la faisant
connaître au demandeur, sont contredits par les documents de la cause,
notamment par une lettre d'Émile Augier du 19 avril, d'où résulte qu'elle
n'aurait point été contrainte, comme elle l'allègue, d'aborder sans

préparation suffisante un rôle qu'elle n'avait point encore rempli ;

» Qu'elle-même, dans une lettre du 14, donnait à l'administrateur général, l'assurance qu'elle serait prête au jour fixé pour la représentation ;

» Que quels que soient les mobiles de sa résolution, elle a cru devoir lui imprimer dès la première heure un caractère définitif et irrévocable, en communiquant à deux journaux qui l'ont immédiatement publiée, la lettre de démission qu'elle adressait au demandeur ;

» Attendu que la demoiselle Sarah Bernhardt a ainsi rompu sans droit le contrat qui la liait à la Comédie-Française ;

» Qu'elle a encouru par suite, aux termes de l'article 25 du décret du 15 octobre 1812, la perte de tous les avantages pécuniaires attachés à sa qualité de sociétaire ;

» Attendu qu'elle a en outre causé à la Comédie-Française un préjudice dont elle lui doit réparation ;

» Que l'importance du dommage doit se mesurer au rang qu'elle occupait parmi les sociétaires, à la faveur dont elle jouissait auprès du public, aux services qu'elle avait déjà rendus et qui permettent d'apprécier ceux qu'elle pouvait rendre encore, si elle avait tenu ses engagements ;

» Qu'il y a lieu également d'envisager les circonstances dans lesquelles la défenderesse a rompu le contrat, les avantages qu'elle a presque aussitôt recueillis d'un engagement à l'étranger, et en même temps l'intérêt d'ordre général qui s'attache au respect des actes et des règlements qui gouvernent la Comédie-Française ;

» Qu'il y a lieu enfin, par une juste réciprocité, de faire état de la somme par laquelle la défenderesse a contribué au fond des pensions, et qui désormais est acquise à la Société, suivant l'article 25 du décret du 15 octobre 1812 ;

» PAR CES MOTIFS,

» Déclare la demoiselle Sarah Bernhardt déchue de tous les droits, privilèges et avantages, résultant à son profit de l'engagement qu'elle a contracté avec la Société de la Comédie-Française, par acte authentique du 24 mars 1875 ;

» La condamne à payer au demandeur, en la qualité qu'il agit, la somme de 100,000 francs à titre de dommages-intérêts ;

» Et la condamne en outre aux dépens. »

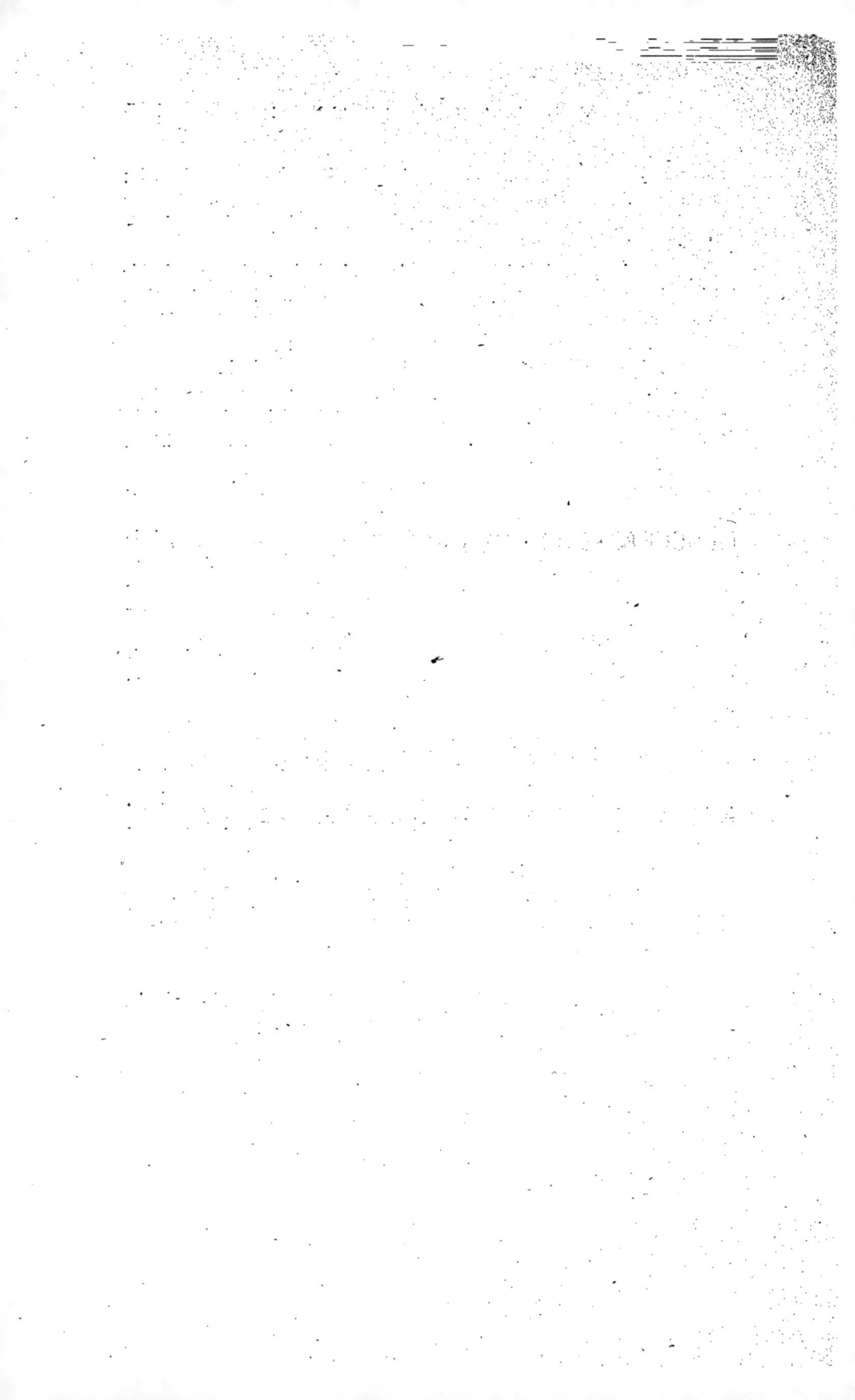

LA DUCHESSE DE FITZJAMES ET LE DUC DE MARMIER

CONTRE

L'ADMINISTRATION DES DOMAINES

———

LA LOGE DE CHOISEUL

AU THÉATRE DE L'OPÉRA-COMIQUE

Première chambre. — *Présidence de M.* AUBÉPIN

LA PROPRIÉTÉ D'UNE LOGE

AU THÉATRE DE L'OPÉRA-COMIQUE

Le théâtre de l'Opéra-Comique, détruit par le feu le 25 mai 1887, avait été construit en 1838, sur l'emplacement du théâtre Favart que l'incendie avait de même consumé. Cette salle avait été inaugurée le lundi 28 avril 1783 ; Sedaine et Gretry avaient composé la pièce d'ouverture dont le titre était : *Thalie au nouveau théâtre.* Elle était l'œuvre de l'architecte Heurtier, et on verra dans la plaidoirie pourquoi la façade était tournée du côté de la place Boïeldieu. Le duc et la duchesse de Choiseul l'avaient construite sur une partie du jardin de leur hôtel, par eux vendue au roi Louis XVI. Ils avaient fait avec les comédiens italiens un forfait de 240.000 livres. Le théâtre leur coûta 800.000 livres ; il fut vendu aux enchères en 1810 et payé 440.000 francs. J'ignore ce qu'a coûté la salle détruite par les flammes en 1887.

Mais en donnant ainsi au roi et à la nation une preuve singulière de leur munificence, le duc et la duchesse de Choiseul avaient retenu pour eux, pour la duchesse de Grammont, leur sœur, et pour des successeurs indiqués dans les actes qu'on va lire, la *propriété* d'une travée et comme d'une tranche de l'édifice. Entrée particulière, escalier spécial, service distinct de celui de la salle, communication cependant avec elle, telle était l'étrange disposition que le cours du temps et des actes successifs avaient modifiée, sans altérer l'essence du droit de propriété.

Cependant le 1er janvier 1880, les personnes auxquelles Mme la duchesse de Marmier avait envoyé le coupon de sa loge se heurtèrent au refus du contrôleur de les laisser entrer, à moins qu'ils ne voulussent payer leur place. L'administration des domaines avait pensé qu'une jouissance de cent années avait épuisé le droit de la famille de Choiseul. Le Tribunal se chargea de lui montrer qu'elle s'était trompée.

Messieurs,

Mme la duchesse de Fitzjames et M. le duc de Marmier défendent contre l'usurpation de l'État la propriété d'une loge au théâtre de l'Opéra-Comique. Ils ne sont demandeurs qu'en apparence et parce qu'il leur a plu d'y consentir. Ils jouissaient paisiblement de leur droit depuis cent ans, lorsque tout à coup un receveur des domaines, nouveau venu sans doute et plein de zèle, leur a fait refuser, par M. Carvalho, l'entrée de leur propriété. Leur longue possession aurait dû les mettre au moins à l'abri d'une semblable violence, et si l'État avait le droit de contester leur titre, il n'avait certainement pas celui, à quelque point de vue qu'on se place, de commencer par le méconnaître. Rien n'eût été plus facile à mes clients que de se faire rendre d'abord la possession et d'attendre l'action pétitoire. Ils ne l'ont pas voulu ; il leur a semblé qu'il valait mieux avoir un seul procès que d'en avoir deux, que devant ce Tribunal, il était indifférent de parler le premier ou le dernier, et qu'enfin leur droit ne perdait rien à être défendu avec plus de mesure qu'il n'était attaqué.

Le droit de mes clients est établi par un acte du 20 décembre 1781 ; mais cet acte est préparé par un contrat du 28 août 1781, qui doit être d'abord placé sous les yeux du Tribunal.

PAR-DEVANT les conseillers du Roi, notaires au Châtelet de Paris, soussignés :

Furent présents :

M. Jean-Louis MOREAU de BEAUMONT, conseiller d'État au Conseil royal et au Conseil royal de commerce, demeurant à Paris, en son hôtel, rue Vivienne, paroisse Saint-Eustache,

Et M. Jean-Nicolas de BOULLONGUE, conseiller d'État ordinaire et au Conseil royal, demeurant à Paris, en son hôtel, rue Saint-Honoré, paroisse Saint-Roch.

Stipulant comme commissaires du Roi, nommés par Sa Majesté, suivant l'arrêt de son conseil, en date du 19 juillet dernier,

d'une part ;

Et très haut et très puissant seigneur, Mgr Etienne-François de CHOISEUL, duc de Choiseul-Amboise, pair de France, marquis de Stainville et de la Bourdaisière, chevalier des ordres du Roi et de la Toison-d'Or, lieutenant général des armées de Sa Majesté, gouverneur général de la province de Touraine, gouverneur et grand bailly du pays des Vosges et de Mirecourt, grand bailly de la Préfecture provinciale d'Hagueneau et ministre d'État,

Et très haute et très puissante dame, Mme Louise-Honorine CROZAT DU CHATEL, duchesse de Choiseul-Amboise, épouse séparée quant aux biens de mon dit seigneur duc de Choiseul, et qu'il autorise à l'effet des présentes, demeurant mes dits seigneur duc et dame de Choiseul à Paris, en leur hôtel, rue de Richélieu, paroisse Saint Eustache,

d'autre part ;

Lesquels ont dit que Sa Majesté ayant agréé le plan qui lui a été présenté pour l'établissement de la salle de spectacle dite la Comédie-Italienne dans le quartier de Richelieu, comme celui qu'elle jugeait le plus convenable, réunissant le double avantage de concilier les plaisirs et la commodité du public, l'ornement et l'embellissement de la capitale avec le maintien de la police générale et de la protection que le souverain doit à des établissements de cette nature ; mesdits seigneur duc et dame duchesse de Choiseul, pour coopérer aux vues de Sa Majesté, l'ont suppliée de trouver bon qu'ils fissent à Sa Majesté l'abandon des objets ci-après :

1° D'une portion du terrain du jardin de l'hôtel Choiseul, pour établir ladite salle de spectacle et la construire ;

2° De tous les terrains qui seront employés à former et établir les cinq rues servant aux débouchés de la nouvelle salle de spectacle, ainsi que la place au-devant dudit spectacle ;

3° De toutes les constructions commencées, faites et élevées sur le terrain de ladite salle et dont les murs seront mitoyens avec les bâtiments adossés à ladite salle ;

4° Du droit et de la faculté d'élever sur les entresols de tous les bâtiments contigus et adossés aux deux côtés de ladite salle de spectacle, dans sa longueur, et sur les caves construites à l'endroit destiné pour le vestibule et sur les entresols des deux cafés qui seront construits à l'entrée dudit vestibule, lesdits bâtiments, tant ceux élevés que ceux à élever jusques y compris l'entresol appartenant auxdits duc et dame duchesse de Choiseul, telles constructions que bon semblera à Sa Majesté pour l'usage de ladite Comédie-Italienne et pour son service, le tout conformément aux plans dudit sieur Heurtier, architecte du Roi et inspecteur général de ses bâtiments.

Que cette offre desdits seigneur duc et dame duchesse de Choiseul ayant été agréée de Sa Majesté par l'arrêt de son Conseil ci-dessus énoncé, qui autorise en même temps lesdits seigneurs commissaires à accepter ledit abandon, moyennant le prix et aux charges, clauses et conditions qu'ils jugeront les plus convenables à l'importance et à l'utilité de cet établissement, et que, ne s'agissant plus que de consommer les abandons ci-dessus dans l'esprit du Gouvernement, qui est de rendre cet établissement national digne du souverain qui le protège, mesdits seigneur duc et dame duchesse de Choiseul ont, par ces présentes, vendu et promis solidairement l'un pour l'autre, un d'eux seul pour le tout, sous toute renonciation aux bénéfices de droit requise, garantie de tous troubles, dons, douaires, dettes, hypothèques, évictions, substitutions, aliénations et autres empêchements généralement quelconques, à Sa Majesté, ce accepté pour elle par mesdits seigneurs commissaires :

Quinze cent soixante-dix-sept toises quatre pieds deux pouces six lignes, faisant partie du terrain appartenant à mesdits seigneur duc et dame duchesse de Choiseul et désignés dans le plan général dudit terrain qui en a été fait par ledit sieur Heurtier, et qui est demeuré ci-annexé après avoir été signé et paraphé en présence des notaires soussignés, tant par mesdits seigneurs commissaires que par mesdits seigneur duc et dame duchesse de Choiseul, savoir :

1º Cent vingt et une toises quatre pieds six pouces six lignes, formant le carré teint en noir renfermé dans les lettres A, B, C, D ; ledit carré destiné pour la construction de la dite salle de comédie ;

2º Cent trente-huit toises deux pieds, désignés par la lettre E, et destinés à former la partie de la rue de Favart du côté de la rue de Grétry ;

3º Cent soixante-quinze toises, désignées par la lettre F, et destinées à former la construction de ladite rue de Favart jusqu'aux boulevards ;

4º Cent dix-neuf toises deux pieds, désignés par la lettre G, et destinés à former la partie de la rue de Marivaux, côté des boulevards ;

5º Trois cent soixante-dix-neuf toises, désignées par la lettre H, et destinées à former la place au-devant de la Comédie ;

6º Cent quatre toises un pied, désignés par la lettre I, et destinés à former l'autre partie de la rue de Marivaux du côté de la rue de Grétry ;

7º Cent trente-deux toises un pied, désignés par la lettre K, et destinés à former la rue de Grétry ;

8º Deux cent deux toises quatre pieds deux pouces, désignés par la lettre L, et destinés à former la rue Neuve-St-Marc ;

.9° Et deux cent cinq toises un pied six pouces, désignés par la lettre. M, et destinés à former la rue d'Amboise.

Lesdits quinze cent soixante-dix-sept toises quatre pieds deux pouces six lignes de terrain tenant de toutes parts à mesdits seigneur duc et dame duchesse de Choiseul, si ce n'est l'extrémité de la rue de Grétry, du côté de la rue de Grammont, qui donne sur ladite rue de Grammont, les extrémités des rues de Favart et de Marivaux, du côté des boulevards, qui donnent sur les boulevards, et les extrémités des rues d'Amboise et rue Neuve-St-Marc, du côté de la rue Richelieu, qui donnent sur ladite rue.

Plus toutes les constructions encommencées faites et élevées sur ce terrain de la dite salle et dont les murs seront mitoyens avec les bâtiments adossés à ladite salle.

Déclarant mesdits seigneurs commissaires, conformément audit arrêt du Conseil, que Sa Majesté n'acquiert les objets ci-dessus que pour servir à la construction de ladite salle de spectacle et à l'établissement de la place et des cinq rues qui font partie de l'ensemble de cet établissement, et nécessaires au maintien de l'ordre et de la police ; pour le tout être exécuté sous les ordres et d'après les plans, coupes et élévations qui seront faits par le dit sieur Heurtier et approuvés de Sa Majesté.

La présente vente est faite à la charge par Sa Majesté de demeurer seule tenue du paiement de l'indemnité qui pourrait être due aux seigneurs du fief de la Grange-Batelière pour raison de la portion de cens et redevances seigneuriales dont les 1577 toises quatre pieds deux pouces six lignes de terrain présentement vendus peuvent être tenus envers lesdits seigneurs, proportionnellement à la totalité des cens et redevances seigneuriales dont sont chargés lesdits hôtel et jardin.

Et en outre moyennant la somme de soixante mille livres pour le prix seulement du terrain sur lequel sera construite ladite salle de comédie, des constructions faites sur ledit terrain et des facultés ci-dessus accordées et abandonnées, non compris le terrain de la place et des cinq rues qui, étant la chose publique, ne peuvent être employées pour aucune valeur vis-à-vis du Roi, laquelle somme de soixante mille livres, mesdits seigneurs commissaires obligent Sa Majesté de payer auxdits seigneur duc et dame duchesse de Choiseul, en leur demeure à Paris, ou à leur fondé de procuration, en cette ville, dans trois ans de ce jour avec les intérêts à compter dudit jour, sans aucune déduction d'impositions royales, présentes ou futures, au paiement desquelles soixante mille livres, des intérêts de ladite somme, lesdits terrains et constructions demeurent par privilège spécial expressément réservés, affectés, obligés et hypothéqués.

Et pour l'exécution des présentes, mesdits seigneur duc et dame duchesse de Choiseul ont fait élection de domicile en leur dit hôtel. . ;

. . . .
. . . .

Fait et passé à Paris, ès-hôtels et demeures desdites parties.

L'an mil sept cent quatre-vingt-un, le vingt-huitième jour d'août, avant midi ; et ont signé ces présentes où quinze mots sont rayés nuls.

L'an mil huit cent soixante-dix-neuf, le six décembre, les présentes ont été expédiées et collationnées sur la minute dudit contrat et délivrées par Me Péan de St-Gilles, notaire à Paris, soussigné, comme étant l'un des successeurs médiats de Me Regnault, aussi notaire à Paris.

Signé : Péan de St-Gilles.

Voici donc le Roi propriétaire d'une partie du terrain du jardin de l'hôtel de Choiseul ; et l'acte même indique que le Roi et le sujet s'unissent dans le but commun de contribuer à la décoration de la Ville et aux plaisirs du public.

Le contrat du 20 décembre 1781 achève ce que le contrat du 28 août a commencé.

PARDEVANT les conseillers du Roi, notaires au Châtelet de Paris, soussignés ;

Furent présents ;

Très haut et très puissant seigneur Monseigneur Etienne-François de Choiseul, duc de Choiseul-Amboise, pair de France, marquis de Stainville et de la Bourdaisière, chevalier des ordres du Roi et de la Toison d'or, lieutenant général des armées du Roi, gouverneur et lieutenant général de la province de Touraine, gouverneur et grand bailly du pays des Vosges et de Mirécourt, oberlandvogt ou grand bailly de la préfecture provinciale d'Hagueneau et ministre d'État.

Et très haute et très puissante dame Madame Louise Honorine Crozat du Chatel, duchesse de Choiseul-Amboise, son épouse, de lui séparée quant aux biens, qu'il autorise néanmoins à l'effet des présentes.

Demeurant mesdits seigneur duc et dame duchesse de Choiseul, à Paris, en leur hôtel, rue de Richelieu, paroisse Saint-Eustache :

D'une part ;

Et les sieurs :

Charles Bertinazzy, dit Carlin,
Jean-Baptiste Clerval ;
Antoine Irial ;
Nicolas Suin ;
Pierre-Marie Narbonne ;
Antoine Viscentini, dit Thomassin ;
Louis Michu ;
Joseph-Philippe-Thomas Ménié ;
Joseph d'Orsonville ;
Réné Le Coupey de la Rosière ;

Barthélemy CAMÉRANI ;

Antoine VALLEROY ;

Gabriel-François RAYMOND ;

Justin FAVART ;

Joseph PHILIPPE ;

Et les dames MILAN, épouse dudit sieur IRIAL ;

Catherine-Ursule BUSSA, épouse du sieur Michel BILLIONY ;

Dame Colombe RIGIERI ;

Dame Rosalie LEFEBVRE, épouse du sieur DUGAZON ;

Dame Françoise CARPENTIER, épouse du sieur Charles-Adrien GONTIER ;

Dame Charlotte-Rosalie PITROT ;

Dame Elise PITROT, femme VERTEUIL ;

Dame Adélaïde LESCOT ;

Madelaine RIGIERI, dite Adeline ;

Augustine DUFAYEL ;

Marie-Madelaine DESBROSSES ;

Charlotte JACOBI dite Carline ;

Marie-Aimée RIBOUT, femme JULIEN ;

Angélique LE ROY ;

Léonore DUGUET, femme LA CAILLE ;

Tous comédiens italiens ordinaires du Roi, composant actuellement le corps de la comédie dite italienne, autorisés par lettres-patentes du 31 mars de l'année dernière, registrées en Parlement, le 1er mai suivant.

D'autre part ;

Lesquels ont dit que par les lettres-patentes données à Marly, le 14 octobre 1780, registrées en Parlement le 29 décembre, Sa Majesté a agréé et approuvé le plan de la nouvelle salle que le sieur RÉBOUL DE VILLENEUVE se proposait de construire pour y placer le spectacle de la comédie italienne.

Qu'il lui a été permis de faire faire ladite construction sur l'emplacement désigné par les plans faisant partie des terrains dépendant de l'hôtel de mesdits seigneur duc et dame duchesse de Choiseul, duquel emplacement, ainsi que de celui de la place qui sera au-devant de ladite salle, et de celui des rues dites de Marivaux, de Favart, de Grétry, d'Amboise, et Neuve Saint-Marc qui doivent être ouvertes sur ledit terrain, mesdits seigneur duc et dame duchesse de Choiseul entendaient faire l'abandon en faveur dudit établissement ;

Que ces mêmes lettres-patentes portent que la salle serait construite aux frais dudit sieur Réboul, qui serait tenu de la rendre achevée dans l'espace de deux ans, à compter du 1er avril 1781, conformément à la soumission de mesdits seigneur duc et dame duchesse de Choiseul, qui se sont rendus garants de tous les engagements dudit sieur Réboul ;

Que depuis ces lettres-patentes, ledit sieur Réboul, qui ne faisait que prêter son nom à mesdits seigneur duc et dame duchesse de Choiseul, a, par acte passé devant Me Regnault, l'un des notaires soussignés, qui en a la minute, et son confrère, déclaré qu'il n'avait et ne prétendait aucun droit dans le privilège et la faculté à lui accordés par Sa Majesté, par les lettres patentes du 14 octobre dernier ; qu'il en a même en tant que de besoin fait toute cession et transport à mesdits seigneur duc et dame duchesse de Choiseul, qui ont accepté ladite déclaration, et qui se sont en conséquence chargés de faire faire ladite construction ; que même, pour accélérer cette entreprise, et parvenir à la mettre à fin dans les termes fixés par lesdites lettres-patentes, ils ont, d'après les plans et sous la conduite du sieur Heurtier, architecte du Roy et inspecteur général de ses bâtiments, fait commencer les travaux qui se suivent avec la plus grande célérité ;

Que, dans l'intervalle desdites lettres-patentes à la déclaration dudit sieur Réboul, et de cette déclaration au moment actuel, des circonstances particulières et des combinaisons plus réfléchies sur les intérêts respectifs des parties ont déterminé, dans partie desdites lettres-patentes, des changements et des innovations que mesdits seigneur duc et dame duchesse de Choiseul, et les comédiens italiens, ont mis sous les yeux de Sa Majesté, et consigné dans un projet rédigé de l'avis des conseils des parties intéressées et des gens de l'art, notamment dudit sieur Heurtier, chargé de la direction de ladite salle de spectacle, lesquels changements et innovations Sa Majesté a daigné approuver par autres lettres-patentes au mois de novembre dernier, registrées en Parlement le 17 décembre, présent mois ;

Que mesdits seigneur duc et dame duchesse de Choiseul ont en outre cru devoir représenter à Sa Majesté que l'abandon d'une portion considérable de leur terrain, pour construire, non seulement ladite salle de spectacle, mais encore pour former la place et les cinq rues agréées par Sa Majesté qui doivent servir, non seulement d'embellissement, mais encore de débouché à ce spectacle national, intéressant singulièrement l'ordre public et la grande police de la capitale, il serait sans exemple que cet abandon fut fait en d'autres mains qu'en celles de Sa Majesté, avec d'autant plus de raison qu'une partie de ce terrain, par sa destination, devient la chose publique ;

Que Sa Majesté ayant accueilli avec bonté leurs représentations, a daigné accepter cet abandon directement desdits seigneur duc et dame duchesse de Choiseul, et transmettre ensuite aux comédiens italiens :

1° La propriété de la portion dudit terrain sur laquelle sera construite ladite salle de spectacle et de toutes les constructions commencées, faites et élevées sur le terrain de ladite salle ;

2° Et le droit et la faculté abandonnés à Sa Majesté par mesdits seigneur duc et dame duchesse de Choiseul d'élever sur les entresols de tous les bâtiments qui seront contigus et adossés aux deux côtés de ladite salle de spectacle dans sa longueur, et sur les entresols des deux cafés qui seront construits à l'entrée du vestibule, telles constructions que bon semblera auxdits comédiens italiens pour l'usage et le service de la comédie.

Que ces abandons ayant été opérés, savoir :

Le premier fait au Roi par mesdits seigneur duc et dame duchesse de Choiseul, par acte passé devant Mᵉ Regnault, l'un des notaires soussignés, qui en a la minute, et son confrère, notaires à Paris, le 28 août dernier, ratifié et confirmé par Sa Majesté, par ses lettres-patentes du 16 septembre suivant ;

Et le second fait par Sa Majesté à ses comédiens italiens, par autres lettres-patentes, en forme d'édit, du mois de septembre présente année, lesdites lettres-patentes registrées au Parlement le 17 octobre présent mois ;

Il ne s'agit plus actuellement que d'arrêter avec lesdits sieurs comédiens les conditions auxquelles mesdits seigneur duc et dame duchesse de Choiseul doivent se charger des constructions encommencées et à parachever dans ladite salle de spectacle, et de tous ses accessoires.

Lesquelles conditions vont être arrêtées de la manière et ainsi qu'il en suit :

Mesdits seigneur duc et dame duchesse de Choiseul promettent et s'obligent solidairement l'un pour l'autre, un d'eux seul pour le tout, sous toute renonciation aux bénéfices de droit requis de faire construire et parachever par telles personnes capables qu'ils jugeront à propos de choisir, sous la conduite dudit sieur Heurtier, et d'après les plans, coupes et élévations par lui dressés :

1º Sur le terrain abandonné par Sa Majesté auxdits sieurs comédiens, la salle de spectacle nécessaire pour la représentation de la comédie.

Les murs de laquelle salle seront mitoyens avec les bâtiments qui y seront adossés ;

2º Et tant sur ledit terrain que sur les entresols de tous les bâtiments qui seront contigus et adossés aux deux côtés de ladite salle de spectacle dans sa longueur, et sur les entresols des deux cafés qui seront construits à l'entrée du vestibule, tous les bâtiments nécessaires au service de la comédie et à son usage, comme foyers publics et particuliers, salle d'assemblée, loges d'acteurs et d'actrices, danseurs et danseuses, bureaux pour la caisse et toutes les différentes parties d'administrations, logement du concierge et du suisse, magasins d'habits et de décorations, atelier de peinture et autres.

Pour constater de la manière la plus positive les ouvrages que mesdits seigneur duc et dame duchesse de Choiseul se chargent de faire exécuter, et les ornements, embellissements et autres accessoires qui seront à leur charge, les plans, coupes et élévations en huit parties qui ont été faits par ledit sieur Heurtier, et l'état desdits ornements, embellissements et autres accessoires sont demeurés ci-annexés, après avoir été signés et paraphés en présence des notaires soussignés, tant par mesdits seigneur duc et dame duchesse de Choiseul, que par lesdits sieurs comédiens, étant observé qu'il a été fait deux doubles desdits plans, coupes et élévations pour être joints aux deux expéditions qui seront délivrées du présent acte ; que lesdits doubles ont pareillement été signés et paraphés par lesdits notaires, et que l'un a été à l'instant remis à mondit seigneur duc de Choiseul, et l'autre audit sieur Camerany, pour être, par lui, déposé aux archives de la Comédie, à l'exception du plan de la coupe longitudinale qui sera rapporté.

Mesdits seigneur duc et dame duchesse de Choiseul promettent et s'o-bligent pareillement et sous ladite solidarité, de remettre et livrer aux-dits sieurs comédiens, au 1er avril 1783, ladite salle de spectacle et tous les autres lieux en dépendant et à l'usage de la comédie, tout cons-truits et même garnis et ornés des objets détaillés dans l'état ci-dessus annexé, à laquelle époque du 1er avril 1783, lesdits sieurs comédiens ne pourront donner leurs représentations ailleurs que dans ladite salle, ainsi qu'ils en contractent l'obligation, d'après l'assurance qui en a été donnée par les lettres-patentes du 14 octobre 1780.

Mesdits seigneur duc et dame duchesse de Choiseul auront et se ré-servent expressément la propriété et jouissance.

1o Des bâtiments qui seront adossés au théâtre de la Comédie, depuis le gros mur qui sera mitoyen et qui bornera la propriété desdits sieurs comédiens, jusqu'aux boulevards, ainsi que la propriété du terrain sur lequel seront construits les dits bâtiments ;

2o Des parties de caves qui seront au-dessous du vestibule et entrée de ladite salle de Comédie, ainsi que des entrées des dites caves et du terrain sur lequel seront les dites caves et entrées, le sol du vestibule et entrée du côté de la place seulement, et ce qui est construit au-dessus faisant partie de la propriété desdits sieurs comédiens ;

3o Des deux cafés qui seront des deux côtés de l'entrée principale du-dit vestibule, des caves qui seront au-dessous, et des entresols qui seront au-dessus desdits deux cafés, ainsi que du terrain sur lequel seront cons-truits lesdits deux cafés, et du terrain des deux passages de côté destinés à l'usage de ladite Comédie.

4o De toutes les boutiques qui seront sur les deux côtés de la comédie, des entresols qui seront au-dessus desdites boutiques, des caves qui seront au-dessous et du terrain sur lequel seront construites lesdites bou-tiques.

Quant au surplus des bâtiments, qui d'après lesdits plans, coupes et élévation, doivent être construits sur les entresols des bâtiments qui se-ront contigus et adossés aux deux côtés de ladite salle de spectacle, dans sa longueur, et sur les entresols des deux cafés qui seront construits à l'entrée du vestibule, ils appartiendront aux dits sieurs comédiens, tant qu'ils donneront leurs représentations dans ladite salle, cette condition étant expresse et essentielle, sans laquelle mesdits seigneur duc et dame duchesse de Choiseul n'auraient pas contracté l'engagement de faire à leurs dépens toutes les dites élévations et constructions.

Est expressément convenu qu'il ne pourra être fait de la part de mesdits seigneur duc et dame duchesse de Choiseul et desdits sieurs comédiens, soit dans la salle de Comédie, soit dans les bâtiments destinés à son usa-ge, ou dans ceux réservés par mesdits seigneur duc et dame duchesse de Choiseul, aucuns changements qui puissent nuire à leur propriété et jouissance respectives.

. . . .

Pour raison de la construction tant de ladite salle de Comédie que des
bâtiments nécessaires au service de la comédie et à son usage, à telle somme que puissent monter lesdites constructions, lesdits sieurs comédiens
ne seront tenus que d'une somme de trois cent mille livres, lesquelles
trois cent mille livres sont représentatives des cent entrées à vie, qu'aux
termes des lettres patentes du 14 octobre dernier, ils devaient donner
audit sieur Réboul ; dans laquelle somme de trois cent mille livres sont
comprises les soixante mille livres en l'acquit du roi et formant le prix
de la cession du terrain de la salle et autres objets abandonnés au roi et
depuis transmis par le roi auxdits comédiens, et deux cent-quarante
mille livres pour toutes les constructions à la charge desdits seigneur
duc et dame duchesse de Choiseul.

. . . .

Avant de lire cette réserve sur laquelle roule le procès,
je tiens à dire au Tribunal quelle est la prétention de chacune des parties.

Celle des demandeurs est que le duc et la duchesse de
Choiseul se sont réservé une propriété.

Celle de l'État est qu'ils ne se sont réservé qu'un usufruit. Je lirai au Tribunal les conclusions de l'adversaire ;
je les discuterai en détail ; mais il est indispensable qu'on
sache dès à présent, que les demandeurs disent *propriété*,
là où les défendeurs répondent *usufruit*.

Ceci posé, voici la clause :

Il est expressément convenu, comme l'une des conditions moyennant
lesquelles mesdits seigneur duc et dame duchesse de Choiseul se chargent de la construction de ladite salle et bâtiments, que mesdits seigneur duc et dame duchesse de Choiseul et Mme la duchesse de Grammont, auront conjointement la propriété de la loge à huit places aux
premières loges, à côté de celle du Roi, en face et pareille à celle destinée à la Reine, et de la petite chambre ou cabinet qui se trouvera au-
dessus de l'entresol des boutiques et qui sera derrière et au niveau de
ladite loge.

Pour y arriver, mesdits seigneur duc et dame duchesse de Choiseul
auront la faculté de faire construire, en même temps que la salle de
comédie, un escalier particulier correspondant au souterrain de leur
hôtel et à celui qui conduit sous le boulevard au jardin de Mme la duchesse de Grammont, duquel escalier la porte donnant dans la comédie,
demeurera fermée, et il n'y aura que les comédiens et les possesseurs
de la loge qui en auront chacun une clef ; cependant lesdits possesseurs

s'obligent, hors le temps du spectacle, de ne laisser entrer qui que ce soit dans la loge, ni dans l'intérieur de la salle.

Le survivant de mesdits seigneur duc et dames duchesses de Choiseul et de Grammont, aura la propriété entière desdites loge et chambre, et la faculté d'en disposer en faveur de telles personnes du nom et de la famille de Choiseul que ledit survivant voudra choisir après le décès de la personne en faveur de laquelle le choix aura eu lieu; cette propriété passera et sera transmise de droit à son fils aîné et du fils aîné à sa postérité masculine portant le nom de Choiseul, d'aîné en aîné ; en cas de défaillance de la ligne masculine dudit fils aîné, aux autres enfants et descendants mâles portant le nom de Choiseul de la personne qui aura été choisie par le survivant de mesdits seigneur duc et dames duchesses de Choiseul et de Grammont, la branche aînée toujours préférée aux autres branches, et l'aîné préféré aux puînés ; et encore, en cas de défaillance dans la postérité mâle de la personne choisie, à l'aîné et plus prochain parent mâle portant le nom de Choiseul du dernier possesseur desdites loge et chambre, et ensuite à l'aîné et plus prochain parent mâle du nom de Choiseul de celui qui aura joui le dernier, jouissance qui aura lieu de la manière ci-dessus énoncée, jusqu'à ce qu'il cesse d'exister des mâles portant le nom de Choiseul, héritiers et parents du dernier jouissant, auquel cas la réunion de l'usufruit desdites loge et petite chambre se fera à la propriété en faveur des comédiens.

Dans le cas où le survivant de mesdits seigneur duc et dames duchesses de Choiseul et de Grammont décéderait sans avoir fait le choix dont a été ci-dessus parlé, ladite propriété passera et sera transmise à celui qui, lors dudit décès, se trouverait porter le nom de Choiseul et être plus prochain mâle de mondit seigneur duc de Choiseul, et ensuite et successivement tant qu'il en existera, à l'aîné et plus prochain mâle portant le nom de Choiseul de celui qui aura joui le dernier.

Mesdits seigneur duc et dames duchesses de Choiseul et de Grammont s'obligent pour eux et leurs successeurs à ne vendre ni louer leurs droits à ladite loge à qui que ce soit, et s'il arrivait que quelqu'un de leur famille, possesseur de la loge, la vendit ou la louât, alors mesdits seigneur duc et dame duchesse de Choiseul stipulent par le présent acte qu'ils entendent que la propriété de ladite loge retourne de plein droit auxdits sieurs comédiens.

Le cas arrivant où lesdits sieurs comédiens ou leurs successeurs, sous telle dénomination et qualification que ce puisse être, viendraient, par la suite et par quelqu'événement que ce fût, à donner leurs représentations ailleurs que dans ladite salle, supposition qui ne pourrait être opposée à mesdits seigneur duc et dame duchesse de Choiseul, qui tant pour eux que pour leurs héritiers ou ayants-cause, font réserve de se pourvoir alors de la manière qu'ils aviseront, mesdits seigneur duc de Choiseul et dames duchesses de Choiseul et de Grammont, ou en cas de décès, les personnes ci-dessus indiquées auraient dans l'ordre ci-devant prescrit, la propriété dans toute autre salle qui serait adoptée par lesdits sieurs comédiens ou leurs successeurs, d'une loge et cabinet semblables et situés de même que ceux ci-dessus réservés, et néanmoins mesdits seigneur duc et dames duchesses de Choiseul et de Grammont, ainsi que les personnes de la famille de Choiseul ci-devant désignées, conserveraient la propriété desdits loge et cabinet, dans la salle qui va être construite, tant qu'elle servirait à un spectacle quelconque.

Est expressément convenu :

1° Qu'à compter de l'instant où l'hôtel qu'occupe présentement mondit seigneur duc de Choiseul cessera d'être habité par lui ou par quelqu'un qui ait droit à la loge réservée dans la salle qui va être construite, le passage qui conduira dudit hôtel à ladite loge demeurera supprimé ;

2° Qu'il en sera de même du passage qui conduira de l'hôtel de Mme la duchesse de Grammont à ladite loge, dans le cas où madite dame duchesse de Grammont ou quelqu'un ayant-droit à la loge viendrait à cesser d'habiter ledit hôtel.

Ce fait, en présence et de l'avis de MM. Gerbier, Jabineau de la Voute, Beasse de la Brosse, tous trois avocats au Parlement, plus de MM. Turpin, avocat au conseil ; Formé, procureur au Parlement, et Rose, procureur au Châtelet, tous conseils desdits sieurs comédiens.

Et pour l'exécution des présentes, lesdites parties ont fait élection de domicile, savoir :

Mesdits seigneur duc et dame duchesse de Choiseul, en leur hôtel ;

Et lesdits sieurs comédiens italiens, en leur salle d'assemblée.

. . . .

L'an mil sept cent quatre-vingt-un, le vingtième jour de décembre.

Analysons cet acte qui est notre premier titre, vingt fois reconnu et confirmé depuis par les comédiens, par l'État, par la justice elle-même ; mais c'est le titre originaire ; tous les autres n'en sont que la conséquence et l'application ; c'est dans ce seul titre d'ailleurs que les adversaires trouvent la base bien étroite, sur laquelle leur prétention s'appuie.

Le duc de Choiseul, qui fait avec les comédiens italiens ce contrat d'entreprise, était l'ancien ministre de Louis XV ; et comme certaines circonstances de sa vie expliquent l'empressement avec lequel le duc s'associait aux désirs du Roi et montrent en même temps l'importance exceptionnelle qu'il attachait à la réserve stipulée, il est utile de les rappeler brièvement.

M. de Choiseul avait été ministre de 1759 à 1770. Fortement appuyé sur le crédit de Mme de Pompadour, qui,
d'après les récits du temps, aurait volontiers consenti à
recevoir de lui d'autres soins que ceux de la reconnaissance, il avait pendant onze ans dirigé la politique française ; et, si, après les désastres de la guerre de Sept ans,
la défaite de Forbach, la perte de la Louisiane et de ce que
Voltaire appelait « quelques arpents de neige au Canada »,
il était impossible de gouverner avec gloire, M. de Choiseul avait eu, du moins, aux yeux de ses contemporains,
ce mérite, que lui a laissé l'histoire, de défendre les Antil-
les, de rétablir l'armée et la marine, d'opposer le Pacte de
famille aux entreprises de l'Angleterre, et de sauver, par
la hauteur aristocratique de ses manières, les restes de la
dignité d'un roi, qui ne se contentait plus du Parc aux
Cerfs et y ajoutait Mme du Barry.

Ce fut elle, en effet qui, instrument de l'intrigue du duc
d'Aiguillon, de l'abbé Terray et du chancelier Maupeou,
arracha à Louis XV la disgrâce du duc de Choiseul. Les
archives de la maison de Choiseul contiennent sur ces faits
des pièces bien intéressantes ; mais la plaidoirie ne saurait
se permettre les larges tableaux de l'histoire. Je me bor-
nerai donc à dire que le duc repoussa les avances de Mme
du Barry et qu'un jour même il réprimanda un officier
qui, au camp, avait fait battre aux champs, c'est-à-dire
rendre les honneurs royaux au carrosse de la favorite.
M. de Choiseul sentit bien vite qu'on ne lui pardonnerait
pas cette impertinence ; il s'en expliqua avec le roi qui parut d'abord vouloir résister aux intrigues de ses ennemis,
témoin ce billet assez curieux :

Vous trouverez une lettre dans ce paquet-ci, encore de M. de Puentes,
avec un éloge de vous qui est très juste.

Je commence par M. d'Aiguillon. Comment pouvez-vous croire qu'il
puisse vous remplacer ? Je l'aime assez, il est vrai, à cause du tour que

je lui ai joué il y a bien longtemps (1) ; mais, haï comme il est, quel bien pourrait-il faire (2) ?

Vous faites bien mes affaires, je suis content de vous, mais garez-vous des entours et des donneurs d'avis ; c'est ce que j'ai toujours haï, et que je déteste plus que jamais. Vous connaissez Mme du Barry ; ce n'est assurément point M. de Richelieu qui me l'a fait connaître, quoiqu'il la connût ; et il n'ose pas la voir ; et la seule fois qu'il l'a vue un moment, c'est par mon ordre exprès. J'ai pensé la connaître avant son mariage. Elle est jolie, j'en suis content, et je lui recommande tous les jours de prendre garde aussi à ses entours et donneurs d'avis, car vous croyez bien qu'elle n'en manque pas. Elle n'a nulle haine contre vous ; elle connaît votre esprit et ne vous veut point de mal. Le déchaînement contre elle a été affreux, à tort pour la plus grande partie. L'on serait à ses pieds si... Ainsi va le monde.

Elle est très jolie, elle me plaît, cela doit suffire. Veut-on que je prenne une fille de condition ? Si l'archiduchesse était telle que je la désirerais, je la prendrais pour femme avec le plus grand plaisir ; mais je voudrais la voir et la connaître auparavant. Son frère en a été chercher une, et il n'a pas réussi. Je crois que je verrais mieux que lui, car il faudra bien faire une fin, et le beau sexe autrement me troublerait toujours ; car très certainement vous ne verrez pas de ma part une dame de Maintenon. En voilà, je pense, assez pour cette fois-ci.

Sans doute, lorsqu'il écrivait cette lettre, le roi était sincère. Mais la faiblesse du libertin finit par triompher du bon sens du monarque, et quelques mois après il signait cette lettre de cachet :

« J'ordonne à mon cousin le duc de Choiseul de remettre la démission de sa charge de secrétaire d'État et de surintendant des postes entre les mains du duc de la Vrillière et de se retirer à Chanteloup jusqu'à nouvel ordre de ma part.

« LOUIS.

« A Versailles, le 24 décembre 1770. »

« Le duc de la Vrillière remettra les ordres ci-joints à MM. de Choiseul, et me rapportera leurs démissions. Sans Mme de Choiseul, j'aurais envoyé son mari autre part, à cause que sa terre se trouve dans son gouvernement ; mais il en sera comme s'il n'y était pas, il n'y verra que sa famille et ceux à qui je pourrai permettre d'y aller. »

M. de Choiseul se retira à Chanteloup : il y vécut entouré d'amis et de gens de lettres, avec un faste presque royal ; car, il avait le défaut de cette prodigalité orgueil-

(1) Il lui avait pris Mme de Châteauroux.
(2) Il le choisit pour Ministre quelques mois après.

leuse, que les substitutions ne suffisaient plus à soutenir, et sous le poids de laquelle la puissance territoriale de l'ancienne aristocratie tombait écrasée à la veille de la Révolution.

Mais il avait trop longtemps vécu de la vie des cours pour aimer bien profondément la retraite et se guérir du besoin de sentir sur soi les regards du maître. Il revint à Versailles à l'avènement de Louis XVI. Son noble et grand esprit était fait pour goûter les changements qu'y introduisait la décence des jeunes souverains. La vente de Chanteloup au prix de quatre millions le dégagea de ses dettes. Il reprit sa place dans le voisinage du trône. Les frères du roi étaient ses hôtes assidus ; il assistait à leurs intrigues, sans s'y compromettre, et des lettres de Marie-Antoinette montrent qu'il entourait la jeune reine d'une galanterie chevaleresque dont ses soixante-deux ans rendaient sans péril l'empressement et la libéralité.

C'est dans ce milieu d'ostentation et d'élégance, que se placent les contrats de 1781. Tout synallagmatiques qu'ils soient, il est clair qu'ils n'ont pas l'intérêt pécuniaire pour mobile ; ils ont un autre but et qu'il faut marquer.

Les comédiens italiens étaient venus en France avec Catherine de Médicis et, quoiqu'un arrêt du Parlement du 22 juin 1735 leur eût ordonné de fermer leur théâtre, « où l'on enseignait que paillardises », dit l'arrêt, ils ne le fermèrent pas, et, favorisés par la Cour, continuèrent à donner en italien des représentations qui, dit Lestoile, « atti-
» raient plus de concours que les quatre meilleurs prédica-
» teurs de Paris ».

Peu à peu cependant la langue italienne devint moins familière au public, et en 1659 ils commencèrent à jouer des pièces françaises ; vous voyez dans le titre de 1781 que presque tous ces comédiens italiens sont Français.

En 1697 il leur arriva malheur, et par leur faute. Ils affi-

chèrent une pièce intitulée : *La Fausse Prude*. Mme de
Maintenon prit cela pour elle et les fit bannir du royaume.
Le Régent les rappela et le XVIIIe siècle s'écoula pour eux
sans incident qui vaille d'être rappelé.

D'un autre côté, un nommé Jean Monnet avait obtenu
le privilège de faire représenter un spectacle d'un genre
nouveau, comédies ou drames mêlés de chants et de danses ; vous avez reconnu l'Opéra-Comique. — Ce genre nouveau devint très vite à la mode et les Italiens formèrent le
projet de se réunir à la troupe de Jean Monnet pour offrir
au public un spectacle de bonne compagnie et mettre à la
disposition des compositeurs des interprètes dignes de
leurs œuvres.

Mais il leur fallait un théâtre, et ils s'adressèrent pour
cela à la Cour. Marie-Antoinette aimait, comme on sait,
passionnément la musique. Elle avait fait venir deux fois à
Paris, Mozart, elle avait su attirer et retenir l'auteur d'*Ar-
mide* et d'*Orphée* ; elle s'efforçait de rendre populaires les
sublimes compositions du maître de Beethoven. Mais son
admiration n'était pas exclusive ; elle traitait avec la même
grâce royale, Spontini, Piccini, Lemoyne, Grétry. Dans la
grande guerre entre les Gluckistes et les Piccinistes, dont un
aimable érudit, M. Adolphe Jullien, a raconté les détails,
elle ne voulut prendre parti ni pour les uns ni pour les
autres ; mais son exemple n'empêcha pas la querelle d'être
fort vive. L'esprit du siècle et la politique s'en mêlaient.
La musique allemande, rêveuse et profonde, n'était pas
pour plaire à Grimm, à d'Alembert, à Diderot. Il suffisait
que la Cour fût d'un avis pour que la Ville fût d'un autre.
Les ambassadeurs des puissances entretenaient leurs cours
des représentations de l'Opéra, et l'ambassadeur de Marie-
Thérèse, le comte de Mercy-Argenteau, très mêlé aux intrigues de coulisses par Mlle Rosalie Levasseur, première
chanteuse, avec laquelle il entretenait, paraît-il, des rela-

tions qui n'étaient pas exclusivement diplomatiques, tenait sa grave souveraine au courant de ce spectacle « à la valeur duquel, écrivait-il, la nation française a toujours mis un certain amour-propre, et peut-être beaucoup plus que la chose ne le mérite ».

Telles étaient les dispositions générales, et on comprend que les comédiens aient cherché à en profiter pour réaliser leurs projets.

Le terrain du nouveau théâtre fut d'abord offert par M. le duc de Choiseul ; vous avez vu le contrat du 28 août. Mais, sans aller jusqu'aux 43 millions de notre grand Opéra, il fallait, pour construire et orner un théâtre, plus d'argent que les comédiens n'en avaient. Plusieurs projets furent successivement discutés, adoptés, abandonnés. Tout semblait impossible, lorsque le duc et la duchesse de Choiseul intervinrent de nouveau et s'engagèrent, par le contrat du mois de décembre, à édifier le théâtre et à décorer la salle pour la somme de 240 mille livres.

Les registres de leur maison, soigneusement conservés, montrent qu'ils en dépensèrent plus de 800.000.

Mais en même temps, le duc faisait une réserve qui, pour un tel grand seigneur, était une suffisante compensation de l'argent perdu. Il gardait pour lui et pour tous ceux de sa race et de son nom, « la propriété de la loge à huit places, aux premières loges, à côté de celle du roi, en face de celle destinée à la reine ». Vous entendez bien que ce ne sont pas les huit places que le duc retient pour lui et sa descendance ; je ne sais s'il aimait la musique, mais il ne l'aimait certainement pas à ce point ; c'est le voisinage du roi et de la reine qu'il réserve ; il veut être le premier et le plus en vue des sujets. Nous verrons tout à l'heure, dans un contrat de 1825, quelle importance cela avait aux yeux de l'ancienne noblesse ; et quand on se rappelle ce qu'un tabouret, sous

Louis XIV, pouvait soulever de passions et de haines, on ne sera pas surpris qu'une loge ait été, sous Louis XVI, l'objet d'une semblable stipulation. Le duc veut avoir sa loge à côté du Roi, et, quels que soient les hasards que le temps réserve à sa race, dans l'entourage de cette monarchie que tous croyaient éternelle, il s'assure par cette stipulation que le souvenir de la grande place qu'il a tenue durera autant que le droit de propriété lui-même.

La salle fut rapidement construite, et inaugurée en 1783. Voici là-dessus un passage intéressant de M. de Lasalle, historien de l'Opéra :

« Sous le règne de Louis XVI, la comédie italienne occupait encore l'hôtel de Bourgogne, au quartier des Halles. Pourtant, c'était du côté des boulevards que l'activité parisienne commençait à se porter. Le gouvernement songea donc, dès 1780, à y transférer la Comédie Italienne.

» Après bien des tergiversations et des intrigues, il fut décidé que la nouvelle salle serait bâtie sur une portion du jardin de M. de Choiseul, et qu'elle aurait sa façade sur le boulevard.

» Cette dernière clause, qui semble bien innocente, révolta cependant l'amour-propre des comédiens, lesquels prétendirent qu'on voulait les assimiler aux bateleurs du boulevard du Temple.

» Mais l'architecte Heurtier coupa court à la querelle qui commençait à s'envenimer. Il se dit, avec une sorte de bon sens à la La Palisse, que si son monument blessait la vanité de Messieurs les comédiens parce qu'il regardait le boulevard, il n'avait qu'à lui faire faire volte-face pour empêcher leurs cris. En effet, cela fut effectué ; et voilà pourquoi nous voyons encore aujourd'hui l'Opéra-Comique tourner le dos au boulevard, ce qui lui donne un petit air boudeur dont bien peu de gens s'expliquent la cause.

» La salle Favart fut inaugurée le lundi 28 avril 1783.

» Sedaine et Grétry avaient composé la pièce d'ouverture qui était intitulée : *Thalie au nouveau théâtre.*

» La salle a paru plaire généralement, dit *le Mercure de France* ; l'instant où elle a été totalement éclairée, les applaudissements les plus réitérés ont attesté la satisfaction universelle. »

Deux ans après, le duc mourait sans postérité. On a vu dans le contrat de 1781 que le droit de propriété de la loge était réservé d'abord au duc de Choiseul, à la duchesse sa femme, et à la duchesse de Grammont sa sœur. Les deux duchesses l'exercèrent dans la mesure où le permettaient les désordres du temps, jusqu'au 1ᵉʳ mars 1792. Ce jour-là, elles firent chez un notaire l'acte suivant :

PAR-DEVANT les notaires à Paris, soussignés,

Furent présentes :

Mme Louise-Honorine CROZAT DU CHATEL, veuve de M. Étienne-François de Choiseul-Amboise, demeurant à Paris, rue du Bac, paroisse Saint-Thomas-d'Aquin ;

Et Mme Béatrix de Choiseul, épouse séparée quant aux biens de M. Antoine de Grammont, demeurant à Paris, rue Grange-Batelière, paroisse Saint-Eustache ;

Lesquelles ont dit :

Que par acte passé devant Mᵉ Regnault, qui en a gardé minute, et son confrère, notaires à Paris, le 20 décembre 1781, dûment autorisé,

. . . .

Que Mmes de Choiseul et de Grammont ayant survécu à M. de Choiseul et désirant aujourd'hui donner une exécution pleine et entière à la clause de réversion de la propriété de ladite loge dont la réserve est exprimée audit acte, elles ont par ces présentes unanimement déclaré qu'elles disposent de ladite loge, cabinet, passage et dépendances et assurent la jouissance du tout après Mme de Grammont seulement, Mme de Choiseul y renonçant dès aujourd'hui, à M. Claude-Antoine-Gabriel-Clériadus de Choiseul, leur neveu, et après lui à toute sa postérité masculine née et à naître en légitime mariage d'aînés en aînés, les aînés toujours préférés aux cadets, et après mondit sieur Claude-Antoine-Gabriel-Clériadus de Choiseul et sa postérité masculine : 1° à M. Claude-Antoine-Clériadus de Choiseul La Beaume, son père ; et s'il lui était survenu d'autres enfants mâles en légitime mariage, audits enfants d'aînés en aînés et toutes les branches issues de lui graduellement et toujours les aînés mâles préférés appelés à recueillir ladite loge et en avoir la jouissance; et au défaut des susdites branches, Mesdames comparantes veulent que ladite loge et dépendances passent à Marie-Gabriel-Florent-Auguste de Choiseul-Gouffier et successivement à toutes les branches masculines issues de lui en légitime mariage, les aînés toujours préférés aux cadets; à défaut de sa postérité masculine à M. Michel-Félix de Choiseul-Daillecourt, frère du précédent, et à sa descendance masculine, les aînés aussi toujours préférés ; au défaut d'icelle, à M. François-Joseph de Choiseul-Meuse, cadet de la branche aînée de Meuse, et à sa descendance masculine comme dessus ; au défaut d'icelle, à M. Louis de Choiseul-Meuse, tige de la branche cadette de Choiseul-Meuse et à sa descendance masculine comme dessus ; au défaut d'icelle à M. Antoine-César de Choiseul-Praslin de la même manière; au défaut de sa branche, à M. César-Hippolyte de Choiseul-Praslin, frère du précédent, aussi de la même manière ; et au défaut de sa branche, à M. César-René de Choiseul-Praslin, frère des deux derniers comme dessus ; au défaut de sa branche à M. Louis-Marie-Gabriel-César de Choiseul-Bussière et à sa postérité masculine comme dessus ; au défaut de sa branche à M. de Choiseul-Beaupré, anciennement Menin de M. le Dauphin, père de Louis XVI, aussi de la même manière ; au défaut de sa branche à M. de Choiseul-Beaupré, anciennement Menin du roi Louis XVI alors Dauphin et neveu du précédent, *idem ;* au défaut de sa branche, à M. Maximilien-Claude-Joseph de Choiseul-Meuse, fils aîné de la branche aînée de Meuse, *idem.*

Pour, par mondit sieur Claude-Antoine-Gabriel-Clériadus de Choiseul et tous les appelés ci-dessus dénommés, jouir successivement et lorsqu'il y aurait lieu à la jouissance de ladite loge et en user pendant leur vie en usufruit comme de chose leur appartenant, voulant mesdites dames compârantes en vertu du droit qu'elles ont, que lesdits appelés en soient mis en possession dès que la jouissance sera ouverte en leur faveur comme il a été dit dans l'acte ci-devant daté et énoncé, lequel aura sa pleine et entière exécution sans aucune dérogation ni innovation quelconque. Pour faire notifier ces présentes aux comédiens italiens en possession dudit théâtre, mesdites dames ont donné pouvoir au porteur de l'expédition d'icelles ;

Ainsi fait et passé à Paris, ès-demeure ci-devant déclarée desdites parties,

L'an quatrième de la Liberté française 1792, le premier jour de mars.

Et ont signé ces présentes, où sept mots sont rayés nuls.

. . . .

Ainsi la duchesse de Choiseul, que la mort de son mari avait tournée défininitivement vers la piété et qui vivait dans une maison de retraite, avec une seule servante, renonçait au droit d'occuper la loge en faveur de sa belle-sœur.

Celle-ci la retenait pour elle-même ; mais elle la léguait au duc de Choiseul-Stainville, son neveu, en le grevant de la substitution dont l'acte du 20 décembre 1781 avait réservé le droit.

J'ai à peine besoin de signaler en passant au Tribunal, combien les expressions de cet acte sont en contradiction formelle avec les prétentions de l'adversaire.

La duchesse de Grammont ne jouit pas longtemps du droit qu'elle s'était réservé. En 1793, elle portait sa tête sur l'échafaud avec la duchesse du Châtelet, son amie. L'histoire a fait à la duchesse de Grammont une place à

part au milieu de toutes ces femmes qui surent mourir
avec tant de noblesse et de courage. Avec un visage sans
agrément, elle avait exercé un empire irrésistible sur tous
ceux qui l'avaient approchée. Deux fois visitée par les
agents du Comité du salut public, elle les déconcerta par
la fermeté de son attitude. Ils revinrent une troisième fois
et voulurent lui arracher le secret de la retraite du duc du
Châtelet : « Non, Messieurs, leur répondit-elle, la délation
» est une vertu civique trop jeune pour moi ». Cette cou-
rageuse insulte acheva de la perdre.

Il faut ici, pour suivre l'ordre chronologique, interrompre un instant l'histoire de la loge, pour placer sous
les yeux du Tribunal le texte de la loi des 25 octobre-
14 novembre 1792.

ART. 1er. — Toutes substitutions sont interdites et prohibées dans l'a-
venir.

ART. 2. — Les substitutions faites avant la publication du présent décret; par quelques actes que ce soit, qui ne seront pas ouvertes à l'époque
de ladite publication, sont et demeurent abolies et sans effet.

ART. 3. — Les substitutions ouvertes lors de la publication du présent
décret n'auront d'effet qu'en faveur de ceux seulement qui auront alors
recueilli les biens substitués ou le droit de les réclamer.

Ainsi, ne l'oublions pas, à partir de ce moment, la substitution disparaît. La substitution, à la prendre dans son expression la plus générale et la plus simple, est un ordre de
succession réglé par la volonté de l'homme. La loi de 1792
substitue l'ordre de succession légale à l'ordre de succession volontaire. Voilà tout. Elle ne change pas le droit du
grevé ; propriétaire avant, il demeure propriétaire après ;
mais tandis que, avant la loi, sa succession devait être
dévolue dans un ordre réglé par son titre, elle sera désormais dévolue dans un ordre réglé par la loi ; et, comme
une conséquence naturelle, l'indisponibilité absolue disparaît pour faire place à cette autre indisponibilité que, sous le
nom de réserve, la loi nous a, dans certain cas, imposée.

Le duc de Choiseul (1) était alors en Angleterre ; sa jeunesse fut pleine d'aventures, auxquelles la loge se trouve curieusement mêlée.

Émigré, il avait levé un régiment à ses frais et ne voulant pas porter les armes contre la France, il s'était mis au service de l'Angleterre pour aller guerroyer aux Indes contre Tippo-Saïb. Le navire sur lequel il était monté avec d'autres jeunes nobles qui suivaient sa fortune fut poussé par un vent violent sur les côtes de France, et fit naufrage en face de Calais (2). Les habitants du rivage portèrent secours aux naufragés et les arrachèrent à la mort ; mais les lois terribles portées contre les émigrés leur rendaient le sol de la patrie plus dangereux que la mer même. Interrogés qui ils étaient, le duc répondit en allemand qu'ils étaient officiers. On les amena dans la prison de Calais, et là un militaire, qui avait été souvent de service au théâtre Favart, reconnut le duc et le nomma. La perte de tous ces malheureux fut résolue. Merlin de Douay, alors ministre de la justice, les fit traduire devant le Tribunal militaire de Saint-Omer, comme émigrés pris les armes à la main. Mais cette abominable poursuite fut arrêtée par la résistance d'un de ces hommes obscurs, dont le nom mériterait d'être immortel ; M. Gosse, commissaire du gouvernement près le Tribunal militaire, écrivit au ministre la lettre suivante :

« Citoyen ministre, des émigrés français trouvés sur des vaisseaux naufragés à Calais ont été transférés dans les prisons du Tribunal. Un arrêté du Directoire exécutif du 28 brumaire dit qu'ils doivent être considérés comme émigrés pris les armes à la main, et jugés comme tels

(1) Claude-Antoine-Gabriel de Choiseul La Beaume, né le 26 août 1760, fils du marquis de Choiseul-Beaupré et de Diane Gabrielle de La Beaume Montrevel. Il épousa en 1777, à l'Abbaye aux bois Mlle de Choiseul, nièce du duc de Choiseul, alors âgée de quatorze ans. Les circonstances de ce mariage sont racontées par M. Lucien Perey. V. *Histoire d'une grande dame au XVIIIe siècle*, t. I, p. 143.
(2) Le duc de Choiseul a raconté lui-même cette aventure dans un volume publié par Bossange en 1824, sous ce titre : *Histoire et procès des naufragés de Calais.*

dans le plus bref délai. Permettez-moi de vous faire observer que je ne conçois pas comment des émigrés français trouvés sur des vaisseaux naufragés peuvent être considérés comme des émigrés pris les armes à la main ; encore moins comment on doit les mettre en jugement. Des malheureux, dont les vaisseaux fracassés ont été jetés sur nos côtes, ne viennent pas implorer la pitié les armes à la main ; quand on supplie, on n'est point hostile.

» D'un autre côté, des hommes au milieu des flots ne sont point pris. Si on les sauve, ce n'est pas pour les immoler. Enfin, citoyen ministre, la loi du 25 brumaire n'a pas prévu le cas de naufrage ; et, en supposant que l'on puisse, en violant toutes les lois naturelles, mettre ces émigrés en jugement, quel article de cette loi leur serait applicable ? Veuillez me l'indiquer ; je ne le connais pas. »

Le 12 frimaire, le ministre Merlin de Douai lui répondit :

« Que les émigrés dont il s'agissait devaient être considérés comme des émigrés rentrés, quoique l'on pût également les considérer comme pris les armes à la main. »

M. Gosse répondit :

« Que si on pouvait les considérer comme émigrés rentrés, on ne pouvait les considérer comme *rentrés volontairement*, puisque leur rentrée avait été indépendante de leur volonté ; et qu'en matière criminelle il n'y a pas de délit, si la volonté n'est jointe à l'action. »

Cette fois, Merlin recula ; mais, poursuivant son but, il dessaisit le Tribunal militaire et forma une commission pour juger les naufragés. Pendant quatre ans, ils furent traînés de prison en prison et de procédure en procédure. Le Consulat les délivra. Joséphine, qui connaissait Mme de Choiseul, se chargea de remettre au premier consul une lettre de Mlle Stéphanie de Choiseul, implorant la délivrance de son père, lettre qui a mérité de figurer parmi les modèles d'éloquence (1). Bonaparte fit immédiatement

---

(1) Lettre de Mademoiselle de Choiseul au Général Bonaparte, premier consul.

Citoyen général premier consul,

Je suis bien embarrassée pour vous écrire, car je le fais sans consulter personne, et sans savoir si vous voudrez bien m'écouter ; mais je n'entends parler que de vous, on dit que vous êtes si grand ! que vous réparez tous les maux, que

élargir les prisonniers. Le duc de Choiseul vint à Paris pour le remercier, et, tout le temps qu'il y passa, il habita dans la seule propriété que les confiscations lui eussent laissée, la travée de la salle Favart qui fait l'objet du procès.

Nous arrivons maintenant à 1806 et nous allons voir une série d'attaques, toujours repoussées, dirigées par les comédiens, non pas contre le droit de propriété établi sur la loge de la salle Favart, mais contre le droit de suite réservé dans le cas où les comédiens quitteraient la salle Favart pour aller donner ailleurs des représentations.

On voit donc qu'il est très important de ne pas confondre la salle Favart avec la troupe de l'Opéra-Comique et, pour éviter toute confusion, je ne puis mieux faire que de placer sous les yeux du Tribunal un autre passage de l'ouvrage de M. de Lasalle :

vous faites des choses si surprenantes ! cela me donne la confiance de vous adresser mes larmes et ma prière. Si ma démarche vous paraît extraordinaire, n'attribuez cette indiscrétion qu'à ma jeunesse et à mon désespoir.

Vous avez sûrement entendu parler des *malheureux naufragés de Calais,* jugés, acquittés plusieurs fois, ayant été au moment d'être renvoyés et toujours replongés, sans raison, dans une situation plus affreuse et plus misérable. Qu'ont-ils fait ? puisqu'ils ont été jetés en France malgré eux, puisqu'ils ne portaient pas les armes contre leur pays ! Si vous daigniez lire leur défense, vous seriez convaincu de la justice de leur cause. Hélas ! citoyen premier consul, mon père est parmi ces naufragés, il fut leur chef; il languit, il meurt en prison ; on aurait pitié de ses souffrances, si on le connaissait bien. Depuis près de cinq ans il est en prison, tantôt avec les fous, avec les malfaiteurs, transféré de cachots en cachots ; depuis onze mois enfermé dans les casemates de la citadelle de Lille, il vient d'être conduit enchaîné dans celle de Ham, sans pouvoir expliquer ce surcroît de rigueur. Abandonné de tout le monde, au secret le plus rigoureux, on m'a arrachée de sa prison, où je vous demande à genoux de me faire rentrer, si je ne puis obtenir sa liberté entière.

Prenez-moi pour gage de sa parole et de sa soumission à tout ce qu'on pourrait exiger de lui. Si on daignait m'enfermer à sa place, ce serait faire le bonheur de ma vie, et on serait alors bien sûr de lui dans le lieu de sa déportation ! Prenez pitié de ma douleur, accordez-moi cette grâce, vous effacerez par là les malheurs qui me font pleurer sans cesse ; car j'ai perdu, sur l'échafaud, mes parents les plus chers, il ne me reste que mon père et mon jeune frère ; prenez pitié de nous ! Tous les jours nous vous bénirons ; la reconnaissance éternelle de deux enfants si malheureux influera sur le bonheur de votre vie ! Elle vous environnera toujours, parce que vous aurez sauvé leur père qui périssait sans vous ! Vous êtes trop grand pour rejeter notre prière ; soyez notre sauveur, et croyez que votre nom ne sera jamais prononcé devant nous sans qu'il soit béni du fond de nos cœurs.

Signé STÉPHANIE CHOISEUL.

Honécourt (Vosges), 4 frimaire an VIII.

« A partir de 1783, comme nous l'avons dit plus haut, la salle Favart abrite la Comédie-Italienne qui prend le nom d'Opéra-Comique national, après la révolution du 10 août.

» De 1802 à 1804, elle donne asile à une troupe de véritables Italiens recrutés par Mlle Montansier et qui venaient du Théâtre-Olympique de la rue de la Victoire.

» De 1815 à 1818, nouvelle troupe italienne sous la direction de Mme Catalani. Début de Rossini à Paris par *l'Italiana in Algieri* (1817).

» De 1820 à 1821, séjour provisoire de l'Opéra.

» De 1825 à 1838, le Théâtre-Italien se loge pour la troisième fois à Favart ; et dans cette période il prête sa salle à des troupes anglaises et allemandes dont les représentations alternaient avec les siennes. Cependant en 1838, le feu détruisit le Théâtre Favart. Le directeur Severini périt dans les flammes.

» Deux ans après, en 1840, le désastre est réparé, et l'Opéra-Comique, rentrant chez lui, vient habiter sa maison du boulevard, où il est encore. »

Revenons maintenant au procès.

Pendant que l'ancienne troupe jouait à Favart, une seconde troupe de comédiens jouant l'opéra-comique s'était établie au théâtre Feydeau, qui avait été bâti par *Monsieur*, frère du roi, en 1790. Mais ces deux théâtres se nuisaient réciproquement et tombèrent en faillite. Alors la Société, avec laquelle M. de Choiseul avait traité, fut dissoute. Il ne tarda pas à se former une nouvelle Société qui se composa des principaux acteurs des deux troupes dites auparavant de *Favart* et de *Feydeau*.

Cette association voulut se soustraire aux obligations contractées par l'acte du 20 novembre 1872 ; elle prétendait qu'elle avait bien succédé à la précédente Société, mais qu'elle n'avait rien de commun avec elle, qu'elle ne la représentait point et n'était point tenue de remplir ses engagements. C'est ce qu'on lit dans les conclusions de la requête présentée au Tribunal en 1806. Il y est dit : « Que la Société des comédiens avec laquelle M. de Choiseul avait traité en 1781, *n'existant plus et n'étant point représentée par les acteurs de l'Opéra-Comique*, les obligations contractées par les premiers étaient absolument *étrangères à ceux-*

ci, et que l'on ne pouvait en poursuivre l'exécution contre eux. ».

Mais ces sophismes ne purent prévaloir sur le droit de M. le duc de Choiseul. Un jugement du 18 novembre 1806 le consacra en ces termes :

« Attendu que, par l'acte passé le 20 décembre 1781, M. de Choiseul a traité avec la troupe des comédiens ordinaires du Roi ; que, par cet acte, M. de Choiseul s'est réservé la propriété et jouissance d'une loge dans la salle qu'il leur vendait, et en outre *le droit de jouir d'une loge semblable dans le théâtre qu'ils viendraient à exploiter, autre que celui qui leur était vendu ; et ce sous quelque dénomination qu'il puisse exister, dans la nouvelle salle où ils jugeraient à propos de se transporter ;*

» Attendu que cette agrégation de comédiens, établie sous l'autorisation du gouvernement, a été *remplacée par une autre agrégation,* sous la dénomination de théâtre de l'Opéra-Comique de la rue Feydeau, pareillement sous l'autorisation du gouvernement ;

» Attendu que cette agrégation nouvelle, quoique sous une dénomination différente, est la même que l'ancienne ; que cela résulte :

De la notoriété publique ;

De *l'identité de la majorité des individus* ;

De *celle des pièces qu'ils représentent* ;

Du *paiement des pensions de retraite des anciens artistes* ;

» Attendu que l'acte du 1er thermidor an IX n'est qu'un acte de régime intérieur et d'administration, lequel ne peut être opposé à M. de Choiseul, qui n'y a point été appelé ;

» Ordonne que l'acte du 20 décembre 1781 et celui du 1er mars 1792 seront exécutés selon leur forme et teneur ;

» En conséquence, que, suivant les clauses y portées, les comédiens jouant aujourd'hui au théâtre Feydeau, sous le nom de Sociétaires de l'Opéra-Comique, seront tenus de délivrer dans leur dite salle, tous les jours de représentation, soit à M. de Choiseul, soit au porteur de son billet, une loge de huit places aux premières, le plus près du Théâtre, à gauche des spectateurs, avec cabinet, en tout semblable à ce qu'il occupait au Théâtre-Italien et dont il aura, soit par lui ou ses successeurs, la jouissance exclusive, sinon qu'ils y seront contraints en vertu du présent jugement, par les voies de droit. »

Les comédiens firent appel de ce jugement, mais il fut maintenu par arrêt de la Cour d'appel de Paris, du 3 avril 1807, ainsi conçu :

« Considérant que, par le contrat passé devant notaires, à Paris, le 20 décembre 1781, les sieur et dame de Choiseul ont traité avec la troupe des comédiens ordinaires du Roi, connue sous la dénomination de Comé-

die-Italienne ; que par cet acte, les sieur et dame de Choiseul se sont
réservé, pour eux et leurs successeurs, ou ayants-droits, la propriété
et la jouissance *d'une loge dans la salle qu'ils s'obligent généreusement de
bâtir*, et qu'ils ont réellement bâtie *à très grands frais* pour les représentations à donner par la susdite troupe *et en outre le droit de jouir d'une
loge semblable dans le théâtre que la troupe viendrait à exploiter, autre que
celle qui lui était vendue, et ce, sous quelque dénomination que la troupe
pût exister dans la nouvelle salle où elle jugerait à propos de se transporter* ;
que tous les acteurs qui depuis ont été admis dans la troupe, et qui y
seront admis dans la suite, n'y sont entrés et n'y entreront qu'avec la
charge de faire jouir les sieur et dame de Choiseul, et leurs successeurs
ou ayants-droit, *de cet avantage bien faible en comparaison des sacrifices qui
en ont été le prix* ; que le cas qui avait été prévu est arrivé ; que la troupe
qui avait traité avec les sieur et dame de Choiseul, et qui avait été autorisée par des lettres-patentes dûment enregistrées, a jugé à propos, par
des raisons qui sont de son fait, de quitter la salle où elle était établie,
pour aller s'établir dans celle de la rue Feydeau où elle est actuellement ; *mais qu'elle n'a pu se transporter dans cette nouvelle salle qu'avec
l'engagement qu'elle avait contracté envers les sieur et dame de Choiseul, ses
bienfaiteurs, engagement qui ne peut être confondu avec ceux qu'elle a contractés envers ses fournisseurs ou autres créanciers* ; qu'on ne peut dire que
ce n'est pas la même troupe ; et argumenter, pour le prouver, du fait
que la Société qui liait les acteurs au théâtre de la rue Favart a été dissoute, et qu'il en a été formé une autre entre ces acteurs et une partie
de ceux qui étaient antérieurement au théâtre de la rue Feydeau, parce
que les traités de Société qui ne sont faits que pour régler le régime intérieur de la troupe et les droits et obligations de ceux qui en font
partie, ne font pas la troupe, qui est toujours la même, quoique les conditions de l'association puissent être différentes, et quoique la troupe ait
choisi un autre local pour ses représentations ; que ce qui démontre que
la troupe est vraiment la même, composée de quelques nouveaux sujets,
comme tous les corps doivent se composer, parce qu'ils se perpétuent,
c'est que les acteurs qui sont aujourd'hui au théâtre Feydeau sont ceux
qui étaient au théâtre Favart, et qu'ils ont transporté au nouveau Théâtre Favart et qu'ils ont choisi le répertoire qui était la véritable et principale richesse de celui qu'ils ont quitté, ce qu'ils n'auraient pu faire s'ils
n'étaient pas la troupe à qui ce répertoire appartenait ; qu'on ne peut
également dire que les acteurs qui étaient au théâtre Feydeau ne peuvent être passibles des engagements contractés par ceux qui étaient au
théâtre Favart, parce que ceux qui entrent dans un corps ou s'y unissent,
*ou qui profitent de ses avantages, entrent nécessairement aussi dans ses obli-
gations et charges, qui leur deviennent communes* ;

» Considérant également que, lorsqu'il s'agit d'obligations indivisibles
contractées par une troupe ou corps quelconque, et dont les membres
qui composent la troupe ne sont tenus que collectivement, tous peuvent
être valablement ajournés dans la personne de l'un d'eux, surtout lorsque ce membre est notoirement connu pour être le chef et l'agent de la

troupe, et surtout encore l'orsqu'il s'agit d'une troupe de comédiens qui change et se renouvelle continuellement ;

» Reçoit les intervenants parties intervenantes et appelantes ;

» Faisant droit sur leur intervention et appel des jugements rendus au Tribunal civil de Paris, les 30 août et 18 décembre 1806, ainsi que sur l'appel de Camerany,

» A mis et met les appellations au néant ;

» Ordonne que ce dont est appel sortira son plein et entier effet ;

« Condamne les appelants chacun en l'amende de son appel, et aux dépens des causes d'appel, interventions et demandes. »

Après cet échec, les sociétaires ne lâchèrent pas prise ; ils déférèrent l'arrêt de la Cour de Paris à la Cour de cassation. Mais ils essuyèrent une nouvelle défaite ; l'arrêt fut confirmé le 26 avril 1808. Ainsi tous les degrés de la hiérarchie judiciaire furent parcourus et partout le droit de M. de Choiseul fut reconnu et consacré.

Pendant le cours même de ce procès, une circonstance fit ressortir tout ce qu'il y avait d'ingratitude et d'injustice dans le procédé des sociétaires de l'Opéra-Comique. La salle Favart, qu'ils avaient quittée, fut mise en vente, et cette salle que M. de Choiseul leur avait cédée moyennant 300,000 francs, fut acquise 440,000 francs par M. Delamarre, vingt-sept ans après sa construction et lorsqu'elle avait subi de nombreuses dégradations ! On peut juger par là si nous avons exagéré en disant qu'elle avait coûté 800,000 francs à bâtir. Ainsi, outre les avantages qu'ils avaient jusque-là retirés de l'exploitation de la salle, ils faisaient encore un bénéfice de 140,000 francs. Et c'est en présence de ce bénéfice, que l'on venait contester à M. de Choiseul l'effet de la concession qui en était la faible compensation ! L'équité des magistrats fit justice de cette misérable résistance.

Il faut ajouter ici que, lors de la mise en vente, l'avoué de M. le duc de Choiseul se transporta au greffe des criées du Tribunal de première instance, et fit inscrire au cahier des charges un dire contenant énonciation et toutes réserves nécessaires des droits de son client. Les comédiens firent un dire contraire ; mais en vain M. Delamarre voulut s'en prévaloir ; la clause de l'acte de 1781 était formelle : dans le cas même où les comédiens quitteraient le théâtre Favart, M. de Choiseul devait y conserver sa loge. Ce droit a encore été reconnu et maintenu par jugement et arrêt, et, en 1829, M. de Choiseul en jouissait sans contestation au théâtre de l'Opéra-Italien.

Toutefois, la jouissance de cette loge ne lui enlevait pas le droit d'en avoir une dans tout théâtre où se transporterait la troupe de l'Opéra-Comique, puisque telle était la condition expresse du traité faisant la loi des parties.

Tout semblait donc terminé. Cependant les comédiens ne se tinrent pas pour battus, et, par un détour trop commun, ils cherchèrent à paralyser les arrêts de la justice par des actes de l'administration.

Un décret impérial du 1er novembre 1807 apportait certaines restrictions aux entrées de faveur et au mode de jouissance de ces entrées. Les comédiens obtinrent du premier chambellan, qui, à l'imitation des anciens gentilshommes de la Chambre, avait, sous l'Empire, la surintendance des spectacles, une décision par laquelle il faisait à M. de Choiseul application du décret précité.

M. de Choiseul réclama contre cette décision et démontra facilement qu'on ne pouvait appliquer à un *droit acquis à titre onéreux* un décret relatif à des *entrées de faveur.* En conséquence, la décision de M. le premier chambellan fut rapportée, et il intervint, entre M. de Choiseul et M. Campenon, alors commissaire impérial près le théâtre de l'Opéra-Comique, sous l'approbation de M. de Rémusat, surintendant, un traité, en date du 15 mars 1809, dont l'article 1er est ainsi conçu :

« Attendu que l'arrêté de M. le surintendant, du 26 mars 1808, en exécution duquel M. de Choiseul a été, depuis ledit jour, privé de la jouissance des huit places dont il a la propriété, n'est pas applicable à mondit sieur de Choiseul, quant à la suppression qu'il prononce des *entrées gratuites, de faveur ou de tolérance*, ordonnée par le décret impérial du 26 décembre précédent ;

» Attendu aussi que l'arrêt de la Cour d'appel du 3 avril 1807, porte, par ses motifs, que *l'engagement originairement contracté envers M. et Mme de Choiseul ne peut être confondu avec ceux que la Société du Théâtre de l'Opéra-Comique a contractés envers ses créanciers* ;

» L'ordre est donné *de laisser M. de Choiseul reprendre, à partir de ce jour, la jouissance de son droit, de la manière et ainsi qu'il l'exerçait avant le 27 mars 1808,* dans la salle occupée par l'Opéra-Comique, rue Feydeau. »

Par l'article 2, M. de Choiseul consentit, dans l'intérêt et pour la convenance de l'administration du théâtre, à restreindre, sans indemnité, à une loge de cinq places, et à la faculté de jouir d'une entrée qu'il conférait à une personne par lui désignée, le droit qu'il avait à une loge de huit places. « Mais il est entendu, ajoute l'article 3, qu'il demeure conservé dans l'intégrité des droits qui lui sont assurés par les actes et jugements ci-dessus datés, sauf la restriction et modification telle qu'elle est consentie. » Enfin l'acte se termine par l'article suivant :

« Une copie du présent accord sera envoyée par M. le surintendant aux artistes du théâtre de l'Opéra-Comique, et placée dans leurs archives, afin qu'il ne soit apporté ultérieurement, en ce qui les concerne, aucun obstacle à l'exécution desdits actes et jugement. »

Un nouvel incident se produit sous la Restauration, en 1827. Le peu de solidité de la salle Feydeau ayant donné lieu à la construction d'un nouveau théâtre dans la rue Ventadour, M. le duc de Choiseul écrivit la lettre suivante à M. le duc d'Aumont, sous la surveillance duquel était placé l'Opéra-Comique :

« Monsieur le Duc,

» La salle de Feydeau se construisant avec rapidité, et la distribution des loges pouvant se faire incessamment, j'ai l'honneur de vous adresser la copie de l'arrangement que je consentis à faire en 1809 avec M. le comte de Rémusat, alors surintendant des théâtres, et par lequel je faisais le sacrifice de deux places et des avantages que mes actes de propriété et les arrêts des Tribunaux, depuis le Tribunal de première instance jusqu'à la Cour de cassation m'accordaient.

» J'ai donc l'honneur, Monsieur le Duc, de vous prier de vouloir bien m'indiquer la loge aux premières que votre justice bienveillante me désignera, afin que je lui soumette, s'il était nécessaire, les objections que je croirais être en droit de lui présenter. »

Loin de méconnaître les droits de M. de Choiseul, M. le duc d'Aumont fit la réponse suivante :

« Monsieur le Duc,

» J'ai reçu les lettres que vous m'avez fait l'honneur de m'écrire, sous la date des 25 juillet et 3 de ce mois, ainsi que la pièce qui était jointe à la première, et qui établit vos droits à une loge de six places au théâtre royal de l'Opéra-Comique. J'ai parlé de suite de votre réclamation aux architectes chargés de construire la nouvelle salle.

» Vous ne pourriez avoir qu'assez difficilement une loge de six places aux premières, à cause de la nouvelle distribution, puisqu'on s'arrange de manière à ne faire que des loges de quatre à cinq places dont la location est beaucoup plus avantageuse. Cependant, Monsieur le Duc, M. de Guerchy m'a fait une observation qui pourrait probablement vous convenir : ce serait de vous donner la loge d'avant-scène au-dessus de celle destinée au ministre de la maison du Roi ; elle contiendra huit places. Vous entreriez par l'escalier du ministre, qui sera destiné au corps diplomatique ; mais dans ce cas, il faudrait faire monter l'escalier d'un étage de plus. Je ferai faire cette dépense pour vous être agréable ; mais je vous demanderai, dans ce cas, de payer deux places de plus que cette loge comporte.

» Si cette proposition vous convient, Monsieur le Duc, veuillez me l'écrire, et je donnerai l'ordre, lorsque le moment sera venu, ce qui ne peut être long, de continuer l'escalier, de ne rien négliger pour que cette loge soit telle que vous la désirez. Il me sera toujours fort agréable de faire ce qui peut vous convenir. »

Mars 1829, nouvelle difficulté et nouveau procès.

Les comédiens tombent en faillite ; on réorganise la troupe, et le gouvernement en donne le commandement à M. le colonel Ducis ; celui-ci recommence courageusement le procès de 1806 et bat le duc de Choiseul en première instance et devant la Cour.

Voici le jugement :

« En ce qui concerne la maison du Roi :

» Attendu que la maison du Roi n'est obligée à aucun titre envers le duc de Choiseul ; que, si elle a contracté dans l'intérêt de l'art dramatique et par des sentiments de bienveillance envers les anciens artistes du théâtre Feydeau, ses obligations ne peuvent être étendues hors des limites que lui auront fixées les actes authentiques qui les contiennent.

» En ce qui concerne Ducis :

» Attendu que du privilège qui lui a été accordé par le Ministre de l'intérieur, il ne résulte aucun engagement de sa part envers le duc de Choiseul ; qu'il n'en a contracté aucun envers lui, que, dans les actes authentiques intervenus entre lui et les sociétaires du théâtre Feydeau, les obligations qu'il a contractées sont fixées ; qu'il ne s'est point chargé d'une manière indéfinie de tous les engagements qui pourraient être à la charge desdits sociétaires, et qu'il ne résulte pas des stipulations desdits actes qu'il soit tenu de fournir une loge au duc de Choiseul.

» En ce qui concerne lesdits sociétaires :

» Attendu que par l'acte du 20 décembre 1781, les auteurs du duc de Choiseul ont traité avec les comédiens composant le corps de la Comédie-Italienne ; attendu qu'à la vérité, par cet acte, lesdits comédiens ont engagé ceux qui composaient alors le corps ou qui en ont pu faire partie depuis ; que c'est dans ce sens que les jugement et arrêt des 12 novembre 1806 et 3 avril 1807 ont décidé que, malgré les changements survenus dans les artistes qui faisaient partie de ce corps, les engagements originairement contractés subsistent toujours ; qu'il ne résulte ni du contrat de 1781, ni des jugement et arrêt, que le corps de la Comédie-Italienne n'ait pas pu se dissoudre sans fraude, lorsqu'il a reconnu que l'exploitation lui était plus onéreuse que profitable ; que, dans ce cas, les comédiens ne s'étant point engagés à faire jouir le duc de Choiseul de sa loge dans un théâtre où ils n'auraient pas le privilège, et dont ils ne seraient ni propriétaires, ni locataires, ni administrateurs, leur engagement a dû nécessairement cesser.

» Le Tribunal déboute le duc de Choiseul de ses demandes et le condamne aux dépens....... »

La Cour confirme ce jugement par adoption des motifs, malgré la plaidoirie de Dupin aîné, malgré la consultation de Delacroix-Frainville, Persil et Parquin, où j'ai puisé tous ces détails judiciaires, car plusieurs de ces pièces ont été détruites dans l'incendie de 1871 ou égarées à la mort du duc de Marmier.

Mais la Cour de cassation casse l'arrêt de la Cour de

Paris et renvoie devant la Cour d'Orléans qui, le 3 juillet 1833, statue dans les termes suivants :

La Cour,

« Considérant qu'aux termes de la Convention du 20 décembre 1781, les duc et duchesses de Choiseul et de Grammont *sont devenus propriétaires* d'une loge à cinq places aux premières, ainsi que d'une petite chambre ou cabinet derrière et au niveau de ladite loge, au théâtre de la Comédie-Italienne ; qu'il y est stipulé que le cas arrivant où les comédiens de ce théâtre ou leurs successeurs, sous telles dénomination et qualification que ce puisse être, viendraient par la suite, et pour quelqu'événement que ce fût, à donner leur représentation ailleurs que dans ladite salle, les duc et duchesses de Choiseul et de Grammont ou leurs représentants auraient dans toute autre salle qui serait adoptée par lesdits comédiens ou leurs successeurs, droit à une loge et cabinet semblables et situés de même que ceux ci-dessus énoncés ;

» *Que ce droit a été confirmé par jugement et arrêt des 18 novembre 1806 et 3 avril 1807.*

» Qu'aux termes de l'acte passé le 12 août 1828, entre Ducis et les sociétaires représentant l'ancienne Société de la Comédie-Italienne, maintenant connue sous le titre d'Opéra-Comique, Ducis s'est engagé à prendre les fait et cause desdits sociétaires, dans le cas où il serait formé contre eux des demandes par les propriétaires de la salle actuelle, maisons et magasins en dépendant, pour raison d'inexécution de baux ou pour toute autre cause ; — que de cette dernière clause et de plusieurs autres contenues audit contrat il résulte que Ducis est devenu le successeur des artistes sociétaires de la Comédie-Italienne, autrement dit de l'Opéra-Comique, qu'ainsi, il doit être tenu, comme ceux-ci, d'exécuter envers le duc de Choiseul, la clause du contrat du 20 novembre 1781 ;

» En ce qui touche la liste civile :

» Considérant que sa mise en cause a été nécessitée par la prétention de Ducis, que c'était de lui seul qu'il tenait son droit d'exploiter le brevet de directeur de l'Opéra-Comique, ce qui le rendrait garant de l'exécution des engagements pris antérieurement envers M. le duc de Choiseul ;

» Par ces motifs :

» La Cour, adjugeant le profit du défaut prononcé contre les syndics de la faillite et statuant avec toutes les parties ;

» Met l'appellation et ce dont est appel au néant ;

» Émendant, décharge l'appelant des condamnations contre lui prononcées ;

» Ordonne la restitution de l'amende consignée ;

» Au principal faisant droit :

» Ordonne que la convention du 20 décembre 1781, ensemble les jugement et arrêt des 18 novembre 1806 et 3 avril 1807 continueront d'être exécutés selon leurs forme et teneur ;

» Donne acte aux anciens sociétaires de l'Opéra-Comique des offres, faites par le duc de Choiseul, de renoncer contre eux personnellement à tous dommages-intérêts ;

» Donne acte au duc de Choiseul de ce que celui-ci adhère en tant que de besoin aux offres faites par les nouveaux sociétaires, lui donne pareillement acte de ce que le sieur Paul, en la qualité dans laquelle il agit, fait offre de donner au duc de Choiseul la jouissance d'une loge à cinq places aux premières des avant-scènes et une entrée à toute place, le parterre excepté, sous les réserves de la part de Paul audit nom, de se défendre de toutes prétentions qui pourraient être élevées par quelque personne que ce puisse être, après le décès dudit duc de Choiseul ;

» Donne acte à Paul de ce que le duc de Choiseul renonce aussi contre lui à tous dommages-intérêts et de ce qu'il accepte lesdites offres, sous la réserve de sa part de tous droits qui pourront appartenir à ses héritiers et successeurs relativement à ladite loge et entrée ;

» En conséquence, ordonne que Paul audit nom, sera tenu conformément à ses offres de fournir au duc de Choiseul les loge et entrée sus-énoncées, sous les clauses et réserves portées aux dites offres ;

» Déclare le présent arrêt commun avec les anciens sociétaires de l'Opéra-Comique ainsi qu'avec les syndics de la faillite Ducis ;

» Met l'intendant de la liste civile hors de cause ;

» Et condamne les syndics de la faillite Ducis, en leur dite qualité, aux dépens des causes principales d'appel et demande, envers toutes les parties, même ceux faits devant la Cour royale de Paris. »

Il n'est pas inutile de rappeler que, si les comédiens cherchent ainsi à échapper au droit de suite établi par la clause finale de l'acte du 20 décembre 1781, aucune des troupes qui occupent successivement la salle Favart ne songe à contester au duc de Choiseul le droit de propriété que l'administration des domaines a aujourd'hui la prétention de faire disparaître.

J'ai dû, pour épuiser la série des documents judiciaires, continuer ainsi le récit des contestations jusqu'en 1833. Mais il faut maintenant revenir en arrière pour placer sous les yeux du Tribunal un contrat de 1825, intervenu entre le duc de Choiseul et le roi Charles X, dont les mentions sont d'autant plus importantes que le théâtre est entré par cet acte dans les mains de l'État.

PARDEVANT Me Amand-Louis-Henry PÉAN DE SAINT-GILLES et Me CHAMPION, son collègue, notaires royaux, à Paris, soussignés ;

Furent présents :

M. Louis-François Sosthenes, vicomte de La Rochefoucauld, chargé du département des beaux-arts au Ministère de la maison du Roi, demeurant à Paris, rue de Varennes, n° 33, agissant en sadite qualité,

D'une part :

M. Claude-Antoine-Gabriel-Clériadus, duc de Choiseul, pair de France, lieutenant-général des armées du Roi, chevalier de Saint-Louis et de la Légion d'honneur, demeurant à Paris, rue de Joubert, n° 37,

D'autre part ;

Lesquels, préalablement aux conventions qui font l'objet des présentes, ont exposé ce qui suit :

Par contrat passé devant Me Péan de Saint-Gilles, qui en a la minute, et son collègue, notaires à Paris, les 15 et 19 mars dernier, enregistré, Sa Majesté a fait l'acquisition de la salle de spectacle dite de Favart, située place des Italiens, et de toutes ses dépendances, avec l'intention de la rendre à sa première destination et d'y faire les dispositions nécessaires pour les représentations des artistes italiens, ou tels autres que ce pourrait être ; des travaux considérables de réparations, d'améliorations et d'embellissements ont été immédiatement commencés et sont sur le point d'être terminés.

Dans cet état de choses, les dispositions sont telles que la loge du Roi ne doit avoir en face que celle du ministre de sa maison ; *cependant M. le duc de Choiseul, aux termes de divers actes, notamment de divers actes passés, l'un devant Me Regnault, notaire à Paris, le 20 décembre 1781 et l'autre devant Me Moyne, aussi notaire à Paris, le 1er mars 1792, a la propriété et jouissance tant pour lui que pour ses successeurs d'une loge de huit places aux premières, avec tous les accessoires indiqués auxdits actes.*

Il s'agit de concilier le respect dû à ces actes avec les bienséances de la disposition actuelle des lieux.

En conséquence, M. le vicomte de La Rochefoucauld a proposé à M. le duc de Choiseul de consentir à échanger l'exercice de son droit de propriété et jouissance dans une loge aux premières contre l'exercice du même droit dans une loge aux deuxièmes qui serait placée immédiatement au-dessus de celle du ministre, sauf à établir pour la propriété et jouissance de celle-ci toutes les dépendances semblables à celles qui faisaient partie de la première, observant, M. le vicomte de La Rochefoucauld, que, sans doute, les motifs de bienséance, ci-dessus expliqués, sont de nature à paraître déjà suffisants à M. le duc de Choiseul, pour le déterminer à accorder le consentement qui lui est demandé, mais qu'il·l'invite aussi à considérer qu'au moyen de ce que la salle dans laquelle il exerce son droit de propriété et jouissance aux premières se trouve rendue à sa destination primitive pour un temps qu'on peut raisonnablement considérer comme indéfini, M. le duc de Choiseul, ainsi que les successeurs à son droit, trouvent, dans la satisfaction d'une jouissance désormais certaine et non interrompue, une sorte de compensation de la concession qui aura été ainsi faite.

Sur quoi, Monsieur le duc de Choiseul, prenant en considération le vœu qui lui est exprimé par Monsieur le vicomte de La Rochefoucauld et désirant de concourir à des vues où les bienséances qui concernent la présence de Sa Majesté sont essentiellement intéressées, voulant donner ainsi une preuve de son respect pour elle, trouvant de plus que l'avantage effectif de la jouissance de son droit dans la salle devient, aujourd'hui, au moyen de la destination continue qu'elle va recevoir, plus assuré tant à lui qu'à ses successeurs;

Les conventions ci-après ont été arrêtées :

1°

Monsieur le duc de Choiseul, à ce déterminé par les motifs exposés ci-dessus, déclare consentir à échanger, comme de fait il échange par ces présentes, *l'exercice de son droit de propriété et jouissance* dans la loge d'avant-scène, au premier rang, en face de celle de Sa Majesté avec le salon et autres dépendances de cette loge, contre l'exercice du même droit de propriété et jouissance dans la loge d'avant-scène au deuxième rang, placée immédiatement au-dessus de celle indiquée ci-dessus avec le salon qui a été établi derrière cette loge du deuxième, lequel droit monsieur le vicomte de La Rochefoucauld, acceptant ledit échange en la qualité qu'il agit, *lui assure en la même qualité à lui et à ses successeurs, pour, par Monsieur le duc de Choiseul et ses successeurs, exercer ces droits de la même manière et dans les mêmes termes qu'ils pouvaient le faire dans la loge d'avant-scène aux premières en vertu des titres sus-énoncés et* de tous autres constitutifs de ces droits.

2°

Monsieur le duc de Choiseul *se réserve expressément et à ses successeurs* l'entrée particulière qu'il a sur la rue de Favart et l'escalier qui conduit de cette entrée à la loge d'avant-scène des deuxièmes au moyen du prolongement qui a été fait jusqu'au salon de cette loge et qui appartiendra également à M. de Choiseul et ses successeurs.

3°

Il est bien entendu toutefois, et comme condition sans laquelle Monsieur le duc de Choiseul n'aurait pu se résoudre à donner le consentement qui résulte des articles ci-dessus, que, dans le cas où par quelqu'événement que ce puisse être, la salle, tout en continuant de demeurer salle de spectacle, cesserait d'y être honorée par l'existence d'une loge aux premières destinée à Sa Majesté ou à la famille royale, dans ce cas, Monsieur le duc de Choiseul ou après lui ses successeurs, rentreraient dans le droit de reprendre la loge aux premières telle que la propriété et jouissance leur a été assurée par les actes ci-dessus mentionnés et énoncés, le motif dominant du consentement donné par Monsieur le duc de Choiseul se fondant sur un sentiment profond des bienséances qui dans le cas prévu aurait cessé d'exister.

Fait et passé à Paris en la demeure respective des comparants, l'an mil huit cent vingt-cinq et le vingt-deux novembre.

Et ont signé après lecture faite.

On demeure confondu quand on voit, après un pareil acte, l'État contester à M. de Choiseul et à ses successeurs la propriété et la jouissance de la loge qui fait l'objet du procès.

Mais en 1838, deux graves événements obligent de nouveau les propriétaires à veiller sur leurs droits. Le duc de Choiseul meurt, et laisse pour unique héritière Mme la duchesse de Marmier ; le théâtre Favart est incendié, et l'État se charge de le reconstruire.

Trois lettres d'un sieur Haussmann, intendant du duc de Marmier, retrouvées dans les papiers de la succession de celui-ci, montrent quelles difficultés s'élèvent, et comment on cherche encore une fois à entraver l'exercice du droit.

Paris le 21 septembre 1839.

MADAME LA DUCHESSE,

M. Étienne m'a communiqué, d'après votre invitation, la lettre de M. le comte de Choiseul-Gouffier, en me demandant ce que vous deviez répondre ; j'ai rédigé une note en forme de consultation dans laquelle je démontre que la réclamation de M. de Choiseul-Gouffier n'est nullement fondée ; j'ai l'honneur de vous la transmettre et je crois que vous pouvez la lui envoyer ; je doute même, qu'après l'avoir lue, il soit tenté de vous adresser de nouvelles demandes. J'y joins la lettre de M. de Choiseul-Gouffier, afin que vous puissiez y répondre ; mais je pense que vous devez vous borner à lui dire des choses polies et à lui annoncer que vous ne pouvez que vous en rapporter à l'avis des jurisconsultes que vous avez consultés, lui offrant toutefois, s'il vient jamais à Paris, quelques coupons de la loge lorsque vous pourrez en disposer. Veuillez, Madame la Duchesse, ne pas égarer cette lettre, qui peut, par la suite, nous être utile ; et gardez une copie de la réponse que vous y ferez.

Vous remarquerez, Madame, que je change un peu de système et je dois vous en expliquer le motif. Dans le principe, lorsque vous m'aviez fait remettre quatre cartons, remplis de papiers, presque pêle-mêle et sans aucun classement, et lorsque M. Étienne y fit joindre ensuite une énorme liasse de dossiers de procédure aussi fort en désordre, je fus effrayé de cette immensité de papiers dont j'ignorais le contenu et je pensais qu'il fallait adopter un système de réserve, en nous appuyant uniquement sur la possession et en invoquant la prescription. Cependant je me mis à l'œuvre et je m'occupai de classer et de lire tous ces papiers. Peu à peu je suis parvenu à y mettre de l'ordre ; à séparer des masses de notes, projets et lettres presque inutiles et à réserver les titres de propriété ainsi que les pièces qui pouvaient présenter des résultats importants.

J'ai lu attentivement tous ces papiers, j'ai rédigé même l'établissement de la propriété, et, comme il se présentait plusieurs points offrant quelques difficultés, j'ai compulsé les lois rendues aux différentes époques ; en un mot, j'ai fait une étude approfondie de toute cette affaire ; tellement qu'aujourd'hui, outre la prescription plus que trentenaire, outre une possession de quarante-six ans et neuf mois, en la personne de M. votre père, je prouve la propriété foncière de la loge, du salon, de l'entresol et de tous ses accessoires, ainsi que le droit à une autre loge à l'Opéra-Comique, par des titres de propriété parfaitement en règle et qui consistent notamment dans trois contrats notariés, un jugement d'adjudication, trois jugements rendus en première instance, quatre arrêts de Cour royale, deux arrêts de la Cour de cassation, deux conventions authentiques, des lettres et d'autres pièces, etc. Vous voyez, Madame la Duchesse, que je ne dois pas regretter les deux mois que j'ai consacrés à étudier cette affaire, une des plus compliquées que j'aie jamais rencontrées, puisque je suis arrivé à ce résultat satisfaisant. Je ne vois donc plus de motifs pour garder le secret, que vous m'aviez tant recommandé, sur l'existence de vos titres ; ils sont bons à montrer, car ils sont parés, comme nous disons en termes de pratique ; et la consultation que je vous adresse, doit vous ôter toute crainte à l'égard des demandes formées de la part de M. de Choiseul-Gouffier, ou de tous autres membres de votre famille, qui élèveraient des prétentions sur la loge et ses dépendances et accessoires.

M. Cavailler, qui a écrit à M. le duc de Marmier, a dû lui dire comment je me suis trouvé retenu chez moi, pendant dix jours, par un lumbago, qui m'a causé de vives douleurs et m'a empêché de me rendre à l'adjudication du 4 septembre. J'avais invité M. Cavailler à s'y présenter et je lui avais donné des instructions, dont il n'a pas eu besoin de se servir ; je l'ai invité également à écrire au préfet (comme votre mandataire), pour avoir une ampliation authentique du procès-verbal de cette adjudication, ainsi que la protestation signifiée en votre nom, et de l'arrêté rendu à ce sujet par le ministère de l'intérieur. Toutes ces pièces nous sont indispensables et je les attends pour les examiner et vous en rendre compte.

J'ai dû, à tout événement, surveiller ce qui se passait à la salle Favart. D'après mes instructions et lorsque j'eus visité avec soin toutes les parties de votre propriété, Dury a transporté, dans le salon et à l'entresol, les anciens meubles qui garnissaient ce local et qui avaient été, après l'incendie, placés rue Joubert ; de manière qu'à présent tout est rétabli comme avant l'incendie et l'on a enlevé les meubles appartenant à l'administration du Théâtre-Italien, qui y avaient été placés provisoirement avec l'autorisation de M. le duc de Choiseul et sur la demande écrite de M. Robert Depleu ; on a réparé la serrure de la porte d'entrée qu'on ne pouvait ouvrir qu'à-demi ; maintenant elle s'ouvre du dehors, comme autrefois. Enfin et tout récemment deux verrous ont été placés à la porte de communication du premier étage, afin qu'on ne puisse plus pénétrer dans votre propriété, sans votre autorisation.

Tout ceci n'était pas encore suffisant et il fallut qu'un homme de l'art fût chargé de prendre vos intérêts et d'y veiller continuellement; je me suis informé auprès de M. Cavailler et auprès de M. Alfred et j'ai appris que M. Guédé était votre architecte ordinaire et avait obtenu votre confiance; je l'ai fait appeler et il s'est trouvé qu'il travaillait déjà à la salle Favart, pour quelques détails, sous la direction de M. Charpentier, architecte du théâtre de l'Opéra-Comique. Je lui ai donné des instructions, après avoir pris l'avis de M. Alfred qui m'y a autorisé.

M. Guédé, sur ma demande, a dressé un plan des divers étages de votre propriété ainsi que des coupes sur deux faces, de manière à bien constater ce qui vous appartient. Je l'ai chargé de présenter ce plan à M. Charpentier et à M. Cerfbeer, adjudicataire de la salle Favart; il l'a fait; mais ces messieurs ont refusé de l'examiner et de l'approuver. Nous aviserons plus tard aux moyens d'obtenir cette reconnaissance, de bonne volonté ou de force. M. Charpentier a dit à M. Guédé qu'on allait prochainement établir à Favart le bureau des plans de l'administration et qu'il se proposait de prendre votre salon, pour y mettre les bureaux de l'architecte du ministère de l'intérieur. J'ai fait répondre par M. Guédé, que vous étiez fort disposée à consentir à tout ce qui serait utile et convenable, mais que la moindre chose était de vous en demander la permission par écrit, comme l'avaient fait en 1825 MM. Hittorff et Lecointe, architectes, et en 1838 M. Robert, directeur des Italiens. M. Charpentier a de nouveau répondu qu'il voulait se servir du local, sans demander aucune autorisation, et comme M. Guédé répliquait que toutes les portes allaient être fermées, M. Charpentier dit qu'il entrerait par une porte provisoire, mise à l'ancienne communication conduisant à la loge, laquelle ne tenait qu'avec des clous, faciles à ôter.

J'espère qu'il n'en viendra pas là, car ce serait une effraction, une violation de domicile; cet acte de violence m'obligerait à faire déposer, par M. Cavailler, comme votre mandataire, une plainte au parquet du procureur du Roi et, en outre, de faire intenter devant le juge de paix une action en complainte contre l'adjudicataire.

Quoi qu'il en soit, tout cela annonce de la mauvaise volonté de la part de l'administration de l'Opéra-Comique et nous présage un procès. Il faut donc nous mettre en mesure d'y parer et de le soutenir. M. de Marmier voudra bien alors se rappeler mes paroles, qu'il ne doit se fier à aucune des promesses verbales qui lui ont été faites à Paris, par qui que ce soit.

J'ai commencé aussi à réclamer la loge au théâtre de la Bourse, en attendant l'ouverture de Favart. Comme il ne faut pas vous exposer à encourir une prescription, en laissant écouler une année sans jouir de cette loge, j'ai fait écrire hier, par M. Cavailler, votre mandataire, à M. Crosnier, directeur, une lettre que j'ai rédigée, sur le vu de vos titres, et dans laquelle M. Cavailler annonce qu'il est chargé par vous de signer les coupons de la loge de cinq places et d'une entrée à toutes places, le parterre excepté, comme en jouissait M. le duc de Choiseul, aux termes de l'arrêt de la Cour royale d'Orléans du 3 juillet 1833.

Si M. Crosnier ne répond pas, je me propose de faire écrire par M. Cavailler au Ministre de l'intérieur et à la commission des théâtres royaux. Si tout cela ne réussissait pas, il faudrait intenter un procès à M. Crosnier pour obtenir justice. — Je me rappelle, madame la duchesse, qu'avant votre départ vous m'avez parlé d'un arrangement qui aurait eu lieu avec M. Crosnier. Je n'ai pas trouvé cette pièce dans les nombreux papiers que vous m'avez communiqués et je désirerais bien que vous me fissiez remettre cette convention, si toutefois il en existe une ; car vous pourriez avoir considéré l'arrêt du 3 juillet 1833 comme une convention ; effectivement, il intervint à la suite d'un accord, mais avec M. Paul Dutreich, prédécesseur de M. Crosnier et non avec ce dernier. Veuillez y réfléchir et me dire si je ne fais pas moi-même quelque erreur sur ce point. — M. Guédé m'a remis un des exemplaires du plan communiqué aux Chambres, à l'époque de la discussion de la loi. — Ce plan est rempli d'erreurs : entr'autres, il confond la rue de Marivaux avec la rue Favart ; chose qu'on aurait peine à croire, si elle n'était écrite ! — Dans ce projet on plaçait, du côté de la rue de Marivaux, vis-à-vis du café Anglais, une petite loge de quatre places, avec une entrée particulière, et l'on vous aurait offert le tout en échange de vos droits. C'était le comble du ridicule, je puis même dire de l'effronterie. J'ai fait dire par M. Guédé que c'était se moquer de vous ; que, si les convenances du théâtre exigeaient qu'on se servît de votre propriété, vous consentiriez à en céder provisoirement la jouissance, sous la condition que la propriété ne cesserait pas de vous en appartenir et qu'on vous donnerait trois loges de 4 places, savoir ; 2 formant 8 places, pour compenser la jouissance de votre loge de 8 places, et une autre de 4 places pour compenser la jouissance du salon, de l'entresol et autres accessoires. Il paraît que cette réponse a produit son effet, car ils semblent maintenant ne plus désirer d'échange. Telle est maintenant la situation de cette affaire. Veuillez, madame la duchesse, me faire savoir si vous approuvez toutes ces mesures et croire à tous les sentiments de respect dont je vous prie d'agréer l'hommage.

Veuillez me rappeler au souvenir de mon colonel.

HAUSSMANN.

P. S. — Veuillez excuser ce griffonnage ; ma réponse eût été trop retardée, s'il m'eût fallu recopier cette lettre.

Les deux autres lettres confirment ces détails avec quelques variantes, sans importance pour la cause.

Ainsi d'un côté la troupe de l'Opéra-Comique, dirigée par M. Crosnier, joue au théâtre de la Bourse, et cherche à méconnaître le droit de suite.

D'un autre côté, on reconstruit le théâtre Favart, et l'architecte de l'État essaie de se soustraire à l'exercice du droit de propriété.

Ces deux tentatives sont également repoussées. M. Crosnier finit par s'exécuter, quoique d'assez mauvaise grâce. Quant au droit de propriété, il est cette fois reconnu et proclamé par l'État lui-même.

Voici d'abord la déclaration de succession faite au nom de Mme la duchesse de Marmier (1).

. . . .

Puis à côté de cette pièce, il convient de placer la lettre suivante :

SUCCESSION

Premier et deuxième arrondissements de Paris

N° 510

Paris le 1ᵉʳ février 1889.

Monsieur le duc,

J'ai l'honneur de vous informer que je viens de recevoir une décision de M. le Ministre des finances, du 16 du mois dernier, qui accorde une prorogation de délai jusqu'au 29 de février courant, *pour faire la déclaration de la portion de la salle de Favart, dépendant de la succession de M. le duc de Choiseul*, et je suis chargé de vous en donner connaissance.

Veuillez envoyer ma lettre à l'étude de Monsieur votre notaire.

J'ai l'honneur d'être avec un profond respect,

Monsieur le duc,

Votre très humble et obéissant serviteur.

Le Receveur des successions ;
Signé : Courty.

Adresse au revers :

Administration des domaines.

A Monsieur,

Monsieur le duc de Marmier, pair de France, colonel de la 1ʳᵉ Légion de la garde nationale.

A Paris.

A l'expiration du délai, le droit de mutation est perçu

_____

(1) Nous ne reproduisons pas cette déclaration dont les termes font double emploi avec ceux de la signification qu'on trouvera plus loin.

sur une propriété immobilière dont la valeur est calculée au denier 20 sur un revenu de 600 francs ; la quittance est du 29 février 1840 ; elle est donnée avec la mention suivante : « Actif immobilier, emplacement et terrain, » place des Italiens ».

Mais voici bien autre chose. Le ministre dut s'adresser à la Chambre pour obtenir une loi qui autorisât la dépense de la reconstruction. Au projet de loi était annexé le cahier des charges de l'adjudication dans lequel on lisait, sous l'article 13 : « L'adjudicataire s'engage à supporter les » charges et servitudes qui peuvent grever la salle Fa- » vart ». Une discussion s'engagea à la Chambre des députés et les deux ministres de la justice et de l'intérieur y firent des déclarations également importantes. L'un était M. Teste et l'autre M. Duchâtel.

M. de Marmier s'exprime ainsi : Messieurs, je conçois d'autant plus de doute que les plans qui ont été distribués à la Chambre ne font aucune mention des propriétés qui existent réellement. Je demande s'il n'est pas dans l'intérêt de ces propriétés d'ajouter à l'article 13 du cahier des charges, après les mots charges et servitudes, ceux-ci : « notamment les droits de propriété réservés par les anciens possesseurs du terrain sur lequel est bâtie la salle Favart, tels que le duc de Choiseul en jouissait lors de l'incendie de 1837. »

M. le Garde des sceaux. L'honorable préopinant pousse trop loin la sollicitude. Il ne peut faire entrer dans une loi ou dans le cahier des charges annexé à la loi, la réserve formelle et spéciale d'un droit privé dont la Chambre ne peut pas et ne doit pas connaître. Il est pourvu à la conservation des droits réels dont l'immeuble serait affecté par les termes généraux de l'article 13 du cahier des charges. L'honorable préopinant peut se rassurer complètement sur les conséquences du droit à la considération duquel il voudrait qu'il fût pourvu. Ce droit est parfaitement réservé. Y pourvoir par une réserve plus complète, en vérité, ce ne serait pas faire honneur au droit, à la loi.

M. de Marmier : J'attache la plus grande importance aux lumières de M. le Garde des sceaux comme légiste ; cependant, d'autres personnes dont l'autorité est grave à mes yeux, prétendent que ces mots « charges et servitudes » ne peuvent pas être appliqués à ce genre de propriété ; je veux que M. le Ministre de l'intérieur s'explique.

Le Garde des sceaux : Il y a un moyen, c'est de dire : L'adjudicataire s'engage à supporter tous les droits réels, charges et servitudes qui peuvent grever la salle Favart, etc....

M. le président de la Chambre : M. de Marmier n'insistant pas, je vais mettre aux voix l'article 1ᵉʳ.

M. de Marmier : Je persiste à demander que le mot droit réel soit inséré dans le cahier des charges.

M. le Ministre de l'intérieur : M. de Marmier a demandé une rectification au cahier des charges ; je le crois très clair et très significatif ; cependant, je ne vois pas d'inconvénient à ce qu'au mot *charges et servitudes*, on ajoute les mots *droits réels*.

Un amendement proposé en ce sens est adopté.

L'article 13 fut, par suite de ces amendements, ainsi rédigé : « l'adjudicataire s'engage à supporter les droits réels, charges et servitudes. »

La loi votée, la construction de la salle est mise en adjudication. M. et Mme de Marmier font à l'État lui-même la signification suivante :

L'an 1839, le 29 août, à la requête de M. Philippe-Gabriel duc de Marmier, commandeur de la Légion d'honneur, membre de la Chambre des Députés, colonel de la 1ʳᵉ légion de la garde nationale de Paris, demeurant dans cette ville, rue de la Ville-Lévesque, nº 30 ;

Agissant, tant en son nom personnel, que comme mari et maître des droits et actions de Mme Jacqueline-Béatrix-Gabrielle-Stéphanie de Choiseul, duchesse de Marmier, laquelle est fille et seule héritière de M. Claude-Antoine-Gabriel de Choiseul, pair de France, lieutenant-général et grand-croix de la Légion d'honneur, décédé à Paris, le 1ᵉʳ décembre 1838 ;

Pour lequel domicile est élu en ma demeure, j'ai Henri-Eugène Pierreson, huissier audiencier près le Tribunal civil de la Seine, demeurant à Paris, rue Royale-Saint-Honoré, nº 17, patenté le seize mai, nº 54 de 3ᵉ classe, soussigné, signifié et déclaré à M. le Préfet de la Seine, comme chargé par le Ministre Secrétaire d'État de l'intérieur de procéder à l'adjudication ci-après énoncée, en parlant à M. Baudot, chef du 1ᵉʳ bureau du Secrétariat général de la Préfecture qui a visé l'original du présent, en ses bureaux sis à Paris, à l'Hôtel-de-Ville ;

Que le requérant se présente au moment où l'État met en adjudication la reconstruction et la jouissance temporaire de la salle Favart, pour rendre publics et faire connaître aux soumissionnaires les droits réels dont M. le duc et Mme la duchesse de Marmier sont en possession à titre de propriétaires fonciers, ainsi que les servitudes et les droits d'usage auxquels ils ont droit, sur l'immeuble dont la reconstruction et la jouissance temporaire vont être adjugées ;

Que M. le duc et Mme la duchesse de Marmier en leurs qualités ci-dessus indiquées jouissent, à titre de propriétaires par une possession paisible remontant du chef de leurs auteurs, sans trouble ni interruption,

à l'année 1781 (époque à laquelle M. le duc de Choiseul, ancien ministre, fournit gratuitement le terrain et fit élever la construction du théâtre Favart), du fond et de la superficie et des bâtiments composant une
travée de l'édifice connu sous le nom de salle Favart ;

Que cette travée située du côté de la rue Favart, vis-à-vis de la rue
d'Amboise, consiste en une cave voûtée, avec escalier en pierre, vestibule auquel on arrive par une porte ouvrant sur la rue Favart et dont
M. le duc et Mme la duchesse ont la clef, escalier conduisant de ce vestibule à un entresol, distribué en un cabinet et une petite pièce éclairée
par une croisée sur la rue Favart, autre escalier conduisant de l'entresol au premier étage, où se trouve un petit salon, éclairé par une seule
croisée sur la rue Favart et communiquant à un balcon sur la même
rue, dans lequel salon est une cheminée en marbre surmonté d'une
glace ;

Que cette travée, propriété privée de M. le duc de Choiseul, et qui
pour la partie qu'on vient de décrire a presque complètement échappé
à l'incendie du théâtre Favart, dans lequel théâtre elle est enclavée, servait avant le sinistre d'entrée particulière à la loge dont M. le duc de
Choiseul avait également la propriété et la jouissance, mais qui a été
détruite par l'incendie du théâtre et qui devra être reconstruite par l'adjudicataire pour être attribuée à M. le duc et à Mme la duchesse de Marmier au même titre que M. le duc de Choiseul en jouissait et la possé-
dait, sans préjudice du droit de jouir d'une autre loge, quand la troupe
qui a succédé à l'ancienne Comédie-Italienne et qui est devenue une
troupe d'opéra-comique donne des représentations ailleurs que dans la
salle Favart ;

Que le rétablissement des corps de cheminée détruits par l'incendie
et la réparation des autres dégradations que le sinistre peut avoir cau-
sées à la propriété de feu M. le duc de Choiseul, sont également à la
charge de l'adjudicataire, comme se trouvant activement et passivement
aux droits du domaine, attendu que le feu commença dans la partie
appartenant à l'État et se communiqua à la propriété de M. le duc de
Choiseul, et que les 300,000 francs, payés par la compagnie du *Phénix*
pour indemnité, sont attribués par la loi du 7 août à l'adjudicataire ;

Que d'ailleurs, la propriété de M. le duc et de Mme la duchesse de Marmier se trouve garantie par l'article 13 du cahier des charges, annexé à
la loi du 7 août 1839, qui oblige l'adjudicataire à supporter tous les droits
réels qui peuvent grever la salle Favart ;

Qu'en conséquence, le requérant s'oppose à ce qu'il soit fait aucune
démolition, reconstruction ou modification à la travée ci-dessus indiquée, qui forme une propriété particulière, enclavée dans celle de l'État,
sans la présence et le consentement de M. le duc et de Mme la duchesse
de Marmier, et à ce qu'il soit entrepris rien de contraire à leurs droits
de jouissance, tels qu'ils existent et sont reconnus depuis soixante-dix-
neuf ans ;

Qu'il s'oppose notamment à ce qu'il soit procédé à l'adjudication annoncée pour le 4 septembre prochain, avant que l'autorité ait fait con-

naître aux soumissionnaires les obligations résultant pour eux du droit
de propriété du requérant et de Mme la duchesse de Marmier, comme
héritière du duc de Choiseul, son père, et des droits réels, charges et
servitudes existant à leur profit ; protestant de la nullité de toute adjudication qui aurait lieu contrairement aux droits du requérant et faisant à cet égard toutes réserves et protestations de droit. Dont acte.

Le ministre fait droit à cette signification et par arrêté
du 30 août 1839, décide que :

« Ladite signification sera jointe aux pièces déposées au secrétariat
de la Préfecture de la Seine, pour être communiquée au public et valoir
ce que de droit, et afin que personne n'en ignore, il en sera donné publiquement lecture le jour de l'adjudication, une première fois avant le
dépôt des soumissions, et une seconde fois avant leur ouverture. »

On voit par là si le ministre sentait l'importance de pareils actes.

Enfin la nouvelle salle est construite. M. Crosnier quitte,
pour en prendre possession, la place de la Bourse. M. Cerfbeer est l'adjudicataire et le preneur emphytéotique de la
salle. Tous deux font alors avec le duc et la duchesse de
Marmier l'acte suivant :

17 août 1840.

Les soussignés :

M. Philippe-Gabriel, duc de Marmier, commandeur de l'ordre de
la Légion d'honneur, membre de la Chambre des députés, colonel de
la 1re légion de la garde nationale de Paris, et Mme Jacqueline-Gabrielle-
Béatrix-Stéphanie de Choiseul, son épouse, qu'il autorise à l'effet des
présentes, demeurant à Paris, rue de la Ville-Lévesque, no 30 ;

Mme la duchesse de Marmier, agissant en qualité de seule héritière de
M. Claude-Antoine-Gabriel duc de Choiseul, son père, pair de France,
grand-croix de la Légion d'honneur, lieutenant-général, aide de camp
du roi, commandant supérieur du Louvre, décédé à Paris le 1er décembre 1838, d'une part ;

M. Alphonse-Théodore Cerfbeer, ancien élève de l'École polytechnique,
chevalier de la Légion d'honneur, demeurant à Paris, rue Richer, no 3,

Au nom et comme adjudicataire de la reconstruction de la salle Favart et comme cessionnaire de la jouissance emphytéotique de cette
salle, aux termes de la loi du 7 août 1839 et du procès-verbal d'adjudication dressé à la Préfecture de la Seine le 4 septembre suivant, d'autre
part ;

Et M. François-Louis Crosnier, chevalier de la Légion d'honneur, demeurant à Paris, rue de Marivaux, n° 9, aussi d'autre part, au nom et comme directeur privilégié du théâtre de l'Opéra-Comique ;

Ont présentement constaté et réalisé, ainsi qu'il suit, les conventions verbales précédemment faites entre eux :

ARTICLE PREMIER.

MM. Cerfbeer et Crosnier ayant trouvé utile et avantageux pour le théâtre de l'Opéra-Comique qu'une partie de l'immeuble enclavé dans la salle Favart et faisant partie de la succession de M. le duc de Choiseul fût affectée au service du théâtre de l'Opéra-Comique et de son administration et Mme la duchesse de Marmier ayant consenti, non seulement à concéder à l'administration du théâtre la jouissance de cette partie pendant la durée de l'emphytéose, mais encore à laisser modifier, sous la réserve ci-après exprimée article 6, l'état et la distribution d'une portion de cet immeuble, M. Cerfbeer a fait opérer de notables changements dans la cave, le vestibule, au rez-de-chaussée, l'entresol et le salon au premier étage, composant la travée, sur la rue Favart, ainsi que dans la reconstruction de la loge d'avant-scène derrière ce salon, laquelle avait été détruite par l'incendie de la salle Favart.

Mme la duchesse de Marmier, autorisée de son mari, déclare approuver, sous la réserve ci-après exprimée article 6, toutes ces circonstances et modifications, telles qu'elles sont constatées dans les plans, coupes et élévations ci-annexés et certifiés des parties, et telles que M. Cerfbeer les a faites à ses propres frais et sans qu'il puisse, à raison de ces reconstructions, exercer aucun recours contre Mme la duchesse de Marmier.

Art. 2.

Mme la duchesse de Marmier, autorisée de son mari, déclare consentir à ce que l'administration du théâtre de l'Opéra-Comique jouisse de la même manière que le ferait un locataire, pendant la durée de l'emphytéose ci-dessus énoncée, c'est-à-dire jusqu'au 1er janvier 1880, de la cave, du rez-de-chaussée et de l'entresol de l'immeuble enclavé dans la salle Favart, sans que cette jouissance temporaire puisse être jamais considérée comme une aliénation des droits de propriété sur l'immeuble dont il s'agit, à l'égard desquels droits elle fait toutes réserves.

Mme la duchesse de Marmier se réserve la jouissance exclusive : 1° de la loge d'avant-scène aux premières, à droite de la salle, au-dessus de la galerie portant le numéro 19 ; 2° et du salon communiquant à cette loge, ainsi que du balcon sur la rue Favart, lesquels lieux demeurent formellement exceptés de ceux dont Mme la duchesse de Marmier consent la jouissance au profit de l'administration de l'Opéra-Comique.

Art. 3.

La jouissance temporaire accordée par Mme la duchesse de Marmier, au théâtre de l'Opéra-Comique, aux termes des articles 1er et 2 ci-dessus, n'aura lieu qu'aux charges et conditions suivantes, sans exception contre

Mme la duchesse de Marmier tant que durera la jouissance accordée ci-dessus par elle, savoir :

1° Le salon de Mme la duchesse de Marmier sera éclairé à l'huile ou par un bec de gaz ;

2° Il sera également chauffé, au moyen de la bouche de chaleur qui a été pratiquée dans le salon ;

3° M. Cerfbeer et l'administration du théâtre feront décorer la loge et le salon et les feront meubler convenablement. Ces meubles seront la propriété de Mme la duchesse de Marmier, en échange de l'ancien mobilier détruit, soit dans l'incendie, soit pendant la reconstruction de la salle, et de celui qui existait dans la salle de l'Opéra-Comique, place de la Bourse, et qui n'a pas été rendu à Mme la duchesse de Marmier ;

4° De payer et d'acquitter les charges de ville et de police dont les locataires sont ordinairement tenus et de payer l'impôt foncier et celui des portes et fenêtres, tant pour les lieux dont jouira le théâtre que pour le salon et la loge de Mme la duchesse de Marmier ;

5° De supporter seuls les frais d'entretien et de réparation de cette travée et de cette loge. Pour l'accomplissement des dispositions exprimées aux paragraphes 1, 2, 3, 4 et 5 du présent article 3, M. Cerfbeer promet et s'oblige de les introduire textuellement dans tous les baux qu'il passera avec les titulaires successifs de l'exploitation du théâtre et de leur transmettre l'obligation de leur exécution.

En conséquence, la responsabilité de M. Cerfbeer envers Mme la duchesse de Marmier, pour infraction à ces stipulations, ne pourrait avoir lieu que dans le cas où il omettrait le soin de transporter aux preneurs du bail les obligations dont il s'agit.

Art. 4.

Pour tenir lieu à Mme la duchesse de Marmier de l'ancienne entrée particulière sur la rue Favart, elle et M. le duc de Marmier auront droit pour eux et les personnes porteurs de billets signés d'eux, ou de leur mandataire, à une entrée particulière par la porte ouverte sur la rue Favart, et cela indépendamment du droit d'entrée par les portes ouvertes au public.

Dans la salle qui précédera cette entrée particulière, une banquette sera disposée pour les domestiques des personnes de la loge, afin qu'ils puissent y attendre les ordres de leurs maîtres.

Le public n'aura l'usage de l'escalier en fer conduisant à la loge de Mme la duchesse de Marmier que pour la sortie du spectacle et après la toile baissée.

Pour assurer le service de l'entrée particulière ci-dessus, il sera établi un concierge préposé à la porte de la rue Favart, et ce, aux frais de M. Cerfbeer et de l'administration de ce théâtre.

Art. 5.

M. Crosnier s'oblige, comme directeur de l'Opéra-Comique, à l'exécution du présent traité, en ce qui le concerne seulement et pendant la durée de la location.

Si la location actuelle venait à être augmentée de durée, M. Crosnier se soumet à la même exécution pour toute la durée de la location future.

Art. 6.

A la fin de l'emphythéose, l'État laissera jouir M. le duc de Marmier et Mme la duchesse de Marmier de la loge et du salon ci-dessus désignés, dans les termes des stipulations qui viennent d'être faites, si mieux il n'aime rétablir la loge, le salon, l'entresol, le rez-de-chaussée et la cave dont jouissait M. le duc de Choiseul dans l'ancienne salle conformément aux plans et état de lieux ci-annexés.

Art. 7.

Mme la duchesse de Marmier n'entend renoncer à aucuns droits qui lui appartiennent comme seule héritière de M. le duc de Choiseul, relativement à l'Opéra-Comique, en vertu des contrats, jugements et arrêts, pour raison desquels droits, elle déclare faire toutes réserves sans nuire aucunement aux conventions qui précèdent.

MM. Cerfbeer et Crosnier n'entendent reconnaître aucun droit à ce sujet et font en conséquence toutes réserves et protestations.

Art. 8.

Les frais d'enregistrement du présent traité seront supportés par MM. Cerfbeer et Crosnier.

Fait triple à Paris, le 17 août 1840.

Lu et approuvé.   *Lu et approuvé.*   *Lu et approuvé.*
Signé : J. Crosnier, Signé: D. de Marmier, Signé : Alph. Cerfbeer,

Signé J.-B.-G.-S. Choiseul,
Duchesse de Marmier.

Mais, dira-t-on, Cerfbeer n'est après tout qu'un emphytéote ; on peut douter qu'il engage l'État à respecter les droits qu'il reconnaît. La réponse n'est pas difficile.

Aux termes de la loi, le loyer de la salle était fixé par une sentence arbitrale. Le tribunal arbitral est aussitôt nommé par le ministre ; M. Baude représente l'État devant les arbitres. Il connaît bien les titres de 1784 par le contrat de 1825, par la déclaration de succession, par la signification de 1839. Il veut cependant avoir plus de détails, il les demande à M. le duc de Marmier qui lui répond :

Paris, 4 février 1841.

Monsieur,

Vous avez désiré connaître l'origine des droits de propriété, apparte-nant à Mme la duchesse de Marmier, sur un immeuble enclavé dans la salle Favart, et qui se compose d'une loge d'avant-scène, d'un salon au premier étage derrière cette loge, d'une chambre à l'entresol, d'un vestibule, d'une cave et du terrain sur lequel est construite cette tran-che ou travée, donnant sur la rue Favart, ainsi que des droits attachés à cette propriété. Pour satisfaire à votre désir, je m'empresse de vous communiquer les renseignements suivants :

Mme de Marmier a recueilli cette propriété dans la succession de M. le duc de Choiseul, son père, dont elle est la seule héritière, et qui est décédé à Paris, le 1er décembre 1838.

M. le duc de Choiseul en était alors propriétaire depuis quarante-six ans et demi, temps plus que suffisant pour acquérir par la prescription la propriété des droits mobiliers et immobiliers.

La possession et la jouissance de M. le duc de Choiseul, mon beau-père, a suivi toutes les chances de la Comédie-Italienne, de l'Opéra-Co-mique et même du Grand-Opéra.

En effet, sans cesser jamais d'être propriétaire de l'immeuble enclavé dans la salle Favart, il a suivi le théâtre de l'Opéra-Comique à la salle Feydeau, à la salle Ventadour, et à la salle de la Bourse, et il a toujours joui, dans ces différentes salles, de la loge et des accessoires qui lui étaient garantis par le titre constitutif dont il va être question. En même temps, M. le duc de Choiseul jouissait concurremment de tous les avantages de sa loge à la salle Favart. Ainsi, pendant qu'aucun théâ-tre n'y donnait de représentations, il y a lui-même logé pendant l'es-pace de quelques mois ; ensuite, il y a fait loger par charité Mme Meunier, veuve du comédien de ce nom. Plus tard, quand le Grand-Opéra fut établi provisoirement à la salle Favart, M. le duc de Choiseul profita complètement de sa loge, tant pour les représentations, que pour les bals masqués et concerts particuliers, et il en fut de même dès que le Théâtre-italien s'y installa. Ainsi, aucune interruption n'est venue trou-bler cette longue jouissance simultanée de l'immeuble dans la salle Favart et de la loge dans les autres salles où s'est trouvé momentané-ment l'Opéra-Comique.

Il me reste à vous indiquer, monsieur, l'origine de cette propriété entre les mains de M. le duc de Choiseul, mon beau-père.

Il était neveu et héritier de M. le duc de Choiseul, ancien ministre de Louis XV, et c'est-à-dire que Mme la duchesse de Choiseul, ayant sur-vécu à son mari, fit donation à mon beau-père de cette propriété im-mobilière et des droits qui y sont attachés, à la charge d'une substitu-tion fidéi-commissaire, abolie par la loi du 25 octobre 1792, qui a consolidé la toute-propriété des grevés alors en possession.

Quant à M. le duc de Choiseul, l'ancien ministre, il mourut en 1785, et sa veuve était restée seule, avec Mme la duchesse de Grammont, sœur de M. le duc de Choiseul, ancien ministre, propriétaire de cet immeuble et des droits y attachés. L'origine de ces droits est clairement établie dans un contrat du 1er décembre 1781 (1), dont j'ai l'honneur de vous remettre un extrait. La lecture de cette pièce vous convaincra de tous les sacrifices faits par M. le duc de Choiseul pour établir la Comédie-Italienne sur l'emplacement où se trouve maintenant le théâtre de l'Opéra-Comique. Non seulement il lui abandonna des terrains qui vaudraient aujourd'hui plusieurs millions, mais il s'engagea en outre à construire à ses frais la salle Favart, construction qui lui coûta plus de 800,000 livres. En échange de tous ces avantages, il ne demanda que 300,000 livres, et se réserva la propriété immobilière, qui appartient aujourd'hui à Mme la duchesse de Marmier, et à laquelle se trouve attaché le droit à la propriété d'une semblable loge, dans toute autre salle où l'Opéra-Comique viendrait à donner des représentations.

Il est à remarquer, Monsieur, que la propriété du terrain et de la salle n'a été ainsi concédée aux comédiens italiens (aujourd'hui l'État et l'Opéra-Comique), qu'à la condition de consacrer cette salle à des représentations théâtrales ; toute autre destination donnée à la salle Favart, comme toute inexécution des conventions contenues au contrat du 1er décembre 1781 (2), donnerait lieu, de la part de Mme la duchesse de Marmier, à une action résolutoire, qu'elle pourrait intenter contre le domaine de l'État, pour être remise en possession de la salle Favart, en remboursant les 300,000 livres reçues par M. le duc de Choiseul. L'État est donc intéressé à stipuler la conservation des droits de Mme la duchesse de Marmier et à ne pas souffrir que les conventions primitives restent inexécutées sans notre consentement.

Je n'ai pas besoin, Monsieur, d'insister davantage auprès de vous, puisque votre haute connaissance des affaires vous met à même d'apprécier toute l'importance de celle dont j'ai l'honneur de vous entretenir

Agréez......

La procédure arbitrale se suit, et M. Baude y prend, au nom de l'État, les conclusions suivantes :

« Mettre à la charge du titulaire futur du privilège théâtral, la fourniture aux ayants-cause du duc de Choiseul-d'Amboise de la loge désignée dans les conventions verbales du 17 août 1840 ».

Faisant droit à ces conclusions, les arbitres décident :

« Que le locataire supportera, sans diminution de prix, les droits réels et servitudes pouvant grever l'immeuble, et notamment les arrangements énoncés dans l'acte fait entre les sieurs Cerfbeer, Crosnier et

(1) Ce contrat est du 20 décembre. On a vu plus haut que le duc de Marmier n'avait pas les titres entre les mains.
(2) Même observation que ci-dessus.

Mme la duchesse de Marmier, le 17 août 1840, relativement à une loge d'avant-scène dont la jouissance est abandonnée à cette dernière ».

Ce n'est pas tout. Le même procès se renouvelle en 1872. Un nouveau tribunal arbitral juge dans les termes suivants :

« En ce qui touche certaines concessions de loyer :
» Considérant que la loge de Marmier, *droit réel qui grève l'immeuble,* ne donne lieu à aucune contestation ».

Il est peut-être superflu d'ajouter que le duc de Choiseul et ses héritiers n'ont jamais cessé d'acquitter l'impôt foncier sur leur propriété.

Enfin depuis quarante ans que l'Opéra-Comique n'a plus quitté la salle Favart, M. le duc de Marmier et, après lui, ses enfants, ont exercé leur droit avec des coupons sur lesquels se trouve cette mention imprimée :

» *Propriété immobilière de Mme la duchesse de Marmier, née Choiseul* ».

Ces faits exposés, la preuve semble faite. Que pourrais-je, du moins en cet état du débat, ajouter à ces titres, à ces reconnaissances formelles, à ces jugements, à ces arrêts, à ces lois ?

Voyons donc immédiatement les objections proposées par les adversaires.

Ils nous opposent d'abord une sorte de fin de non-recevoir. Vous ne portez pas, nous dit-on, le nom de Choiseul. Or, le titre a voulu que cette propriété ne fût transmise aux héritiers qu'à la condition qu'ils porteraient le nom de Choiseul. Cette condition manque dans votre personne ; par conséquent, les comédiens, que l'État représente aujourd'hui, doivent profiter de cette défaillance, ainsi que le contrat du 20 décembre 1781 a pris soin de l'indiquer.

Tout d'abord il est à peine besoin de faire remarquer

que cette prétention aurait dû être soulevée, lorsque, le
1er décembre 1838, Mme la duchesse de Marmier a hérité
de son père ; et comme on ne peut pas dire raisonnablement que les ministres et les directeurs des domaines de
1838 ne fussent pas aussi bons jurisconsultes que ceux de
1880, il en résulte que ceux de 1880 soutiennent une prétention que leurs prédécesseurs ont certainement répudiée.

Et ils ont bien fait de la répudier. Cette transmission de
mâle en mâle, d'aîné en aîné, de Choiseul en Choiseul, est
la loi ordinaire des substitutions. Toutes les substitutions
qui couvraient la France en 1792 avaient le même but, la
même forme, les mêmes modalités. Nées de l'orgueil féo-
dal, elles étaient destinées à perpétuer la puissance politique de l'aristocratie, en plaçant sa richesse territoriale
au-dessus des droits de la famille et des engagements personnels du propriétaire, et il a suffi au Code civil de ne les
permettre qu'au profit des enfants nés ou à naître, sans
distinction de sexe et de rang dans la famille, pour les rendre aussi rares aujourd'hui, même parmi les nobles, qu'elles étaient fréquentes autrefois.

Mais qui ne voit que la loi de 1792, en les abolissant, en
consolidant la propriété sur la tête des grevés, en substi-
tuant la dévolution légale à la dévolution contractuelle,
a précisément fait disparaître ces conditions dans lesquelles résidait la substitution elle-même ?

On insiste cependant. Il y a, nous dit-on, dans l'hérédité
par le nom seul, quelque chose qui est lié intimement à
l'essence du droit. Veut-on qu'il en soit ainsi ? Soit ; mais
nous allons être conduits à d'étranges conséquences. Le
duc de Choiseul ne mettait pas seulement son orgueil à ce
que cette loge fût occupée par quelqu'un de son nom, mais
encore à ce que cette loge fût à côté de celle du Roi, en
face de celle de la Reine. Voilà une condition fondamen-
tale, essentielle, et pourtant impossible à remplir. J'espère

bien que cet aperçu nouveau n'a pas échappé à l'administration des Domaines, et qu'il nous vaudra une discussion piquante, premier chapitre d'une monographie juridique dont je propose le titre : *De l'influence des changements de gouvernement sur la transmission du droit de propriété.*

Enfin l'administration imprudente à laquelle je réponds ne voit pas qu'elle ne gagnerait rien au triomphe de sa proposition. Si la substitution, contenue dans les contrats des 20 décembre 1781 et 1er mars 1792, échappe à la loi du 14 novembre 1792, par cet étrange motif qu'elle serait liée à l'existence du droit, il est clair qu'elle ne subsiste pas seulement pour les comédiens, derniers appelés de cette substitution, mais aussi pour tous ceux qui les précèdent. Or douze branches sont successivement substituées les unes aux autres ; et chacune de ces branches a des représentants du nom de Choiseul. C'est là précisément la prétention qu'avait élevée en 1838 M. de Choiseul-Gouffier et sur laquelle il n'a pas même insisté. Mais si le raisonnement de l'administration était accueilli, ce n'est pas elle, mais tous les appelés intermédiaires qui devraient d'abord recueillir le bénéfice de la substitution.

Laissons maintenant de côté cette fin de non-recevoir et venons au fond.

Le Tribunal, en lisant les conclusions des adversaires, sera certainement frappé de l'obscurité qui y règne, et qui, volontaire ou involontaire, trahit également l'embarras de la pensée. Mais il y a un premier point sur lequel elles sont décisives, par leur silence même.

Les adversaires reconnaissent, puisqu'ils n'essaient pas même de le contester, que de 1783 à 1880, mes clients ont joui, constamment, publiquement, paisiblement du droit qui leur est aujourd'hui contesté.

A quel titre ? Comme usufruitiers ou comme propriétaires ?

Il n'est pas difficile de le voir. L'usufruit est, par son essence même, un droit viager, et le droit a été successivement transmis par M. le duc de Choiseul à Mme de Marmier, et par celle-ci à ses enfants ; ceux-ci, ainsi que leur mère, n'ont pu jouir qu'à titre de propriétaires, puisqu'ils ne pouvaient pas être usufruitiers ; si vous ajoutez à cela l'exercice absolu du droit de propriété, les impôts payés, la plaque apposée sur la loge, la mention imprimée sur le coupon, la location à l'emphytéote lui-même d'une partie de la propriété, vous comprendrez pourquoi les adversaires gardent le silence sur ce point.

Cette longue possession produit une double conséquence. La propriété se manifeste toujours sous une double forme : la possession et le titre, le fait et le droit. Le fait, c'est-à-dire la possession, fait présumer le droit, jusqu'à ce qu'il ait été renversé par une preuve contraire. Donc la famille de Marmier n'a rien à prouver ; donc l'incertitude du titre qui lui est commun avec l'État tournerait contre l'État ; donc l'absence même du titre serait suppléée par une possession presque séculaire.

Mais pourquoi s'attarder à de vaines hypothèses, lorsque le titre est produit et n'est entaché d'aucune incertitude ? Permettez-moi de placer de nouveau sous vos yeux le texte de la clause qui fait l'objet du procès (1).

. . . .

Or, voici sur ces dispositions le raisonnement de l'adversaire. Ne cherchons pas, vous dit-il, la véritable nature du droit dans les expressions qui l'établissent, et sur lesquelles, pourtant, l'attention de l'écrivain a dû être surtout appelée ; ne la cherchons pas davantage dans les stipulations qui en règlent la transmission ; il ne faut la considérer que dans la clause qui en détermine l'extinction.

Si encore cette interprétation de la disposition finale

(1) V. *Suprà* le texte du contrat du 20 décembre 1781.

était favorisée par le silence des dispositions qui précèdent, on comprendrait le raisonnement. Mais c'est le contraire qui est vrai ; l'interprétation proposée par mon
adversaire est contredite par tout le reste de la disposition.

Est-ce vrai ?

Le duc et la duchesse *auront conjointement la propriété*
de la loge.

Le survivant *aura la propriété entière* de la loge.

Si les comédiens jouent ailleurs, le duc et la duchesse
auront droit à une loge, mais ils conserveront *la propriété
de la loge du théâtre Favart*.

Le survivant aura le droit de *disposer de la propriété*.

La *propriété sera transmise* de droit au fils aîné.

La *propriété* passera à une autre branche.

Ainsi avant d'arriver à la clause qui concerne les comédiens, on a six fois l'occasion d'établir la nature du droit ;
et jamais une autre expression ne vient sous la plume du
rédacteur que celle-ci : *Propriété*.

Et il faudrait, d'après nos adversaires, dire que le rédacteur s'est trompé six fois et qu'il n'a employé l'expression
propre que la septième !

Mais il y a plus :

Que dit la clause invoquée par nos adversaires ? « auquel
» cas la réunion de l'usufruit se fera à la propriété en fa-
» veur des comédiens ». Vous le voyez, disent les conclusions, les comédiens ont un droit créé par le titre même.
L'acte parle de propriété, il se trompe ; c'est nu-propriété
qu'il faut dire ; car à côté se trouve l'usufruit. Eh bien !
rien n'est plus simple ; les comédiens sont institués nu-
propriétaires ; le duc et ses successeurs ne sont que des
usufruitiers.

Sans parler de l'évident abus de cette interprétation qui
corrige l'un des termes même qu'elle invoque, il y a dans

le texte deux impossibilités matérielles qui ne permettent pas de l'accueillir. La première, c'est que cette clause est la fin même de la stipulation par laquelle la transmission de la loge est réglée. C'est une chaîne dont les comédiens forment le dernier anneau ; mais il est clair que tous les anneaux doivent être de la même matière.

Or, quels sont les premiers anneaux ? Quel est le début de la clause ? Quel est le droit des premiers appelés ? Le droit de propriété. Dès lors il est clair que l'expression qui désigne la nature du droit du dernier appelé, tout équivoque qu'elle puisse être, n'a pas changé la nature du droit.

La seconde raison, non moins catégorique que la première, est celle-ci : La clause que nous examinons prévoit un cas dans lequel les comédiens reprendront la propriété de la loge, mais ce cas n'est pas le seul ; il y en a un second : c'est celui où l'un des appelés voudrait faire argent de cette propriété qui doit demeurer tout honorifique.

Or, il est clair que dans les deux cas, c'est le même droit qui est conféré aux comédiens ; et dans le second, on ne rencontre même plus le mot : *Usufruit...* on ne parle plus que de *propriété*.

Sortons vite de toutes ces misérables équivoques. A vrai dire, s'il était permis de critiquer avec une telle subtilité tous les termes des actes, il n'y en aurait pas un seul qui ne pût donner matière à plusieurs procès.

L'expression qui termine cette clause peut n'être pas rigoureusement conforme à la pureté de la langue du droit ; mais l'acte n'en est pas moins clair pour cela et l'obscurité n'existe que dans l'esprit de l'employé qui a imaginé cette belle interprétation.

Que veut le duc de Choiseul ? se réserver pour lui la propriété. Il le dit avec une netteté, une énergie sans égales. Ainsi à l'origine pas de démembrement de la propriété ; et comme il faudrait que ce démembrement se trouvât à l'origine, la prétention de l'administration périt par la base.

Que veut ensuite le duc de Choiseul ? substituer cette propriété de mâle en mâle à tous ceux qui, avec son nom, peuvent perpétuer le souvenir de sa glorieuse munificence. Il le veut, et il le fait avec une clarté à laquelle il n'y a pas moyen d'échapper.

Puis il prévoit deux hypothèses. Sa race s'est éteinte, ou ses héritiers, au lieu de se transmettre cette propriété comme on le fait de parures et de joyaux héréditaires, veulent en tirer profit ; à l'instant leur droit cesse et la propriété de la loge fait retour aux comédiens.

Ce sont bien les derniers appelés de cette substitution ainsi prolongée ; ils ont un droit ; oui, comme tous les appelés en ont un dans l'ordre des substitutions ; ils en ont même un de plus ; car tandis que l'appelé ne vient qu'à la mort du grevé, ils peuvent venir pendant la vie du grevé, s'il a cherché à vendre la loge.

Et maintenant d'où viennent ces expressions inexactes ? Pothier va nous le dire.

« La principale règle est qu'on doit rechercher ce qu'a voulu l'auteur des substitutions sans s'attacher aux termes.

» C'est en conséquence de cette règle qu'il a été jugé par arrêt du 10 juin 1719, rapporté au tome VII du journal, et par Augeard, que les termes dont se servent les notaires ignorants dans les substitutions, que celui qui est grevé n'aura que l'usufruit des biens substitués, n'empêchaient pas que le grevé ne dût être considéré comme propriétaire de ces biens, et que le terme d'*usufruit* employé dans le testament devait s'entendre, non d'un usufruit proprement dit, mais d'un droit de propriété qui, au moyen de la substitution, devait s'éteindre et se résoudre en la personne du grevé, à sa mort, et qui, à cause du rapport avec l'usufruit qui s'éteint de même, avait été appelé usufruit. »

Ignorant ! le mot est dur, même venant d'un professeur de droit. Sans être ignorant, on peut se servir de termes dont la correction n'est pas irréprochable. Or ici l'erreur est toute naturelle. Rien ne ressemble davantage à la façon de jouir d'un grevé que la façon de jouir d'un usufruitier ; tous deux ont la jouissance, et ni l'un ni l'autre ne peut disposer ; ces deux grands caractères, dans lesquels se résume le domaine utile des choses, sont les mêmes dans les deux cas ; nous trouvons dans l'acte de 1792, employées à chaque ligne, ces expressions si souvent répétées aujourd'hui : la propriété et la jouissance ; ce qui est tout simplement absurde, puisque la propriété contient la jouissance. Nous autres, qui avons pourtant l'obligation de parler plus rigoureusement la langue du droit, nous ne sommes pas à l'abri de tout reproche, et le Code civil lui-même n'observe pas toujours l'exacte propriété des termes.

Ignorant ! assurément Me Heurtier ne l'était pas ; mais en outre on oublie que l'acte est signé de Gerbier. Or, savez-vous ce qu'on vous propose, quand on vous demande de décider que l'acte réserve un usufruit et non une propriété? On vous demande de dire que l'acte contient une stipulation impossible sous le droit ancien comme sous le droit nouveau, et il n'est pas difficile de le démontrer.

En effet, l'administration des domaines ne songera pas sans doute à contester que le duc ait fait et voulu faire une substitution, presque infinie dans son étendue, malgré les ordonnances toujours renouvelées et toujours impuissantes, parce que les mœurs étaient plus fortes que les lois. Cette substitution était créée sous l'empire de l'ordonnance de 1747 qui limitait les substitutions à deux degrés, en sorte que le second appelé aurait transmis librement le bien substitué, comme le fait le grevé sous l'empire de la loi du 14 novembre 1792. Car cette loi n'a fait, pour le passé, que compléter les ordonnances des rois, en consolidant la propriété sur la tête du grevé comme le faisaient les ordonnances sur la tête du deuxième appelé.

La prétention de l'administration des domaines reviendrait donc à dire qu'on a voulu échapper à la prescription de l'ordonnance de 1747 en créant des usufruits successifs. Or, même sous l'ancien droit, Pothier et Ricard nous apprennent que cette fraude n'était pas tolérée ; car c'est, disaient-ils, *salvis legis verbis, sententiam ejus circumvenire*. Ces usufruits successifs, s'ils avaient été créés, auraient été traités comme des substitutions. Il est vrai que des auteurs, imbus des idées du droit ancien, comme Ducaurroy et Duranton, ont soutenu qu'on pourrait, par application de la loi des 18-29 décembre 1790, sur le rachat des rentes foncières, créer de semblables usufruits, pourvu qu'ils ne fussent constitués que sur la tête de trois usufruitiers successifs. Mais j'ignore si ces erreurs feront le fond de la plaidoirie de l'adversaire, et dès lors je me contente de dire qu'elles sont condamnées avec la plus extrême énergie par les commentateurs les plus autorisés du Code ; il me suffit de citer Marcadé, Demolombe, Zachariæ, Aubry et Rau. Tous décident que pour recueillir le bénéfice de ces usufruits successifs, il faut être au moins conçu au moment de la disposition ; en sorte que si on était ici en présence d'un usufruit, il n'aurait pu être recueilli que par le duc de Choiseul et se serait éteint à sa mort le 1er décembre 1838. Or, c'est précisément cet instant que l'État a choisi pour reconnaître et proclamer le droit dans la personne même de la duchesse de Marmier.

Car il est impossible de séparer de ces contrats presque séculaires le cortège de documents de toute sorte qui les accompagnent et les défendent contre l'agression dont ils sont aujourd'hui l'objet. Je ne demande pas à quel moment la prétention actuelle a été soutenue ; je demande à quel moment elle n'a pas été contredite par ceux qui étaient le plus intéressés à le faire, par ceux-là même contre qui nous plaidons aujourd'hui.

Il est vrai que les jugements et arrêts que j'ai produits n'ont point ici l'autorité de la chose jugée, puisque dans ces précédentes instances il s'agissait du droit de suite qui appartient à la famille de Choiseul partout où se transporte la troupe de l'Opéra-Comique. Mais aucun de ces arrêts n'a oublié de proclamer d'abord la nature du droit réservé par le duc de Choiseul dans le théâtre Favart et de le qualifier du nom de propriété.

Les documents administratifs se pressent à côté des documents judiciaires. L'Empire, avec M. de Rémusat, la Restauration, avec M. le duc d'Aumont, reconnaissent le droit et en assurent eux-mêmes l'exécution.

Le contrat de 1825 le proclame; et c'est par ce contrat que le théâtre arrive dans les mains de l'État. Mais c'est surtout après l'incendie du théâtre et après la mort du duc de Choiseul que s'accumulent les titres, les lettres, les déclarations, les actes, les lois.

Le droit de la duchesse de Marmier est successivement reconnu par l'administration des domaines, par l'emphytéote Cerfbeer, par le directeur de la troupe Crosnier, par les ministres de la justice, des finances et de l'intérieur; et l'État, dans le cahier des charges dressé pour la construction de la salle, impose à l'adjudicataire l'obligation de respecter notre droit.

Ainsi vous n'êtes pas en présence d'un droit dont personne ne se serait avisé jusqu'ici d'examiner la nature ou de mesurer l'étendue. Il a subi les unes après les autres toutes les épreuves que le temps et les hommes pouvaient lui infliger. Ceux avec qui il avait été établi ont disparu, et leurs successeurs ont voulu échapper à leurs obligations. L'immeuble dans lequel il avait été constitué a été anéanti, et on a essayé de faire périr le droit avec lui. Il a résisté à toutes ces attaques, et bien loin d'y avoir laissé quelque partie de sa force, il en est sorti plus solide et plus éclatant. Le titre qui l'établit porte sans doute l'empreinte des idées et des sentiments d'un siècle évanoui. Mais jamais les mobiles des actes ne doivent être confondus avec les actes eux-mêmes. Les mobiles changent, les actes restent ; et je ne puis me défendre d'une sorte de tristesse, en songeant que ce droit, auquel s'attachent des noms illustres et de grands souvenirs, et devant lequel tous les gouvernements et tous les régimes se sont successivement inclinés, est aujourd'hui l'objet d'une attaque qui compense, il est vrai, par un excès de brutalité ce qu'elle a de moins légitime.

Car enfin il faut voir les choses telles qu'elles sont, et les voyant, il faut les dire. Jamais aucun des gouvernements dont je produis les déclarations successives n'aurait osé plaider contre ses actes et contre ses écrits. Eh bien ! s'il est permis à l'État de faire litière des jugements et des lois dont l'exécution lui est confiée, s'il est permis à chaque administration nouvelle de répudier la solidarité des actes de celle qui l'a précédée, si les ministres de 1882 ont le droit de laisser protester la signature des ministres de 1839 et de 1840, je me demande par quels moyens on pourra désormais se mettre à l'abri du zèle des nouveaux venus. Je connais trop la prudence et les sentiments de mon éminent adversaire pour douter qu'il ne proteste en se levant contre cette théorie de l'indépendance des ministères ; mais après l'avoir répudiée, il se hâtera de vous convier à l'appliquer. Je sais d'avance tout ce que sa parole va donner de force à sa cause, et malgré cela, plus je considère ces actes et tout ce qui les a suivis, plus je me sens disposé à attendre avec confiance le jugement du Tribunal, et d'abord avec un vif intérêt les explications de mon adversaire.

L'administration des domaines était défendue par Me Victor Lefranc.

Sur les conclusions conformes de M. le substitut Rau, le Tribunal a rendu le 2 août 1882, le jugement suivant :

Le Tribunal, ouï en leurs conclusions et plaidoiries, Barboux, avocat, assisté de Cortot, avoué de la duchesse de Fitz-James et du duc de Marmier, et Victor Lefranc, avocat, assisté de Denormandie, avoué du directeur des Domaines. En ses conclusions Mouillefarine, avoué de Carvalho ; — le ministère public entendu, après avoir délibéré, jugeant en premier ressort :

Attendu que la duchesse de Fitz-James et le duc de Marmier revendiquent contre l'État, en présence de Carvalho, la propriétée d'une loge au théâtre National de l'Opéra-Comique, dont la jouissance leur aurait été retirée indûment le 2 janvier 1880, et qu'ils fondent leur revendication sur un acte en la forme authentique intervenu le 20 décembre 1781, entre le duc et la duchesse de Choiseul leurs auteurs et les comédiens italiens ordinaires du Roi composant alors le corps de la comédie dite italienne ; que suivant l'État, au contraire, le droit résultant de l'acte du 20 décembre 1781 au profit du duc et de la duchesse de Choiseul serait un simple usufruit qui se serait éteint par suite du temps écoulé, et qui, dans tous les cas, ne reposerait point sur la tête des demandeurs ;

Attendu que, par le contrat du 20 décembre 1781, le duc et la duchesse de Choiseul se sont engagés solidairement envers les comédiens italiens, à faire construire, sur l'emplacement occupé aujourd'hui par le théâtre de l'Opéra-Comique, une salle de spectacle nécessaire pour les représentations de la comédie, avec un ensemble d'accessoires déterminés ; — qu'ils se réservaient expressément la propriété et jouissance de certaines parties des constructions projetées, telles que les bâtiments qui seraient élevés entre le gros mur du théâtre et le boulevard, les caves qui s'étendraient sous le vestibule et sous l'entrée de la salle, avec leurs accès, les boutiques qui seraient établies des deux côtés du théâtre, ainsi que les caves au-dessous et les entresols au-dessus ; — qu'il était convenu en outre, comme l'une des conditions essentielles du contrat que le duc et la duchesse de Choiseul et la duchesse de Grammont, sœur du duc de Choiseul, auraient conjointement la *propriété* d'une loge à huit places à côté de celle du Roi et en face de celle de la Reine, et d'une chambre ou cabinet y attenant, et qu'ils pourraient faire construire un escalier particulier communiquant avec les souterrains des hôtels de Choiseul et de Grammont ; qu'il était stipulé également que le survivant du duc et de la duchesse de Choiseul et de la duchesse de Grammont, aurait la *propriété entière* de la loge et du cabinet et la faculté d'en disposer au profit d'une personne du nom et de la famille de Choiseul à sa volonté, la propriété devant être transmise après le décès de la personne choisie à son fils aîné, puis de celui-ci à sa postérité masculine portant le nom de Choiseul, d'aîné en aîné, et, en cas de défaillance, suivant un ordre déterminé, jusqu'à ce qu'il cessât d'exister des mâles du nom de Choiseul, héritiers et parents du dernier jouissant, hypothèse dans laquelle la loge et le cabinet feraient retour aux comédiens, qu'enfin le duc et la duchesse de

Choiseul s'interdisaient pour eux, pour la duchesse de Grammont et pour leurs successeurs de vendre ou louer à qui que ce fût leurs droits sur la loge, la *propriété*, s'il était contrevenu à cette interdiction, retournant immédiatement aux comédiens ;

Attendu que le contrat qualifie d'une manière expresse de propriété et de propriété entière le droit qu'il constitue au profit du duc et de la duchesse de Choiseul, de la duchesse de Grammont et de leurs successeurs, sur la loge et sur ses dépendances, y compris l'escalier qui la mettait en communication avec leurs hôtels ; que les termes employés à maintes reprises au cours d'un acte authentique ne prêtent à aucune équivoque et ne laissent place à aucun droit qui ne serait pas la propriété entière et n'en serait qu'un démembrement comme l'usufruit ;

Attendu, à la vérité, que le contrat lorsqu'il prévoit le cas où il n'existerait plus de mâles du nom de Choiseul héritiers et parents du dernier jouissant, ajoute qu'alors *la réunion de l'usufruit de la loge et de la petite chambre se fera à la propriété en faveur des comédiens ;* mais qu'une expression employée isolément dans une clause accessoire, ne saurait à elle seule prévaloir contre la lettre claire, formelle et précise des clauses principales qui établissent les conditions du droit litigieux et en règlent la transmission ;

Attendu d'ailleurs qu'à l'époque où est intervenu l'acte authentique du 20 décembre 1781, la pratique notariale qualifiait couramment d'usufruit le droit du grevé sur les biens frappés de substitution, la jouissance présentant, en fait, quant à l'étendue et quant à la durée, les mêmes caractères que celle de l'usufruitier ;

Que Pothier proteste contre cet abus, *au traité des substitutions,* section trois, article premier, et enseigne que le grevé a toujours la propriété pleine et entière des biens substitués quels que soient les termes impropres employés dans les actes ;

Attendu enfin qu'il y a d'autant moins lieu de s'arrêter à l'expression inexacte contenue dans la clause dont s'agit, que le contrat lui-même, quand il prévoit le cas où les bénéficiaires de la loge trafiqueraient de leurs droits, dispose formellement qu'alors *la propriété* retournerait aux comédiens ;

Attendu qu'on ne saurait exciper davantage au nom de l'État de ce que l'acte du 20 décembre 1781, lorsqu'il réserve au duc et à la duchesse de Choiseul *la propriété et jouissance* de certaines parties des constructions, notamment des entresols au-dessus des boutiques sur les deux côtés du théâtre, ne mentionne pas la loge et ses dépendances et stipule au contraire que le surplus des bâtiments élevés sur les entresols, appartiendra aux comédiens ; qu'il n'est pas permis d'en conclure que la loge et ses dépendances n'ayant pas été comprises dans les réserves qui s'appliquent aux constructions n'ont pu par là même être réservées à titre de propriété, en vertu de clauses subséquentes ;

Que, dans l'économie du contrat, les réserves afférentes aux constructions sont distinctes de celles qui se rapportent spécialement à la loge et à ses dépendances et que les unes et les autres font l'objet de stipu-

lations différentes qui se suffisent à elles-mêmes sans que l'interprétation des secondes dépende nécessairement de la portée attribuée aux
premières ; qu'elles constituent au profit du duc et de la duchesse de Choi-
seül un droit de propriété pur et simple, tandis que les autres leur attri-
buent un droit de propriété transmissible suivant des conditions particulières et résolubles dans deux cas déterminés ; que constitué sur la
loge ou sur les constructions, pur et simple ou conditionnel, le droit ainsi
établi n'en est pas moins, par la volonté expresse des contractants, un
droit de propriété, dont l'objet est différent, mais dont la nature est
identique ;

Attendu qu'on objecte vainement, à un autre point de vue, que le droit
du duc et de la duchesse de Choiseul sur la loge et ses dépendances, eu
égard à la jouissance particulière qu'il comporte et aux limites qui lui
sont imposées par la force des choses, répugne à l'idée d'une propriété
et présente plutôt le caractère d'un usufruit ou d'un droit *sui generis*
analogue à celui de l'usufruitier ;

Attendu en effet que le droit de propriété s'applique, par la seule volonté des contractants à tout ce qui est dans le commerce, sans exception
ni réserve ; qu'il peut s'exercer, dans l'espèce, sur une loge de théâtre,
sur un cabinet y attenant et sur un escalier qui y conduit, c'est-à-dire
à proprement parler sur une travée de l'édifice entier, comme dans
d'autres circonstances il s'exerce sur l'un des étages d'une maison ; qu'il
importe peu que, d'après la convention, l'un de ses attributs essentiels
prédomine, la jouissance par exemple, et qu'un autre subisse certaines
modifications, comme la disponibilité ; qu'il n'en conserve pas moins sa
nature propre, et que, dans aucun cas, les limites apportées à la jouissance ou à la faculté de disposer ne sauraient suffire pour le transformer en un simple usufruit ;

Attendu que le droit de propriété et l'usufruit ont chacun leurs caractères distinctifs ; — que le premier est perpétuel et transmissible, tandis
que le second est personnel et que de plus il est viager lorsqu'il n'a pas
été créé pour un temps déterminé ; que le droit constitué par l'acte de
1781, au profit du duc et de la duchesse de Choiseul et de la duchesse
de Grammont sur la loge litigieuse, n'est évidemment ni personnel à
ceux qui l'ont stipulé, ni limité à leur existence ; que son caractère de
perpétuité et de transmissibilité ressort au premier chef des clauses qui
en ont réglé la transmission jusqu'à l'événement d'une condition particulière ;

Attendu que l'interprétation du contrat de 1781, résultant aussi du
contrat lui-même, est en outre confirmée par l'exécution qu'il a reçue
jusqu'au 2 janvier 1880, et par les conventions qui en ont été la suite,
spécialement le 1er mars 1792 et le 22 novembre 1825 ;

Attendu que par acte authentique du 1er mars 1792, le duc de Choiseul étant décédé en 1785, la duchesse, sa veuve, et la duchesse de
Grammont disposent de leurs droits au profit de Clériadus de Choiseul,
leur neveu, et en règlent la transmission après lui, selon les prescriptions du contrat de 1781 ; — qu'elles déclarent agir en vue de donner

exécution pleine et entière à la clause de réversion de la propriété de la loge,
dont la réserve est exprimée audit contrat, et d'en assurer la *jouissance*
au bénéficiaire après la duchesse de Grammont, la duchesse de Choiseul
y renonçant dès à présent ; — que, s'il est ajouté dans la disposition
finale de l'acte, que Clériadus de Choiseul et ceux qui viendront après
lui, jouiront successivement de la loge et en useront pendant leur vie en
usufruit, comme de chose leur appartenant, on ne saurait attribuer à ces
expressions d'autre portée que celle qu'elles avaient dans le contrat de
1781 ;

Qu'ici encore, c'est la *propriété* et la *jouissance* à titre de propriétaire
qui sont transmises, à charge de substitution, et c'est le droit du grevé
qui est improprement qualifié d'usufruit ;

Attendu que par un autre acte authentique du 22 novembre 1825,
passé entre le roi Charles X, qui est devenu propriétaire du théâtre aux
lieu et place des comédiens italiens, et Clériadus, duc de Choiseul, dont
le droit s'est ouvert au décès de la duchesse de Grammont, le duc de
Choiseul, obéissant à de hautes convenances, échange sa loge du premier étage contre une autre située au second, immédiatement au-dessus ; que son droit sur la loge qu'il abandonne est formellement qualifié de *propriété* et *jouissance*, aussi bien que celui qu'il acquiert et qui
lui est donné pour l'exercer de la même manière et dans les mêmes termes, en vertu des contrats de 1781 et de 1792 ; qu'il se réserve également,
pour lui et ses successeurs, l'entrée particulière qu'il a sur la rue Favart, et l'escalier qui conduit à sa nouvelle loge, au moyen du prolongement qui a été fait du premier étage au second ;

Qu'enfin, prévoyant le cas où le roi et la famille royale n'auraient
plus de loges réservées dans le théâtre, il stipule la reprise de son ancienne loge au premier étage, telle que la *propriété* et *jouissance* lui en
a été assurée par les actes sus-énoncés ;

Attendu, d'un autre côté, que le duc Clériadus de Choiseul et ses
successeurs ont toujours exercé leurs droits comme propriétaires, conformément aux titres qui précèdent ;

Attendu que notamment en 1839, la salle Favart ayant été détruite
par un incendie, une loi ayant autorisé la dépense nécessaire à sa reconstruction, et une adjudication s'étant ouverte, le duc de Marmier,
au nom de la duchesse sa femme, fille et unique héritière du duc
Clériadus de Choiseul, a fait directement à l'État, dans la personne du
préfet de la Seine, une signification destinée à conserver tous ses droits
sur le nouveau théâtre ;

Que, par cette signification, le duc de Marmier entend dénoncer aux
soumissionnaires les *droits réels* dont la duchesse et lui sont en possession à titre de *propriétaires fonciers*, sur l'immeuble à reconstruire, et
dont ils ont joui sans trouble ni interruption, eux ou leurs auteurs, depuis 1781 ;

Que, désignant plus spécialement la travée que formaient la loge et
ses dépendances, l'escalier et la cave au-dessous, et qui avait échappé
à l'incendie, hormis la loge, il la qualifie de *propriété privée*, enclavée

dans le théâtre, et s'oppose à ce qu'elle soit démolie, reconstruite ou modifiée sans son consentement ;

Que non seulement la dénonciation ainsi faite à l'État par le duc de Marmier, n'a donné lieu à aucune protestation, mais qu'en exécution d'un arrêté du ministre de l'intérieur du 30 avril 1839, elle a été déposée au secrétariat de la préfecture de la Seine, pour être communiquée au public, lors de l'adjudication et valoir ce que de droit ;

Attendu qu'antérieurement le duc de Marmier avait pris soin, devant la Chambre des députés, dont il était membre, de réserver sa propriété telle que le duc de Choiseul en jouissait, lors de l'incendie de 1837, et qu'à sa demande l'article 13 du cahier des charges de l'adjudication avait imposé aux soumissionnaires de supporter, outre les charges et servitudes, les *droits réels* qui grevaient la salle Favart ;

Attendu que postérieurement, la salle ayant été reconstruite, le duc et la duchesse de Marmier ont traité, le 17 août 1840, avec l'adjudicataire emphytéote et avec le directeur du théâtre, pour assurer l'exercice de leur droit de propriété, dans des conditions particulières, et que notamment ils leur ont consenti l'abandon temporaire de partie de la travée litigieuse, pour en jouir de la même manière que le ferait un locataire ;

Que de plus, aux termes de la loi, des arbitres devant fixer le loyer de la salle, une sentence arbitrale est en effet intervenue le 13 juillet 1842, qui a mis à la charge de l'emphytéote les *droits réels et servitudes* pouvant grever l'immeuble, et notamment les arrangements énoncés en l'acte du 17 août 1840 ; que l'État était représenté devant les arbitres, et qu'il a donné à leur décision une entière adhésion sur ce point ; qu'enfin le 17 avril 1872, une nouvelle sentence arbitrale a été rendue, pour le même objet, en présence de l'État, et qu'elle constate formellement que la loge de Marmier, droit réel qui grève l'immeuble, ne soulève aucune contestation ;

Attendu que l'État soutient, en dernier lieu, que les demandeurs ne seraient pas fondés à revendiquer le droit auquel ils prétendent, quelle qu'en fût d'ailleurs la nature, tout au moins par le motif qu'ils ne portent pas le nom de Choiseul, et dès lors, ne remplissent pas l'une des conditions que leur imposerait le contrat du 20 décembre 1781 ;

Attendu que les dispositions du contrat de 1781 qui réglaient la transmission du droit après là personne qui succèderait au dernier des bénéficiaires originaires, n'ont pas survécu à la loi des 25 octobre — 14 novembre 1792, abolitive des substitutions ; — que, par l'effet de cette loi, et à partir de sa promulgation, ainsi qu'il résulte des décrets interprétatifs des 22 ventôse et 9 fructidor an II, le donataire ou l'héritier grevé de substitution a acquis sur les biens substitués un droit de pleine propriété pur et simple et incommutable ; — qu'à ce moment Clériadus de Choiseul, aux termes du contrat du 1er mars 1792, était donataire de la loge et de ses dépendances, sous réserve de la jouissance viagère de la duchesse de Grammont, et à charge de substitution, au profit des personnes déterminées ; qu'il en est ainsi devenu propriétaire pur et simple comme si elles lui eussent été données sans aucune charge de substitution, pour être transmises après lui à ses héritiers naturels ;

Attendu que l'application de la loi de 1792 ne saurait être contestée dans l'espèce, parce que le contrat de 1781 aurait principalement un caractère onéreux ; qu'elle ne saurait davantage atteindre la substitution proprement dite, sans frapper également la condition d'après laquelle la loge et ses dépendances ne peuvent advenir qu'à une personne portant le nom de Choiseul ;

Qu'en effet, la loi de 1792, dictée par des intérêts supérieurs, ne comporte aucune exception et s'applique à toutes les substitutions, qu'elles soient contenues dans un acte de disposition purement gratuite, ou se rattachent à des conventions d'une nature différente ;

Que de même, la substitution établie par le contrat de 1781 est indivisible, et se constitue à la fois par la transmission suivant un ordre déterminé, et par l'exclusion de toute personne qui ne porterait pas le nom de Choiseul, sans que les deux éléments puissent être arbitrairement séparés ;

Attendu que Clériadus de Choiseul a donc possédé la loge litigieuse et l'a transmise après lui libre de toutes charges, son droit demeurant affecté exclusivement d'une condition résolutoire, pour le cas où il viendrait à en trafiquer ; qu'il l'a si bien transmise libre de toutes charges, qu'elle est passée avec son hérédité entière à la duchesse de Marmier, sa fille, qui ne l'eût jamais recueillie, le contrat de 1781 gardant son plein et entier effet, et la substitution suivant son cours normal ;

Que d'autre part, cette transmission a eu lieu au vu et au su de l'État, ainsi qu'il appert de la notification faite en 1839 à la requête du duc de Marmier au préfet de la Seine, et des actes ou déclarations qui l'ont précédée et suivie ;

Que l'État, mis aux droits des comédiens italiens par l'acquisition que le roi Charles X avait faite du théâtre en 1825, et directement interpellé par la signification de 1839, n'a élevé aucune protestation contre le titre héréditaire, en vertu duquel les nouveaux bénéficiaires de la loge entendaient la posséder ;

Attendu que de tout ce qui précède il résulte que la duchesse de Fitz-James et le duc de Marmier sont propriétaires de la loge litigieuse ; que la jouissance leur en a été indûment retirée le 2 janvier 1880, et qu'ils doivent être réintégrés dans leur possession par les voies de droit ;

Attendu en outre que la privation de jouissance qu'ils ont subie, leur a causé un dommage dont l'État doit supporter seul la réparation, ainsi qu'ils le demandent ;

PAR CES MOTIFS : Dit et déclare que la duchesse de Fitz-James et le duc de Marmier sont propriétaires, dans le théâtre national de l'Opéra-comique, de la loge dont la jouissance leur a été retirée le 2 janvier 1880, avec toutes ses dépendances ;

Les autorise à se mettre en possession de ladite loge et de ses annexes par toutes les voies de droit ;

Condamne l'État à leur payer une somme de 10,000 francs, à titre de dommages-intérêts. Condamne les défendeurs aux dépens, dont distraction à Cortot, avoué, qui l'a requise.

L'administration des domaines a interjeté de ce jugement un appel dont elle s'est ensuite désistée.

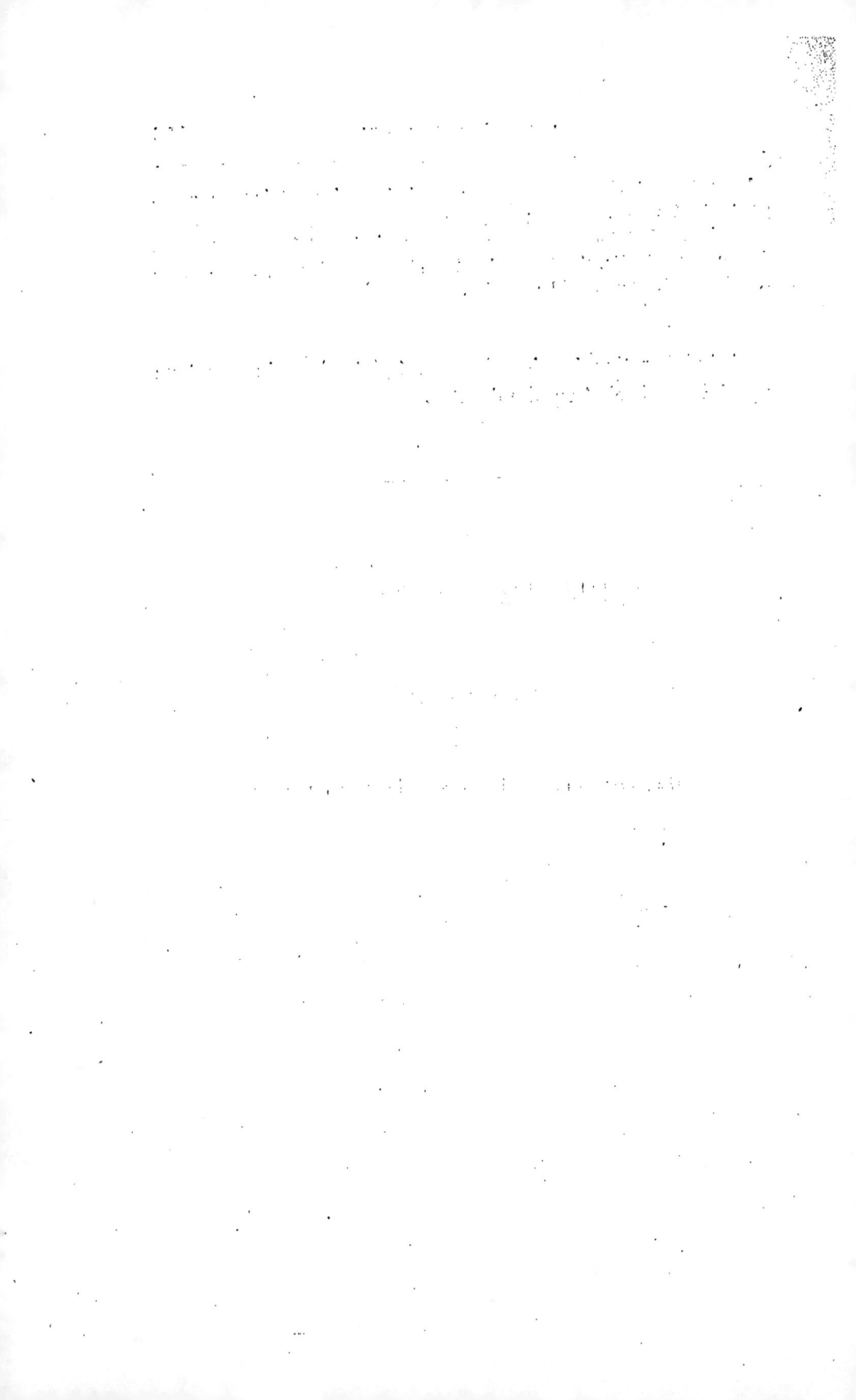

AFFAIRE MIMAULT

PLAIDOIRIE

POUR

Madame veuve RAYNAUD, partie civile

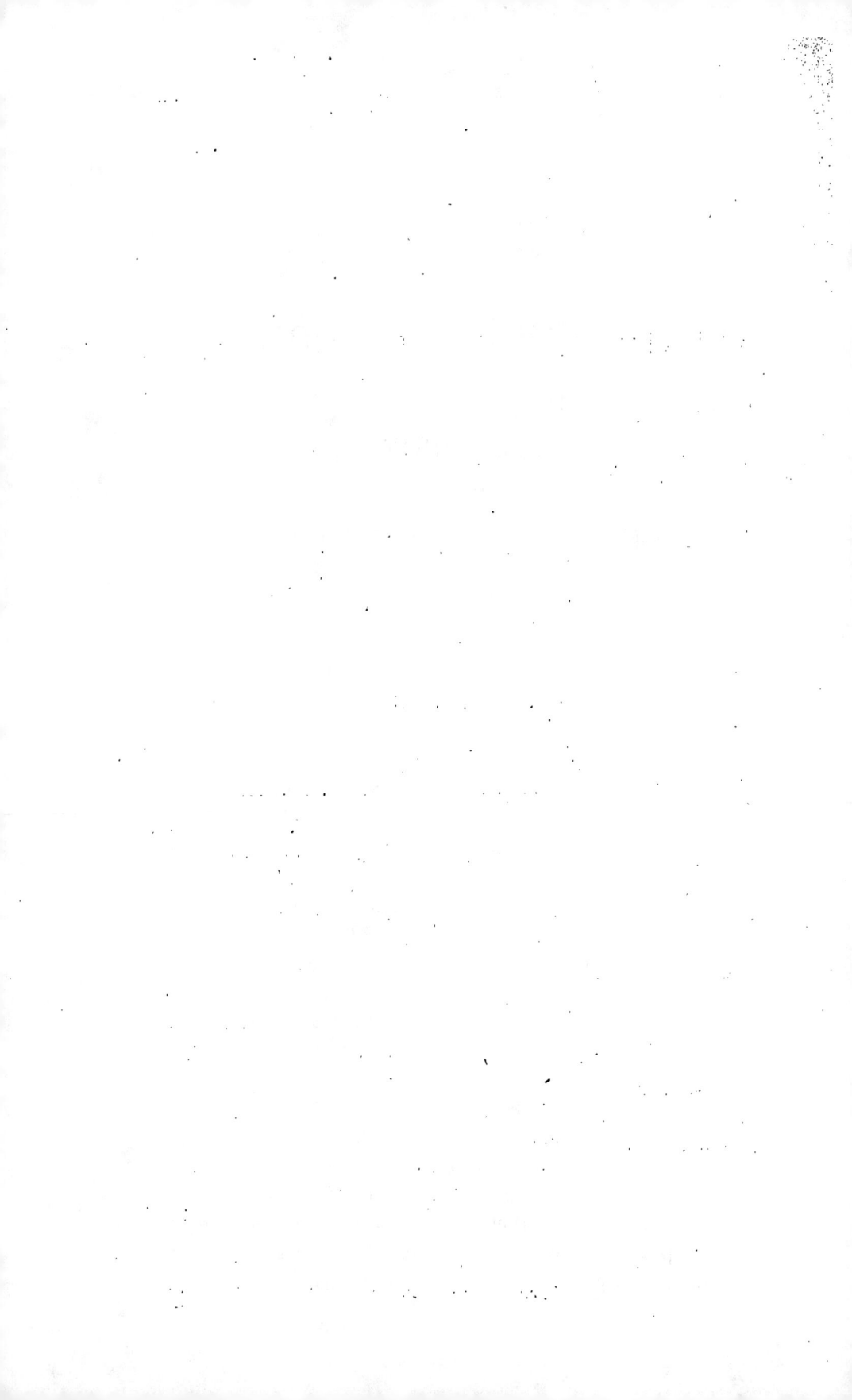

AFFAIRE MIMAULT. — HOMICIDE

PLAIDOIRIE

POUR

MADAME VEUVE RAYNAUD, PARTIE CIVILE

L'intérêt de ce procès était tout entier dans le problème de médecine légale que soulevait l'accusation. Tous les faits essentiels sont relevés dans les passages suivants du réquisitoire définitif. On y verra notamment qu'ayant commis un précédent attentat sur des élèves de l'École polytechnique, Mimault avait été considéré comme irresponsable par les médecins aliénistes et mis en liberté. Cette indulgence excessive n'avait pas calmé l'orgueilleuse fureur de Mimault, et, devant un nouveau crime, la médecine cette fois déclarait l'assassin responsable de ses actes, et la justice le poursuivait en cours d'assises. Mais pourquoi la deuxième fois plutôt que la première ? Au fond de tous ces procès que le vent d'ambitieuse folie qui souffle sur les esprits rend si fréquents et si graves, il il y a un problème. Quel est le véritable caractère de la loi pénale ? Quel est son but ? A quelles nécessités doit-elle répondre ? Les recherches nécessairement conjecturales de la médecine légale sur l'état sain ou morbide d'un principe immatériel qui se dérobe à ses constatations contribuent-elles beaucoup à éclairer la justice ? N'ont-elles pas plus souvent pour effet d'énerver son action ? Lorsqu'un acte est criminel, comme un viol, un homicide, est-ce à l'auteur à prouver qu'il l'a commis en état de folie, ou à la société à établir qu'il était raisonnable ? On comprendra aisément que ces questions ne pouvaient pas être abordées de front devant le jury, et que l'avocat de la partie civile devait se borner à les effleurer.

Voici les passages les plus importants du réquisitoire définitif :

Mimault est né à Maillé (Vienne) le 27 avril 1841. Ancien sous-officier rengagé pendant la guerre et promu alors officier, il reprit à la paix l'emploi qu'il occupait, depuis quelques années déjà, à l'Administration des télégraphes : commis de deuxième classe aux appointements annuels de 2.400 francs.

Une déception d'inventeur allait en faire, de propos délibéré et dans les conditions les plus graves, un meurtrier.

Le 4 janvier dernier, en pleine rue et en plein jour, il déchargeait à bout portant six coups de révolver sur le directeur de l'école des télégraphes, M. Raynaud, qui frappé de trois balles, l'intestin percé de part en part, succombait six jours plus tard dans les plus cruelles souffrances.

Les 7 janvier 1874, 4 janvier et 26 novembre de la même année, Mimault avait pris des brevets d'invention et un certificat d'addition pour un appareil nouveau fondé sur la combinaison binaire de courants électriques et permettant d'adopter la transmission multiple à l'appareil Hughes.

Très peu après, un autre employé de l'administration, le sieur Baudot, prenait le 17 juin 1874, 17 juin 1875 et 2 mars 1876 des brevets ou certificats d'addition pour un appareil similaire, mais perfectionné, que l'Administration des télégraphes adopta de préférence à l'appareil Mimault.

L'inculpé, très irrité, prétendit qu'à une table d'hôte commune, Baudot avait surpris ses confidences et l'avait spolié de son invention.

Un procès en contrefaçon fut engagé. On plaida dix ans.

Après un jugement favorable à Mimault, un arrêt contraire et une première cassation, l'affaire revint devant la Cour d'Amiens, qui débouta définitivement l'inculpé de ses prétentions.

Et le 4 juin 1885 un second arrêt de la Cour suprême repoussait cette fois son pourvoi « attendu que de l'étude approfondie du brevet Mi-» mault et de l'appareil Baudot, la Cour d'appel avait tiré légitimement » la double conclusion, que Baudot avait réalisé une combinaison de » principes et de moyens, connus ou créés par lui, constituant une inven-» tion propre et qu'il a obtenu un résultat industriel nouveau autre que » celui indiqué dans le brevet de Mimault. »

Mimault succombait. L'Administration pourtant donnait à la continuation de ses études les plus sérieux encouragements.

Elle lui maintenait son emploi ses 2.400 francs d'appointements, sans exiger sa présence réelle dans le service. Elle lui distribuait diverses indemnités qui, en quelques années, atteignaient le chiffre de 20.000 francs que l'inculpé reconnaît avoir reçus. Baudot n'en avait reçu que 6.000 en 18 ans.

Mimault, son pourvoi rejeté, n'en témoigne pas moins aux ingénieurs de l'École, qu'il accuse d'avoir favorisé Baudot, une irritation qui va croissant.

Dans sa chambre de la rue Claude Bernard, 8 bis, on l'entend s'agiter, s'emporter, crier.

Le 4 juillet 1886 enfin, sans provocation, sans motif aucun, il sort, à 10 heures du soir, d'un café du boulevard Saint-Michel pour tirer par derrière quatre coups de révolver sur deux élèves de l'école polytechnique qui passaient là en uniforme.

Il les blesse l'un et l'autre, et le hasard seul fait que, de quatre balles dont il les frappe, aucune ne détermine de désordres graves.

L'inculpé est à l'heure où on l'arrête dans un tel état de surexcitation que le commissaire de police demeure convaincu qu'il ne jouit pas de la plénitude de ses facultés intellectuelles.

Il ne cesse de répéter qu'il poursuit une idée, qu'il en veut à l'uniforme des élèves de l'école polytechnique et qu'il y a plusieurs jours qu'il a formé le dessein d'en tuer quelques-uns.

« C'est une institution, dit-il, que je veux faire disparaître ».

Trois médecins examinent Mimault ; on le déclare, non sans hésitation, irresponsable, « passionné, prompt à se laisser aller à des déterminations sans mesure ; il a eu bien des déboires dans sa vie ; ne manquant pas d'intelligence, il n'a pas eu cette stabilité, au moins dans la jeunesse, qui prépare l'avenir, et n'a pas su tirer tout le parti qu'il eut pu des conditions relativement favorables dans lesquelles il s'est trouvé ».

» Mimault au cours de sa vie administrative a plus d'une fois préparé les difficultés avec lesquelles il s'est trouvé aux prises ».

» Chez un homme d'un tempéramment nerveux, l'irritabilité devient excessive, les plaintes de plus en plus amères; il y a par moment de véritables crises nerveuses ».

» Ces états de l'intelligence sont d'une observation relativement facile ».

» Les pires inspirations peuvent survenir chez un homme dont les passions sont surexcitées ».

» Nous avons suffisamment insisté sur l'état mental de Mimault pour qu'il soit facile de comprendre que cet homme d'une susceptibilité nerveuse maladive, usé par la lutte, roulant incessamment dans sa tête fatiguée des projets de vengeance, se montant seul chez lui et s'excitant à des représailles qu'il juge légitimes, eût pu à un moment donné ne plus trouver en lui l'appoint de résistance suffisant ».

» Il y a là certainement un état tout particulier de l'intelligence dominée par une obsession qui, par sa persistance, confine de près à l'état pathologique, entrave le libre exercice de la volonté, amoindrit la résistance à des sollicitations passionnelles ».

» Nous n'avons pas le droit de dire que toute responsabilité a disparu, mais en honneur et conscience nous estimons que l'état mental de Mimault atténue dans une large mesure sa responsabilité ».

C'était l'acquittement. Mimault avait subi près de 4 mois de détention préventive. Sur la foi du rapport médical, une ordonnance de non-lieu dut intervenir.

Des paroles graves avaient cependant été prononcées : « J'ai eu depuis quelque temps, avait déclaré l'inculpé lui-même à l'instruction, j'ai eu la vague idée, tantôt de me détruire, tantôt de tuer M. Raynaud ».

« Aussi avais-je acheté un excellent revolver à six coups ; mais je n'ai pas pris un parti définitif et c'est à cela que M. Raynaud doit d'être encore en vie ; car si j'avais tiré sur lui, je vous assure que je ne l'aurais pas manqué ».

Les médecins experts ne s'étaient point trompés : « un homme surtout est l'objet de sa haine, c'est M. Raynaud ; et il l'avoue, la pensée lui est venue bien souvent de lui demander un compte sévère de sa conduite, il a plus d'une fois roulé dans sa tête les plus sinistres projets ».

Le rapport médical paraît avoir pensé que l'indulgence et la liberté suffiraient à guérir l'état pathologique qu'il signalait et à dissiper les sinistres projets qu'on leur avouait.

Cet espoir a été déçu. Mimault avait déclaré que sa vengeance visait surtout M. Raynaud et, comme il l'avait dit, il l'a tué.

A peine en liberté, il avait repris ses démarches auprès de l'Administration.

Il demandait la prolongation de son brevet par une loi, une indemnité de 100.000 francs, les ressources nécessaires pour continuer ses expériences, une élévation de classe ou une distinction honorifique.

Il se fut contenté en désespoir de cause d'un secours de 2.000 francs.

Une commission fut nommée, instruisit sa requête, fit son rapport.

L'inculpé souffrait avec peine ces délais. Il y avait chez lui des accès de fureur intense.

Il brisa un jour tout son mobilier.

Le 4 janvier dernier, à 8 heures et demie du matin, on lui remettait enfin une réponse officielle de l'Administration.

Ses principales demandes étaient repoussées, et on lui demandait, pour pouvoir apprécier en connaissance de cause la valeur pratique de l'invention, des plans d'exécution détaillés, que depuis plus de 10 ans il promettait et ajournait toujours.

On lui faisait espérer d'ailleurs de nouveaux subsides.

A peine avait-il ouvert le pli administratif, que la concierge le vit descendre précipitamment l'escalier, puis remonter bientôt dans une agitation extrême.

Il venait du bureau télégraphique de la rue Monge, où il avait téléphoné avec M. Granet, ancien Ministre des postes.

Le jeune fils de M. Granet, âgé de quatorze ans, était seul présent.

Il informa Mimault que son père ne rentrerait pas avant le milieu de la journée. « Je suis dans une situation désespérée, lui téléphona alors l'inculpé. Il y a au ministère des personnes qui se conduisent envers moi d'une façon que je m'abstiens de qualifier, vous êtes jeune et vous avez du cœur, jetez-vous aux pieds de votre père, suppliez-le pour moi de me faire obtenir la somme de 2.000 francs que je demande où je perds la tête ».

Mimault revint chez lui, prit son révolver et, résolu cette fois à tuer M. Raynaud, alla l'attendre boulevard St-Germain, aux abords de son domicile.

Rue de Grenelle, deux employés des télégraphes le rencontrent, le garçon de bureau Her à 10 heures un quart, le commis principal Fuvenneton, quelques minutes après.

Il se plaint à Her de la communication reçue le matin : « Je m'attendais à mieux. Ils sont bons pour eux et mauvais pour les petits. Ce sont des canailles » !

Vers 10 heures et demie, M. Raynaud ne paraissant pas, Mimault va déjeuner dans un bouillon voisin.

A 11 heures et demie, l'inculpé est revenu à son poste.

Il aperçoit tout à coup M. Raynaud : « Je le suis à distance, dit-il lui-même, jusqu'au moment où il tourne la rue Bellechasse, je me rapproche de lui insensiblement, guettant le moment où je pourrais tirer sur lui sans risquer d'atteindre et de blesser les passants.

« Quand je juge le moment opportun, je lui tire par derrière un ou deux coups, je crois même que c'est le premier qui l'a atteint au bas des reins ».

« Il traverse aussitôt la chaussée et se retourne vers moi. En m'apercevant, il pousse un cri de terreur ! Ce cri de terreur, je dois le dire, m'a procuré une satisfaction au moins aussi grande que celle de l'avoir atteint ».

« J'allonge le bras dans sa direction et je tire un nouveau coup. Il s'éloigne et je continue à tirer mais sans viser ».

Les six cartouches étaient épuisées quand les agents Brissaud et Bourgoin, en service à cet endroit même, purent l'arrêter.

On porta M. Raynaud dans une pharmacie, puis à son domicile. En le voyant, sa femme qui le savait depuis longtemps menacé, ne pousse qu'un cri de terreur : Mimault !

Trois balles avaient frappé M. Raynaud. Deux, à l'avant-bras et à la partie inférieure du bras, avaient produit des blessures sans gravité.

La troisième, au niveau de la région lombaire gauche, avait traversé l'abdomen de part en part, détruit tous les tissus, percé le péritoine, perforé en deux points l'une des anses intestinales.

La blessure était mortelle. Le 10 janvier, dans la matinée, M. Raynaud succombait après une agonie de 6 jours.

Quand on fit connaître sa mort à l'inculpé, il ne témoigna aucune émotion, aucun regret.

« Ce n'est pas la mort de M. Raynaud qui satisfait ma vengeance, a-t-il répondu. Ma vengeance a été satisfaite lorsqu'après ce premier coup tiré, M. Raynaud s'est retourné vers moi et a poussé un cri de terreur en me voyant ».

» A partir de ce moment il m'a semblé que ma haine disparaissait et je crois que si M. Raynaud m'avait interpellé, j'aurais volontiers causé avec lui, jouissant de le voir à ma discrétion ».

Le crime a été commis publiquement. Le guet-apens est avoué.

La préméditation n'est pas moins certaine. Depuis plus de 10 ans, Mimault poursuivait sa victime d'une haine sauvage.

Il accusait M. Raynaud, membre influent de tous les comités saisis de ses inventions, de l'en avoir systématiquement dépouillé au profit de Baudot.

Dans l'instruction de 1886, il avouait hautement avoir eu plus d'une fois la pensée du meurtre.

En octobre dernier, son attitude s'aggrave encore. Il est reçu par M. Raynaud dans son cabinet, il s'emporte, et, invité à se retirer, il se retourne en présence du garçon de bureau Bonafaux et fait un geste de menace significatif : « Je crois, dit-il quelques jours après au commis des télégraphes, que si j'avais été certain de pouvoir l'étrangler, je l'aurais fait. Mais il m'a semblé qu'il avait le cou trop gros, c'est égal, je le tuerai ».

A la veille même du rejet définitif de ses demandes, Mimault rencontre M. Raynaud, boulevard Saint-Germain, se plaint de ses créanciers, et son interlocuteur l'engageant à leur abandonner partie de ses appointements : « Ah ! mon petit Raynaud, tu veux qu'avec 2.400 francs d'appointements je paie 60.000 francs de dettes ! tu mérites que je t'embrasse pour cette parole ! » Ce qu'il fit.

Le jour du crime enfin, il ne nie pas s'être armé du révolver avec la volonté arrêtée de tuer M. Raynaud qui se savait lui-même menacé à tel point qu'il n'avait pas osé informer sa femme de la décision défavorable qui venait d'être signifiée à l'inculpé.

M. Raynaud, à son lit de mort, a fait une déclaration importante qui établit à quel point le ressentiment de l'inculpé était injuste : « Ce Mimault, a-t-il dit, est un misérable ! j'ai eu, comme expert de l'Administration, à choisir entre l'appareil Baudot et l'appareil Mimault ».

« Je n'avais pas à m'occuper des contestations pendantes entre Mimault et Baudot. Je n'avais à prendre parti ni pour l'un ni pour l'autre, n'ayant à résoudre qu'une question purement scientifique. J'ai choisi l'appareil Baudot qui me paraissait préférable ».

Les médecins aliénistes cette fois admettent que la société doit se défendre contre l'inculpé et l'empêcher de compromettre de nouveau sa sécurité.

D'ailleurs, le principe même de la loi pénale ne permettrait pas qu'on laissât en état de nuire un homme que les médecins déclarent ne pouvoir interner, que l'impunité d'un premier attentat n'a pas détourné d'un nouveau crime et dont la vengeance ne paraît même pas assouvie encore, à en juger par sa menace à M. Mascart, membre de l'Institut, en pleine instruction : « J'ai eu affaire à une bande de voleurs, j'en ai tué un et j'ai bien fait. Si je vous avais rencontré étant armé, je ne vous aurais pas ménagé plus que les autres ».

Devant un tel langage, il semble que l'indulgence soit épuisée. Les anomalies intellectuelles et morales, les imperfections dont les aliénistes demandent encore que l'on tienne compte sont hors de propos. La science médicale se déclare impuissante à protéger la société. Elle doit laisser à la justice le soin de le faire, dans la plénitude de ses droits.

MESSIEURS LES JURÉS,

Vous n'êtes pas surpris, je l'espère, de voir devant vous la veuve de Raynaud, et je n'ai pas besoin sans doute de vous exposer longuement les raisons qui l'amènent à votre barre. Elle s'y présente, conduite et soutenue par le sentiment d'un double devoir ; elle vient demander, non pas des dommages-intérêts dont elle aurait horreur, mais justice. Elle a su, par l'instruction, que Mimault, pour se défendre, accusait sa victime de partialité systématique et d'injustice préméditée. Mme Raynaud veut venger la vérité de ces mensonges et défendre la mémoire de son mari contre ces accusations imméritées. Elle a su que, pour essayer de le sauver, on voulait soutenir que Mimault était un aliéné et que le devoir du jury était de rendre le plus tôt possible à la société, qui l'attend avec impatience, ce citoyen doux, paisible et utile. Mme Raynaud croit, non pas à la folie de Mimault, mais à sa haine ; elle s'indigne d'une thèse qui l'expose à rencontrer demain, libre et railleur, l'homme qui a, par derrière, lâchement assassiné son mari ; et, sortant pour un jour de l'obscurité de sa douleur, elle vient voir si, dans cette lutte nouvelle entre le meurtrier et la victime, la justice régulière du pays se mettra du côté des assassins.

Je n'ai pas besoin, d'ailleurs, Messieurs les Jurés, de retenir longtemps votre attention. Aussi bien, au lieu de vous raconter moi-même ce qu'avait été Raynaud, il m'a semblé qu'il valait mieux vous le faire dire par ceux qui ont été les témoins de sa vie. Plusieurs sont venus à votre barre, et vous avez vu qu'ils étaient les échos d'une opinion universelle. Savant, vous avez entendu ses maîtres et ses disciples ; patriote, un des compagnons de ses luttes et de ses périls ; homme enfin, ses égaux et ses subalternes. Que vous ont-ils dit ? Résumons en quelques mots les étapes de cette vie si bien remplie et si tôt coupée.

M. Raynaud est sorti de l'École polytechnique l'un des premiers en novembre 1862, et il a été assassiné le 4 janvier 1888. Ces vingt-six ans ont été remplis par lui de tels travaux qu'un de ses compagnons a pu écrire : « L'histoire des travaux de Raynaud, c'est l'histoire des progrès de la télégraphie électrique depuis vingt années ». Il ne saurait, d'ailleurs, entrer dans mon dessein, Messieurs, de vous indiquer, même par une rapide analyse, l'objet précis de ces travaux. Cette matière demeure fermée à mon ignorance. Je me borne à admirer, comme vous sans doute, ces résultats prodigieux, qui semblent promettre à l'électricité la domination du monde matériel, puisqu'elle produit à présent le mouvement et la force, la lumière et la chaleur, comme elle porte partout la parole et la voix, et je me dis, comme vous sans doute, que, pour obtenir de tels résultats, il a fallu les efforts combinés d'un grand nombre d'hommes ingénieux et infatigables. Cela me suffit, et il me suffit aussi d'ajouter que, pendant vingt années, M. Raynaud a été au premier rang de cette phalange d'élite, quand il n'a pas marché à sa tête. Parmi ces hommes, sa puissance de travail est légendaire, sa réputation universelle ; elle avait même franchi la frontière, et l'Italie nous l'a emprunté pendant de longs mois pour rétablir dans la Méditerranée des câbles qui s'étaient rompus. Ajoutez à cela que ce savant n'avait pas l'esprit exclusif ; il savait regarder de plus d'un côté ; car ce docteur ès-sciences était en même temps licencié en droit.

Mais ce n'est pas de cela, Messieurs les Jurés, qu'il faut le louer ici. Aussi bien ce n'étaient pas ses travaux scientifiques, si grands qu'ils pussent être, qui rassemblaient autour de son cercueil des hommes du peuple, des petits et des humbles, mêlés aux plus illustres savants ; ce n'étaient pas ses titres scientifiques qui leur arrachaient des larmes ; en un mot, ce n'était pas le savant qu'ils pleuraient, mais l'homme, et ils avaient raison de le pleurer.

Dans le temps où nous vivons, Messieurs les Jurés, et peut-être un peu dans tous les temps, on coudoie beaucoup de grands esprits, mal soutenus par de petits caractères. M. Raynaud avait le cœur plus haut encore que l'esprit.

Écoutez ceci, Messieurs les Jurés.

En 1866 et en 1867, il était à Toulon. C'est là, vous le savez, que M. Boutard l'a connu. Vous vous souvenez aussi de l'épidémie de choléra qui ravagea à cette époque cette malheureuse ville. M. Spitz fit sur ces faits un rapport auquel j'emprunte le passage suivant :

M. Raynaud, dit-il, n'hésita pas un instant à courir, avec tout son personnel, au secours des gens de son service qui étaient atteints et même fortement compromis. Il prit part à tous les soins qu'on leur donna, visita et réconforta les commis et les facteurs victimes de l'épidémie, et, bien plus, ayant appris qu'un de ses camarades était malade et abandonné, il courut à son chevet avec un courage et un dévouement qui ne se démentirent pas un instant. Toute sa conduite, en un mot, révéla des qualités morales de premier ordre ; sa seule récompense — et il n'en demandait pas d'autre — fut la satisfaction d'un grand devoir accompli avec une simplicité et une bravoure admirables.

Que dites-vous de cela, Messieurs ? Et que n'a-t-il pas fallu de bravoure pour inspirer de telles expressions au rédacteur d'un document officiel ?

Ce n'est pas tout. Quatre années s'écoulent. La guerre éclate. Nos premiers revers découvrent la capitale ; l'ennemi s'avance vers Paris, et l'investissement avec lui. Rien n'a été préparé pour mettre la capitale en communication avec le dehors, et pourtant il le faut, et à tout prix ! Raynaud est chargé, avec M. Richard, de cette patriotique entreprise.

M. Boutard vous a raconté comment la ligne fut établie jusqu'à Rouen, et comment tout à coup, au bout de quatre jours, elle cessa de fonctionner.

Le câble était rompu, mais où?

Raynaud partit de Rouen, remonta la Seine avec un batelier, et, relevant lentement le fil télégraphique, il recevait sur sa langue les décharges électriques, au risque d'être foudroyé.

Il arrive enfin au pont de Mantes, dont la chute avait interrompu la communication. Mais laissons encore ici parler le document officiel :

Du 27 août, date à laquelle m'ont été exposées les intentions de l'Administration, jusqu'au jour où le but a été atteint, c'est-à-dire jusqu'au 18 septembre, nous avons dû tous agir sous l'empire d'une sorte de surexcitation fiévreuse, soutenue par la ferme volonté d'arriver, qui a maintenu les forces de chacun à la hauteur des exigences du moment. Il s'agissait en effet d'atteindre certains points avant l'ennemi qui les menaçait, et il fallait, pour l'emporter dans cette lutte de vitesse, donner son maximum d'activité et renoncer d'une façon presque complète au sommeil, afin de rendre plus longues les heures du jour, ou profiter des ténèbres, si favorables au mystère qui devait envelopper notre opération. C'est grâce à tous les efforts, à tous les dévouements combinés, qu'il a été possible en 23 jours, de rechercher et trouver en Angleterre un matériel spécial qui ne pesait pas moins de 240 tonnes, de lui faire subir deux fois, à Londres et au Havre, cette longue manipulation qui devait forcément précéder un transport désespérant de lenteur, et enfin d'exécuter un travail qui, en toutes circonstances, doit être l'objet d'une surveillance et d'une attention incessantes.

Le personnel attaché à la mission se composait de M. Raynaud, directeur des transmissions, et des surveillants Vasse et Lebail.

J'ai eu souvent M. Raynaud comme collaborateur depuis quelques années, et j'ai appris à l'apprécier, ainsi qu'il le mérite, comme un fonctionnaire aussi actif que savant, aussi heureusement doué sous le rapport de la vigueur physique que des facultés intellectuelles; mais dans cette dernière campagne, il a donné les preuves les plus éclatantes qu'il ajoutait à toutes ces qualités une énergie morale et un dévouement patriotique poussés jusqu'à l'abnégation.

Dans la nuit du 22 au 23 septembre, sur les ruines du pont de Mantes, à trois ou quatre cents mètres des feux de bivouac de l'ennemi, il exécutait un travail de quatre ou cinq heures, dont le résultat fut le rétablissement de cette communication si désirée et qui n'a malheureusement duré que cinq jours. Sa présence pouvait être trahie par les lumières qui lui étaient indispensables, et il était en vue à une demi-portée de fusil.

Quelques jours après, dans la nuit du 29 au 30 du même mois, nous étions obligés de revenir au même point pour y faire une nouvelle et sérieuse réparation; M. Raynaud fit dans cette circonstance et sous mes yeux des expériences de précision avec le calme et la tranquillité d'esprit qu'il aurait eus dans le cabinet. Pendant les cinq heures que dura le travail, l'une des extrémités du pont était gardée par trois sentinelles, le fusil au bras, tandis que l'autre était surveillée par deux de nos hommes armés de révolvers, avec mission de nous avertir en cas d'alerte et de protéger au besoin la retraite. On annonçait, en effet, que les Prussiens devaient venir dès l'aube bombarder Mantes. La rumeur publique se trompait peu, car l'ennemi entrait dans la ville à midi.

Du 5 au 10 octobre, déguisé en marinier et accompagné d'un homme sûr, mon jeune collaborateur entreprenait ces recherches aventureuses qu'il avait la ferme intention de pousser jusqu'à Paris. Non seulement il pénétrait dans les contrées envahies, mais il s'y livrait à des expériences combinées entre nous et s'avançait successivement jusqu'à Sartrouville, à huit kilomètres d'Argenteuil. Ce n'est qu'en face d'une impossibilité absolue, qu'il s'est décidé à renoncer à son projet et à rétrograder. Il aurait été infailliblement fusillé s'il avait été pris et reconnu.

Enfin, du 18 au 22 octobre, il se livrait à une reconnaissance au sujet de la possibilité des correspondances par ballons éclairés. Arrêté d'abord par des uhlans aux environs de Rosny et relâché aussitôt en sa qualité de *paisible habitant* de Mantes, il rentrait le soir dans cette ville, occupée par deux mille Prussiens, non sans avoir donné à une patrouille des explications qui, paraît-il, ont semblé satisfaisantes. Ne trouvant pas concluantes les expériences faites à Mantes, il poussait plus avant encore jusqu'à Drocourt, lieu d'échange quotidien des correspondances prussiennes, à moitié chemin de Linay à Magny. Il constatait que de ce point on voit le Mont-Valérien presque toujours et le dôme des Invalides par les temps clairs.

C'est ainsi qu'à diverses reprises ce fonctionnaire a froidement exposé sa vie, poussé par le désir de rétablir une communication d'un si haut intérêt pour le Gouvernement.

J'ai cru devoir, Monsieur le Directeur général, entrer dans tous les détails qui précèdent, d'abord parce que vous le prescrivez, afin qu'il vous soit permis d'arrêter votre appréciation, et ensuite parce qu'il est difficile de résister au plaisir de faire connaître un beau caractère.

Je vous prie de demander la croix de la Légion d'honneur pour M. Raynaud.

Le défenseur de l'accusé prétendra-t-il que celle-là a été mal gagnée (1) ?

(1) Mimault avait, dans ses interrogatoires, critiqué l'Administration d'avoir

Ce n'est pas tout encore. Le siège continue. Le Gouvernement de la Défense nationale veut relier nos ports les uns aux autres par une communication télégraphique sousmarine.

M. Raynaud fut chargé, en plein hiver, de cette dangereuse besogne. Il l'accomplit sur deux transports ; l'un d'eux eut son avant emporté par un abordage dans la Manche, l'autre faillit se perdre sur les rochers de Penmarck's, et dans ces deux naufrages, les marins, qui se connaissent en courage, admirèrent l'intrépidité de cet ingénieur, intrépidité sans ostentation et sans forfanterie, qui puise sa source dans la plus haute notion du devoir et fait le citoyen toujours prêt à rendre à la patrie la vie qu'il a reçue d'elle et qui lui appartient.

Eh bien ! il manque encore un trait à ce noble caractère. Et c'est précisément celui qui lui valait la douceur d'être aimé. Dans sa haute fortune, il n'a pas oublié sa modeste origine. Ni les éloges que lui attirent ses travaux, ni les applaudissements prodigués et l'empressement de toutes les Sociétés savantes à rechercher son concours n'ont gonflé son orgueil, altéré sa simplicité. Vous avez vu l'émotion de tous ceux qui ont servi avec lui ou sous ses ordres. Vous avez entendu les inventeurs qu'il a accueillis, qu'il a soutenus de ses précieux conseils, dont il a dirigé les efforts ou consolé les découragements. Tous vous ont dit que, s'il était le plus savant des hommes, il en était en même temps le plus doux, le plus affable, le plus bienveillant. Les succès des autres lui étaient plus chers que les siens, et, vous ont dit tous les témoins, toujours juste et toujours impartial, il s'efforçait sans cesse de tempérer l'inflexibilité de son devoir.

accordé la croix de la Légion d'honneur à M. Baudot, et, comme on le verra plus loin, avait demandé cette distinction pour lui-même.

Voilà la victime ! Voilà l'homme dont le sang vous demande justice !

Considérons maintenant l'assassin.

Et je veux commencer ici la punition de son crime, en infligeant à son monstrueux orgueil le châtiment de s'entendre comparer avec sa victime !

Quelque temps après son mariage, c'est-à-dire en 1877, au milieu des premières ivresses de leurs jeunes amours, Mme Raynaud voyait passer parfois un nuage de sombre mélancolie sur le front de son mari ; sa tendresse alarmée le pressait de questions. Il résista longtemps, mais un jour, vaincu par ses larmes, il laissa échapper le secret de ses douloureux pressentiments : « Il y a un homme, lui dit-il, qui s'est promis de me tuer ».

Ah ! Messieurs les Jurés, je ne suis pas surpris en effet qu'il l'ait tué ; car jamais il n'y eut un tel contraste entre deux hommes.

Chez Raynaud, vous trouvez le travail patient et la persévérance ; chez Mimault, le travail irrégulier et de longs accès de paresse. Chez Raynaud, le succès lentement préparé et sûrement conquis ; chez Mimault, une sorte d'imagination mal réglée, une impatience frénétique de parvenir, et sa compagne inévitable, l'impuissance. Chez l'un, l'affabilité et la modestie ; chez l'autre, un orgueil et un emportement sans mesure. Ici, la douceur et la bienveillance ; là, le fiel de l'envie et le courroux de la haine. Ici, le courage à toute épreuve ; là, la trahison qui surprend par derrière, et qui assassine sans péril.

Est-ce que, par hasard, on voudrait essayer de soutenir que Mimault est un être à part ? Mais, Messieurs les Jurés, nous avons dans la société, au milieu de laquelle nous vivons, une foule de Mimault, et, pour leur mettre le révolver au poing, il n'y a qu'une chose à faire : c'est de les encourager ! Voudrait-on donc rééditer ici la légende du pauvre inventeur, qui consume ses jours et ses nuits dans les recherches d'une invention merveilleuse, et, son rêve atteint et réalisé, succombe sous la coalition invincible des ignorants sourds à sa voix et des intrigants intéressés à l'étouffer? Ah ! Messieurs, c'est là une bien vieille romance ! La voix de mon honorable adversaire essaiera sans doute de la rajeunir ; mais elle est, pour tous les hommes d'expérience, terriblement usée. La vérité est, Messieurs, que le siècle où nous vivons a comblé les inventeurs, que nos lois accordent aux découvertes les plus futiles une protection de quinze années qu'elles ne méritent guère, et que, ceux à qui leur génie souffle une découverte vraiment neuve et vraiment utile, sont assurés d'obtenir, au gré de leur cœur, ou les honneurs ou la fortune, quand ils ne rencontrent pas la fortune avec les honneurs.

Mais il faut que l'invention soit vraiment neuve et qu'elle soit utile, ce qui m'amène à vous parler de la fameuse invention de Mimault.

Point de détails techniques ; rien que des idées simples et intelligibles à tous.

Les savants entendus à votre barre vous ont dit que, à l'origine de la télégraphie électrique, on transmettait une lettre par fil, et qu'il fallait, dès lors, autant de fils que de lettres. Mais cela entraînait une dépense effroyable et de plus, il était fort difficile d'isoler complètement un si grand nombre de conducteurs. Peu à peu, par une suite de découvertes, on est parvenu à se contenter d'un seul fil et même à transmettre plusieurs dépêches à la fois par le même fil. On en était là en 1873, au moment de l'invention de Mimault.

On se sert, suivant les pays, d'appareils différents pour la transmission des dépêches. Les principaux, employés en France et pour les communications internationales, sont les appareils Morse et Meyer qui exigent l'usage d'un alphabet spécial, et l'appareil Hughes qui imprime en caractères typographiques.

Mais les résultats acquis ne sont qu'un encouragement à mieux faire. Notre Administration télégraphique poursuivait donc le double but que voici : multiplier les transmissions simultanées par le même fil, et obtenir des dépêches en caractères typographiques avec les appareils Morse et Meyer.

Le 17 janvier 1874, Mimault, employé du télégraphe à Poitiers, faisait breveter ce qu'il appelle « un système de télégraphe imprimeur ».

Ce système nécessitait l'emploi de cinq fils posés d'un bout à l'autre de la ligne, et, comme vous l'a dit M. Cornu, il ressemblait à l'idée ingénieuse d'un homme qui, pour remédier à l'encombrement des rues par les omnibus à trois chevaux, proposerait de leur substituer des omnibus à dix chevaux.

M. Raynaud examina l'invention comme c'était son devoir, et il dit à Mimault que c'était un recul au lieu d'un progrès.

A ce propos, il n'est certainement pas sans intérêt de faire remarquer au jury que le prodigieux orgueil qui est le fond de la nature de Mimault est à chaque instant trahi par son ignorance. Vous l'avez vu saisir toutes les occasions de faire étalage de la science qu'il croit avoir acquise, et vous avez pu juger combien elle est fausse. Hier, il vous expliquait, avec un pédantisme visible, que les courants rencontrent dans les fils une résistance égale au carré de leur longueur, et M. l'ingénieur Seligmann, qui déposait en ce moment comme témoin, a fait observer que cette résistance est égale à la longueur et non au carré de la longueur du fil, ce à quoi l'accusé n'a rien trouvé à répondre. Aujourd'hui, avec un sourire d'une suffisance achevée, il renvoyait M. Cornu à son télescope, confondant sans sourciller la physique avec l'astronomie.

Vous voilà édifiés sur l'étendue et la sûreté de sa science. Il a pu avoir quelques idées ingénieuses ; mais les premiers éléments de la science lui font défaut ; et il y a de fortes raisons de penser qu'une telle ignorance ne lui permettait pas de faire, dans une matière si spéciale, une découverte vraiment réalisable.

M. Raynaud s'est-il servi, en 1874, de l'expression que lui reproche aujourd'hui Mimault? A-t-il dit que son invention était « grotesque » ? Tout proteste contre cette version de l'accusé, et l'on ne voit pas pourquoi, dans cette circonstance, M. Raynaud aurait oublié les ménagements dont il usait vis-à-vis de tous les inventeurs. Mais si cela est vrai, cela ne prouve qu'une chose, l'orgueil prodigieux d'un homme qui garde au bout de quatorze ans le souvenir de cette piqûre faite à sa vanité, et croit légitime de s'en venger par un assassinat.

Mimault, d'ailleurs, est si peu découragé qu'il se remet à l'œuvre, et que, le 4 juillet 1884, il prend un nouveau brevet. Cette fois, d'après lui, son invention peut s'appliquer aux lignes à un fil. Mais, outre que son appareil est encore trop vaguement décrit pour qu'on puisse le construire, il se sert toujours d'un alphabet spécial, et, en admettant qu'on puisse l'adopter dans les lignes télégraphiques françaises, il est clair qu'on ne peut pas l'imposer aux relations internationales.

Presqu'à la même date, en août 1874, M. Baudot fait breveter un autre système qui diffère de celui de Mimault sur un point essentiel : il faut, dans l'appareil Mimault, plusieurs fils à un même employé pour transmettre une dépêche, tandis que, au contraire, plusieurs employés peuvent agir sur un même fil, dans l'appareil Baudot. C'est là précisément le but de tous les électriciens. L'Ad-

ministration, toujours en éveil, fait examiner l'appareil
Baudot. La Commission est frappée de ses mérites, et décide qu'il y a lieu de l'essayer. Pour cela on ouvre à
M. Baudot un crédit de 2.000 francs qui n'est pas même
épuisé. La machine construite fonctionne à merveille. L'É-
tat l'adopte et Baudot lui en cède gratuitement la propriété
en France. A l'Exposition de 1878, le jury international lui
décerne la grande médaille d'honneur.

Cependant Mimault ne voyait pas sans une noire envie
les succès de son rival. Au lieu de chercher à le surpas-
ser par une invention meilleure, il l'attaque, et le 25 avril
1875, il fait, en vertu de son brevet, saisir dans les ateliers de construction les organes de l'appareil Baudot.

Au cours de son interrogatoire, il a dit plusieurs fois
qu'il avait été, en ce moment, brutalement révoqué.

Il y mettait tant d'assurance que je l'ai cru, et vous aussi,
sans doute, Messieurs les Jurés. J'ajouterai même que je
n'avais aucune répugnance à le croire. Le procès intenté
par Mimault à Baudot atteignait indirectement l'État, cessionnaire des droits de celui-ci, et j'admettais sans difficulté et même sans indignation que l'État se fût privé des
services d'un employé qui plaidait ainsi contre lui. Vous
avez, Messieurs les jurés, des subalternes, les uns de sem-
ployés, tous, des serviteurs. Vous croiriez-vous obligés de
les garder à votre service, près de votre personne, en possession de tous vos secrets, s'ils s'avisaient de plaider contre vous ? Non, à coup sûr. Vous ne leur feriez aucun reproche, vous n'y mettriez aucune colère, mais vous les
prieriez, avec douceur, de... passer le seuil de votre porte.
Je me disais que l'État avait pu imiter cette sage conduite,
sans forfaire à l'humanité.

Je me trompais, Messieurs les Jurés. L'Administration
n'a pas même eu cette fermeté ; elle ne l'a pas révoqué ;
elle a, dès cette époque, engagé avec Mimault cette lutte

incroyable de complaisances, de facilités et de faiblesse d'une part, de revendications, de menaces, de violences criminelles de l'autre. On avait donné à Mimault, très bien portant d'ailleurs, un congé de maladie ; on le lui a renouvelé ; et plus tard, il n'a eu qu'à reprendre place dans les cadres actifs d'où son nom n'avait pas disparu. Je ne crains pas d'avouer que, suivant moi, on a commis là une véritable faiblesse et que les directeurs de ces grands intérêts qui sont les nôtres n'ont pas le droit de pratiquer, pour le compte de l'État, une philanthropie complaisante et utile qu'ils n'auraient certainement pas pour eux-mêmes.

Cependant Mimault ne se faisait pas trop d'illusion sans doute sur les chances du procès. Après la saisie du 25 août 1875, il semble qu'il hésite. L'appareil Baudot imprimant en caractères typographiques, Mimault cherche à obtenir le même avantage, par une nouvelle combinaison. Il croit l'avoir trouvée. Que se passe-t-il alors ? Écoutez ceci, Messieurs, et voyez si on a été injuste à son égard. Mimault a beaucoup parlé, vous le savez, de la Commission à laquelle il avait soumis son invention. Il s'est plaint avec amertume du parti-pris qu'elle avait apporté à son examen. J'ai voulu savoir la vérité. J'ai demandé le registre de cette Commission, et j'y lis ce qui suit :

COMMISSION CHARGÉE D'EXAMINER LES PERFECTIONNEMENTS DU MATÉRIEL

Séance du 5 octobre 1876.

Présidence de M. E. BLAVIER

La séance est ouverte à deux heures.
Sont présents : MM. Héquet, Clérac, Charles et Fribourg.
M. Raynaud, absent de Paris, ne peut assister à la séance.

. . . .

M. Mimault est introduit.
Il expose des considérations générales sur la supériorité de ses systèmes qu'il appelle *à mouvements progressifs*. Il ne donne pas d'indications

précises sur les dispositions mécaniques qu'il entend adopter. Ses explications verbales, fort incomplètes, étant difficiles à suivre et à comprendre, la Commission invite l'inventeur à déposer une description écrite et détaillée de l'application de son système de transmission multiple à l'appareil Hughes. M. Mimault s'engage à fournir ce document pour le lundi suivant, 9 octobre.

La Commission décide qu'elle se réunira le lendemain 10.

Peut-on mieux dire ? Tout cela n'est-il pas humain, équitable ? Il s'engage à apporter les détails qui manquent à son projet et qui le rendent incompréhensible pour les hommes spéciaux à qui il l'a soumis. Ainsi il reconnaît que son invention n'est point arrivée à cet état de perfection qui seul permettra de la réaliser et que les détails manquent pour la bien comprendre. Puis, dans le procès-verbal de la séance suivante :

COMMISSION CHARGÉE D'EXAMINER LES PERFECTIONNEMENTS DU MATÉRIEL

Séance du 10 octobre 1876.

Présidence de M. E. BLAVIER

La séance est ouverte à deux heures.

Sont présents : MM. Héquet, Clérac, Charles et Fribourg.

M. Raynaud, absent de Paris, ne peut assister à la séance.

M. Blavier fait connaître que M. Mimault, contrairement à sa promesse, n'a rien adressé à la Commission.

. . . .

M. Mimault est introduit. Il déclare à la Commission qu'il lui est impossible, en raison de préoccupations personnelles, de tenir l'engagement qu'il avait pris à la dernière séance, de présenter un projet défini et détaillé de son système appliqué à l'appareil Hughes. Il ajoute qu'il compte prendre prochainement un nouveau brevet d'invention, dont il donnera connaissance à l'Administration. La Commission prend acte de cette déclaration, et M. Mimault se retire.

Que deviennent, en présence de ces procès-verbaux, je vous le demande, Messieurs, les ridicules accusations de

Mimault? Mauvaise volonté, parti-pris, injustice préméditée, où voyez-vous cela? La Commission se met à ses ordres. Il reconnaît, le 5 octobre, que son invention n'est
pas complète ; que son idée est encore confuse, imprati-
cable. Il promet d'apporter un nouveau travail qu'il reconnaît lui-même indispensable. Le 10 octobre, il proclame
lui-même son impuissance. Il ne peut s'en prendre à ses
juges de l'insuccès de ses vaines tentatives et de la stérilité de son esprit.

Ce fameux brevet, qu'il annonce le 10 octobre 1876, il
l'a pris, en effet, mais dix ans après, en 1886. Il est vrai
qu'il a trouvé le moyen d'occuper ce long intervalle.

Mimault n'est point un sot ; c'est au contraire un homme
fort intelligent, il a des idées ; au milieu de ses divagations
et de ses fureurs, il a le sentiment assez juste du point
qu'il ne faut pas dépasser.

Il a senti, le 10 octobre 1876, que, sur le terrain scientifique, en face de gens du métier qui ne le laisseraient s'é-
garer ni à droite ni à gauche, il était battu.

Et alors il s'est dit que, dans ces matières subtiles et
épineuses, il aurait peut-être plus aisément raison des
juges. On lui demande des plans pour exécuter sa machine.
Il répond par une assignation et par un procès.

Contre qui va-t-il plaider?

On a dit que l'Administration avait eu tort d'intervenir
dans un procès engagé entre Baudot et Mimault.

Je n'ai pas l'honneur de représenter ici l'Administration,
et par conséquent, je n'ai pas le droit de la défendre. Et
cependant on me pardonnerait peut-être de l'usurper ; car
je défends la mémoire d'un homme qui a porté au plus
haut degré l'un des meilleurs sentiments qui puissent trouver place dans le cœur de l'homme, le sentiment de l'honneur et de la solidarité professionnels. D'ailleurs, ma conscience ne me permet pas de laisser passer, sans réponse,

des accusations qui me paraissent absolument injustes.

Comment ! l'Aministration serait intervenue sans droit, sans motif, pour opérer une pression sur les juges ?

Mais, quel était donc l'objet du procès ? Mimault soutenait que le procédé Baudot était la contrefaçon du sien, et que Baudot lui devait, dès lors, des dommages-intérêts

Qui se servait du procédé Baudot ?

L'Administration française.

Par conséquent, le procès visait beaucoup moins Baudot que l'Administration elle-même, et son devoir le plus étroit était d'y intervenir pour défendre les grands intérêts qui lui sont confiés.

Quoi ! en France, dira-t-on ; mais c'est là une chose inouie ! Je l'accorde ; mais une fois n'est pas coutume, et il faut pardonner à celle-ci de s'être défendue, puisque, somme toute, son bon droit a été reconnu.

Le Tribunal, comme il fallait s'y attendre, nomma des experts. L'un d'eux vous a dit hier qu'ils n'avaient pas pu comprendre l'une des questions posées par le Tribunal. Cela ne paraît pas d'ailleurs les avoir empêchés d'y répondre. Mais en tout cas, ce détail significatif prouve l'extrême difficulté de ces matières, et le péril auquel on s'expose quand on s'y aventure sans une culture suffisante.

M. Baudot vous disait hier : « Le jugement du Tribunal nous a mis, Mimault et moi, dos à dos ». Mimault a protesté. Or le rapport de l'expert portait ceci, que si l'invention de Mimault était *brevetable*, Baudot, y ayant apporté des perfectionnements, ne pouvait pas se servir de cette invention sans le consentement de Mimault ; tandis que, au contraire, le Tribunal estimait que, l'invention Mimault n'étant pas brevetable, comme empruntée à des éléments tombés depuis longtemps dans le domaine public, il n'y avait aucune objection à ce que les procédés de Baudot fussent brevetés et appliqués sans le consentement de Mimault. Au surplus, pour éclairer ce point d'une manière complète, je vais placer sous vos yeux la partie substantielle du jugement :

Attendu, disait ce jugement, qu'il est constant et attesté par le rapport des experts, que, dans le développement des idées communes et dans les détails d'exécution, les deux inventeurs se sont écartés l'un de l'autre, et que Baudot a réalisé ses appareils dans des conditions de nouveauté, et, pour celui de 1876, de perfectionnements qui ne permettent pas de le dépouiller d'innovations qui sont bien réellement à lui ; qu'il suffira, pour sauvegarder les droits de Mimault, de restreindre la portée légale des brevets attaqués à celle de brevets de perfectionnements, donnant à Baudot un droit exclusif sur les changements ou améliorations créés par lui, mais ne l'autorisant pas à exploiter, sans le consentement de Mimault, l'ensemble de ses inventions ;

Attendu qu'il ne peut être accordé de dommages-intérêts à Mimault, qui ne justifie d'aucun préjudice ; que son appareil, soumis à l'Administration des télégraphes, a été repoussé par elle comme ne se présentant pas dans des conditions suffisamment pratiques ; que des hommes de science se sont prononcés dans le même sens ;

Qu'il n'est pas prouvé que, sans les améliorations réalisées par Baudot, Mimault ait eu l'occasion de l'exploiter ou qu'il ait été troublé dans ces tentatives d'exploitation ; que d'ailleurs la bonne foi d'aucun des défendeurs ne peut être suspectée ; que tous ont pu penser, en présence des différences qui distinguent les deux appareils, et qui donnent à celui de Baudot une physionomie toute particulière, qu'aucun reproche de contrefaçon ne pouvait leur être adressé ;

Attendu que, dans ces conditions, la condamnation aux dépens apparaît comme une satisfaction suffisante pour le demandeur ; qu'il n'y a pas lieu, pour les mêmes motifs, d'ordonner la publication du jugement.

Ainsi, comme vous le voyez, Messieurs les Jurés, Mimault gagne son procès, mais dans une bien faible mesure. Baudot, d'après le jugement, n'a pas contrefait Mimault ; il l'a perfectionné. Mimault a demandé des dommages-intérêts, et le Tribunal les lui refuse.

Ce jugement voulait contenter tout le monde ; aussi il ne satisfit personne, et toutes les parties, y compris Mimault, interjetèrent appel.

Devant la Cour d'appel de Paris, Mimault perd son procès. Mimault va en cassation. La Cour de cassation examine le procès et trouve que la Cour d'appel a peut-être mal appliqué les termes du brevet ; elle casse l'arrêt et renvoie les parties devant la Cour d'Amiens pour juger le procès à nouveau. Devant la Cour d'Amiens, les plaidoiries durent sept audiences entières, et c'est à la suite d'un tel débat que Mimault perd son procès, comme il l'avait perdu devant la Cour de Paris. Nouveau pourvoi en cassation. Mais arrêtons-nous ici un instant, Messieurs les Jurés.

Vous entendiez hier M. le Président dire qu'il ne laisserait pas discuter la chose jugée. Le défenseur de l'accusé a répondu qu'il avait pour la chose jugée un respect absolu, en droit ; mais qu'il entendait bien l'examiner, en fait ; ce qui s'entend à merveille.

Vous croyez peut-être, Messieurs les Jurés, que la chose jugée est une sorte d'idole judiciaire devant laquelle les gens de loi s'inclinent par habitude, sans qu'elle mérite à ce point la vénération des autres hommes. Laissez-moi vous dire en quelques mots ce qu'il faut entendre par là.

Vous avez, dans ce procès, un exemple bien frappant de ce que serait la société, si les hommes s'y faisaient justice à eux-mêmes. Vous n'avez qu'à regarder cette malheureuse jeune femme et cet assassin. On m'accordera sans difficulté qu'il vaudrait mieux vivre au milieu des bêtes sauvages ; on se défendrait plus aisément contre leurs attaques.

A cause de cela, et pour faire régner entre les hommes l'ordre sans lequel aucune société ne pourrait vivre, on a organisé des tribunaux ; mais, en même temps, on a obligé les citoyens à exécuter et à respecter leurs décisions. Seulement, comme ces tribunaux sont composés d'hommes, et que les hommes sont faillibles, comme l'œuvre de la justice est peut-être de toutes la plus difficile à accomplir, vous le savez bien, Messieurs les Jurés, puisque vous y êtes associés depuis quinze jours, les législateurs ont com-

biné des institutions et des formes dont voici les plus
importantes : d'abord une liberté presque illimitée laissée
à la défense, pour que la vérité puisse toujours pénétrer
jusqu'aux pieds des juges, et ensuite, l'organisation de
plusieurs degrés de juridiction, afin d'arrêter presque
certainement l'erreur au passage.

Dès qu'un litige a quelque importance, après avoir été
jugé une première fois, il est soumis à un nouvel examen. Il est plaidé de nouveau et jugé de nouveau par des
magistrats plus nombreux, plus âgés d'ordinaire, plus
expérimentés.

Tout n'est pas fini.

Après cette seconde épreuve, une Cour supérieure examine si la loi a été bien observée ; si elle a été méconnue,
elle casse l'arrêt, mais elle ne juge pas. Elle renvoie devant
une nouvelle Cour.

Là, la discussion recommence, et vous jugez quel surcroît d'attention les juges apportent à l'examen d'une affaire qui a déjà reçu plusieurs solutions différentes. Ce
deuxième arrêt rendu, on peut encore revenir devant la
Cour de cassation ; mais alors la procédure s'arrête, d'a-
bord parce qu'il faut bien que les procès aient une fin,
ensuite, parce que, après de pareilles épreuves, il est presque impossible que l'erreur ait usurpé la place de la vérité.

Voilà, Messieurs les Jurés, ce qu'est la chose jugée, et
vous m'accorderez maintenant sans résistance qu'elle est,
à la fois, la chose la plus simple, la plus naturelle et la
plus respectable du monde.

Est-ce à dire que le plaideur, l'avocat qui l'assiste, l'expert dont l'opinion a été rejetée par les juges, soient convaincus par la décision du Tribunal? Pas le moins du
monde ! La loi leur demande de respecter la décision rendue, elle ne leur demande pas de la proclamer excellente.
On peut vaincre un plaideur : on ne parviendra jamais à

le convaincre. Il a le droit de croire que les juges se sont
trompés. Un proverbe célèbre lui accorde même vingt-quatre heures pour les maudire ; seulement il n'a pas le droit
de les assassiner. Et si, ce qu'à Dieu ne plaise, quelqu'un
parmi vous, Messieurs les Jurés, a eu un procès, il sera
mon meilleur témoin. Car s'il l'a gagné, il a certainement
trouvé qu'il n'y avait rien de plus respectable que la chose
jugée, et s'il l'a perdu, il ne lui est sans doute pas venu à
la pensée qu'il ait le droit d'assassiner son adversaire.

La lutte judiciaire était donc finie. Mimault, au surplus,
l'a senti, et profitant très habilement de ce que la Cour de
cassation n'avait pas encore dit le dernier mot, il a demandé
à transiger. L'Administration, toujours bienveillante, y a
consenti et lui a remis 8.000 francs contre la quittance suivante :

Acquiescement de M. Mimault à l'arrêt de la Cour d'Amiens du 27 mai 1884
et quittance d'une somme de 8,000 francs.

Je, soussigné, reconnais par les présentes recevoir de l'Administration
des postes et télégraphes, par les mains de M. le Ministre, la somme de
8.000 francs.

Moyennant ce paiement, j'acquiesce purement et simplement à l'arrêt
prononcé par la Cour d'Amiens, le 27 mai 1884, tant à l'égard de l'Administration des postes et télégraphes, à qui je cède par les présentes tous
les droits que je puis tenir de mon brevet en date du 17 janvier 1874 et
tous autres qui pourraient le compléter, qu'à l'égard de MM. Baudot et
Dumoulin-Froment ; mais, *pour ces derniers*, seulement en ce qui concerne les frais de fabrication sur lequel est intervenu ledit arrêt.

Il est donc bien entendu que pour l'avenir et vis-à-vis de tous autres
que l'État, je réserve expressément mes droits et notamment celui de
prétendre que les appareils qui seraient construits d'après les brevets
Baudot rentrent dans les données de mon propre brevet.

Pour quittance...

Paris, 17 septembre 1884.

Signé : MIMAULT.

Il a osé soutenir devant vous que cette transaction lui
avait été arrachée par surprise, et qu'il l'avait acceptée

« le couteau sur la gorge », comme l'a dit un de ses témoins. A quel homme de bon sens espérez-vous faire accepter de pareilles fables? L'avocat de Mimault demandait 10.000 francs. On lui en accorde 8.000, et il se plaint! Qui ne voit, d'ailleurs, que cette quittance a été rédigée par lui-même et que tous ses droits, que dis-je, toutes ses prétentions y ont été sauvegardées? La transaction a donc été loyale ; mais ce qui ne l'est pas, c'est la conduite de Mimault après la transaction.

Mimault savait bien quel sort la Cour de cassation réservait à son pourvoi, et cherchant à transiger avec M. Baudot, comme il l'avait fait avec la Direction des postes, il écrit à M. Caël la lettre suivante :

Paris, 3 janvier 1885.

Monsieur le Directeur Ingénieur,

Désirant terminer le différend qui existe entre M. Baudot et moi, je vous serais très reconnaissant de vouloir bien lui proposer de ma part de m'accorder 25.000 francs sur les fonds qui lui ont été versés par la Société qui exploite ses brevets à l'étranger, et, de plus, un tiers dans les dits bénéfices que ladite Société lui abandonne après le remboursement de ses actions.

Moyennant ces conditions, je suis disposé à renoncer à mon pourvoi en cassation vis-à-vis de lui, ainsi que je l'ai fait vis-à-vis du Ministre.

Veuillez agréer, etc.

Signé : Mimault.
8, rue Claude-Bernard.

Comme vous le voyez, rien de plus habile que toute cette conduite. Mais M. Baudot refuse, et franchement ce refus ne mérite pas les injures que Mimault vocifère contre lui. J'entends bien que le défenseur entend frapper à coups redoublés sur les épaules de l'Administration, afin de faire une habile diversion, et d'amener tout doucement le jury à oublier ce vêtement troué par les balles dont la vue le trouble et l'importune. Mais encore une fois, que peut-on reprocher, soit à M. Baudot, soit à d'autres employés de l'Administration des télégraphes?

M. Baudot a cédé gratuitement à l'Administration française le droit de se servir de son appareil. Pourquoi lui serait-il interdit d'en tirer parti à l'étranger ? Il a fait apport à une Société du droit d'exploiter ses brevets à l'étranger. Je trouve cela parfaitement naturel. Mimault a insinué que des employés de l'Administration auraient pris un intérêt dans cette opération commerciale. De là à les accuser de concussion, il y a encore un grand pas à franchir. Mais n'insistons pas sur les nuances. Je demande où sont les preuves. Mimault a fait citer tous les témoins qu'il lui a plu de faire entendre. M. Granet est venu ici, à la requête de l'accusé, lui prêter l'appui de sa parole et de sa sympathie. L'ancien ministre des postes n'était-il pas un bon juge en fait de délicatesse et d'honneur et n'était-ce pas le cas de l'interroger ? J'ai pressé Mimault de dire des noms. Enfin, il a cité M. Richard, comme souscripteur de 50 actions. Et il est établi qu'à ce moment M. Richard avait pris sa retraite et souscrivait ces 50 actions pour le compte de la Société des téléphones !

Ainsi toutes ces insinuations sont misérables, toutes ces calomnies sont vaines, et de quelque côté que se tourne l'accusé, je l'arrête au passage et je le ramène en face de son crime qui demeure sans justification et même sans excuse.

Encore une fois, de quoi Mimault a-t-il à se plaindre ? Cinq fois de suite la justice régulière de son pays a écouté ses représentants dans le développement de tous les moyens qu'ils ont cru utiles au triomphe de sa cause. Sa défense a-t-elle été entravée ? La pauvreté l'a-t-elle arrêté ? Il a obtenu l'assistance judiciaire dès qu'il l'a demandée ; quant aux frais de première instance, les a-t-il payés ? Qu'il produise les quittances ! Je compte bien aussi qu'il justifiera des 100.000 francs qu'il prétend avoir dépensés dans le procès. Toute sa famille, dit-il, s'est ruinée pour le

secourir. Il affirme qu'il est criblé de dettes. Lesquelles ?
On ne dépense pas 100.000 francs en timbres-poste, ni en
voitures ou en voyages de Paris à Poitiers ; mais on dépense
de l'argent quand on vit dix ans sans rien faire. A-t-il cette
prétention qu'un plaideur doive être nourri par ses adversaires ? M. Baudot, pendant le même temps et pendant le
même procès, n'a pas quitté ses fonctions, ce qui ne l'a
pas empêché de perfectionner son invention à plusieurs
reprises. Vous avez dépensé 100.000 francs, dites-vous ?
Eh bien ! vous nous avez dit d'abord que vous aviez besoin
de 10.000 francs pour construire votre machine ; ensuite
vous avez parlé de 20.000 francs. L'une ou l'autre somme
se trouve aisément dans celle de 100.000. Pourquoi ne
vous êtes-vous pas adressé à un constructeur ? Il fallait, en
marchant, démontrer le mouvement. Tout cela saute aux
yeux.

Mais tout cela, vous ne l'avez pas fait, parce que vous ne
pouviez pas le faire ; parce que, entre l'idée qui éclot un
jour dans l'esprit de l'inventeur et l'appareil qui la réalise,
il y a un abîme que votre impuissance n'a jamais pu franchir.

Accuserez-vous par hasard l'intrigue de vos adversaires
ou la partialité des juges ? La partialité des juges, vous n'o-
sez pas aller jusque-là. Mais l'intrigue ? Qui donc ici, plus
que Mimault, a rencontré des amis et des protecteurs ?
Vous aviez tort et on vous a payé ! Et, chose inouie ! après
un premier attentat, l'Administration de M. Granet vous
reprend au service de l'État. C'est maintenant, Messieurs,
ce que nous allons voir.

La transaction a mis fin à toute contestation entre Mimault et l'Administration. L'arrêt de cassation du 4 mai
1885 termine son procès avec Baudot. Il a dévoré, à ne
rien faire, les 8.000 francs qui lui ont été remis l'année
précédente. Le 4 juillet 1886, sur le boulevard St-Michel, il

tire plusieurs coups de revolver sur des élèves de l'École
polytechnique ; il en blesse deux, ainsi qu'une pauvre
femme qui passait en ce moment sur la chaussée. On l'arrête. Ses protecteurs se jettent entre la justice et lui. On
examine son état mental. MM. Motet et Brouardel constatent en ce moment un véritable état de maladie. Mimault,
depuis quinze jours, est en proie à une sorte de fièvre ;
depuis quinze jours, il ne dort plus, il ne mange plus ; en
un mot c'est un malade. Les docteurs font un rapport en
ce sens. Ils ne disent point : « C'est un fou ! » leur conscience ne le leur aurait pas permis ; mais ils disent : « C'est
un homme dans un état d'esprit anormal : il y a là une
exaltation qui confine à l'état pathologique ; par conséquent,
sa responsabilité existe encore, mais elle est considérable-
ment atténuée ». Dans ces circonstances, le juge le fait bénéficier d'une ordonnance de non-lieu. Ni le réquisitoire,
ni l'ordonnance ne sont motivés, et je respecte trop profondément l'autorité de la chose jugée pour chercher à l'é-
branler dans vos esprits. Les magistrats ont cru bien faire ;
ils ont apprécié les faits avec des sentiments d'humanité
peut-être excessive, ils ont cru que leur indulgence désar=
merait la colère et la haine de cet homme. De quel trouble et de quels regrets n'ont-ils pas dû être saisis le 4 janvier 1888 ?

Mais cette indulgence de l'autorité judiciaire est sur-
passée encore par la bienveillance de l'Administration. Car,
par une contradiction singulière qui contient en même
temps la plus éclatante leçon, on a épuisé toutes les formes
de la faiblesse envers cet homme, qui se pose aujourd'hui
en victime des injustices sociales. M. Granet le reprend
alors au service de l'État, lui assure son traitement en le
dispensant de tout service, et, en plusieurs fractions, lui
fait remettre une somme de 12.000 francs. Mimault a donc,
en totalité, reçu de l'État une somme de 20.000 francs,

pour n'avoir rien inventé. M. Baudot en a reçu 6.000 pour prix d'une découverte qui lui a valu la grande médaille d'honneur.

M. Coulon vous a raconté la suite, Messieurs les Jurés. L'argent épuisé, il en fallait d'autre. Mimault en réclame, puisqu'il paraît entendu que la société doit le nourrir à ne rien faire. Et alors, il envoie à l'Administration ce qu'il a appelé lui-même un *ultimatum*. Vous avez pu en apprécier la modération. Mimault pardonnera à quatre conditions très clairement indiquées dans la déposition de M. le Directeur général :

Lorsque j'ai été nommé Directeur général, j'ai vu apparaître M. Mimault dans mon cabinet ; il est entré dans de longues explications, et, comme elles me paraissaient fort confuses, je lui ai demandé de les préciser dans une lettre. Il m'adressait quelques jours après une requête tendant :

1° A la présentation d'un projet de loi prolongeant la durée de ses brevets ;

2° A l'allocation d'une indemnité de 100,000 francs ;

3° A l'obtention des sommes nécessaires pour l'application de ses inventions ;

4° A l'obtention d'un grade plus élevé et à la décoration de la Légion d'honneur.

M. Raynaud, d'après un témoin, aurait parlé avec un sourire de ces prétentions. Faut-il pour cela le taxer d'inhumanité ? Qui donc ici aurait hésité à signer le rapport qui les repousse ? Et j'ai même tort de dire qu'il les repousse, car, par une longanimité vraiment incroyable, on décida de mettre à la disposition de Mimault les ateliers de l'Administration, son personnel et son matériel pour lui permettre de construire ses appareils et d'en faire l'essai. Mais ce n'est pas là ce qu'il demande. Il veut des honneurs et de l'argent, surtout de l'argent ; et il sait bien qu'il est impuissant à réaliser pratiquement sa fameuse invention. Aussi n'a-t-il pas hésité à vous dire qu'il avait accueilli comme une marque de dérision cette offre de l'Administration.

Le reste, vous le savez, Messieurs les Jurés. Le reste, c'est l'affreuse matinée du 4 janvier ; c'est le guet-apens de la rue Bellechasse, l'assassinat commis par derrière, le cri joyeux de haine assouvie que pousse le meurtrier en voyant tomber sa victime ; le reste, c'est ce malheureux rapporté tout ensanglanté sur un brancard, cette maison toute remplie de confusion, de gémissements et de larmes, ces amis consternés, cette femme épouvantée qui, en tombant sur le corps de son mari, pousse un cri, un seul : Mimault ! Le reste, c'est le sang de ce juste versé pour la cause du devoir, ce sang dont nous sommes tous éclaboussés, Messieurs les Jurés, et dont la tache restera aux mains des juges s'ils lui refusent la justice qu'il demande et qui lui est due !

Où donc est la folie dans ces événements terribles ?

Je trouve ici la paresse, l'impuissance, la colère, la haine, la vengeance ; mais la folie, je ne la trouve pas !

J'ai lu dans les documents du procès une observation vraiment admirable.

Dans leur premier rapport de juillet 1886, les médecins nous disent : « Mimault est un homme qui s'absorbe dans une idée fixe ; il ne songe qu'à son procès, il ne voit que son invention ; elle le hante jour et nuit ; il ne dort pas ; il perd l'appétit. Mimault gagne son procès en première instance, il estime que cela n'est dû qu'à son bon droit. Il le perd en appel, il ne lui vient même pas à la pensée que ce puisse être l'effet du bon droit de son adversaire. Il est convaincu qu'il faut s'en prendre à l'ignorance ou à la partialité des juges. Si on le combat, il se fâche ; si on insiste, il injurie. En conséquence, l'état de son esprit est tout à fait anormal et quasi pathologique ».

Que les savants médecins me permettent de le leur dire ;

je crains qu'ils ne soient ici victimes d'un trompe-l'œil professionnel.

Si nous entrions avec eux dans un hôpital, ces figures décharnées, ces poitrines haletantes, ces chairs rongées par des maux abominables nous paraîtraient sans doute des choses fort extraordinaires, par la raison bien simple que nous n'avons pas l'habitude de les voir ; tandis que, pour les médecins, ce ne sont que les symptômes accoutumés des maladies qu'ils soignent tous les jours. Eh bien ! les médecins commettent ici, dans une certaine mesure, une erreur semblable, quand ils s'étonnent qu'un plaideur s'absorbe dans son procès et qu'il en attribue la perte à l'injustice et à l'intrigue. Les plaideurs ont tous une sorte d'exaltation, de fièvre qui fait perdre tout sang-froid aux plus raisonnables. Les médecins raisonneraient autrement s'ils avaient assisté quelquefois à la consultation d'un avocat. Ils auraient eu le spectacle de la déraison des plaideurs, et quelquefois de leur rage. Ils auraient, à la suite de ces grands procès où s'engage l'homme tout entier, ils auraient entendu le plaideur malheureux s'écrier, blême de colère et les points serrés : « A présent, il ne me reste qu'à tuer mon adversaire ». État anormal, à coup sûr ; mais qui n'efface pas la responsabilité. Si cette surexcitation est plus vive chez Mimault que chez les autres, c'est qu'il a le caractère plus irritable et qu'il a pris la funeste habitude de s'abandonner à sa violence et à sa colère.

Et que diriez-vous, Messieurs les Jurés, si je vous donnais le régal d'entendre M. Féré, médecin de Bicêtre, rudoyer ses confrères lorsqu'ils s'aventurent sur un terrain qui n'est pas le leur et se mêlent de trancher des questions de libre arbitre et de conscience.

Au temps de Pinel, dit-il, la qualité de *malades légaux* ne s'appliquait qu'aux déments, aux imbéciles, aux furieux, c'est-à-dire à la folie à grand appareil, reconnaissable pour tout le monde. Dans ces conditions, l'irresponsabilité des aliénés n'était pas dangereuse pour l'ordre public ; car ceux auxquels s'appliquaient ces renseignements pouvaient, lorsqu'ils étaient reconnus dangereux, être séquestrés.

Mais on pouvait reprocher à ce mode d'être arbitraire, tant qu'il n'était pas basé sur une expérience scientifique, c'est-à-dire reposant sur des phénomènes objectifs.

Avec Esquirol et Georget, la folie légale s'étendit aux monomanies et aux altérations de la volonté ; peu à peu on l'appliqua aux vésanies sans délire : monomanie raisonnante, folie morale, folie d'action, folies lucides, manies instinctives, folies avec conscience.

Lorsqu'on en est venu à ce point, il est nécessaire de se demander si l'on ne confond pas la maladie et le vice ; dans le doute, on invente une responsabilité partielle, une responsabilité proportionnelle à l'état mental du sujet. Je ferai remarquer, en passant, que ces innovations sortaient des attributions du médecin, qui peut être expert en pathologie et en clinique, mais qui n'a point compétence spéciale pour déterminer la question du libre arbitre, dont la solution ne pourrait servir de base à aucune solution pratique.

Et je veux vous faire, par une explication très simple, toucher du doigt la sagesse de ce conseil.

Nos lois sont très bien faites, Messieurs les Jurés ; seulement, il faut consentir à les appliquer.

Lorsqu'un homme devient fou, si sa folie est dangereuse pour lui-même ou pour les autres, il appartient d'abord à ses parents, à ses amis, de requérir l'intervention de l'autorité publique, afin de le mettre hors d'état de nuire.

Si aucun d'eux ne remplit ce devoir, l'Administration publique a le droit de faire enfermer cet homme redoutable ; mais elle ne peut le retenir en état de séquestration que s'il est vraiment malade ; et, à peine est-il enfermé, qu'un médecin doit être appelé à examiner son état, afin de dire s'il est malade ou s'il ne l'est pas.

Dans les maisons spéciales où l'on retient les aliénés, le directeur est obligé d'avoir un registre ; un médecin examine, tous les mois, l'état mental des séquestrés et consigne ses observations sur le registre ; s'il n'y a pas de maladie, ou si la maladie a cessé, à l'instant même, le directeur doit en informer l'autorité publique, sous peine de commettre le crime de séquestration illégale, et l'homme est aussitôt rendu à la liberté, par conséquent à la responsabilité. Ainsi lorsque le doute sur l'état de la raison s'élève devant une juridiction criminelle, on ne doit poser au médecin légiste qu'une question, celle que j'ai adressée à M. le docteur Brouardel : « Mimault est-il un malade ? » Et il a répondu sans hésiter : « Non, c'est un homme sain ». On lui a dit encore : « Mimault peut-il être placé dans un asile d'aliénés ? Non », a-t-il répondu. Par conséquent, il ne peut y avoir ni ambiguïté, ni équivoque. Il ne faut pas qu'on essaie de vous faire entendre, Messieurs les Jurés, que, au lendemain d'un acquittement, cet homme pourrait être, par un internement dans un asile, mis dans l'impossibilité d'exécuter les menaces de mort qu'il a proférées contre plusieurs personnes.

Mimault serait placé demain dans une maison de fous qu'il en sortirait dans huit jours, au nom des principes qui font de la liberté personnelle le premier et le plus sacré des biens.

Mimault aliéné ! Mais la folie, celle-là du moins qui peut faire disparaître la responsabilité des actes criminels, a des signes certains auxquels il est aisé de la reconnaître. D'abord il est rare qu'elle ne se trahisse pas par une altération de la santé physique. Mais supposons-la purement intellectuelle. Elle se manifeste alors par des symptômes qui sautent à tous les yeux, par l'incohérence des idées et des paroles, par la bizarrerie et la contradiction des actes. Et voyez comment cette observation est vérifiée par les faits du procès.

En juillet 1886, Mimault est véritablement malade depuis plusieurs semaines ; toutes ses habitudes sont changées ; son exaltation, son incohérence, ont frappé plusieurs témoins. A cette date, il tire sur des jeunes gens qu'il ne

connaît pas, qu'il n'a jamais vus, qu'il n'a pas de raison de
haïr. On comprend la décision favorable dont il a été l'objet.
Les journaux nous racontaient ce matin même un attentat
semblable, commis sans explication, sans cause possible,
et dont l'auteur a été justement considéré comme aliéné.

Mais il en est tout autrement au 4 janvier 1888. Le dé-
rangement de la santé, la bizarrerie des idées, l'incohérence des actes, qui donc en a déposé ? Personne. Il s'en
prend à M. Raynaud, parce qu'il le hait ; il le menace,
vous le savez, depuis plusieurs années ; vous avez entendu
le garçon de bureau, Mimault avait pensé un jour à étrangler Raynaud ; mais il ne l'a pas osé, parce que, s'il veut
bien trouer la peau des autres, il a peur qu'on ne touche à
la sienne. Il a donc acheté dès le 31 décembre un excellent revolver ; quand il reçoit la dépêche ministérielle, il
ne sort pas de chez lui, tête nue, comme un forcené ; il
vous a expliqué lui-même ses allées et venues ; il a pris son
parti après délibération ; il était sorti sans argent ; il a la
pensée, pour s'épargner de remonter à sa chambre, d'emprunter cinq francs à sa concierge ; mais il la trouve en
conversation avec une domestique de la maison, et, crai-
gnant les commérages, vous a-t-il dit lui-même, il a pris le
parti de gravir son escalier. Puis il est allé déjeuner ; l'appétit ne lui manque pas ; il attend l'arrivée d'un tramway,
il suit un inconnu qui avait la tournure de Raynaud ; il
passe devant lui pour s'assurer qu'il ne se trompe pas.
J'accumule à dessein les circonstances ; sûrement j'en oublie, votre mémoire complètera la mienne. Tout cela révèle, non pas la folie, mais la volonté entraînée par la passion.

Et prenez-y garde, Messieurs les Jurés, tout serait perdu,
si le jury pouvait jamais confondre l'impulsion irrésistible,
que communiquent à la machine humaine les suggestions
de la folie avec le branle que les passions donnent à la

volonté. Eh ! sans doute, il est bien rare que les meurtriers agissent de sang-froid ; ce n'est pas de sens rassis qu'on assassine son semblable.

Voilà des ouvriers qui, le soir venu, vont prendre leur repas. La conversation s'anime, dégénère en dispute, on s'injurie, on se bat, les couteaux sortent des poches, le sang coule : ces ouvriers sont-ils des fous ? Pas le moins du monde ! Ils obéissent à la colère, voilà tout.

Voici un Italien, un Corse qui croit avoir reçu une injure. Il quitte sa femme, ses enfants, sa vigne, son champ, il gagne le maquis, il attend six mois, pour endormir la prudence de son ennemi ; il lui tend une embûche, et l'homme rougit de son sang la poussière du chemin. Ce meurtrier est-il fou ? Non. Il obéit à une passion, la vengeance.

Voici un homme jeune et grossier ; au coin d'un bois, il rencontre une femme. Il la connaît à peine, il ne la connaît peut-être pas. Un désir ardent le saisit... Il se jette sur elle, et brutalement, sans dire un mot, il la viole....Le jury qui l'acquittera n'est pas encore tiré, j'imagine.

Et rien ne serait plus aisé que de parcourir ainsi toute la gamme des crimes où peuvent nous entraîner les passions violentes. Je dis « nous » avec dessein, parce que nous sommes tous agités par les mêmes passions, exposés aux mêmes périls ; parce que tous, nous avons en nous le germe de toutes les fautes, presque de tous les crimes ; parce que les criminels ne sont pas des êtres à part ; parce que chacun de nous a pu voir à son tour ses espérances détruites ; parce que chacun a eu, au moins une fois dans sa vie, l'occasion de haïr et de se venger ; parce que l'honnête homme est celui qui oppose à la passion la barrière du devoir, tandis que le criminel lui ouvre à deux battants les portes de son âme, et se précipite en quelque sorte au-devant de ces fers invisibles dans lesquels nos cœurs sont enchaînés et que nous portons parfois avec tant de plaisir !... Et c'est pour cela qu'à côté de la justice il y a toujours la miséricorde, qui tient compte de la faiblesse humaine, tempère le châtiment sans énerver la peine, inflige au meurtrier une expiation salutaire qui apaise en même temps la victime et, assurant ainsi la paix sociale, donne aux lois leur haute et profonde moralité.

Voilà le procès, Messieurs, tel du moins qu'il apparaît à mes yeux.

Mimault a fait entendre à votre barre des journalistes qui, vous ont-ils dit, ont pris sa défense, parce qu'il leur a semblé que c'était la lutte du faible contre le fort, du pot de terre contre le pot de fer. Nous avons, en effet, des concitoyens pour qui l'anarchie est le dernier terme du progrès social. Tuer un homme supérieur leur paraît un excellent moyen de faire régner l'égalité parmi les hommes, et s'il s'agit en même temps d'un haut fonctionnaire, leur enthousiasme ne connaît plus de bornes.

Sans doute ces opinions révoltent les honnêtes gens ; mais ce n'est pas du tout de leur indignation que je veux ici me faire l'écho, je veux seulement faire remarquer que tous ces raisonnements reposent sur une erreur. Le faible ici, ce n'est pas le meurtrier qui choisit son heure, guette sa victime et l'étend par terre, en se croyant sûr de l'impunité. Le faible, c'est l'homme paisible qui sort désarmé, c'est vous, c'est nous, c'est en un mot la société tout entière.

Vous allez maintenant, Messieurs les Jurés, entendre le défenseur ; et je sais d'avance avec quelle habileté séductrice la défense vous sera présentée. Eh bien ! d'avance aussi, je vous demande de juger le procès sur le terrain qu'on voudra choisir. Si l'on s'adresse à vos sentiments et à votre cœur, vous vous demanderez lequel de ces deux hommes vous auriez le mieux aimé avoir pour frère et pour ami, lequel mérite le plus de pitié. Si l'on veut consulter la raison, vous vous direz qu'il est impossible que, dans une société réglée comme la nôtre, il y ait une classe de meurtriers privilégiés, assez sages pour n'aller jamais à Bicêtre, assez fous pour n'aller jamais en prison.

Enfin, vous vous rappellerez tout ce que la société, par tous ses organes, a fait pour l'accusé. Vous vous souviendrez de l'indulgence peut-être excessive dont on a usé envers lui, des molles complaisances qu'on lui a prodiguées, et vous vous direz, ce qui est la grande leçon de ce procès, qu'à mal défendre les victimes, on encourage les assassins.

Après le réquisitoire de M. l'avocat général Bloch et la plaidoirie de Mᵉ Demange pour l'accusé, le jury a rapporté un verdict affirmatif mitigé par l'admission de circonstances atténuantes. La Cour a condamné Mimault à dix ans de travaux forcés et vingt ans d'interdiction de séjour.

INCENDIE DE L'OPÉRA-COMIQUE

—

DÉFENSE DE M. CARVALHO

Neuvième chambre. — *Présidence de M.* GRÉHEN

INCENDIE DE L'OPÉRA-COMIQUE

PLAIDOIRIE POUR M. CARVALHO

Le 12 mai 1887, M. Steenackers, à la prière de M. Carvalho, appelait de nouveau l'attention des pouvoirs publics sur le déplorable état du théâtre de l'Opéra-Comique. Il signalait le vice des dispositions architecturales, l'insuffisance des dégagements et des issues, la vétusté des bois, l'encombrement inévitable des accessoires et des décors. Le ministre reconnaissait l'exactitude de ces constatations ; il ajoutait que le sort de tous les théâtres était d'être brûlé et que, l'Opéra-Comique, ne l'ayant pas été depuis 1838, ne tarderait pas sans doute à fournir un exemple nouveau de cette commune fatalité. Sur quoi, la Chambre, après avoir vidé cet incident par l'ordre du jour, passait, suivant l'heureuse expression d'un député à une discussion « *plus sérieuse* », et reprenait l'examen de la loi sur les sucres.

Treize jours après, l'incendie de l'Opéra-Comique coûtait la vie à près de cent personnes. Le parquet ouvrit une instruction à la suite de laquelle sept personnes furent renvoyées devant la police correctionnelle, savoir :

Le directeur, M. CARVALHO,

Les sapeurs-pompiers ANDRÉ et CAMINE,

Le machiniste VARNOUT;

Le contrôleur LECOMTE,

Le concierge BALLAND,

L'architecte du théâtre, M. ARCHAMBAULT.

La prévention fut soutenue par M. le substitut Sauvajol.

Plusieurs parties civiles intervinrent aux débats ; leurs intérêts furent représentés par Mes Deville, Davrillé des Essards et Lagasse.

Les prévenus étaient défendus par Mes Signorino, Décori, Oscar Falateuf, Durier, Martini et Barboux. La plaidoirie qu'on va lire fut prononcée en réplique et les moyens qu'elle développe profitaient en réalité à tous les prévenus.

Le Tribunal, par jugement du 25 décembre 1885, acquitta tous les prévenus à l'exception de MM. André et Carvalho. Celui-ci fut condamné à trois mois de prison et 200 francs d'amende, André à un mois de prison.

Sur l'appel des prévenus, la Cour les acquitta tous deux.

MESSIEURS,

Le silence gardé par le ministère public en face de la contradiction très ardente que nous lui avons opposée ne me cause ni étonnement ni inquiétude. Le ministère public est assurément de ceux dont l'esprit est assez large pour comprendre et pour goûter l'argumentation de leurs adversaires et, son impartialité aidant, il a senti, je l'espère, qu'il lui était également impossible de maintenir toutes ses prétentions ou de les modifier. Quant à l'inquiétude, elle supposerait de la part de nos adversaires l'assurance de gagner leur procès ; cette hypothèse serait blessante pour le Tribunal, et par conséquent nous lui fermons jusqu'à l'accès de notre pensée.

Je n'ai pas d'ailleurs, Messieurs, le dessein de rentrer dans les détails de ce procès ; mais je veux seulement, après avoir complété sur trois points déterminés les observations que Me Martini a abrégées à mon intention, résumer, en les rattachant dans un ordre rigoureusement logique aux idées principales dont elles découlent, les accusations contenues dans la prévention et les réponses que nous leur avons opposées.

Et tout de suite, pour entrer en matière, je dirai un mot au Tribunal des réclamations pécuniaires des parties civiles.

Je laisse volontiers de côté l'âpreté du langage qu'elles ont tenu. Outre que le malheur qui les a frappées les rend sacrées à nos yeux, l'intérêt pécuniaire qui les anime les aveugle et les emporte en même temps. Mais ce que je ne comprends pas, c'est l'indignation qu'elles paraissent ressentir en trouvant devant elles une contradiction, et je les prie d'observer que le respect qu'il ne me coûte pas d'accorder à leur infortune n'ôte rien à la fermeté avec laquelle je suis obligé d'examiner et de combattre leurs prétentions (1).

. . . .

. . . .

. . . .

Mais j'ai hâte de laisser de côté les parties civiles et les détails de leurs réclamations pour m'attaquer à la base même de leur action.

Cette action n'est recevable devant le Tribunal correctionnel qu'autant qu'elle s'appuie sur la démonstration d'un délit. Les parties civiles le savent ; aussi elles ont repris à leur compte tous les griefs de la prévention, et je vais répondre ainsi à tous nos adversaires en même temps.

Eh bien ! résumant ici toutes les objections des défenseurs, je veux dire au Tribunal en un seul mot toute ma pensée. Nous reprochons à la prévention deux choses : son exagération et son injustice. Nous lui reprochons son exa-

(1) Nous supprimons ces détails dont les magistrats chargés de prononcer le jugement pouvaient seuls apprécier l'utilité et l'intérêt.

gération, qui lui fait à chaque instant oublier la mesure
avec laquelle doivent être appréciées les actions des hommes ; son exagération, qui lui fait, pour essayer d'atteindre les prévenus, charger leurs épaules d'un poids qu'elle ne
voudrait pas porter elle-même. Nous lui reprochons en
second lieu son injustice, qui lui permet d'oublier que,
s'il y a une loi devant laquelle tous doivent être égaux, c'est
assurément la loi pénale ; son injustice, qui la porte, non
seulement à ne pas marquer du doigt, comme elle devrait
le faire, toutes les responsabilités, mais l'engage même à
les couvrir d'un voile d'indulgence. Des esprits malveillants et chagrins en pourraient conclure qu'on a voulu sacrifier quelques particuliers, comme des victimes expia-
toires, pour assurer la sérénité des fonctionnaires. Mais,
comme nous ne sommes ni chagrins, ni malveillants, nous
en concluons seulement qu'on les a trouvés innocents,
puisqu'on ne les a pas poursuivis ; et nous ajoutons que,
dans une évidente identité de situation, le Tribunal commettrait une effroyable iniquité, s'il condamnait les uns
en l'absence des autres.

Tout d'abord, Messieurs, en ce qui concerne spécialement M. Carvalho, il y a un premier point constant :
M. Carvalho n'est pour rien dans la cause initiale de l'incendie, soit que le ministère public s'efforce de retrouver
au milieu de ses cendres l'étincelle qui l'a allumé, soit
qu'il se demande pourquoi il n'a pas été éteint immédiatement.

M. Carvalho n'est donc pas, pour parler la langue du
droit, la cause directe de la mort des victimes de l'incendie.

Eh bien ! si cela est vrai, il en résulte tout de suite une
conséquence fort importante.

D'où vient la confusion qui règne dans ce débat ? D'où
viennent ces étranges dépositions de témoins qui, se subs-

tituant à chaque instant soit au ministère public, soit au Tribunal, promènent les responsabilités sur toutes les têtes, ministres, commissions ou commissaires ? D'où vient l'incertitude dans laquelle, j'en suis convaincu, a plus d'une fois flotté la pensée du Tribunal ?

Tout cela vient d'une même erreur et d'un même vice de raisonnement. Ni la prévention ni les parties civiles ne se sont appliquées à distinguer d'abord, comme elles auraient dû le faire, les causes qui peuvent simplement entraîner une responsabilité civile, de celles plus graves qui doivent entraîner une responsabilité pénale.

Est-ce à dire que le ministère public ou les parties civiles se soient sentis impuissants à faire cette distinction ? M. le Substitut nous a montré, sous le mérite de sa parole, la vigueur de sa pensée, et il n'aurait eu aucune peine à résoudre un problème juridique, lui qui a résolu avec tant d'aisance les problèmes les plus délicats de physique et d'esthétique théâtrale. M. le Substitut pouvait donc faire cette distinction ici nécessaire ; mais il a trouvé dangereux de l'essayer. Cependant elle doit être faite, et il ne servirait à rien de laisser dans l'ombre, mal éclairé, le point initial de ce débat.

Messieurs, entre les diverses causes qui peuvent entraîner un accident mortel, une première distinction se présente d'abord à l'esprit, la distinction entre les causes directes et les causes indirectes ou occasionnelles. Prenons un exemple : voici un homme qui, en revenant de la chasse, laisse son fusil chargé dans l'angle de l'appartement ; deux jeunes gens arrivent, l'un deux prend l'arme, joue avec elle, ajuste son camarade, met le doigt sur la détente ; le coup part, l'enfant tombe baigné dans son sang. Il n'y a pas d'année que n'attriste quelque accident semblable. Au point de vue moral, il y a ici deux imprudences, celle de l'homme qui a laissé l'arme chargée dans un coin, celle de l'enfant qui a joué avec elle et qui a tué son camarade. Ouvrez les journaux judiciaires : quel est celui qui sera l'objet d'une poursuite correctionnelle ? C'est l'enfant, qui est la cause directe de la mort, et le père ou le tuteur qui l'avait sous sa surveillance sera simplement poursuivi, comme civilement responsable, en vertu de l'article 1384.

Prenons un autre exemple : il y a trois ans, j'ai défendu devant le Tribunal correctionnel M. Clémençon. Une explosion de gaz avait eu lieu à la Porte-Saint-Martin et avait tué deux figurants. Poursuite pour homicide par imprudence ; contre qui ? Contre le gazier qui avait négligé les appareils, et quoiqu'on prétendît que M. Clémençon avait eu le tort de confier un service difficile à un employé trop âgé pour le bien faire, le Parquet n'a pas songé, dans ce cas, pas plus que dans le premier, à considérer comme responsable vis-à-vis de la loi pénale un autre que l'auteur direct de la mort ; et quant à celui qui en aurait été par son imprudence l'auteur indirect, on s'est contenté, comme on devait le faire, de la simple responsabilité civile résultant de l'article 1384.

Prenons un troisième exemple : celui d'un assassinat commis dans un compartiment de chemin de fer. Que n'a-t-on pas dit contre les Compagnies au point de vue de la disposition vicieuse de leurs wagons ? Et vous n'avez pas oublié ce curieux arrêt, cassé à la requête du Procureur général, dans lequel on reprochait aux Compagnies de se faire un jeu de la vie des voyageurs. Eh bien ! s'avisa-t-on jamais, dans de telles circonstances et quand même l'isolement des voyageurs ou le mauvais fonctionnement du signal d'alarme aurait facilité le crime, de poursuivre en police correctionnelle les ingénieurs des Compagnies ? On n'y a probablement pas même pensé.

Prenons enfin un dernier exemple : un incendie éclate dans une maison habitée ; cette fois, nous sommes bien près de notre espèce ; *incendia plerumque fiunt culpa in-habitantium*, et cet axiôme du droit romain est presque toujours vrai. Eh bien ! l'incendie dévorera la maison, il atteindra les maisons voisines, il y aura des blessés, peut-être des morts. Jamais on n'a songé à poursuivre, devant la police correctionnelle, le locataire dont l'imprudence certaine a amené la destruction de la propriété d'autrui (article 458 invoqué aujourd'hui contre M. Carvalho) ou causé les blessures ou amené la mort de quelqu'un (articles 319 et 320 du Code pénal).

Bien plus, loin d'avoir songé à faire de cette imprudence ou de cette négligence la base d'une action pénale, lorsque les Compagnies d'assurances essaient de soutenir, devant les Tribunaux civils, qu'on ne peut point stipuler la garantie de ses fautes personnelles, et que, par conséquent, lorsque l'incendie arrive par la faute du locataire ou par l'oubli d'une prescription réglementaire, l'assurance disparaît, les juges civils, vous-mêmes, Messieurs (car j'ai toujours admiré cette inconséquence des meilleurs esprits qui leur fait appliquer des principes opposés, suivant qu'ils siègent de ce côté de la Sainte-Chapelle ou de l'autre côté), vous-mêmes, dis-je, vous répondez aux Compagnies d'assurances que cette faute du locataire, cette négligence, cette imprudence, la cause certaine de l'incendie, peut cependant être la base d'un contrat civil de garantie ; ce qui est une contradiction absolue avec cette autre idée qu'elle puisse entraîner l'application de trois articles de la loi pénale.

De ces exemples découle une conséquence toute naturelle. Il y a un très grand nombre de fautes qui peuvent entraîner une responsabilité civile, sans tomber sous l'application des articles 319 et 320 du Code pénal.

Trouverons-nous pour les distinguer une règle, un critérium absolu ? Non, Messieurs. C'est une question d'appréciation et de mesure sur laquelle, par conséquent, vous êtes souverains. Souverains, en effet, car, lorsqu'on examine, sur ce point intéressant, la jurisprudence, on trouve qu'en 1863 un arrêt de la Cour de cassation décide que celui qui est la cause *directe* d'un homicide peut *seul* être traduit devant le Tribunal correctionnel ; tandis qu'en 1865, la Cour de cassation semble admettre que celui qui est la cause *indirecte* d'un homicide peut également être traduit en police correctionnelle.

La Cour de cassation aurait-elle changé d'opinion ? Non, car lorsqu'on examine de près les deux arrêts, on s'aperçoit que ce sont deux arrêts de rejet qui démontrent l'un et l'autre que la Cour de cassation entend laisser aux juges du fait la souveraine appréciation des circonstances.

Mais si la jurisprudence nous laisse incertains, il y a un magistrat dont il est bien intéressant de connaître sur ce point la pensée ; c'est précisément celui auquel je réponds.

Certes, à en croire les apparences, M. le Substitut tient, sans aucun doute, pour cette doctrine, qu'il suffit d'avoir été la cause indirecte d'un homicide pour être amené sur les bancs correctionnels. Je lui accorde que son réquisitoire paraît s'inspirer de cette théorie. Mais, en réalité, ces apparences sont trompeuses. M. le Substitut admet l'opinion opposée ; et je vais le lui prouver, à lui-même, par deux raisons également démonstratives.

Quelle est la première faute que le ministère public ait reprochée à M. Carvalho ? *L'accumulation des décors*. Je m'expliquerai sur ce point dans un instant, mais j'admets, pour le moment, qu'il y ait là une faute imputable.

Or, voici le raisonnement du ministère public : cette accumulation qui faisait « des cintres un magasin de décors », a rendu l'incendie plus rapide et plus intense, et il

faut attribuer à cette circonstance la violence et le caractère foudroyant de la catastrophe.

Soit, admettons-le pour un instant. Mais voici maintenant ce que je lis dans le rapport des experts : « Les ex-
» perts signalent, comme l'une des causes les plus graves
» du rapide développement de l'incendie, *la vétusté des*
» *bois et leur état vermoulu....* » Et vous n'avez pas oublié cette déclaration de M. Brouardel, qui, avec cette
compétence qui l'élève au-dessus de toute controverse, déclare que « ces bois, dans l'état où ils se trouvaient,
» étaient semblables à la *sciure de bois*, et que, dès lors,
» il a dû se produire, quand l'incendie s'est déclaré, une
» véritable explosion ».

Ajoutons, d'ailleurs, que le simple bon sens pouvait tenir lieu de l'avis de M. Brouardel et de l'opinion des experts. Voici donc une cause qui, bien plus que la première encore, a rendu l'incendie violent et rapide. Eh bien!
si le ministère public admet cette thèse juridique que tous
ceux qui, de près ou de loin, ont contribué à accroître la
violence de l'incendie doivent être poursuivis en police
correctionnelle, et qu'on doit leur appliquer les articles 319
et 320, sûrement il amènera devant le Tribunal correctionnel celui ou ceux qui sont responsables de la vétusté des
bois et de leur état vermoulu.

Le ministère public aura d'autant plus de raisons de le
faire, que la loi civile elle-même a posé le principe de la
responsabilité contre le propriétaire d'un bâtiment, lorsque le vice de ce bâtiment amène le dommage dont les
tiers ont souffert (article 1386 du Code civil).

Eh bien ! le ministère public ne l'a pas pensé. Il n'a pas
considéré le propriétaire de l'immeuble comme tombant
sous le coup des articles 319 et 320 du Code pénal. Pourquoi change-t-il d'opinion quand il s'agit de M. Carvalho?

Mais j'ai promis à M. le Substitut deux démonstrations de sa propre opinion. Voici la seconde :

Si quelque chose a rendu l'incendie possible, c'est *l'inflammabilité des décors*.

Que dit, à ce sujet, le cahier des charges ?

Article 24. — Le directeur sera tenu de se conformer aux règlements de police existants ou à établir en matières de constructions théâtrales, d'appliquer les procédés *qui lui seront indiqués* pour préserver son matériel contre l'incendie et d'exécuter sous la surveillance des agents de l'Administration les travaux qui pourront être prescrits pour la salubrité de la salle.

Le directeur ne sera tenu d'aucun des frais que pourraient entraîner les travaux indiqués ci-dessus, mais il devra souffrir qu'ils soient exécutés par l'Administration sans pouvoir exiger d'indemnité.

Rien de plus clair que ces dispositions ; c'est l'État qui est chargé de rendre les décors ininflammables.

Donc, si vous admettez ce principe, que les auteurs indirects d'un homicide par imprudence peuvent être poursuivis en police correctionnelle, il est impossible d'admettre que vous n'ayez pas demandé compte, en police correctionnelle, de cette prodigieuse imprudence à celui qui précisément l'a commise.

Et qu'on n'essaie pas de dire : « l'État est une personne morale, et, par conséquent, il est impossible de l'amener en police correctionnelle. » Aux yeux de la loi pénale, tout acte suppose un agent responsable. Ce n'est pas M. Carvalho qui est propriétaire des décors qu'on prétend accumulés en trop grand nombre, c'est Carvalho et Cie. Et ce n'est pas Carvalho et Cie que vous avez poursuivis, c'est M. Carvalho personnellement et vous avez bien fait, au point de vue de la procédure. Lorsque les administrateurs d'une Société commettent quelque délit dans l'accomplissement de leur mandat, est-ce la Société que vous poursuivez ? Vous ne le pouvez pas. Mais, vous ne renoncez pas pour cela à la poursuite. Vous savez très bien atteindre l'auteur direct, et vous traduisez les administrateurs eux-mêmes en police correctionnelle.

Par conséquent, la raison est mauvaise. L'État est une personne morale ; mais il agit par des organes ; chacun de ces organes remplit une fonction spéciale, et chaque fonctionnaire répond du délit qu'il commet dans l'exercice de ses fonctions.

Qu'on ne dise pas davantage que l'État manquait d'argent pour remplir ses obligations de propriétaire? La réponse serait étrange ! Mettez un particulier à la place de l'État, et demandez-vous comment le juge d'instruction accueillerait une pareille défense? La difficulté de remplir ses obligations pécuniaires n'a point encore été admise par le Code civil comme un mode d'extinction des obligations et, par conséquent, comme l'État propriétaire a les mêmes droits et les mêmes devoirs qu'un simple particulier, ce second prétexte n'est pas plus admissible que le premier.

Lorsque l'État ou les communes sont condamnés à faire quelque dépense, ils inscrivent au budget de l'année suivante les sommes nécessaires pour faire face à cette obligation, et les contribuables sont forcés de fournir à l'État et aux communes les sommes dont ils ont besoin. Je m'étonne d'avoir à rappeler des principes aussi simples et aussi indiscutables.

Mais on pourrait croire, à m'entendre, que je demande la tête de tous les hauts fonctionnaires dont dépendait M. Carvalho ; pas le moins du monde ! Cela est bien loin de ma pensée ; je crois même qu'on a très bien fait de ne pas les poursuivre en police correctionnelle ; je crois que, de cette vaste instruction, il ne devait sortir que des responsabilités civiles. Mais je demande qu'on nous applique les mêmes principes et qu'on n'ait pas — c'est le reproche le plus cruel qu'on puisse faire à une poursuite dirigée par le ministère public, — deux poids et deux mesures, deux attitudes opposées, deux visages contradictoires, un sourire pour le gouvernement, une menace pour les particuliers.

Ajouterai-je que cette interprétation sage et modérée de la loi pénale est surtout légitime lorsqu'il s'agit de ces vastes administrations dans lesquelles un seul homme commande à un nombreux personnel? Il ne peut pas répondre pénalement de leurs défaillances et l'article 1384 suffit en pareil cas à tous les besoins sociaux. Ici même, il y a quatre ans, nous en avons eu l'exemple. Voici dans quelles circonstances. Vous connaissez tous ces gigantesques constructions en fer qu'on aperçoit à droite, sur la berge, lorsqu'on passe sur le pont d'Asnières. Elles appartiennent à la Compagnie du Gaz et elles servent au déchargement de ses charbons. Pendant qu'on les élevait, la chute d'une poutre en fer tua deux hommes, et l'expert prétendit que cette chute était due à cette circonstance que les bois destinés à empêcher le glissement des pieds de la chèvre élévatrice avaient été cloués, quand ils auraient dû être boulonnés. M. Eiffel soutenait le contraire; il approuvait pleinement les actes de son contre-maître. Cependant, celui-ci seul était poursuivi en police correctionnelle, et M. Eiffel n'y était appelé qu'à raison de la responsabilité civile.

Et que dire, lorsque ce chef d'un nombreux personnel est en même temps soumis à tous les caprices de plusieurs administrations, qui ne se connaissent que pour se contredire et pour se combattre? Me Martini a accumulé les preuves de l'impuissance à laquelle ces rivalités réduisaient sans cesse M. Carvalho. Mais chaque jour nous apporte une démonstration nouvelle. Écoutez ces incroyables documents qui datent d'hier, et que j'emprunte à l'Administration du Théâtre;

THÉATRE NATIONAL DE L'OPÉRA-COMIQUE

Cabinet du Directeur.

Paris, le 19 octobre 1887.

Monsieur le Préfet de la Seine,

MONSIEUR LE PRÉFET,

A la date du 13 de ce mois, M. le Ministre de l'instruction publique, des cultes et des beaux-arts a bien voulu m'autoriser à me faire remplacer temporairement dans mes fonctions de directeur de l'Opéra-Comique par M. Jules Barbier. La salle du théâtre des Nations qui, depuis longtemps déjà, aurait dû être mise à notre disposition, conformément aux conventions passées entre l'Administration des Beaux-Arts et la Ville de Paris, ne nous a été livrée que samedi 15 courant. Avant de laisser la direction des affaires de la Société, dont je suis toujours le gérant, à M. Jules Barbier, j'ai dû m'assurer que toutes les conditions prescrites par la police avaient été exécutées et j'ai, en effet, reçu, de la Ville de Paris, la lettre que je transcris ici textuellement :

Paris, le 15 octobre 1887.

Monsieur le Directeur de l'Opéra-Comique, installé au Théâtre de Paris.

J'ai l'honneur de vous donner avis de l'achèvement des travaux entrepris au Théâtre de Paris pour compléter les mesures de sécurité contre l'incendie.

J'en informe également la Préfecture de police. Rien ne s'oppose donc plus, du fait de mon administration, à ce que la scène, la salle et ses dépendances soient occupées dès ce jour par la direction de l'Opéra-Comique.

Recevez, etc.

Le Directeur des Travaux,
Signé : ALPHAND.

Ma surprise a été grande d'apprendre hier par M. le chef du bureau des théâtres, qu'une note avait été adressée par la Préfecture de police au Ministère des beaux-arts à l'effet de protester contre l'inachèvement ou l'inexécution des travaux réclamés par la commission de sécurité.

Comme il devient urgent de ne pas laisser se continuer cette procédure incertaine entre deux administrations, armées cependant pour se défendre entre elles, et de ne pas engager une seconde fois le Directeur de l'Opéra-Comique dans des responsabilités qui ne peuvent lui incomber, je prends la liberté, Monsieur le Préfet, de vous prévenir de l'incident soulevé par la note communiquée par votre administration. Je crois utile, en même temps, de vous déclarer que si, dans le plus bref délai, M. Barbier qui me remplace temporairement à la direction de l'Opéra-Comique et qui a la conduite des affaires de ma Société n'est pas déchargé de toute responsabilité par une lettre de votre administration établissant nettement que toutes les choses demandées l'ont été seulement pour la bonne forme et que vous tenez pour suffisants les travaux exécutés jusqu'à ce jour par la Ville de Paris, je serai dans la nécessité de soumettre l'incident à M. le Ministre des beaux-arts et de lui demander, au nom des intérêts que je représente, d'ordonner la fermeture du théâtre, plutôt que de laisser peser sur lui, sur nous, une responsabilité pareille à celle dont nous menace l'avertissement de la Préfecture de police.

Veuillez agréer, Monsieur le Préfet, l'expression de mes sentiments respectueux.

Signé : CARVALHO.

Pour achever de vous édifier, Messieurs, écoutez encore cette lettre :

THÉATRE NATIONAL DE L'OPÉRA-COMIQUE

Cabinet du Directeur.

Paris, le 26 octobre 1887.

Monsieur le Ministre de l'instruction publique, des cultes et des beaux-arts.

MONSIEUR LE MINISTRE,

Hier, au théâtre de l'Opéra-Comique, installé à l'ancien Théâtre-Lyrique, il a fallu l'intervention du commissaire de police pour empêcher l'allumage des herses dont les mauvaises conditions d'établissement ou de fonctionnement pouvaient amener l'incendie dans les cintres.

Ces herses sont, d'après la déclaration de M. Clémençon, celles fournies par la Ville de Paris pour le service du théâtre des Nations.

Déjà, la semaine dernière, une expérience faite par le laboratoire municipal de Paris a démontré que les substances dont on avait enduit les bois et fils du théâtre des Nations n'avaient point suffi à les rendre incombustibles.

Ne voulant pas davantage, Monsieur le Ministre, laisser engager votre responsabilité, celle de votre administration, celle de M. Barbier, que vous avez agréé comme mon remplaçant, celle de ma Société, dont vous vous êtes assuré le concours pour l'exploitation provisoire de l'Opéra-Comique, je viens vous prier d'intervenir de toute votre autorité pour que la Ville de Paris, la Préfecture de police et sa commission de sécurité prennent nettement devant vous la reponsabilité absolue de tout ce qui peut arriver.

Veuillez agréer, Monsieur le Ministre, l'expression de mes sentiments respectueusement empressés et dévoués.

Signé : CARVALHO.

, P. S. — J'ai l'honneur de placer sous vos yeux la copie de la lettre que j'ai adressée à M. le Préfet de police le 19 octobre courant.

Quoi de plus inouï ! quel spectacle et quel enseignement ! Les archives de l'Opéra-Comique, vous le savez, regorgent de documents semblables. Que devient, entre ces contradictions énormes et parfois grotesques, la liberté du Directeur ? Et, si la liberté disparaît, comment la responsabilité pénale pourrait-elle lui survivre ?

Laissons cela et allons plus avant. Pour me résumer sur ce premier point, je dis que M. Carvalho ne pourrait en tous cas être considéré que comme l'agent indirect et occasionnel de l'incendie ; que, sur ce point, très délicat en doctrine et en jurisprudence, il convient, pour le Tribunal, de s'en rapporter à la théorie du Parquet lui-même ; que cette théorie s'affirme virtuellement par le silence gardé vis-à-vis des fonctionnaires dont la responsabilité était certainement plus engagée que celle du Directeur, et que celui-ci ne peut pas être condamné, là où les autres ne sont pas même poursuivis. Cette première considération paraîtra sans doute au Tribunal digne de fixer pendant quelques instants au moins sa bienveillante attention.

Voici maintenant un point qui n'est pas de moindre conséquence. Même en admettant que l'agent responsable d'une cause indirecte puisse être poursuivi pour homicide par imprudence, il faut encore qu'il soit déclaré par le Tribunal que son imprudence a été la cause certaine de la mort de quelqu'un. Ici, le droit n'est plus douteux, et la jurisprudence nous fournit des monuments nombreux que fixent le sens de la loi. Je placerai seulement sous vos yeux quelques considérants d'un arrêt de la Cour de cas-

sation du 1er février 1855 (1). Il rejette le pourvoi parce que l'arrêt de la Cour d'appel a constaté que « le fait qua-
» lifié d'imprudence avait été la cause certaine de la mort
» de la victime » . . . .

. . . .

Il ne suffit donc pas qu'une imprudence, même cons-tatée, ait pu amener la mort ; il faut qu'elle l'ait ame-née ; cette preuve certaine, c'est le Ministère public qui la doit. Le Ministère public a fait paraître à cette audience plus de cent témoins à charge, et, laissez-moi vous le dire, sur ces cent témoins, il y en avait plus de trente qui ne pouvaient rien nous apprendre ; car c'étaient, non pas des spectateurs, mais les héritiers des malheureux qui ont trouvé la mort dans l'incendie. Ce n'étaient donc pas leurs déclarations que voulait le Ministère public, — disons-le franchement — c'étaient leurs larmes ; en sorte qu'il demeure avéré que M. le Substitut a poussé aussi loin que possible, soit dans son réquisitoire écrit, soit dans son réquisitoire oral, soit dans la direction qu'il a donnée aux débats, l'art de la mise en scène ; ce qui ne l'empêche pas de poursuivre M. Carvalho pour avoir trop multiplié les décors.

Nous avons donc entendu des témoins bien inutiles. En revanche, il y en a d'autres dont la déposition aurait été pleine d'intérêt et que nous n'avons pas entendus. Je parle des quatorze cents personnes qui se sont échappées et qui, seules, auraient pu nous dire *si les quelques instants qui se sont écoulés entre le moment où l'incendie a éclaté et celui où la porte Marivaux et celle de l'escalier de fer ont été enfon-cées, ont été fatals à quelques spectateurs.* Le Tribunal voit que je m'efforce de rattacher tous les éléments épars du procès à des idées générales, mais précises, et je discute

---

(1) Cet arrêt est rapporté dans Faustin Hélie, t. IV, p. 118.

en même temps, deux griefs faits à M. Carvalho ; la fermeture de la porte Marivaux par le tambour et la porte de
l'escalier de fer qu'on aurait omis de tenir ouverte. Or,
vous savez que ces portes ont été immédiatement enfon-
cées. Oui ou non, les quelques minutes qui se sont écoulées avant qu'elles le fussent, ont-elles été fatales à quelqu'un et à qui ?

Il faut que le Tribunal le dise ; mais, pour qu'il le dise,
il faut qu'il le croie, et, pour qu'il le croie, il faut qu'on le
lui prouve ! Bossuet a dit : « Bien juger, c'est déclarer
» certain ce qui est certain, et douteux ce qui est douteux ».
Eh bien ! qu'est-ce qui est certain ici ? Rien. Qu'est-ce qui
est douteux ? Tout. Aucune preuve n'a été rapportée ni
même tentée.

Je ne rappelle que pour mémoire, à propos du tambour
de la rue Marivaux, l'accord certain qui s'était établi entre
l'Administration et M. Carvalho. Mais j'insiste sur la déposition du garde républicain que nous avons entendu à la
fin d'une de vos longues audiences. Quand nous lui avons
demandé : « Y avait-il encombrement ? Y avait-il impossibilité de sortir ? » Il a répondu : « Il y avait du monde,
mais il n'y avait pas ce que l'on peut appeler encombrement ». Par conséquent, je défie qui que ce soit de soutenir qu'il a été établi que ces quelques instants aient été
fatals à quelqu'un. C'est une simple allégation du Ministère public ; c'est une hypothèse ; mais cela ne saurait suffire ; il faut la certitude, et vous ne l'avez pas.

En ce qui touche l'escalier de fer, le Ministère public a
essayé de mettre à la charge de M. Carvalho la mort de la
malheureuse ouvreuse qui s'est jetée par la fenêtre. Elle
ne l'aurait fait que parce qu'elle aurait trouvé fermée la
porte de l'escalier de fer.

Quelqu'un lui a-t-il vu prendre cet escalier ? Personne.
La fenêtre par laquelle elle s'est précipitée est-elle dans le

voisinage ? Elle en est à vingt m ètres. Mais, dit le Ministère public, elle avait dit qu'en cas d'incendie, elle pren-
drait cette route ; elle a dû la prendre, elle a dû trouver la
porte fermée, elle a dû remonter l'escalier, elle a dû suivre
le couloir pendant vingt mètres, etc., etc.

Le respect seul que nous avons pour M. le Substitut nous
a empêché de sourire de la puissance d'induction dont il
dispose.

Il manque donc ici une preuve essentielle qui s'applique
aux deux griefs.

Mais, en outre, j'ai quelques motifs particuliers à donner au Tribunal à propos de l'escalier de fer.

Voici d'abord le raisonnement du Ministère public :

Le 24 juin 1882, le Préfet de police a signifié à M. Carvalho un arrêté pour lui enjoindre de laisser ouverte la
porte de cet escalier ; cet arrêté, il l'a enfreint ; c'est une
contravention ; mais elle peut servir de base à l'application des articles 319 et 320, sans avoir été constatée par
un jugement spécial.

Je l'accorde au Ministère public ; mais il voudra bien
me concéder qu'il appartient, en pareil cas, au Tribunal de
répression, d'examiner si le règlement invoqué est légal et
de l'annuler s'il ne l'est pas. Il suffit, en effet, d'ouvrir un
numéro d'un journal judiciaire pour lire quelque sommaire
de cette sorte : *Est nul comme entaché d'illégalité l'arrêté
d'un maire qui......*, etc. Or, le Préfet de police agissant
ici comme maire de Paris, j'ai le droit — et c'est ce que
je fais — de demander, par conclusions formelles, au Tribunal, de prononcer, en tant que besoin, la nullité pour
illégalité de l'arrêté du Préfet de police du 24 juin 1882,
et en effet, cette illégalité n'est pas douteuse.

La salle Favart incendiée le 25 mai 1887 est la seconde
salle d'Opéra-Comique brûlée sur le même emplacement.
La première, incendiée en 1838, avait été construite dans

des circonstances qu'il faut rappeler brièvement, puisque c'est dans ces faits déjà lointains que se trouve la base de la démonstration que je poursuis.

Le 28 août 1781, le duc et la duchesse de Choiseul faisaient avec Sa Majesté Louis XVI un contrat aux termes duquel ils cédaient au roi de France une partie des jardins de leur hôtel joignant le boulevard d'un côté et de l'autre les jardins de la duchesse de Grammont, sœur du duc de Choiseul. Les rues de Choiseul et de Grammont rappellent aux Parisiens d'aujourd'hui la physionomie du Paris d'avant la Révolution.

Le terrain fut cédé moyennant 60,000 livres, et, cela était dit dans le contrat, le duc de Choiseul faisait cette cession *pour contribuer à la décoration de la Ville et aux plaisirs du public.*

Il s'agissait en effet de construire un théâtre pour y représenter des pièces d'un genre nouveau dont le privilège avait été, quelques années auparavant, concédé au sieur Jean Monnet. C'étaient des comédies et des drames mêlés de musique et de danses ; vous avez reconnu l'Opéra-Comique. Marie-Antoinette aimait, comme on sait, passionnément la musique, et si ses préférences l'entraînaient vers Gluck, Haydn et Mozart, elle savait admirer les grâces de cette école française, à la tête de laquelle marchaient alors Lemoine et Grétry. Les comédiens étaient d'ailleurs tout trouvés. Il y avait à Paris une troupe de comédiens italiens qui, depuis Catherine de Médicis, portaient le titre de comédiens ordinaires de Sa Majesté. Ces comédiens italiens, tous français d'ailleurs, faisaient d'assez médiocres affaires et avaient la pensée de se réunir à la troupe de Jean Monnet pour offrir à la Cour et à la Ville un spectacle de bon goût et vraiment digne du suffrage de tous.

On avait le terrain ; mais il fallait construire le théâtre. Les comédiens n'avaient guère plus d'argent que le roi

Louis XVI, et de nouveau il fallut recourir à la fastueuse prodigalité du duc de Choiseul. Il s'engagea donc à construire le théâtre pour 300,000 livres. Les registres de sa maison montrent que l'édifice en coûta 800,000. Mais en même temps ce courtisan de grande race faisait la réserve suivante :

Il est expressément convenu, comme l'une des conditions moyennant lesquelles mesdits seigneur duc et dame duchesse de Choiseul se chargent de la construction de ladite salle et bâtiments, que mesdits seigneurs duc et dame duchesse de Choiseul et Mme la duchesse de Grammont, auront conjointement la propriété de la loge à huit places aux premières loges, à côté de celle du roi, en face et pareille à celle destinée à la reine, et de la petite chambre ou cabinet qui se trouvera au-dessus de l'entresol des boutiques et qui sera derrière et au niveau de ladite loge.

Pour y arriver, mesdits seigneur duc et dame duchesse de Choiseul auront la faculté de faire construire, en même temps que la salle de comédie, un escalier correspondant au souterrain de leur hôtel et à celui qui conduit sous le boulevard au jardin de Mme la duchesse de Grammont, duquel escalier la porte donnant dans la comédie demeurera fermée, et il n'y aura que les comédiens et les possesseurs de la loge qui en auront chacun une clef; cependant, lesdits possesseurs s'obligent, hors le temps du spectacle, de ne laisser entrer qui que ce soit dans la loge, ni dans l'intérieur de la salle.

Le survivant de mesdits seigneur duc et dame duchesse de Choiseul et de Grammont aura la propriété entière desdites loge et chambre, et la faculté d'en disposer en faveur de telles personnes du nom et de la famille de Choiseul que ledit survivant voudra choisir après le décès de la personne en faveur de laquelle le choix aura lieu.

Voilà l'origine du droit.

C'est bien un droit de propriété, non pas seulement d'une loge, mais d'une travée, d'une tranche de la salle.

Cette double propriété d'un même immeuble se rencontrait fréquemment dans l'ancien droit. Le Code civil en a gardé la trace, et de tels contrats se font chaque jour en Italie.

Et ne croyez pas, Messieurs, que ce droit de propriété demeurât à l'état de théorie. Le jeune duc de Choiseul ayant obtenu, par la faveur de Joséphine Bonaparte, la

radiation de son nom des listes de l'émigration, habita
pendant plusieurs mois cette travée de la salle Favart,
seule propriété que la Révolution lui eût laissée.

La nouvelle salle fut inaugurée en 1783. J'ai souvent
entendu demander pourquoi l'Opéra-Comique tournait le
dos au boulevard. En voici la raison : Heurtier, architecte
du roi, avait eu cette idée, à coup sûr fort raisonnable, de
construire la façade sur le boulevard; mais lorsque le plan
fut soumis aux comédiens, ils jetèrent les hauts cris, prétendant qu'on les voulait assimiler aux bateleurs du boulevard du Temple, et le malheureux architecte fut contraint de faire faire volte-face à son édifice.

Les faits successifs qui attestent la fermeté avec laquelle
les successeurs du duc de Choiseul furent obligés de défendre leurs droits contre les empiètements de l'État ou des
comédiens ont été exposés à la première chambre du Tribunal. Je ne pourrais les rappeler sans paraître entrer dans
des détails superflus ; mais je dois indiquer la portée du
contrat de 1825, auquel il est fait allusion dans l'instruction.

En 1825, le roi Charles X trouva peu décent qu'un sujet
eût une loge auprès de la sienne. On s'adressa donc aux
sentiments profondément monarchiques du duc de Choiseul et on lui demanda de consentir à monter d'un étage.
Le duc de Choiseul s'empressa d'acquiescer au désir du
monarque ; mais le contrat contient les réserves suivantes :

Monsieur le duc de Choiseul se réserve expressément et à ses successeurs l'entrée particulière qu'il a sur la rue Favart et l'escalier qui conduit de cette entrée à la loge d'avant-scène des deuxièmes au moyen du
prolongement qui a été fait jusqu'au salon de cette loge et qui appartiendra également à Monsieur de Choiseul et à ses successeurs.

Il est bien entendu toutefois, et comme condition sans laquelle Monsieur le duc de Choiseul n'aurait pu se résoudre à donner le consentement qui résulte des articles ci-dessus, que dans le cas où par quelque
événement que ce puisse être, la salle, tout en continuant de demeurer

salle de spectacle, cesserait d'y être honorée par l'existence d'une loge aux premières destinée à Sa Majesté ou à la famille royale, dans ce cas, Monsieur le duc de Choiseul, ou après lui ses successeurs, rentreraient dans le droit de reprendre la loge aux premières telle que la propriété et jouissance leur a été assurée par les actes ci-dessus mentionnés et énoncés, le motif dominant du consentement donné par Monsieur le duc de Choiseul se fondant sur un sentiment profond des bienséances qui, dans le cas prévu, aurait cessé d'exister.

Comme on le voit, le droit privatif est de nouveau rappelé et confirmé.

En 1838, le duc de Choiseul meurt et la salle Favart est brûlée. Deux pièces suffisent pour montrer au Tribunal avec quelle énergie le droit de propriété a été défendu et proclamé.

Dans la première, le représentant du duc de Marmier, héritier du duc de Choiseul, s'exprime ainsi, parlant à son mandant :

M. Guédé, sur ma demande, a adressé un plan des divers étages de votre propriété ainsi que des coupes sur deux faces, de manière à bien constater ce qui vous appartient. Je l'ai chargé de présenter ce plan à M. Charpentier et à M. Cerfbeer, adjudicataire de la salle Favart : il l'a fait ; mais ces Messieurs ont refusé de l'examiner et de l'approuver. Nous aviserons plus tard aux moyens d'obtenir cette reconnaissance, de bonne volonté ou de force. M. Charpentier dit à M. Guédé qu'on allait prochainement établir à Favart le bureau des plans de l'administration et qu'il se proposait de prendre votre salon, pour y mettre les bureaux de l'architecte du ministère de l'intérieur. J'ai fait répondre par M. Guédé, que vous étiez fort disposé à consentir à tout ce qui serait utile et convenable, mais que la moindre chose était de vous en demander la permission par écrit, comme l'avaient fait en 1825 MM. Hittorff et Lecointe, architectes, et en 1838 M. Robert, directeur des Italiens. M. Charpentier a de nouveau répondu qu'il voulait se servir du local, sans demander aucune autorisation, et comme M. Guédé répliquait que toutes les portes allaient être fermées, M. Charpentier dit qu'il entrerait par une porte provisoire, mise à l'ancienne communication conduisant à la loge, laquelle ne tenait qu'avec des clous, faciles à ôter.

J'espère qu'il n'en viendra pas là, car ce serait une effraction, une violation de domicile ; cet acte de violence m'obligerait à faire déposer, par M. Cavallier, comme votre mandataire, une plainte au parquet du procureur du Roi et, en outre, de faire intenter devant le juge de paix une action en complainte contre l'adjudicataire.

Quoi qu'il en soit, tout cela annonce de la mauvaise volonté de la part de l'Administration de l'Opéra-Comique et nous présage un procès. Il faut donc nous mettre en mesure d'y parer et de le soutenir. M. de Marmier voudra bien alors se rappeler mes paroles : qu'il ne doit se fier à aucune des promesses verbales qui lui ont été faites à Paris, par qui que ce soit.

Puis, à côté de cette pièce, il convient de placer la lettre suivante :

SUCCESSIONS

Ier et IIe ARRONDISSEMENTS DE PARIS

No 510

Paris, le 1er février 1839.

Monsieur le duc,

J'ai l'honneur de vous informer que je viens de recevoir une décision de M. le Ministre des finances, du 16 du mois dernier, qui accorde une prorogation de délai jusqu'au 29 février courant, *pour faire la déclaration de la portion de la salle Favart, dépendant de la succession de M. le duc de Choiseul,* et je suis chargé de vous en donner connaissance.

Veuillez envoyer ma lettre à l'étude de Monsieur votre notaire.

J'ai l'honneur d'être avec un profond respect,
    Monsieur le duc,
Votre très humble et obéissant serviteur.

Le Receveur des successions,
Signé : COURTY.

En 1840, nouveau contrat passé dans les circonstances suivantes : l'État avait pris pour constructeur de la salle M. Cerfbeer, et, pour l'indemniser, lui avait consenti un bail emphythéotique jusqu'au 1er janvier 1880. En même temps, la direction artistique de la troupe de l'Opéra-Comique était confiée à M. Crosnier que beaucoup de mes contemporains ont connu.

Le 17 août 1840, M. Cerfbeer et M. Crosnier font un contrat par lequel la duchesse de Marmier leur donne à bail une partie de la travée dont elle est propriétaire, et le contrat ajoute :

ART. 4.

Pour tenir lieu à Mme la duchesse de Marmier de l'ancienne entrée particulière sur la rue Favart, elle et M. le duc de Marmier auront droit pour eux et les personnes porteurs de billets, signés d'eux ou de leur mandataire, à une entrée particulière par la porte ouverte sur la rue Favart, et cela indépendamment du droit d'entrée par les portes ouvertes au public.

Dans la salle qui précédera cette entrée particulière, une banquette sera disposée pour les domestiques des personnes de la loge, afin qu'ils puissent y attendre les ordres de leurs maîtres.

Le public n'aura l'usage de l'escalier en fer conduisant à la loge de Mme la duchesse de Marmier que pour la sortie du spectacle et après la toile baissée.

Pour assurer le service de l'entrée particulière ci-dessus, il sera établi un concierge préposé à la porte de la rue Favart, et ce aux frais de M. Cerfbeer et de l'Administration de ce théâtre.

Cette clause est claire et ne souffre aucune interprétation. Le bail emphythéotique prend fin le 1er janvier 1880. Par conséquent, ce jour-là, Mme la duchesse de Marmier rentrait dans la jouissance exclusive de sa propriété. Eh bien ! le 1er janvier 1880, un agent des Domaines donne l'ordre à M. Carvalho de refuser à la duchesse de Marmier et à ses invités l'entrée de leur loge, et l'on a osé soutenir qu'ayant joui depuis cent ans de leur propriété, cela devait suffire aux héritiers de Choiseul et que l'État avait le droit de les expulser.

Il a fallu deux ans et demi pour avoir raison de cette violation audacieuse du droit de propriété, et le 2 août 1882 seulement, le Tribunal a rendu un jugement par le-

quel il a condamné le domaine de l'État et M. Carvalho « à
» rendre à la duchesse de Marmier et au duc de Fitz-Ja-
» mes leur propriété, en même temps que les dépendan-
» ces de cette propriété, le tout avec 10,000 francs de
» dommages-intérêts ».

L'État interjeta appel ; mais, en août 1883, dans la crainte
de plus amples dommages-intérêts, il se désista de son
appel.

Que devient, en présence de ces faits judiciaires, l'arrêté
du Préfet de police du 24 juin 1882 ? Il a été pris pendant
une période où l'État se prétendait propriétaire. Soit ; mais
il est clair que sa validité est soumise à cette condition que
le droit de l'État soit reconnu. L'État ayant été condamné,
l'arrêté est nul, puisqu'un maire n'a pas le droit d'entrer
dans une propriété privée pour en régler l'usage.

Le ministère public a, il est vrai, une étrange théorie.
Que nous importe tout cela, dit-il à M. Carvalho !... Vous
n'aviez pas à tenir compte de la prétention des héritiers de
Choiseul. L'État vous aurait couvert contre les conséquences de cette violation de la propriété !

Cette supposition fait le plus grand honneur aux sentiments d'équité qui animent le ministère public, mais elle
montre en même temps combien il connaît mal les grandes administrations.

Le hasard m'a bien servi dans ce procès. Après le dossier de mes clients, voici que j'ai le dossier de mes adversaires. Je viens de vous dire que M. Carvalho avait
refusé aux héritiers de Marmier l'entrée de leur loge,
sur l'ordre d'un agent du Domaine, et j'ajoute que, pendant tout le procès, cet agent n'a pas quitté l'audience.

Écoutez maintenant cette pièce qui, je l'avoue, m'a soulevé le cœur :

MINISTÈRE DES FINANCES

SOUS-SECRÉTAIRE D'ÉTAT

THÉATRE DE L'OPÉRA-COMIQUE

Instance Choiseul

Paiement des dommages-intérêts.

Paris, 12 mars 1884.

MONSIEUR LE MINISTRE ET CHER COLLÈGUE,

Par dépêche du 4 février dernier, vous faites connaître que votre administration est restée complètement étrangère aux faits qui ont amené le procès engagé entre l'État et les héritiers de Choiseul, au sujet de la propriété d'une loge au théâtre national de l'Opéra-Comique. Vous déclarez que ce n'est ni sur sa demande ni avec ses approbations que, depuis le 2 janvier 1880, cette loge a été refusée aux consorts de Marmier, et vous ajoutez que ceux-ci, avant de saisir l'autorité judiciaire, n'ont adressé aucune réclamation au service des Beaux-Arts. Vous en concluez que votre département ne peut prendre à sa charge le paiement des 10,000 francs auxquels l'État a été condamné à titre de dommages-intérêts.

Ainsi que je vous l'ai déjà fait remarquer, Monsieur le Ministre et cher collègue, le procès s'est engagé, non par une réclamation du domaine, mais à l'occasion d'un *trouble matériel* apporté à la jouissance des consorts de Marmier, lesquels, comme ils le rappellent dans tous les actes de la procédure, « *se sont vu refuser, le 2 janvier 1880, l'entrée de la loge par le directeur de l'Opéra-Comique, prétendant que le cahier des charges de la concession ne faisait pas mention de ce droit de propriété.* » (Assignation en référé du 16 janvier 1880.)

Le trouble matériel qui a motivé la condamnation de l'État à des dommages-intérêts n'a pu être le fait de mon administration, puisqu'elle reste étrangère à la gestion et à la surveillance de la salle, et qu'elle n'a sur le directeur du théâtre aucune autorité.

La Direction générale des Domaines n'a, d'ailleurs, eu connaissance des faits de la cause que par la communication de l'assignation. Le refus opposé aux héritiers de Choiseul ne pouvait, par conséquent, être imputé qu'au directeur lui-même ou à l'Administration des Beaux-Arts ; et, du moment que vous déclarez que votre service est resté complètement étranger aux actes qui ont déterminé les héritiers à agir, il s'ensuit que le directeur du théâtre doit être considéré comme l'auteur du dommage.

Dans ces conditions, mon département ne peut que se refuser absolument à supporter la réparation pécuniaire allouée par le Tribunal, à moins qu'il ne soit justifié que c'est sur l'invitation d'un agent du Domaine que la loge a été retirée aux consorts de Marmier.

Vous jugerez donc, sans doute, à propos de faire connaître à M. Carvalho qu'à défaut de justification d'un ordre ou d'une autorisation de mon administration, celle-ci sera autorisée à le considérer comme *seul* responsable du trouble matériel apporté par les employés du théâtre à la jouissance des héritiers de Choiseul, trouble à raison duquel la condamnation à été prononcée.

Je vous serai obligé de me donner connaissance de la réponse que vous aurez reçue de M. Carvalho.

Agréez, etc.

LE MINISTRE DES FINANCES.

Pour copie conforme:
Signé : DES CHAPELLES.

Les animaux malades de la peste !..... N'est-ce pas, Messieurs ?

Si Mme la duchesse de Marmier et M. le duc de Fitz-James n'en avaient pas usé avec le Ministre des finances de la République comme leur ancêtre le duc de Choiseul avec Sa Majesté Louis XVI, s'ils n'avaient pas fait tout simplement remise à l'État des 10.000 francs de dommages-intérêts auxquels il était condamné, soyez sûrs que M. Carvalho aurait été obligé de les payer !

C'est là ce que le ministère public appelle couvrir ses subordonnés !

J'imagine que personne ne parlera plus de l'escalier de fer.

Dois-je maintenant dire un mot des portes de fer?

Vous vous souvenez des observations qui vous ont été présentées par Me Martini. Rappelant toutes les dispositions que vous avez entendues, il vous a dit que l'état de choses qu'on reprochait à M. Carvalho d'avoir maintenu dans le théâtre remontait aux directions antérieures et qu'il y avait là une véritable nécessité.

Le ministère public n'a pas répondu à Me Martini, les parties civiles ne sont pas revenues sur ce point ; je pourrais donc en conclure que le grief est abandonné. Je veux seulement insister sur un fait matériel important dont j'ai fait vérifier l'exactitude depuis la dernière audience.

On reproche à M. Carvalho d'avoir toléré que ces portes fussent ouvertes, parce que la fumée et l'oxyde de carbone ont pu pénétrer par ces ouvertures jusque dans les cintres. Or, nous affirmons que, seules, les portes de la scène et du premier service restaient ouvertes et pouvaient être retenues par des crochets ou des cales. Aux étages supérieurs, elles battaient librement.

Cette inobservation des règlements, si tant est qu'elle existe, n'a donc amené la mort de personne ; car il est clair que les vapeurs homicides se sont échappées par le haut de la cage de scène, et non par les parties inférieures.

Ai-je besoin de rappeler ce qui a été dit par tous les témoins, que, ces portes eussent-elles été fermées, les choristes qui sont remontés dans les combles après l'explosion de l'incendie les auraient ouvertes, et que, d'ailleurs, les pompiers ne pouvaient pas, sans les ouvrir, diriger leurs lances sur le foyer de l'incendie ?

Mais tout cela a été plaidé ; on n'y a pas répondu, et je suis autorisé à conclure qu'on n'a prouvé à la charge de M. Carvalho aucune infraction à une ordonnance ou à un arrêté de police.

Que reste-t-il maintenant dans le procès ? Deux reproches généraux qui constitueraient une imprudence et une négligence. On a dit à M. Carvalho : vous avez commis une imprudence très grave en accumulant sans mesure, dans les cintres de votre théâtre, les rideaux, les plafonds, les bandes d'air, les frises qui étaient un aliment tout préparé pour un incendie, et vous avez commis une négligence non moins grave lorsque, constamment préoccupé comme vous l'étiez du péril auquel était exposé votre théâtre, vous n'avez donné à votre personnel aucune consigne particulière et bien précise pour le cas d'incendie. Vous avez manqué aux règles générales de la prudence que chacun doit observer dans le poste où le sort l'a placé.

Sur le premier point, afin de ne pas lutter contre des ombres et de bien montrer à quoi je réponds, permettez-moi d'emprunter au réquisitoire quelques lignes qui contiennent la substance de l'accusation elle-même :

Sans examiner, dit le réquisitoire, la question d'esthétique théâtrale qui consiste à se demander si Carvalho était exactement renseigné sur le goût du public, et si, dans l'hypothèse où ce goût pour la décoration à outrance existerait réellement, le rôle du directeur d'une scène subventionnée est d'y céder et de l'encourager, il est permis d'affirmer qu'on ne se trouve pas en présence d'un cas de force majeure.

. . . .

Ces charges étaient assez modérées pour ne porter aucune atteinte aux droits de la sécurité publique.

Mais Carvalho, cédant trop volontiers, soit à sa passion pour l'art, soit au désir de réaliser des bénéfices importants, variait son répertoire dans des proportions inusitées, montait beaucoup plus d'ouvrages que l'obligation ne lui en était imposée et introduisait dans le théâtre un luxe de décoration pour lequel l'Opéra-Comique n'est pas fait.

. . . .

Sans doute, il lui était loisible de varier le répertoire et de multiplier les représentations autant qu'il le jugeait convenable pour les intérêts de l'art ou ceux de ses commanditaires.

Mais, en ce cas, il devait ou restreindre son goût pour la magnificence de la mise en scène, ou augmenter son personnel de machinistes et son matériel de transport, porportionnellement à cet accroissement de luxe.

S'il n'avait voulu éblouir son public, il aurait joué un certain nombre d'actes appartenant à des pièces différentes dans le même décor, et l'on n'aurait pas vu s'entasser dans le haut de la scène cet amas de matières inflammables dont aucun autre théâtre n'offrait l'exemple.

S'il avait rétribué un nombre d'employés et acheté ou loué un nombre de voitures en rapport avec la quantité de décors que lui paraissait exiger son répertoire, les décors auraient pu être transférés du théâtre au magasin de la place Louvois et *vice versa*, aussi souvent qu'il l'aurait fallu pour éviter l'encombrement des cintres.

S'il avait observé l'une ou l'autre de ces règles de prudence élémentaire, les machinistes auraient pu trouver et couper les attaches du décor embrasé, qui serait tombé sur la scène et y aurait été éteint facilement. Dans le cas improbable où ils n'y auraient pas réussi, le feu se serait propagé avec moins de rapidité, et les pompiers, surmontant leur trouble, auraient entamé contre l'incendie une lutte peut-être victorieuse.

Carvalho a donc contribué, par une imprudence indéniable, à amener la catastrophe, et sa responsabilité pénale est d'ores et déjà engagée.

. . . .

Tel est le système de la prévention.

Voici ma réponse :

Tout d'abord, c'est faire à M. Carvalho une injure gratuite que de le supposer capable de sacrifier à ses intérêts pécuniaires et à ceux de ses commanditaires, comme dit le réquisitoire, les droits de la sécurité publique. M. le Substitut ne sait donc pas que les écritures commerciales de M. Carvalho sont soumises au Ministère des finances et que, deux fois par année, un inspecteur des finances vient vérifier sa comptabilité commerciale? Quels sont les bénéfices monstrueux qu'a produits le capital engagé dans cette entreprise? Les bénéfices dans ces sept dernières années, donnent une moyenne de 29.386 fr. 55 pour un capital commanditaire de 300.000 francs. Certes, cela n'est pas exagéré pour une entreprise si prodigieusement aléatoire. Aussi n'est-ce pas de parcimonie qu'il faut accuser M. Carvalho ; c'est de prodigalité, et c'est de prodigalité que vous l'accusez vous-même, car vous lui reprochez d'avoir multiplié, au delà de toute mesure, les décors et la mise en scène. Et à qui ferez-vous croire qu'un directeur qui dépense 60.000 francs, 80.000 francs, 100.000 francs pour monter une pièce économisera 100 ou 200 francs pour faire transporter les décors de cette pièce le jour où il veut la jouer? C'est une invraisemblance trop forte pour être acceptée par le Tribunal.

Nous avons dit tout cela. Qu'a-t-on répondu? Rien ! Nous avons voulu préciser davantage et nous avons dit : le théâtre de l'Opéra-Comique doit être libre de une heure à cinq heures pour les répétitions, par conséquent il faut que les décors nécessaires, soit à la répétition, soit à la représentation du soir, soient apportés ou avant une heure ou de cinq à sept heures. Nous avons rappelé les plaintes des habitants du quartier contre l'encombrement des trottoirs à cause de la difficulté d'introduire les décors. A-t-on contesté cette nécessité des répétitions en scène? A-t-on contesté nos affirmations? Personne ne l'a osé!

Nous avons poussé plus loin encore; nous avons dit qu'il fallait deux heures pour monter un décor. Le ministère public cette fois nous répond : il fallait avoir plus de machinistes et plus de voitures! Si le ministère public avait bien voulu examiner les écritures commerciales de M. Carvalho, il aurait vu que de l'exercice 1876-1877 à l'exercice 1886-87 la dépense du service des machinistes a été portée de 35.467 fr. à 65.699 fr., c'est-à-dire qu'elle a presque doublé; et nous avons prouvé, par les témoignages de tous ceux qui connaissaient le théâtre, que l'exiguïté des issues rendait absolument impossible l'introduction plus rapide des décors, et que, par conséquent, un plus grand nombre de voitures et de machinistes aurait ralenti le service en augmentant l'embarras et l'encombrement.

Qu'a-t-on répondu à tout cela?

On n'a pas même essayé de répondre.

Mais le ministère public nous échappe et nous dit:

Vous jouez un répertoire trop varié; vous dépassez les obligations de votre cahier des charges.

Me Martini a répondu à cette objection par une plaisanterie; peut-être cela suffit-il. Permettez-moi cependant d'insister, parce que dans une cause si grave je ne veux rien laisser sans une réponse catégorique et définitive.

C'est assurément, Messieurs, la première fois que l'on fait à un directeur de théâtre un pareil reproche, et M. le Substitut se trompe étrangement s'il croit qu'un directeur varie son répertoire pour son plaisir. L'idéal d'un directeur est très simple; c'est de jouer un chef-d'œuvre

500 fois de suite dans un décor banal. Tout le monde y
trouve son compte, le public qui s'y amuse, puisqu'il y
vient, le directeur et l'auteur qui grandissent en même
temps en fortune et en renommée. Mais c'est précisément
cette constante représentation des mêmes pièces, cette
monotonie du répertoire qui soulève la bile des critiques
et attire d'amers reproches aux directeurs et particulièrement aux directeurs subventionnés, et chaque année, à l'é-
poque du vote de la subvention des théâtres, nous enten-
dons les critiques autorisés tenir aux directeurs le même
langage : « Vous n'êtes pas subventionnés, leur disent-
» ils, pour jouer 250 ou 300 fois, presque de suite, les
» chefs-d'œuvre de M. Alexandre Dumas ou de M. Paille-
» ron, pendant que Racine et Corneille dorment dans la
» poussière. Vous êtes subventionnés pour défendre con-
» tre la rouille du temps ces œuvres qui doivent être pour
» chaque génération l'école des bonnes mœurs et du noble
» langage, et vous manquez à tous vos devoirs, si vous sa-
» crifiez à un intérêt mercantile ce dépôt du goût public
» que le gouvernement vous a confié ». Voilà, Messieurs,
chaque année le langage des critiques, et personne ne l'a
tenu avec plus d'insistance, de force et d'autorité que
M. Francisque Sarcey, le maître sous l'autorité duquel
M. l'Avocat de la République a placé la thèse d'esthétique
théâtrale qu'il a esquissée, thèse à laquelle, d'ailleurs, le
feuilletonniste du lundi ne donne pas pour sanction, comme
le fait M. le Substitut, les articles 319 et 320 du Code pénal.

Ce n'est donc pas seulement, Messieurs, le droit, c'est
le devoir de M. Carvalho, non pas de s'en tenir simplement
au minimum du cahier des charges, mais d'aller, s'il le
peut, au delà de ce minimum, de varier le plus possible
son répertoire, et de remettre en lumière, les unes après
les autres, toutes ces œuvres délicates ou charmantes, qui

ont porté si haut le renom de l'École lyrique française. Et c'est aussi, Messieurs, son devoir de mettre ses artistes, sa science du théâtre, sa merveilleuse entente de la mise en scène au service de ces jeunes auteurs de quarante ans et plus, qui errent autour des théâtres lyriques comme ces ombres désolées auxquelles le nautonier infernal refuse le passage. Et comme je ne veux rien laisser d'incertain ni de vague, même dans les parties de cette cause où cela se pourrait comprendre, je tiens à mettre sous les yeux du Tribunal, la nomenclature toute sèche, non pas des pièces que M. Carvalho a fait représenter depuis qu'il dirige des scènes lyriques, mais seulement des pièces qu'il a fait jouer depuis 7 années qu'il a reçu l'Opéra-Comique des mains de MM. Dulocle et Leven, qui l'avaient laissé tomber en faillite, et qu'il y a ramené le public, et la fortune pour tout le monde, hélas! excepté pour lui!

Il a donné plus de quarante pièces nouvelles parmi lesquelles *Cinq Mars*, les *Surprises de l'Amour*, l'*Amour médecin*, *John Gilles*, les *Comtes d'Hoffmann*, *Galante Aventure*, *Jean de Nivelle*, *Lakmé*, *Suzanne et Diana*, *Une Nuit de Cléopâtre*, la *Caverne de Trabans*, *Plutus*, le *Chevalier Jean*, *Manon*, *Proserpine*, le *Roi malgré lui*, etc., etc.

Et en même temps il a repris tous les anciens chefs-d'œuvre du répertoire : *Cendrillon*, *Joseph*, le *Déserteur*, l'*Étoile du Nord*, le *Pardon de Ploërmel*, *Lalla-Rouk*, le *Pré aux Clercs*, le *Domino noir*, *Fra Diavolo*, *Roméo et Juliette*, *Philémon et Baucis*, la *Dame Blanche*, le *Postillon de Longjumeau*, *Richard Cœur de Lion*, la *Fille du Régiment*, le *Chalet*, les *Noces de Jeannette*, le *Barbier de Séville*, les *Dragons de Villars*, *Zampa*, le *Songe d'une Nuit d'été*, la *Flûte enchantée*, les *Noces de Figaro*, la *Traviata*, etc., etc. Et parmi les artistes dont il a fait la fortune, voulez-vous me permettre de rappeler quelques noms? Pour les hommes : Talazac, Bouvet, Fugère, Taskin, Nicot, Soulacroix, Furst, Fournetz, Lubert, Mouliérat, etc. — Pour les femmes : Isaac, Bilbaut-Vauchelet, Mézeray, Van Zandt, Merguiller, Salla, Heilbronn, Deschamps, Simonnet, etc., etc. — Je n'oublie pas, Messieurs, ni vous non plus, je l'espère, la grande et noble artiste qui est la compagne de sa vie, la consolatrice des chagrins qui viennent maintenant assaillir sa vieillesse, la touchante Marguerite, dont ces affreux débats achèvent de briser le cœur tendre et harmonieux ! Voilà, Messieurs, non pas ses crimes, mais ses travaux, ses titres à la reconnaissance du public et à la bienveillance du Tribunal ; et quand un homme arrivé, comme lui, à la fin de sa carrière, est traduit en police correctionnelle, quand il peut y paraître escorté d'amitiés comme celles qui ont voulu l'accompagner à cette audience, quand il peut invoquer le témoignage d'hommes comme MM. Ambroise Thomas et Gounod, quand celui-ci vient vous dire qu'il doit à cet obscur ouvrier de la renommée des autres cette gloire partout acclamée qui jette tant d'éclat sur notre patrie et lui assure une supériorité artistique qu'aucune défaite ne peut lui enlever, laissez-moi vous dire que l'homme qui peut se couvrir de tels témoignages a le droit, même ici, de tenir le front haut et de trouver cruel d'y être traité comme M. Carvalho l'a été quelquefois à cette audience. Platon, Monsieur le Substitut, était moins austère que vous ; il exilait, il est vrai, de sa république les poètes et les musiciens, mais il les renvoyait couronnés de roses, il ne les emprisonnait pas.

Mais, Messieurs, cette variété du répertoire, qui est à mon sens un titre de gloire pour M. Carvalho, exigeait-elle, oui ou non, tous les décors que portait le cintre de l'Opéra-Comique ? Voilà la question.

Nous avons apporté sur ce point trois preuves décisives ; je me borne à les rappeler au Tribunal en le suppliant cependant de bien en méditer la valeur et la force.

Nous avons dit d'abord : puisque vous prétendez qu'il y avait trop de décors à l'Opéra-Comique, donnez-nous la mesure exacte au delà de laquelle, d'après vous, a commencé l'excès.

Le ministère public n'est pas recevable à se retrancher derrière son incompétence. Pourquoi se fait-il juge en cette matière, s'il ne la connaît pas ? D'ailleurs, il y a d'autres théâtres qui ont aussi l'obligation de jouer un répertoire varié, théâtres subventionnés aussi, comme le Théâtre-Français et l'Opéra. Nous avons demandé avec insistance qu'on voulût bien s'informer et savoir si ces théâtres tenaient suspendus moins de décors que l'Opéra-Comique. On n'a même pas essayé de nous répondre !

En second lieu, nous avons invoqué l'opinion formelle des experts. Le ministère public l'a-t-il discutée ? Pas davantage !

Enfin, nous avons invoqué l'avis de l'Administration des Beaux-Arts elle-même. Nous nous sommes heurtés au même silence, et nous avons le droit de dire qu'il est, de la part de nos adversaires, l'aveu d'une impuissance complète et définitive !

Soit ! dit alors le ministère public qui se retourne ; jouez ce que vous voudrez, mais, jouez-le avec moins de luxe et moins de décors.

Je pourrais encore négliger cette objection, mais je ne le veux pas, et en voici la raison.

Tout se tient dans un esprit bien fait, les erreurs comme les vérités. Eh bien ! l'erreur que je reproche ici à M. le Substitut vient, comme toutes les autres, d'un même vice de raisonnement : le parti pris de ne tenir compte dans cette cause d'aucune des nécessités de la pratique, c'est-à-dire d'aucune des nécessités mêmes de la vie ; vous allez, Messieurs, en pouvoir juger.

Sans doute, je l'entends bien, M. le Substitut appartient

32

à ce groupe d'esprits délicats et cultivés qui savent goûter la beauté sévère d'une œuvre d'art. Il la voit en elle-même, il s'en pénètre et il en veut (il nous l'a dit lui-même) à ces décorations et à ces machines qui le distraient de sa contemplation intérieure. Il pense que Britannicus et Cinna, Athalie et Polyeucte peuvent se passer de décors et même d'acteurs, et sans doute, il lui sera arrivé, comme à d'autres, après les avoir entendus au Théâtre-Français, de rentrer chez lui, de s'enfermer pour les relire, de les admirer plus encore et de se dire que cette impuissance relative de leurs interprètes, même distingués, donne peut-être mieux que toute autre chose la mesure de la hauteur dont ces œuvres prodigieuses dépassent les proportions ordinaires de l'esprit humain.

Fort bien, mais d'une part les chefs-d'œuvre sont rares, et d'autre part les goûts du public ont changé.

M. le Substitut est tout près de s'en prendre à nous ; et il se demande si ce n'est pas M. Carvalho qui aurait donné au public ces fâcheuses dispositions.

M. le Substitut se trompe encore. Le goût du public a changé, parce que le public lui-même a changé. Là, comme ailleurs, la démocratie a fait son œuvre. Au dix-septième et au dix-huitième siècles, vingt-cinq ou trente représentations, dans des théâtres moins vastes que les nôtres, épuisaient le succès des plus belles pièces. Aujourd'hui, les représentations se comptent par centaines dans des théâtres immenses ; et la clientèle ordinaire des spectacles ne se compose plus d'un nombre relativement restreint de bourgeois aisés ou de grands seigneurs ; c'est la foule, c'est-à-dire cette masse d'hommes de toute condition, de tout âge, de toute culture, la foule avec ses exigences impérieuses et le besoin d'être amusée par les sens.

Ah ! j'entends bien que cette nécessité de plaire aux yeux de la foule impose à l'art de cruels sacrifices, parce que l'idéal de l'artiste s'abaisse à mesure qu'il s'efforce de plaire à un plus grand nombre. Mais ces pertes mêmes ne vont pas sans quelque avantage ; car c'en est un, dans une société comme la nôtre, qu'un nombre d'hommes plus grand soit ainsi sans cesse sollicité à prendre un goût des plus nobles plaisirs.

Mais, une fois sur cette pente, Messieurs, je ne m'arrêterais plus, si je n'écartais aussitôt toutes les pensées qui viennent en même temps assaillir mon esprit. Permettez-moi seulement d'ajouter, pour finir, que cette nécessité d'attirer et de retenir la foule par le prestige de la mise en scène est bien plus grande dans les opéras que dans les pièces parlées. Ici, c'est la logique qui domine, que ce soit celle du cœur ou celle de l'esprit ; et même, nous demandons à leurs auteurs de nous donner le plus possible la reproduction de la vie réelle. L'opéra, au contraire, c'est le domaine de la fantaisie et de l'imagination, et si la musique, comme le disent les musiciens, est le plus puissant de tous les arts, elle en est, en même temps — j'espère ne faire gronder dans cet auditoire aucune colère wagnérienne — le plus sensuel. Aussi l'on accroît singulièrement, sans que vous vous en doutiez, l'enchantement de votre oreille, lorsque l'on ravit, en même temps, vos yeux par le luxe et la variété des décors, par l'éclat des costumes, par les masses mouvantes des chœurs, en un mot, par tous ces pièges charmants que l'art des peintres-décorateurs tend à vos yeux volontairement abusés.

Et ne croyez pas que ces idées soient d'aujourd'hui ni même d'hier ? Non ! Il y a deux cents ans, en 1688, l'austère La Bruyère écrivait ces lignes incroyables : « C'est prendre » le change et cultiver un mauvais goût que de dire, comme » l'on fait, que la machine n'est qu'un amusement d'en- » fants et qui ne convient qu'aux marionnettes ; elle aug- » mente et embellit la fiction, soutient dans les spectateurs

» cette douce illusion qui est tout le plaisir du théâtre, où
» elle jette encore le merveilleux. Il ne faut point de vols,
» ni de chars, ni de changements aux Bérénice, ni à Péné-
» lope ; il en faut aux opéras, et le propre de ce spectacle
» est de tenir les esprits, les yeux et les oreilles dans un
» égal enchantement ».

Voilà qui vaut bien, j'imagine, un document de jurisprudence, et après l'avis d'un tel docteur, j'espère qu'il ne
restera rien de ce premier grief.

J'arrive maintenant au dernier reproche adressé à
M. Carvalho.

Il aurait commis une négligence grave en ne donnant
pas à son personnel une consigne spéciale pour le cas
d'incendie. Les parties civiles ont insisté sur ce grief avec
un acharnement particulier, peut-être parce que, Mᵉ Martini ayant sur ce point abrégé sa discussion, afin de m'en
réserver une partie, il leur a semblé que notre défense
avait été moins invincible. Permettez-moi de procéder
ici comme je l'ai fait tout à l'heure, de bien établir d'abord
ce que je combats et, pour ne pas trahir l'accusation, de
la reproduire dans les termes mêmes où elle a été formulée.

Voici ce que nous lisons dans le réquisitoire :

En premier lieu, Carvalho n'avait rien fait pour organiser le personnel du théâtre en vue d'un incendie toujours possible, toujours imminent d'après lui-même.

Il aurait dû, disent les experts, fournir à ce personnel une consigne
bien étudiée, bien déterminée, fixant à chacun, aussi bien au cours régulier des choses qu'en cas d'alerte, son poste, sa mission, sa fonction
spéciale, et pour le maintenir dans les limites de cette consigne, et
le contraindre à l'exécuter, lui imposer, un chef permanent, toujours
présent, et chargé d'exercer le commandement au moment critique.
Ce chef unique, dominant à la fois la salle et la scène (reliées par
un service de signaux atteignant tous les postes, sinon directement tous
les agents), aurait coordonné et dirigé les efforts de tous et donné aux
premières mesures défensives (les plus importantes) la concordance, la
précision qui seules peuvent en assurer l'efficacité.

Voilà, ce nous semble, ce qu'aurait dû faire la direction, obligée de se tenir sur le pied de guerre en face d'un ennemi si dangereux et reconnu par tous comme toujours présent.

Comme c'est beau, la théorie, n'est-ce pas Messieurs ? Comme on s'y promène librement ! comme on s'y sent bien le maître absolu des hommes et des choses ! Et comme il est aisé, dans le silence et dans le calme du cabinet, de régler par de savantes prescriptions toutes les éventualités et toutes les hypothèses !... Mais aussi, comme à l'heure fatale, quoique incertaine, où le fléau se déchaîne, toutes ces vaines précautions s'évanouissent, et comme, placé tout à coup en face de cette mort horrible qu'il a cessé d'attendre précisément parce qu'il l'attend toujours, l'homme se sent faible, vaincu, désarmé, écrasé par ce destin inflexible dont sa risible sagesse a voulu d'avance paralyser les inévitables décrets !

Raisonnons un peu sur tout cela, puisqu'il plaît au ministère public et aux parties civiles.

Il y a un point sur lequel nous sommes absolument d'accord avec nos adversaires, c'est que, dans une catastrophe de cette nature, tous les efforts individuels sont inutiles quand ils ne sont pas nuisibles, s'ils ne sont reliés tous par une volonté unique et concentrés dans la main d'un seul homme qui doit être le maître absolu. Oui, il faut un commandement unique, sans cela, rien ! Rien, que la confusion, le désordre et l'impuissance !

Mais c'est jeter un défi à la vérité, au public, au Tribunal, que de rendre M. Carvalho responsable de cette absence d'organisation centralisée et de commandement unique ! D'ailleurs, M. le Substitut reproduit vingt lignes du rapport des experts et il ne fallait pas s'arrêter là. Écoutez donc ce passage que j'emprunte au même document.

En fait, M. Carvalho était contrôlé, commandé et assisté ainsi qu'il suit par un important personnel administratif et militaire *qui ne dépendait pas de lui*, et auquel il n'avait point d'ordres à donner.

Ce personnel comprenait :

1° Les architectes de l'État qui veillaient à la garde des bâtiments et pourvoyaient à leur entretien ;

2° Un commissaire de police, représentant le Préfet, qui présidait ou devait présider sur place à toutes les mesures intéressant la sécurité publique et dont les attributions étaient définies en termes excellents, parfaitement nets, fermes et précis, notamment dans la circulaire de M. Andrieux, n° 32, en date du 20 juin 1881, accompagnant le renvoi de la nouvelle ordonnance du 16 mai de la même année qui abrogeait et remplaçait la précédente, en cours depuis le 1er juillet 1864, et aussi dans la circulaire n° 58, en date du 14 décembre 1881, émise par M. Camescasse à la suite de l'incendie du théâtre de Vienne :

« Vous devez être présent au théâtre une demi-heure avant l'ouverture des bureaux et ne cesser votre service que lorsque la salle sera complètement évacuée. »

. . . .

« Vous devez veiller constamment à la sécurité publique ; — ce n'est pas au moment du danger qu'il convient de prendre des mesures de précautions ; c'est à toute heure et comme si ce danger était imminent ; c'est vous qui êtes chargé de tenir la main à ce que la négligence ne se glisse pas dans l'exécution quotidienne des dispositions que j'ai prises. »

« J'appelle votre attention sur ce côté de votre service dans les théâtres, c'est à mes yeux le plus important. »

. . . .

« Vous n'avez point seulement à maintenir l'ordre des représentations théâtrales qui est rarement troublé, vous avez surtout à assurer la sécurité du public, non point seulement comme le service d'incendie, au moment où le danger se produit, mais en veillant tous les soirs, rigoureusement, à ce qu'aucune négligence, aucune économie déplacée ne vienne diminuer les chances de salut public. Vous aurez soin de prendre tous renseignements à cet égard auprès du chef du poste des pompiers. Je vous invite à l'exactitude et à la vigilance. »

. . . .

3° Une escouade de sapeurs-pompiers dont M. Carvalho payait les services à la caisse municipale, mais dont il ne fixait ni le nombre, ni les postes, ni la consigne ; — cette consigne se trouve complète et détaillée dans une circulaire (n° 63), en date du 29 décembre 1881, de M. Camescasse.

Les pompiers ne relevaient que de leurs officiers, et ne devaient communiquer officiellement, dans le théâtre, qu'avec le commissaire de police ; ce dernier seul pouvait, en cas de péril, les requérir et les mettre en œuvre.

. . . .

4° Les gardes républicains envoyés également par la Préfecture de police et qui n'avaient pas non plus d'ordres directs à recevoir de la direction.

Un détachement de la garde républicaine était de service à chaque re-présentation ; il se composait de :

Un maréchal-des-logis ;

Un brigadier ;

Dix gardes.

La consigne venait également de la Préfecture de police. Les maré-chaux-des-logis devaient la connaître.

. . . .

Certes, voilà un passage qui complète fort bien celui qu'a reproduit le réquisitoire. Il en résulte que M. Car-valho était soumis à quatre pouvoirs indépendants les uns des autres, et que, pour relier ces quatre pouvoirs, il y avait un représentant de la Préfecture de police qui, cela est certain, avait seul le droit et le devoir de commander à tous en cas d'alerte et particulièrement en cas d'incendie.

Y a-t-il un doute sur ce point?

A toutes les preuves déjà accumulées, j'en veux joindre quelques autres. Voici le témoignage de Dupeyron, le maréchal-des-logis.

Il était, dit-il, au parterre; voyant tomber quelques flamm-mèches, il se rend de suite *au bureau où se tient le com-missaire de police* — ce dernier n'était pas arrivé au théâ-tre ; — il va de là au contrôle où les dispositions étaient prises pour la sortie. Il pénètre alors dans la salle, dirige les personnes du côté des escaliers, aide à en transporter au dehors et continue jusqu'à ce qu'il ne puisse plus sup-porter la fumée.....

Ainsi, le garde républicain ne s'y trompe pas. A la pre-mière alerte, il court chez le commissaire et, d'ailleurs en agissant ainsi, il exécute ponctuellement sa consigne.

Ecoutez, en effet, l'article 58 de cette consigne :

Art. 58. — En cas d'incendie, de tumulte ou de rassemblement pou-vant compromettre la tranquillité publique, soit au théâtre, soit dans les environs, la garde prend sur le champ les armes et se tient prête à ob-tempérer aux réquisitions qui pourraient lui être faites par le commis-saire de police de service, ou à agir sous le commandement du chef de poste, en cas de circonstances extraordinaires.

Le Tribunal ne peut pas non plus avoir oublié la déposition du Colonel des pompiers, qui s'y connaît bien, j'imagine. Lorsqu'on lui a demandé à qui il appartenait de donner des ordres, et de prescrire, par exemple, d'abaisser le rideau de fer, le Colonel n'a pas hésité à répondre : « C'est le Commissaire de police et c'est le Commissaire de police seul ! » Par conséquent, si le Commissaire de police avait été présent au théâtre, c'est à lui que vous demanderiez des comptes. Croyez-vous donc qu'il soit juste de s'adresser à M. Carvalho, parce que le Commissaire était absent?

Et voyez comme la fatalité et l'erreur entraînent les meilleurs esprits ; non seulement M. le Substitut déplace ainsi les responsabilités, ce qui est injuste, mais il va même jusqu'à s'efforcer d'excuser le fonctionnaire, ce qui est inouï ! Que peut-on demander au Commissaire, vous a-t-il dit ; il était « accablé de besogne ! » Autrement dit, le Commissaire avait autre chose à faire. Mais là, encore une fois, point d'équivoque ! Ce n'est pas à tel ou tel commissaire de police déterminé que nous nous attaquons ; nous nous attaquons à la Préfecture de police qui s'est réservé le droit absolu de commander au théâtre, qui doit être chaque soir représentée par un délégué à qui tout le monde obéit et doit obéir, et qui, ce soir-là, distrait son délégué de ce service spécial, sans charger aucun autre d'exercer à sa place le commandement suprême qui lui appartient. Si le Commissaire de police ordinaire de l'Opéra-Comique était empêché, il fallait en envoyer un autre, et l'appui fort inattendu que le Parquet prête ici à la Préfecture de police ne sauvera pas celle-ci du reproche qu'elle mérite et que nous lui faisons avec le public tout entier.

Mais après avoir ainsi démontré que le commandement absolu appartient, en cas d'incendie, au Commissaire de police, je me retourne contre mes adversaires et je leur dis : L'existence de ce pouvoir unique et absolu démontre qu'aucune consigne particulière ne devait, ou ne pouvait être donnée par le Directeur à son personnel.

Vous voyez que je ne cherche pas les faux-fuyants. M. Carvalho vous a dit dans son premier interrogatoire : « Je n'ai donné qu'une seule consigne à mes hommes : Vous obéirez au Commissaire de police et vous ferez de votre mieux ».

Eh bien ! c'est la réponse de M. Carvalho que je soutiens à l'audience. J'affirme que cette consigne bien simple, donnée au personnel, était la seule que l'on pût lui donner. J'affirme que toutes les autres sont inutiles et même dangereuses.

Est-ce vrai, Messieurs ?

Pour que l'on pût, en effet, taxer M. Carvalho de négligence, il faudrait lui montrer que, dans quelques autres théâtres, une consigne, semblable à celle qu'on lui reproche de ne pas avoir donnée, était imposée au personnel pour le cas d'alerte ou d'incendie. Le ministère public avait tous les moyens de faire cette preuve, car tout lui est ouvert, rien ne lui est caché, et qui pensera que le juge d'instruction et le ministère public aient négligé de se renseigner sur ce point si important ?

Or, quelles preuves vous a-t-on apportées ? A-t-on fait venir à cette audience le personnel du Théâtre-Français, de l'Opéra, de l'Odéon et des autres théâtres ? Leur a-t-on fait dire qu'une consigne semblable leur ait jamais été donnée par leurs directeurs ? Le ministère public n'a pas même essayé de faire cette preuve, sachant qu'il devait la faire, ayant tous les moyens de vous l'apporter, si elle était possible ? Et c'est nous qui n'avons rien à prouver, nous à qui le doute profite, nous qui, désireux de faire éclater la vérité tout entière, c'est nous qui avons appelé à déposer à cette audience les machinistes en chef des principaux théâtres de Paris. Eh bien ! excepté celui de l'Opéra qui a

dit : « En cas d'incendie, j'aurais fait baisser le rideau de
fer » mais qui a ajouté : « Je n'ai pour cela aucune consigne
et je l'aurais pris sur moi », tous les autres vous ont dit :
« Jamais on ne nous a donné de consigne spéciale pour le
cas d'incendie ! »

Mais alors, comment est-il possible, en présence d'un
état de choses semblable, de dire à M. Carvalho qu'il a
commis une imprudence en ne faisant pas ce que personne,
dans sa situation, n'a fait avant lui, et ce que l'Administration supérieure, qui surveille tous les directeurs de
théâtre, ne leur a jamais imposé ?

D'ailleurs, comment M. Carvalho aurait-il pu penser
qu'il dût donner une telle consigne ? M⁰ Martini vous a
montré que la préoccupation constante de ce malheureux
Directeur avait été précisément le péril de l'incendie
auquel il était sans cesse exposé. M⁰ Martini a placé sous
les yeux du Tribunal les lettres, en quelque sorte périodi-
ques, qu'il adressait aux diverses administrations pour
leur rappeler le détestable état de son théâtre, le danger
auquel les personnes et les propriétés étaient exposées.
M⁰ Martini a terminé sur ce point en plaçant sous les yeux
du Tribunal la déposition de M. Steenackers, de laquelle
il résulte que M. Steenackers a fait, à la prière même de
M. Carvalho, ce suprême appel qui a été si étrangement
accueilli.

Et comment ne comprendre pas que dans une pareille
inquiétude, M. Carvalho n'aurait pas manqué de donner
toute sorte de consignes, s'il les avait cru possibles, pour
lui-même aussi bien que pour le public ?

On lui reproche de n'avoir pas relié tous ses services
par des appareils électriques qui les auraient rattachés à
un cabinet central ! Tout cela est admirable en théorie.
J'ai mis dans mon dossier une brochure intéressante intitulée : *La question du Feu dans les Théâtres*. C'est une

étude technique écrite par un architecte. Après avoir étudié et fait connaître tous les appareils perfectionnés que l'on peut installer dans les théâtres pour prévenir les accidents, voilà ce qu'ajoute l'auteur : « La plupart des ingénieux appareils inventés pour dénoncer l'incendie dès son début n'ont qu'un défaut : c'est de ne jamais fonctionner à propos, par suite des cas, heureusement fort rares, dans lesquels leur concours doit se produire ».

Mais voici que le hasard, grâces lui en soient rendues ! s'est chargé de donner à cette opinion une sanction vraiment piquante. Le *Journal des Débats* d'hier 6 décembre contient la nouvelle suivante :

Le rideau de fer, les consignes données aux pompiers ont été cause avant-hier soir à la Comédie-Française, d'un petit incident qui eût pu devenir grave. Un écrou du réservoir d'eau qui sert à la manœuvre du rideau de fer n'était pas en bon état, et baisser le rideau pouvait le briser complètement. On voulait donc le laisser en l'air, ce fameux rideau. Mais le pompier de service objecta sa consigne et le fit baisser malgré tout. Naturellement, ce qu'on avait prévu arriva : le trop plein du réservoir déborda et l'eau descendit par les avant-scènes jusque dans la loge de l'administrateur.

Ce n'est pas la première fois, du reste, que les précautions prises pour protéger le public ne servent qu'à entraver l'exercice des travaux ordinaires des machinistes. Le colonel des pompiers s'est attaché à démontrer l'inutilité des mesures qu'il a provoquées ; mais si les précautions prises ne servent à rien, on ne peut pas dire qu'elles ne soient pas gênantes. Hier, pendant que l'on répétait le *Caprice*, toutes les sonneries d'appel marchaient ensemble et empêchaient les comédiens de s'entendre.

Il y a quelques jours, pendant une des répétitions de la *Souris*, un capitaine se promenait du haut en bas et de long en large dans les couloirs, les dessous et les dessus, faisant la théorie à quarante pompiers, comme si les quatre-vingts bottes n'étaient qu'un léger accompagnement à la prose de M. Pailleron.

Pour finir, un dernier trait. L'administration de la Comédie-Française a dû construire, à ses frais, deux escaliers supplémentaires pour permettre au public de s'écouler plus facilement. Les escaliers sont faits, mais ils aboutissent tous deux à un mur extérieur que l'Administration des Bâtiments civils a négligé de faire percer.

Voilà la pratique à côté de la théorie ! Eh oui ! nous lisons cela tous les jours dans les journaux ; nous voyons que le poste central des sapeurs-pompiers est pourvu de merveilleux appareils ; qu'au moment où éclate un sinis- tre, des sonneries électriques les avertissent aussitôt ; que les portes s'ouvrent d'elles-mêmes ; que les harnais des- cendent d'eux-mêmes sur le dos des chevaux dont la tête est d'avance tournée vers la porte, que la pompe à vapeur s'attèle d'elle-même, que les roues la mettent en pression, etc. Et laissez-moi vous le dire, notre badauderie pari- sienne s'émerveille de tout ce cabotinage scientifique dont, à l'occasion, comme à l'Opéra-Comique, on peut voir les merveilleux effets !

On reproche à M. Carvalho de n'avoir pas organisé un personnel spécial pour les cas d'incendie. Eh bien ! et les pompiers ? il les avait à son service et il payait pour eux et pour les gardes 15,000 francs par an à la caisse munici- pale, ce qui fait 105,000 francs en sept années ! Vous n'ap- pelez pas cela un personnel disposé et organisé pour le cas d'incendie ? Vous imaginez-vous que des pompiers civils lui auraient fait mieux que des pompiers militaires ? Je ne le crois pas.

On lui reproche encore (on l'a dit, on l'a même écrit) de n'avoir pas chargé un employé spécial, ayant un cos- tume spécial, de diriger le public dans les couloirs en cas d'incendie ! Vous connaissez les faits et je vous de- mande de vous représenter cet employé, avec une casquette, rouge sans doute, tentant d'arrêter ce torrent humain qui se rue à travers les couloirs, et disant à ces hommes qui hurlent de désespoir et de terreur, qui ne connaissent plus ni femmes, ni enfants, qui écrasent, assomment et tuent pour ne pas mourir, leur disant : « Pas de ce côté, Messieurs ! Par ici, s'il vous fait plaisir ! ».

Jamais je ne croirai que le Tribunal puisse consentir à se payer de ces mots creux et vides, et je reviendrai tou- jours à ce que j'avais l'honneur de lui dire : dans ces catastrophes, il n'y a pas d'autre consigne à donner que celle qu'a donnée M. Carvalho : Vous obéirez à un chef, et vous aurez du sang-froid.

Voulez-vous un exemple ? Le 13 juillet 1882, une explosion épouvantable ébranlait tout le quartier de l'Hôtel-de-Ville ; plusieurs maisons s'écroulaient et ensevelissaient sous leurs ruines près de cinquante personnes. Le gaz se répandait dans les caves ; les explosions succédaient aux explosions et un quartier de Paris tout entier était menacé d'une destruction complète. Il y avait à l'Hôtel-de-Ville un homme occupé à surveiller l'installation des appareils destinés à éclairer le lendemain la fête que le Conseil municipal offrait à ses invités. Cet homme accourt ; il voit le péril, il en mesure l'étendue ; il appelle à lui des hommes de bonne volonté, des travailleurs improvisés ; on trouve des pelles, des pioches ; il fait creuser des tranchées, fermer des conduites, Il n'a pas de commandement ; il n'a pas d'uniforme ; mais il a du courage et du sang-froid. Les autres n'ont pas de consigne ; mais ils sentent ce qu'il y a de puissant et de dominateur dans la parole d'un homme qui sait ce qu'il fait : ils obéissent ; et, pendant deux heures entières, cet homme les maintient dans ces tranchées où eux et lui pouvaient à chaque instant trouver la mort ! Demandez à cet homme, — car vous le connaissez, il est un de vos experts, il se nomme M. Delatour, et s'il était ici, sa modestie s'effaroucherait peut-être de ce souvenir brusquement rappelé, — demandez-lui s'il n'est pas vrai que les pompiers et les militaires, accourus sur le lieu du sinistre, et embarrassés dans leurs consignes comme dans des entraves, ont failli l'empêcher d'accomplir jusqu'au bout son héroïque action ?

Et ce qui achève de me confondre, c'est qu'on puisse montrer de telles sévérités et formuler de telles exigences dans un événement où, les unes après les autres, toutes les prévisions humaines ont été trompées. Comment le ministère public, qui a étudié avec tant de soin le détail de cette affaire, n'a-t-il pas été frappé de ces exemples multipliés de notre faiblesse et de notre impuissance ? Écoutez, Messieurs, et consentez à vous souvenir.

M. Steenackers monte à la tribune ; il dénonce à tous le péril. Le Ministre est de son avis ; l'Opéra-Comique doit brûler et brûlera ; tous deux sont d'accord pour proclamer que le public n'a rien à craindre et que le personnel est seul menacé. Expriment-ils par hasard une opinion individuelle ? Non ; ils sont l'écho de l'opinion commune. Eh bien ! M. Steenackers et le Ministre se trompaient ; c'est le public qui était menacé, et non pas le personnel.

L'incendie éclate. Le brigadier Moreau se précipite vers le compteur ; il le ferme, et la salle est aussitôt plongée dans cette obscurité effroyable que les témoins nous ont dépeinte et que rendaient plus horrible encore les lueurs sinistres de l'incendie. Le brigadier obéissait-il donc à une opinion individuelle ? Non, il cédait à l'opinion commune, et il croyait comme tout le monde que l'explosion du gaz est en pareil cas le plus grand danger. Eh bien ! le brigadier se trompait. Les experts vous ont dit, avec l'autorité qui leur appartient, qu'aucune explosion n'était à craindre et que l'extinction du gaz avait accru dans la plus large mesure l'étendue de la catastrophe.

M. Taskin et M. Bernard s'avancent vers la rampe : « Rassurez-vous, disent-ils au public, ne sortez pas, il n'y a pas de danger ». Obéissaient-ils donc à une opinion individuelle ? Non, ils cédaient à cette opinion commune qu'en cas d'incendie d'un théâtre, le péril n'est pas dans l'incendie même, mais dans l'affolement qui précipite le public vers les couloirs. Eh bien ! M. Taskin et M. Bernard se trompaient courageusement, mais ils se trompaient, et si les spectateurs étaient demeurés quelques instants de plus à leurs places, ils y auraient été tous asphyxiés.

Ce n'est pas tout. Les pompiers ont une consigne excellente. Elle est le fruit de l'expérience de cinquante années, et, tous les jours, il la corrigent à la lueur des incendies qu'ils combattent. Ils avaient sous la main trente-huit établissements d'eau. Pas une goutte n'a été répandue, et quand le ministère public s'étonne et leur demande compte d'un fait si étrange, ces soldats se couvrent de leur consigne et leurs chefs viennent dire qu'en effet ils l'ont observée. Ils l'ont observée, comme ce grenadier de la vieille garde qui croisait la baïonnette sur Napoléon Ier.

Ce n'est pas tout encore. Ces pompiers sont des hommes admirables ; parfois même ce sont des héros. Vous entendez encore vibrer la jeune et chaude parole de leur défenseur, et cette voix est allée tout droit à votre cœur, parce qu'elle venait tout droit du sien. Et bien ! ces hommes courageux jusqu'à l'héroïsme, ce jour-là, ils ont eu peur !... Oui, ils ont eu peur, et — je réponds ici au ministère public — même un soldat français le peut avouer sans rougir. Le Castillan, qui se connaît en courage, ne dit jamais : Je suis brave, mais : J'ai été brave tel jour, parce qu'il sait bien, lui, que même le courage du plus brave dépend de l'heure présente et de la volonté de Dieu !

Et c'est en face de ces leçons terribles infligées à notre impuissant orgueil, qu'on ose tenir à cet homme qui n'est ni un officier de sapeurs-pompiers, ni un militaire, ni un architecte, ni un ingénieur, mais un artiste, rien qu'un artiste, et à qui, à cause de cela, le gouvernement a confié la direction artistique du théâtre de l'Opéra-Comique, qu'on ose, dis-je, lui tenir le langage que voici :

Vous avez chez vous presque autant de maîtres que l'heureuse France compte de ministères. Le ministère de l'intérieur est le maître de votre immeuble ; il peut y faire ce qu'il veut, et vous n'y pouvez rien faire sans lui. Le ministre des beaux-arts commande à votre direction artistique. Le ministre des finances inspecte votre comptabilité. Le colonel des gardes républicains commande à ses soldats. Le colonel des pompiers commande à ses sapeurs. Enfin, la Préfecture de police à chez vous un représentant qui réunit dans sa main tous ces agents dispersés et commande à tous, à vous et à eux, en maître absolu.

Eh bien ! tandis que dans le domaine ordinaire du droit et du bon sens, c'est le maître qui répond du serviteur, ici, c'est le serviteur qui répondra pour tous ses maîtres. On vous livrera un immeuble dans un état de vétusté effroyable ; des bois vermoulus, aliment tout préparé pour l'incendie ; vos décors n'auront pas été rendus ininflammables ; enfin ce commandant unique, auquel tous doivent l'obéissance absolue, aura été distrait de ses devoirs pour être employé à d'autres besognes. Péchés véniels que tout cela ! Comme ces enfants du commun qu'on châtiait devant les petits rois, c'est vous qui couvrirez toutes ces responsabilités. C'est vous qui devez combler ces lacunes et parer à ces insuffisances. Vous devez tout empêcher et tout prévoir. Vous enchaînerez par vos précautions et vos calculs jusqu'à la main de celui qui promène à son gré les capricies apparents de la mort. Il n'y aura pour vous ni fatalité ni hasard. Vous saurez tout, vous verrez tout, vous ferez tout. Vous serez infaillible ; vous serez impeccable. Voilà, non pas ce que nous dit, il ne l'oserait pas, mais ce que nous demande le ministère public... Et c'est un homme qui parle à un homme ! Ah ! mon Dieu ! que les hommes sont parfois sévères, et comme ils oublient aisément, quand ils jugent les actions d'autrui, l'argile dont ils sont formés !

Rentrons donc en nous-mêmes, Messieurs ; ne jugeons pas les autres autrement que nous ne voudrions être jugés. S'il y a, je ne dis pas seulement dans cette enceinte, mais

— car je ne crains pas l'opinion publique — dans ce grand Palais qui nous entoure, dans ce public tout entier qui nous écoute et qui nous juge, s'il y a quelqu'un qui, la main sur la conscience, puisse dire que, mis en la place de M. Carvalho, il aurait fait autrement et mieux que lui, que celui-là se lève et qu'il le condamne, mais rien que celui-là !

Voilà notre procès, Messieurs. Et maintenant, juges de police correctionnelle, nous vous abandonnons tous ces honnêtes gens. La loi pénale elle-même, la loi pénale surtout, ne doit demander aux hommes que ce que leur faiblesse peut donner, et ce n'est pas à vous, Messieurs, que j'ai besoin de rappeler que, s'il y a des jugements, il n'y a pas de justice en dehors de la modération et de la mesure.

TABLE DES MATIÈRES

——

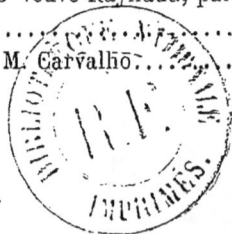

Imp. G. Saint-Aubin et Thevenot, St-Dizier (Hte-Marne), 30, Passage Verdeau, Paris.

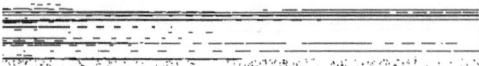

www.ingramcontent.com/pod-product-compliance
Lightning Source LLC
Chambersburg PA
CBHW060912220326
41599CB00020B/2936